I0131199

LES JEUNES, LES DROGUES ET LA SANTÉ MENTALE

RESSOURCE POUR LES PROFESSIONNELS

Elsbeth Tupker, M. Serv. soc.

Conseillère en services cliniques

Service d'éducation et de publication

Centre de toxicomanie et de santé mentale

camh

Centre for Addiction and Mental Health
Centre de toxicomanie et de santé mentale

LES JEUNES, LES DROGUES ET LA SANTÉ MENTALE : RESSOURCE POUR LES PROFESSIONNELS

Copyright © 2004, Centre de toxicomanie et de santé mentale
ISBN # 0-88868-490-8

Imprimé au Canada

Cet ouvrage ne peut être reproduit ou transmis, en partie ou en totalité, et sous quelque forme que ce soit, par voie électronique ou mécanique, y compris par photocopie (sauf pour usage personnel) ou enregistrement, ou par voie de stockage d'information ou de système de récupération, sans la permission écrite de l'éditeur—sauf pour une brève citation (d'un maximum de 200 mots) dans une revue spécialisée ou un ouvrage professionnel.

Pour obtenir des conseils professionnels afin d'aider un client ayant un problème d'usage d'alcool ou d'autres drogues, veuillez vous adresser au :
Service de consultations cliniques en toxicomanie, de 9 heures à 17 heures, du lundi au vendredi, au
1 888 720-2227
416 595-6968 dans la région de Toronto

Pour de plus amples renseignements sur d'autres ressources du Centre de toxicomanie et de santé mentale ou pour passer une commande, veuillez vous adresser au :

Service du marketing et des ventes
Centre de toxicomanie et de santé mentale
33, rue Russell
Toronto (Ontario)
Canada M5S 2S1
Tél. : 1 800 661-1111 ou 416 595-6059 à Toronto.
Courriel : marketing@camh.net
Site Web : www.camh.net

Available in English
Youth & Drugs and Mental Health: A Resource for Professionals

REMERCIEMENTS

De nombreuses personnes ont participé à l'élaboration du guide *Les jeunes, les drogues et la santé mentale : Ressource pour les professionnels*. Nous les remercions beaucoup de leur contribution.

Rédactrice et chef de projet

Elsbeth Tupker

Évaluation des besoins pour ce document

Angela Barbara

Recherche et rédaction de la première ébauche des chapitres 1 à 4

Liz Hart   Greg Graves

Virginia Carver   Wanda Jamieson

Rédaction de la section 2.3 : Les drogues et leurs effets et du chapitre 5 : Pharmacothérapie

Wende Wood

Rédaction des annexes D et E et de certaines sections du chapitre 4

Darryl Upfold

Comité consultatif du projet Les jeunes, les drogues et la santé mentale

Daniel Coté, Système de santé mentale pour enfants, Centre de santé mentale du Nord-Est, Sudbury

Patti Dryden-Holmstrom, Programme de lutte contre les toxicomanies, Kenora

Anne Edmondson, Services pour jeunes de l'Est de la région de Toronto, Toronto

Linda Gray, Services pour enfants de Bruce-Grey

Joanne Johnston, Santé mentale pour enfants Ontario

Russ Larocque, Services pour la famille d'Algoma

Steve Martin, Portes ouvertes pour les enfants et les adolescents de Lanark, Carleton Place

Jim Sauve, Services intégrés de santé mentale pour enfants de Chatham-Kent

Smita Thatte, Hôpital Royal d'Ottawa

Paul Wilson, Services pour jeunes Nexus, Centre pour enfants de Peel

Équipe de projet du CAMH pour Les jeunes, les drogues et la santé mentale

Jennifer Barr	Elizabeth Hendren-Roberge
Gloria Chaim	Louise LaRocque-Stewart
Mark Erdelyan	Marty McLeod
Jane Fjeld	Brian Mitchell
Julia Greenbaum	

Principales personnes-ressources et évaluateurs

Jean Addington	Catherine McPherson-Doe
Ed Adlaf	Peter Menzies
Sharon Armstrong	Robert Millin
Bruce Ballon	Cherry Murray
Lindley Bassarath	Gary Roberts
Lorena Dolinar	Charles Senior
Jane Fjeld	Joanne Shenfeld
Leah Fraser	Susan Smither
Araujo Gonzalo	Jennifer Speers
Umesh Jain	Chrissoula Stavrakaki
Colleen Kelly	Leslie Viner
Megan McCormick	Christine Wekerle

Bibliographie

Alexandra Chtyrlina

Réviseure

Honey Fisher, Fishtales Productions

Conception graphique

Up Inc

Coordination de la production

Services de création et de production, CAMH

Traduction française

Francine Watkins Translation Services Inc.

TABLE DES MATIÈRES

PARTIE 1.
LES JEUNES, LES DROGUES ET LA SANTÉ MENTALE : RESSOURCE POUR LES PROFESSIONNELS

Quelques mots au sujet du présent manuel   1

CHAPITRE 1 : APERÇU DES PROBLÈMES D'USAGE D'ALCOOL OU D'AUTRES DROGUES ET DE SANTÉ MENTALE CHEZ LES JEUNES

1.1 Le développement des adolescents, leur usage d'alcool ou d'autres drogues et leur santé mentale   3

    1.1.1 Développement des adolescents

    1.1.2 Facteurs de risque et facteurs de protection

1.2 L'usage d'alcool ou d'autres drogues chez les adolescents   6

    1.2.1 Données recueillies en Ontario sur l'usage d'alcool ou d'autres drogues chez les élèves

1.3 Les adolescents et la santé mentale   9

    1.3.1 Ressort psychologique

    1.3.2 Données recueillies en Ontario sur la santé mentale et le bien-être des élèves

1.4 Les troubles concomitants chez les adolescents   11

    1.4.1 Données recueillies en Ontario sur l'usage d'alcool ou d'autres drogues concomitant aux problèmes de santé mentale chez les élèves

1.5 La relation entre l'usage d'alcool ou d'autres drogues et les problèmes de santé mentale   12

1.6 Les problèmes de santé mentale concomitants les plus fréquents   13

CHAPITRE 2 : COMMENT SE PRÉPARER À RÉPONDRE AUX BESOINS DES JEUNES—ATTITUDES, CONNAISSANCES ET APPROCHES ESSENTIELLES

2.1   Approches intégrées pour lutter contre les problèmes d'usage
      d'alcool ou d'autres drogues et de santé mentale chez les jeunes—
      nouveau domaine de pratique   20
      2.1.1   Que faire pour accroître l'intégration des approches ?
      2.1.2   Coordination des services de traitement de la toxicomanie et
              de santé mentale pour les jeunes

2.2   Mythes et préjugés communs sur l'usage d'alcool ou d'autres drogues
      et la santé mentale   22
      2.2.1   Importance d'une attitude positive

2.3   Les drogues et leurs effets   25
      2.3.1   Concentration de la drogue au site d'action
      2.3.2   Effets de l'usage à long terme : adaptation du corps à l'alcool
              et aux autres drogues
      2.3.3   Les drogues et leurs effets

2.4   Modèle des étapes du changement   40

2.5   Technique d'entrevue motivationnelle   43

2.6   Réduction des méfaits   47

2.7   Améliorer l'accès : sensibilisation à la diversité culturelle   48
      2.7.1   Stratégies d'approche

2.8   Favoriser la divulgation au sujet de l'usage de drogues   52

2.9   Gestion du comportement   52

2.10 Enjeux juridiques   53

CHAPITRE 3 : PROBLÈMES D'USAGE D'ALCOOL OU D'AUTRES DROGUES ET DE SANTÉ MENTALE—DÉPISTAGE, ÉVALUATION ET PLANIFICATION DU TRAITEMENT

3.1   Importance du dépistage des problèmes d'usage d'alcool ou
      d'autres drogues et de santé mentale   57

3.2   Dépistage des problèmes d'usage d'alcool ou d'autres drogues
      et de santé mentale : approches et outils   59
      3.2.1   Que rechercher ?

3.3   Gravité de l'usage d'alcool ou d'autres drogues et plan d'action   64
      3.3.1   Nécessité de déceler les autres besoins urgents ou connexes

3.4   Importance d'une évaluation globale   69

3.5   Conseils relatifs au processus d'évaluation   70

3.6   Utilisation de la technique d'entrevue motivationnelle lors de l'évaluation   70

3.7   Évaluation globale : approches et outils   74
      3.7.1   Évaluation de l'usage d'alcool ou d'autres drogues
      3.7.2   Instruments d'évaluation de l'usage d'alcool ou d'autres drogues

3.7.3   Évaluation de la santé mentale

3.7.4   Outils d'évaluation de la santé mentale

3.7.5   Évaluation des problèmes concomitants d'usage d'alcool ou d'autres drogues et de santé mentale

3.7.6   Évaluation touchant d'autres aspects de la vie

3.7.7   Évaluation des forces et des ressources d'un jeune

3.7.8   Évaluation de la préparation au changement

3.8.   **Évaluation de la situation familiale**   87

3.9   **Élaboration d'un plan de traitement**   91

3.9.1   Principes relatifs à la planification du traitement

3.9.2   Recours aux critères de placement et aux arbres de décision

3.9.3   Établissement des objectifs de traitement

3.9.4   Déroulement du traitement

3.9.5   Choix du lieu du traitement des problèmes d'usage d'alcool ou d'autres drogues et de santé mentale

3.9.6   Mise en œuvre du plan de traitement et orientations

3.10   **Importance de la gestion de cas**   96

CHAPITRE 4 : TRAITEMENT ET SOUTIEN

4.1   **Traitement intégré**   99

4.1.1   Intégration des programmes et des systèmes

4.1.2   Questions cliniques liées au traitement des adolescents ayant des troubles concomitants

4.2   **Aider les jeunes à progresser dans le processus de changement**   109

4.3   **Principales techniques de l'entrevue motivationnelle (EM)**   112

4.3.1   Créer la motivation

4.3.2   Renforcer la détermination de changer

4.4   **Interventions brèves**   122

4.5   **Réduction des méfaits et non-abstinence comme objectifs de traitement**   125

4.6   **Autogestion et approche en 12 étapes**   126

4.7   **Meilleures pratiques pour le traitement des jeunes ayant des problèmes d'alcool ou d'autres drogues**   126

4.8   **Modèle de traitement pour l'usage d'alcool ou d'autres drogues fondé sur la thérapie cognitivo-comportementale (TCC)**   127

4.8.1   Analyse fonctionnelle

4.8.2   Stratégies pour atteindre les objectifs en matière d'usage d'alcool ou d'autres drogues

4.8.3   Prévention et gestion des rechutes

4.9   **Approches de traitement axées sur la famille**   147

4.9.1   Objectifs de la participation familiale

4.9.2   Modèle intégré de thérapie familiale

CHAPITRE 5 : PHARMACOTHÉRAPIE

5.1   Introduction   153

5.2   Utilisation des médicaments psychiatriques pour traiter
       les problèmes de santé mentale   154

5.3   Gestion des effets secondaires communs des médicaments psychiatriques   157

5.4   Principes de base de la gestion des médicaments   162

5.5   Interactions entre les médicaments psychiatriques et l'alcool ou d'autres drogues   164

5.6   Médicaments utilisés pour le traitement des problèmes
       d'alcool ou d'autres drogues   167

ANNEXES

Annexe A : Facteurs de risque et facteurs de protection pour les problèmes
           potentiels d'usage d'alcool ou d'autres drogues et de santé mentale   171

Annexe B : Services de traitement de la toxicomanie et de santé mentale
           pour les jeunes en Ontario : Aperçu comparatif   180

Annexe C : Vous connaissez…   189

Annexe D : Outils de dépistage   234

Annexe E : Outils d'évaluation   239

Annexe F : Méthodes d'évaluation   241

Annexe G : Médicaments psychiatriques   247

PARTIE 2.
PREMIER CONTACT : TRAITEMENT DE COURTE DURÉE POUR LES JEUNES USAGERS D'ALCOOL ET DE DROGUES AYANT DES PROBLÈMES DE SANTÉ MENTALE

Remerciements   253

Introduction   255

Rétroaction personnalisée au moment de l'évaluation   256

Séance 1 : La décision de changer   278

Séance 2 : Déclencheurs, conséquences et solutions de rechange   285

Séance 3 : Ce qui est important pour moi   293

Séance 4 : Les étapes du changement   298

Introduction aux séances de thérapie par l'art   302

Modules des activités   307

Bibliographie   309

LES JEUNES, LES DROGUES ET LA SANTÉ MENTALE

RESSOURCE POUR LES PROFESSIONNELS

QUELQUES MOTS AU SUJET DU PRÉSENT MANUEL

Le présent manuel s'adresse à quiconque travaille auprès des jeunes, mais il sera avant tout utile aux personnes qui interviennent auprès de jeunes qui suivent des traitements dans des établissements de toxicomanie et de santé mentale.

Il comporte de l'information à jour sur la toxicomanie chez les jeunes, notamment lorsqu'elle s'accompagne d'autres problèmes de santé mentale.

Nos connaissances sur les méthodes de traitement de la toxicomanie et des autres problèmes de santé mentale ne sont pas encore très avancées. Malgré la nécessité d'approches complètes et intégrées dans ces domaines, le consensus qui se dégage quant à l'efficacité ou l'inefficacité des diverses approches est plutôt mince. Par conséquent, cette ressource s'appuie sur les recherches diffusées sur le sujet ainsi que sur les conseils des spécialistes qui œuvrent auprès de jeunes aux prises avec des problèmes de toxicomanie et de santé mentale.

Ce nouveau manuel vise à remplacer la publication intitulée *La trousse sur les jeunes, la drogue et la santé mentale pour les professionnels* (Fondation de la recherche sur la toxicomanie et Santé et Bien-être social Canada, 1991). Il renferme de nouveaux renseignements sur les sujets suivants :

· les problèmes d'usage d'alcool ou d'autres drogues et de santé mentale chez les jeunes ;

· le dépistage et l'évaluation de ces problèmes ;

· l'intégration des services de traitement et de soutien ;

· la sensibilisation à la diversité culturelle ;

· la technique d'entrevue motivationnelle ;

· les étapes du changement ;

· le rôle de la famille ;

· la pharmacothérapie.

Le manuel de traitement *Premier contact : Traitement de courte durée pour les jeunes usagers d'alcool et de drogues ayant des problèmes de santé mentale* constitue la Partie II.

Selon le milieu dans lequel vous œuvrez, certains renseignements contenus dans ce manuel peuvent vous être familiers. Vous constaterez cependant que d'autres parties contiennent des renseignements nouveaux. Nous vous encourageons à tirer parti des renseignements que vous jugerez les plus utiles pour mieux comprendre les jeunes qui sont aux prises avec des problèmes de toxicomanie et d'autres problèmes de santé mentale et pour mieux intégrer les approches utilisées pour leur venir en aide.

CHAPITRE 1

APERÇU DES PROBLÈMES D'USAGE D'ALCOOL OU D'AUTRES DROGUES ET DE SANTÉ MENTALE CHEZ LES JEUNES

1.1 LE DÉVELOPPEMENT DES ADOLESCENTS, LEUR USAGE D'ALCOOL OU D'AUTRES DROGUES ET LEUR SANTÉ MENTALE

« *Le bien-être physique, émotif et social des jeunes importe pour de nombreuses raisons, notamment en raison de son effet durable à l'âge adulte. L'enfance et l'adolescence sont des stades de développement clés pendant lesquels l'être humain adopte des comportements, des croyances et des attitudes qui le suivront toute sa vie. Par conséquent, des enfants qui se portent bien sont susceptibles de devenir des adultes qui se portent bien.* » (Adlaf, Paglia et Beitchman, 2002, 1.)

À mesure qu'ils grandissent et qu'ils apprennent, tous les jeunes dans notre société sont influencés par les comportements et les expériences de leurs aînés, par leur consommation d'alcool ou d'autres drogues et par leurs problèmes de santé mentale, le cas échéant. La plupart des jeunes feront d'ailleurs l'expérience un jour ou l'autre de l'alcool ou d'autres drogues. Si cette expérience n'empêchera pas la majorité d'entre eux de devenir des adultes bien portants et productifs, elle aura des effets négatifs sur le bien-être de nombreux jeunes et, dans les cas les plus graves, elle compromettra même leur santé mentale et leur capacité de fonctionner.

Dans le présent manuel, nous reconnaissons, en utilisant le terme « jeunes », que les problèmes d'usage d'alcool ou d'autres drogues et les problèmes de santé mentale si répandus dans notre société peuvent se répercuter sur cette couche de la société, de la naissance au début de l'âge adulte. Nous nous intéressons cependant en particulier aux effets de ces phénomènes sociaux sur les adolescents.

1.1.1 DÉVELOPPEMENT DES ADOLESCENTS

L'adolescence est l'époque des grands espoirs et de la croissance personnelle—une période où les jeunes apprennent à se connaître et cherchent leur place dans la société. Par le processus d'apprentissage, d'expérimentation et de développement qui caractérise cette époque de la vie, les jeunes « établissent les fondements de leur maturité physique, psychologique et sociale » (Centre de toxicomanie et de santé mentale [CAMH], 2002a).

Pendant l'adolescence, les jeunes prennent souvent des risques susceptibles d'avoir des conséquences à long terme sur leur santé et leur bien-être. Tentés par l'exploration et l'expérimentation, les adolescents adoptent souvent des comportements à risque comme la conduite avec facultés affaiblies, les relations sexuelles non protégées et des habitudes de sommeil et d'alimentation qui peuvent avoir des conséquences graves pour eux-mêmes et pour autrui. Certains adolescents ont recours à la violence et, dans de rares cas, vont jusqu'à commettre des homicides ou à se suicider.

L'adolescence est avant tout une période de grands changements et de tourmente émotive. Pour certains adolescents, la puberté et la fréquentation de l'école secondaire peuvent engendrer un stress élevé. Pour d'autres, cette période de transition peut mener à des problèmes affectifs ou comportementaux ou à des difficultés scolaires ou autres (Adlaf et coll., 2002). La vulnérabilité des groupes de jeunes marginalisés est aggravée par des facteurs comme les déplacements, le racisme, le sexisme, l'homophobie, la pauvreté, l'isolement social et la vie dans la rue.

1.1.2 FACTEURS DE RISQUE ET FACTEURS DE PROTECTION

Bien que de nombreux jeunes fassent l'expérience de l'alcool ou d'autres drogues et cessent ensuite relativement rapidement d'en faire usage, certains continuent d'en consommer à l'occasion ou à des fins récréatives. Quelques jeunes deviennent des usagers excessifs. Certains jeunes sont aussi plus à risque que d'autres de développer un problème de toxicomanie.

Bien qu'il n'existe pas de « cause » définitive unique des problèmes de toxicomanie chez les jeunes, les spécialistes avancent de nombreuses raisons pour expliquer ce qui motive les jeunes à faire l'expérience de l'alcool ou d'autres drogues et ce qui incite certains adolescents à aller au-delà du stade de l'expérimentation et même à en faire usage régulièrement.

Faire un essai raisonnable de l'alcool ou d'autres drogues est considéré normal dans le contexte du développement des adolescents. Un adolescent peut être motivé par les raisons suivantes :
· L'alcool et les autres drogues sont disponibles et sont une façon rapide et souvent peu coûteuse de s'amuser.
· La curiosité naturelle le pousse à vouloir savoir pourquoi l'alcool et les autres drogues

suscitent autant d'intérêt.

· Faire usage d'alcool ou d'autres drogues est une façon pour l'adolescent de manifester son opposition à l'autorité des adultes et d'acquérir son autonomie.

· L'usage d'alcool ou d'autres drogues symbolise une étape dans le développement, soit une étape vers la maturité. Dans certaines familles, la consommation du « premier verre d'alcool » constitue un rite d'initiation.

Une fois qu'ils ont fait l'expérience de l'alcool ou d'autres drogues et qu'ils en connaissent les effets, certains jeunes décident de continuer d'en faire usage pour les raisons suivantes :

· L'usage d'alcool ou d'autres drogues peut être une façon pour des adolescents de faire face à des réalités allant des mauvaises notes et du rejet social aux conflits familiaux, à l'éclatement de la famille et aux mauvais traitements. L'alcool et les autres drogues deviennent un mécanisme leur permettant de composer avec des sentiments comme la colère, la frustration, le stress ou la crainte de l'échec ou l'échec lui-même.

· Des jeunes peuvent consommer de l'alcool ou d'autres drogues à des fins d'automédication pour traiter les symptômes de problèmes de santé mentale comme la dépression et l'anxiété.

· L'usage d'alcool ou d'autres drogues peut être une façon pour l'adolescent d'affirmer son identité. Ce peut être le moyen pour des jeunes de prouver qu'ils sont « cool » ou qu'ils possèdent des traits qui sont valorisés dans la culture des adolescents.

· L'usage d'alcool ou d'autres drogues peut être un rite d'admission dans un groupe de pairs.

· L'usage d'alcool ou d'autres drogues peut être vu comme une façon de se faire traiter comme des adultes.

· Les jeunes se croient omnipotents et immortels et, par conséquent, à l'abri des dangers.

Certains spécialistes estiment que les problèmes de santé mentale constituent un facteur de risque pour ce qui est de l'usage d'alcool ou d'autres drogues (usage d'alcool ou d'autres drogues à des fins d'automédication ou comme stratégie d'adaptation), mais d'autres pensent plutôt que les problèmes de santé mentale et d'usage d'alcool ou d'autres drogues parmi les jeunes sont causés par un ensemble commun de conditions préexistantes comme le stress (Adlaf et coll., 2002).

Nous en savons maintenant beaucoup sur les facteurs qui rendent les jeunes plus susceptibles de connaître des problèmes d'usage d'alcool ou d'autres drogues et de santé mentale ainsi que sur les facteurs qui aident à les protéger de ces problèmes. Ce que nous avons appris sur ces facteurs nous amène à penser qu'il y a chevauchement tant des facteurs de risque et de protection que de leurs conséquences possibles (Offord, Boyle et Racine, 1989).

Les *facteurs de risque* font en sorte que certaines personnes sont plus susceptibles que d'autres d'avoir des problèmes de maladaptation ou d'avoir des problèmes de santé mentale ou d'usage d'alcool ou d'autres drogues. Ils peuvent être de nature biologique, psychologique ou sociale et peuvent se rapporter à la personne, à sa famille et à son milieu.

Les *facteurs de protection* atténuent les effets négatifs possibles des facteurs de risque. Ils peuvent être de nature biologique, psychologique ou sociale et peuvent se rapporter à la personne, à sa famille et à son milieu. (Braverman, 2001)

Le DSM IV fait une distinction entre *l'abus d'alcool ou d'autres drogues et la dépendance.*

Il définit l'abus d'alcool ou d'autres drogues de la façon suivante :

- utilisation répétée d'une substance conduisant à l'incapacité de remplir des obligations majeures, au travail, à l'école, ou à la maison ou qui mène à des problèmes judiciaires ;
- utilisation répétée d'une substance dans des situations où cela peut être physiquement dangereux ;
- utilisation de la substance malgré des problèmes sociaux persistants.

Il définit la dépendance de la façon suivante :

- utilisation qui mène à la tolérance et/ou au sevrage (voir section 2.3.2) ;
- utilisation de la substance en quantité importante pendant des périodes prolongées ;
- efforts infructueux pour contrôler l'utilisation de la substance ;
- beaucoup de temps est consacré à des activités nécessaires pour obtenir la substance ;
- des activités sociales, professionnelles ou de loisir importantes sont abandonnées ou réduites à cause de l'utilisation de la substance ;
- l'utilisation de la substance est poursuivie bien que la personne sache avoir un grave problème physique ou psychologique. (Santé Canada, 2002)

Plus il y a de facteurs de risque dans la vie d'un jeune, plus le jeune est à risque. L'effet des facteurs de risque et des facteurs de protection est en partie fonction du stade de développement du jeune ; les facteurs qui influent sur le développement du jeune enfant peuvent être ceux qui revêtent la plus grande importance (National Institute on Drug Abuse [NIDA], 1997). L'annexe A donne un aperçu des facteurs de risque et des facteurs de protection, lesquels vont souvent de pair, qui sont liés à l'usage d'alcool ou d'autres drogues et/ou aux problèmes de santé mentale chez les jeunes.

1.2 L'USAGE D'ALCOOL OU D'AUTRES DROGUES CHEZ LES ADOLESCENTS

Tout comme ils ont tendance à faire l'essai d'autres comportements adultes, de nombreux jeunes font l'expérience de l'alcool ou d'autres drogues. Il s'agit souvent pour eux d'une façon d'exprimer leur indépendance et leur autonomie. L'usage d'alcool ou d'autres drogues ne conduit pas nécessairement à la toxicomanie. En fait, la plupart des jeunes qui font usage d'alcool ou d'autres drogues ne développent pas de problème d'usage ou de dépendance (CAMH, 2002a).

Par ailleurs, compte tenu du fait que les jeunes n'ont pas encore atteint le stade de la maturité ou du plein développement physique, psychologique ou social, l'usage d'alcool ou d'autres drogues peut compromettre ces processus essentiels. Si l'usage d'alcool ou d'autres drogues d'un jeune compromet les principales étapes de son développement, il est susceptible d'avoir du mal à réaliser son potentiel.

Tous les jeunes ne développeront pas nécessairement une dépendance à l'égard de l'alcool ou des autres drogues dont ils font usage. Ceux qui le font peuvent développer une dépendance soit psychologique, soit physiologique. Dans le cas d'une dépendance psychologique, des forces affectives ou psychologiques poussent le jeune à continuer de faire usage d'alcool ou d'autres drogues pour préserver la sensation de bien-être qu'il en tire. Dans le cas d'une dépendance physiologique, les tissus organiques répondront à la présence ou à l'absence d'alcool ou d'autres drogues et le jeune ressentira des symptômes de sevrage.

Nous ne nous inquiétons pas tant de ce qui peut être considéré comme une « toxicomanie », mais essentiellement du « continuum de l'usage ». Chez les jeunes, il est impossible de prédire quelles seront les conséquences d'un usage minimal d'alcool ou d'autres drogues. Cet usage peut n'entraîner aucune conséquence ou mener à un mode de vie destructeur. Voilà pourquoi nous nous intéressons au phénomène même de l'usage d'alcool ou d'autres drogues chez les adolescents.

1.2.1 DONNÉES RECUEILLIES EN ONTARIO SUR L'USAGE D'ALCOOL OU D'AUTRES DROGUES CHEZ LES ÉLÈVES

Le Sondage sur la consommation de drogues parmi les élèves de l'Ontario (SCDEO) confirme que l'usage d'alcool ou d'autres drogues chez les jeunes est très répandu. Dans l'ensemble de la province, les deux tiers des élèves de la 7e à la 13e année ont dit avoir consommé de l'alcool dans l'année ayant précédé le sondage (Adlaf et Paglia, 2001). Un tiers des élèves de la 7e à la 13e année ont dit avoir fait usage d'une drogue illicite au moins une fois au cours de l'année ayant précédé le sondage (Adlaf et Paglia, 2001). Il existe des différences importantes dans les tendances en matière d'usage d'alcool ou d'autres drogues dans la province. Vous pouvez également consulter les rapports du SCDEO pour des précisions sur les expériences des jeunes provenant de diverses régions de l'Ontario.

CERTAINS PROBLÈMES DE SANTÉ PUBLIQUE QUI RESSORTENT DU SCDEO

- Le quart des élèves fument la cigarette.

- La consommation excessive d'alcool (p. ex., excès occasionnels d'alcool, ivresse) demeure élevée parmi les élèves comparativement à il y a dix ans.

- Au cours de la dernière décennie, on a constaté une augmentation croissante de l'usage de toutes les drogues illicites parmi les élèves, et ce même lorsque le cannabis n'est pas pris en compte.

- Un élève sur sept conduit après avoir bu et un élève sur cinq dit conduire après avoir fait usage de cannabis.

- Environ le tiers des élèves disent être montés à bord d'une voiture conduite par une personne ayant consommé de l'alcool.

- Moins d'élèves disent s'opposer à l'usage de drogues aujourd'hui qu'il y a dix ans.

- Les élèves disent que les drogues sont plus faciles à obtenir (sauf le LSD).

- L'usage d'ecstasy a augmenté considérablement (passant de moins de 1 % en 1991 à environ 6 % en 2001).

- Comparativement à 1979, une proportion sensiblement plus élevée d'élèves fait usage aujourd'hui d'hallucinogènes comme la mescaline et la psilocybine.

- L'usage quotidien de cannabis chez les élèves a augmenté considérablement depuis dix ans.

- Au cours de la dernière décennie, l'usage de cocaïne a augmenté constamment chez les élèves ainsi que parmi plusieurs sous-groupes démographiques. À titre d'exemple, l'usage de cette drogue parmi les élèves de 11e année a augmenté de façon spectaculaire depuis 1993.

- Au cours de la dernière décennie, l'usage de stimulants (p. ex., pilules amaigrissantes) a augmenté de façon constante chez les élèves de sexe féminin.

(Adlaf et Paglia, 2001)

Les habitudes de consommation et la prévalence de l'usage d'alcool ou d'autres drogues ne sont pas les mêmes dans tous les groupes de jeunes :

· Bien que la prévalence de l'usage d'alcool ou d'autres drogues soit à peu près la même chez les jeunes femmes et les jeunes hommes, il existe certaines différences. Ainsi, en 2001, d'après les données recueillies auprès des jeunes femmes, celles-ci auraient fait usage d'un taux plus élevé de stimulants non médicaux (obtenus sans ordonnance médicale) que les jeunes hommes. Par ailleurs, d'après les données recueillies auprès des jeunes hommes, ceux-ci auraient fait usage pendant la même année de plus d'alcool, de cannabis, de colle, de méthamphétamines, de LSD et d'hallucinogènes (Adlaf et Paglia, 2001).

· Les jeunes autochtones sont de 2 à 6 fois plus susceptibles de développer tous les types de problèmes liés à l'usage d'alcool que les autres jeunes.

· Les jeunes autochtones utilisent des solvants plus fréquemment que les autres groupes de jeunes. Un jeune autochtone sur cinq dit avoir utilisé des solvants ; un tiers de ceux qui l'ont fait ont moins de 15 ans et plus de la moitié ont commencé à utiliser ces substances avant l'âge de 11 ans.

· Les jeunes des Premières nations et les jeunes Métis sont plus susceptibles que les autres jeunes de faire usage de drogues illicites.

· Les jeunes autochtones sont susceptibles de commencer à faire usage de substances comme le tabac, les solvants, l'alcool et le cannabis beaucoup plus tôt dans la vie que les autres jeunes (Centre canadien de lutte contre l'alcoolisme et les toxicomanies [CCLAT] et CAMH, 1999).

· La majorité des jeunes qui ont des démêlés avec la justice sont aux prises avec d'importants problèmes liés à l'usage d'alcool ou d'autres drogues (Trupin et Boesky, 2001).

· D'après les données recueillies auprès des jeunes itinérants et des jeunes de la rue, ces jeunes feraient beaucoup plus usage d'alcool ou d'autres drogues que les autres jeunes. Entre un quart et la moitié d'entre eux déclarent être de gros buveurs et boire souvent. Entre 66 % et 88 % d'entre eux ont dit faire usage de cannabis et entre 18 % et 64 % ont dit faire usage de cocaïne. De nombreux jeunes de la rue ont dit avoir fait usage de drogues injectées (11 % dans une étude nationale ; 48 % des jeunes hommes et 32 % des jeunes femmes dans un échantillon de jeunes à Vancouver et 36 % dans un échantillon de jeunes à Montréal). Plus de la moitié (58 %) des jeunes de la rue interrogés à Montréal ont partagé des seringues (Santé Canada, 2001).

1.3 LES ADOLESCENTS ET LA SANTÉ MENTALE

La capacité des jeunes de composer avec la vie, d'en jouir et d'en relever les défis est étroitement liée à leur état de santé mentale ainsi qu'à leur sens de bien-être global. Si les jeunes connaissent des problèmes de santé mentale au cours de leurs années formatrices, les effets de ces problèmes peuvent se faire sentir tout au long de leur vie.

1.3.1 RESSORT PSYCHOLOGIQUE

Certains considèrent le ressort psychologique comme un « équilibre » entre le niveau de stress et d'adversité auquel est exposée une personne d'une part et sa capacité d'adaptation et ses systèmes de soutien d'autre part (Mangham, McGrath, Reid et Stewart, 1995). Le rôle des fournisseurs de services est d'aider les jeunes à établir cet équilibre en leur apprenant à réduire les risques auxquels ils sont assujettis et à accroître les facteurs qui les en protègent.

Fort heureusement, le ressort psychologique n'est pas un ensemble spécial de caractéristiques ou de traits, mais un phénomène assez commun qui découle de la capacité d'adaptation innée des êtres humains (Masten, 2001).

La capacité naturelle d'adaptation des jeunes est compromise par tout ce qui peut nuire au développement du cerveau, aux relations entre l'enfant et les fournisseurs de soins, à la maîtrise des émotions et des comportements ainsi qu'au désir de s'intégrer dans son milieu. Nous savons notamment que pour favoriser le ressort psychologique des jeunes, il faut veiller à ce que ceux-ci établissent des liens positifs avec des adultes compétents et aimants, les aider à développer des habiletés cognitives et la maîtrise de soi, les amener à avoir une image positive d'eux-mêmes et les inciter à laisser leur marque dans leur milieu.

Pour favoriser le développement du ressort psychologique des jeunes, nous devons trouver des moyens d'atteindre les objectifs suivants :
- favoriser le développement des habiletés des jeunes ;
- produire une amélioration des symptômes et des problèmes qu'ils connaissent ;
- développer leurs forces (tirer parti de leurs atouts) ;
- atténuer les risques et les stress auxquels ils font face ;
- faciliter les mécanismes et les processus de protection ;
- traiter la maladie ;
- réduire les processus nocifs (Masten, 2001).

Le *ressort psychologique* est un concept qui englobe deux éléments :
- l'exposition à des facteurs de stress ou de risque significatifs ;
- la capacité manifeste de s'adapter à ces facteurs avec compétence et succès.
(Braverman, 2001)

La santé mentale est un continuum qui va de la santé mentale optimale aux troubles mentaux graves et persistants en passant par les problèmes émotifs (Adlaf et coll., 2002).

Les problèmes de santé mentale entraînent une altération des habiletés cognitives, sociales et affectives qui n'est cependant pas suffisante pour être associée à des troubles mentaux.

Les troubles mentaux (le terme est souvent utilisé de façon interchangeable avec celui de maladie mentale) désignent des maladies pouvant être diagnostiquées qui sont caractérisées par une altération de la pensée, de l'humeur ou du comportement (ou par une combinaison de ces éléments) associée avec une détresse qui touche les habiletés cognitives, affectives et sociales.

Selon des études menées au Canada et aux États-Unis (citées dans Adlaf et coll., 2002), de nombreux jeunes connaissent malheureusement de graves problèmes de santé mentale :

· Environ un enfant et adolescent sur cinq aux États-Unis manifeste des symptômes de problèmes de santé mentale chaque année et environ cinq adolescents sur cent sont atteints d'un trouble émotif grave causant une altération fonctionnelle.

· Parmi les enfants et les adolescents dont la situation a été étudiée au Canada, la prévalence des problèmes de santé mentale oscille entre 18 % et 22 % contre 25 % chez les adultes.

· Le suicide vient en troisième place parmi les causes de décès chez les adolescents au Canada et aux États-Unis (après les accidents de voiture et les autres types d'accidents).

Des preuves semblent indiquer que la prévalence des problèmes de santé mentale chez les jeunes est en voie d'augmentation (Adlaf et coll., 2002).

1.3.2 DONNÉES RECUEILLIES EN ONTARIO SUR LA SANTÉ MENTALE ET LE BIEN-ÊTRE DES ÉLÈVES

Le SCDEO révèle qu'une minorité importante d'élèves connaît un niveau de bien-être ou de fonctionnement moins qu'optimal. Le sondage évalue les déficiences fonctionnelles modérées plutôt que les troubles psychiatriques répondant à des critères cliniques (Adlaf et coll., 2002, 5).

CERTAINES DONNÉES DE SANTÉ PUBLIQUE TIRÉES DU SCDEO

- Environ un élève sur quatre dit souffrir de détresse psychologique prononcée.

- Environ un élève de sexe féminin sur trois dit souffrir de détresse psychologique prononcée.

- Environ un élève sur quatre dit avoir fait l'objet de mesures d'intimidation à l'école.

- Environ un élève sur trois dit s'être livré à l'intimidation à l'école.

- Environ un élève de sexe masculin sur cinq dit échanger des coups avec d'autres élèves à l'école.

- Entre un élève sur sept et un élève sur dix environ dit être en mauvaise santé, ne pas faire d'exercice physique, avoir consulté un professionnel de la santé mentale, manquer d'estime de soi, avoir des pensées suicidaires, s'être adonné à au moins trois activités illicites, porter une arme, avoir un problème lié au jeu ou s'inquiéter pour sa sécurité personnelle à l'école.

- Environ un élève sur vingt risque fortement de souffrir de dépression.

- Environ un élève de sexe masculin sur vingt dit avoir un problème pathologique lié au jeu.

(Adlaf et coll., 2002)

Les tendances et la prévalence des problèmes de santé mentale ne sont pas les mêmes dans tous les groupes de jeunes :

- Les données provenant du SCDEO de 2001 révèlent que les jeunes femmes sont plus susceptibles de souffrir de problèmes d'intériorisation comme la dépression, la détresse psychologique et les pensées suicidaires (Adlaf et coll., 2002).
- Les élèves de sexe masculin sont plus susceptibles d'adopter des comportements risqués (ou des comportements d'extériorisation) comme des actes illicites et le jeu pathologique (Adlaf et coll., 2002).
- Les jeunes gais, bisexuels ou transgenderistes présentent des risques élevés de troubles de l'humeur, d'automutilation et de suicide.
- Au moins un jeune sur cinq qui a des démêlés avec la justice souffre d'un problème de santé mentale ou affectif grave (Trupin et Boesky, 2001).

1.4 LES TROUBLES CONCOMITANTS CHEZ LES ADOLESCENTS

Les jeunes qui développent des problèmes liés à l'usage d'alcool ou d'autres drogues souffrent souvent de nombreux autres problèmes dont des problèmes de santé mentale. On le constate chez les jeunes qui viennent se faire soigner. La combinaison de toxicomanie et de problèmes de santé mentale est désignée par le terme « troubles concomitants » (CAMH, 2002a).

D'après le rapport du SCDEO (Adlaf et coll., 2002), les sondages menés au Canada et aux États-Unis ont établi des liens entre l'usage d'alcool ou d'autres drogues et les problèmes de santé mentale chez les jeunes :

- Un sondage mené auprès d'adolescents canadiens âgés de 12 à 16 ans a fait ressortir un lien étroit entre un problème de santé mentale existant (p. ex., trouble du comportement) et l'usage d'alcool ou d'autres drogues, en particulier chez les adolescentes.
- Un sondage mené auprès des ménages américains a révélé que les adolescents âgés de 12 à 17 ans ayant de graves problèmes affectifs et comportementaux étaient plus susceptibles d'avoir une dépendance à l'égard de l'alcool ou des drogues illicites que les adolescents n'ayant pas ce genre de problèmes.
- La *National Comorbidity Survey*, étude américaine, a révélé que la moitié de toutes les personnes âgées de 15 à 54 ans ayant déjà eu un problème de santé mentale au cours de leur vie avait aussi eu des problèmes liés à l'usage d'alcool ou d'autres drogues. En outre, les personnes appartenant au groupe des 15 à 24 ans étaient aussi susceptibles d'avoir eu un trouble concomitant.

D'après la publication de Santé Canada intitulée *Meilleures pratiques— Troubles concomitants de santé mentale et d'alcoolisme et de toxicomanie* (2002), le terme « troubles concomitants » s'utilise dans le cas des personnes chez qui l'on constate une *combinaison de troubles mentaux, émotionnels et psychiatriques* et un usage excessif d'alcool et/ou d'autres drogues psychotropes. Sur le plan technique et diagnostique, ce terme s'entend d'une combinaison de troubles mentaux et de troubles liés à l'usage d'alcool ou d'autres drogues, définie par exemple selon l'axe I et l'axe II du DSM-IV.

1.4.1 DONNÉES RECUEILLIES EN ONTARIO SUR L'USAGE D'ALCOOL OU D'AUTRES DROGUES CONCOMITANT AUX PROBLÈMES DE SANTÉ MENTALE CHEZ LES ÉLÈVES

Le SCDEO donne des indications quant à la mesure dans laquelle l'usage de drogues va de pair avec les problèmes de santé mentale chez les élèves ontariens.

CONCLUSIONS DU SCDEO

Environ un élève sur 25 (36 600 élèves en Ontario) a dit souffrir de détresse psychologique profonde (symptômes d'anxiété et de dépression) et avoir une consommation dangereuse d'alcool. Tant les jeunes femmes que les jeunes hommes sont susceptibles de signaler l'existence de problèmes concomitants (Adlaf et coll., 2002).

Parmi les élèves faisant état de problèmes liés à la consommation d'alcool, près de la moitié disent aussi souffrir de détresse psychologique (Adlaf et Paglia, 2001).

1.5. LA RELATION ENTRE L'USAGE D'ALCOOL OU D'AUTRES DROGUES ET LES PROBLÈMES DE SANTÉ MENTALE

Les problèmes d'usage d'alcool ou d'autres drogues et de santé mentale des jeunes sont reliés entre eux et peuvent influer les uns sur les autres de diverses façons. À titre d'exemple, les problèmes de santé mentale peuvent précéder l'usage d'alcool ou d'autres drogues et un jeune peut faire usage de drogues à des fins d'automédication ou pour composer avec ses symptômes de problèmes de santé mentale. En revanche, ces problèmes peuvent s'être développés à cause de l'usage d'alcool ou d'autres drogues (Ballon, sous presse ; CAMH, 2002a).

Les renseignements suivants peuvent aider à comprendre le lien entre les deux types de troubles.

RELATION ENTRE L'USAGE D'ALCOOL OU D'AUTRES DROGUES ET LES TROUBLES MENTAUX

L'usage d'alcool ou d'autres drogues et les problèmes de santé mentale sont reliés entre eux de plusieurs façons :

CRÉER—L'usage d'alcool ou d'autres drogues peut créer des symptômes psychiatriques. Par exemple, l'alcool est un neurodépresseur—si un jeune boit suffisamment d'alcool, il risque de développer des symptômes de dépression et sa situation peut finir par correspondre aux critères de dépression grave.

DÉCLENCHER—L'usage de drogues peut déclencher certains troubles mentaux si un jeune possède une prédisposition aux maladies mentales. Par exemple, un jeune dont la mère souffre du trouble bipolaire peut n'avoir jamais manifesté de symptômes de manie avant de faire usage de phencyclidine (PCP).

EXACERBER—Les symptômes de maladie mentale peuvent s'aggraver lorsqu'un jeune fait usage d'alcool ou d'autres drogues. Ainsi, un jeune ayant des pensées suicidaires peut tenter de se suicider après avoir consommé de l'alcool parce que l'alcool le rend plus déprimé et moins inhibé.

IMITER—Les symptômes d'usage d'alcool ou d'autres drogues peuvent imiter les symptômes de trouble psychiatrique. Par exemple, un jeune n'ayant jamais manifesté de symptômes psychiatriques peut avoir un délire paranoïde après avoir fait usage de beaucoup d'amphétamines.

MASQUER—Les symptômes de santé mentale peuvent être masqués par l'usage d'alcool ou d'autres drogues. Ainsi, un jeune souffrant d'hyperactivité avec déficit de l'attention peut mieux se concentrer après avoir fait usage de cocaïne. Les symptômes psychiatriques peuvent ne se manifester que lorsque le jeune cesse de faire usage de cette drogue pendant un laps de temps prolongé.

ABSENCE DE LIEN—Un problème de santé mentale et l'usage d'alcool ou d'autres drogues peuvent n'avoir aucun lien, mais peuvent avoir un facteur commun. Par exemple, le bagage génétique d'un jeune peut le rendre plus vulnérable aux maladies mentales ou à l'usage d'alcool ou d'autres drogues et l'y prédisposer

(Trupin et Boesky, 2001).

1.6 LES PROBLÈMES DE SANTÉ MENTALE CONCOMITANTS LES PLUS FRÉQUENTS

Il existe plusieurs problèmes de santé mentale qu'on retrouve souvent avec des problèmes d'usage d'alcool ou d'autres drogues. Certains comme le trouble d'hyperactivité avec déficit de l'attention (THADA), la dépression, l'anxiété, les troubles du comportement et les troubles d'apprentissage peuvent se manifester dans l'enfance et accroître par la suite le risque qu'un jeune développe des problèmes d'usage d'alcool ou d'autres drogues. D'autres troubles comme le trouble bipolaire et la schizophrénie tendent à se développer à l'adolescence et au début de l'âge adulte, soit à peu près au même moment où les problèmes d'usage d'alcool ou d'autres drogues ont tendance à se manifester.

Trouble d'hyperactivité avec déficit de l'attention (THADA)

· Les symptômes de ce trouble sont l'impulsivité, l'inattention, l'hyperactivité et la distractibilité.
· Le THADA se manifeste dès le jeune âge et doit être évident avant l'âge de sept ans pour être diagnostiqué correctement.
· Les enfants atteints de THADA souvent ne se débarrassent pas complètement du problème en grandissant et développent un syndrome de THADA résiduel.
· Le THADA, le trouble des conduites et les problèmes d'usage d'alcool ou d'autres drogues sont souvent concomitants.
· Il arrive souvent que le THADA ne soit pas diagnostiqué et il peut en résulter que le jeune procède à l'automédication en prenant des stimulants ou des dépresseurs selon les symptômes qu'il veut modifier.

- Le THADA est parfois confondu avec d'autres troubles ou comportements qui en imitent les symptômes ou qui coexistent avec lui comme l'usage d'alcool ou d'autres drogues, les difficultés d'apprentissage ou le trouble du spectre d'alcoolisation fœtale (TSAF).
- Les substances comme le cannabis sont utilisées par les jeunes ayant le THADA pour réduire l'impulsivité, bien que le cannabis puisse aussi faire augmenter l'inattention.
- Le Ritalin, un stimulant communément prescrit aux jeunes atteints de THADA, est le traitement le plus efficace pour les symptômes de THADA, et ce même chez les jeunes qui ont des problèmes d'usage d'alcool ou d'autres drogues (Ballon, sous presse).

Trouble bipolaire

- Le trouble bipolaire se manifeste par des états épisodiques d'irritation et d'euphorie alternant avec un état dépressif.
- L'âge de l'apparition du trouble bipolaire est controversé bien que la plupart des cliniciens pensent que le trouble ne se manifeste pas complètement avant l'âge de 12 ans.
- L'usage de drogues chez les jeunes atteints du trouble bipolaire peut débuter très tôt.
- L'usage d'alcool ou d'autres drogues peut donner l'impression que les symptômes sont mixtes ou peut créer une succession rapide des états.
- L'usage d'alcool ou d'autres drogues se constate plus souvent chez les personnes ayant des accès maniaques que chez les personnes souffrant de tout autre problème psychiatrique. Des stimulants peuvent être utilisés pour éviter ou retarder la phase dépressive et maintenir la phase maniaque. L'usage chronique de stimulants finit cependant par causer la dépression (Ballon, sous presse).
- Le trouble bipolaire peut être difficile à diagnostiquer lorsqu'il y a intoxication à la cocaïne ou à d'autres stimulants majeurs. Une période d'abstinence est habituellement nécessaire.

Trouble des conduites

- Ce terme désigne des problèmes comportementaux de longue durée comme la désobéissance, l'impulsivité ou le comportement antisocial qui peut comprendre le vandalisme, la pyromanie, l'intimidation et les combats, l'usage de drogues, l'activité criminelle et l'insouciance à l'égard des autres (Chaim et Shenfeld, sous presse).
- Le trouble des conduites est étroitement lié à l'usage d'alcool ou d'autres drogues qu'il précède habituellement. Il est aussi communément associé au trouble d'hyperactivité avec déficit de l'attention.
- Les jeunes qui souffrent du trouble des conduites aiment prendre des risques et sont souvent de grands usagers de drogues multiples par goût du sentiment d'excitation et d'euphorie qu'elles procurent (CAMH, 2002a).

Dépression

· La dépression se manifeste par une humeur irritable, des douleurs physiques (p. ex., maux de tête, crampes d'estomac), l'insomnie, des difficultés scolaires ou une diminution des activités sociales.

· La dépression précède souvent le problème d'usage d'alcool ou d'autres drogues. Il arrive souvent que les jeunes fassent usage de drogues pour atténuer les sentiments négatifs qu'ils ressentent.

· Les stimulants peuvent parfois être utilisés pour accroître le niveau d'énergie des clients souffrant de dépression, mais ces médicaments peuvent aussi accroître l'anxiété ressentie.

· Bon nombre des drogues dont les jeunes souffrant de dépression font usage (p. ex., alcool, marijuana) peuvent aggraver la dépression si elles sont utilisées de façon chronique (CAMH, 2002a).

· Il convient de noter que le sevrage de certaines drogues peut causer la dépression.

Troubles de l'alimentation

· La probabilité qu'un jeune développe un problème concomitant d'usage de drogues augmente de 12 % à 18 % chez les personnes souffrant d'anorexie et de 30 % à 70 % parmi celles qui souffrent de boulimie.

· Les troubles de l'alimentation apparaissent habituellement à l'adolescence.

· Les jeunes ayant un trouble de l'alimentation ont tendance, pour couper leur appétit, à faire usage de drogues comme la nicotine, l'alcool ou les stimulants (p. ex., pilules amaigrissantes, comprimés de caféine, amphétamines et cocaïne) (CAMH, 2002a).

Trouble du spectre d'alcoolisation fœtale (TSAF)

· Le TSAF est un continuum de déficits neurologiques, comportementaux et cognitifs qui compromettent la croissance, l'apprentissage et la socialisation et qui découlent de l'usage par la mère d'alcool pendant la grossesse.

· Les symptômes du TSAF peuvent imiter bon nombre des symptômes susmentionnés et coexistent souvent avec le THADA.

Troubles d'apprentissage

· Les troubles d'apprentissage sont causés par des « conditions du cerveau » qui entravent la capacité d'assimiler, de traiter et d'exposer l'information.

· Le taux d'usage d'alcool ou d'autres drogues est très élevé chez les jeunes qui ont des troubles d'apprentissage puisqu'ils sont susceptibles de connaître bon nombre des symptômes qui incitent un grand nombre de personnes à se tourner vers l'alcool ou d'autres drogues comme la faible estime de soi, les difficultés scolaires, la solitude et la dépression (Chaim et Shenfeld, sous presse).

Stress post-traumatique

- Il peut se manifester par des symptômes associés à l'anxiété, à la dépression, à l'automutilation, à la préoccupation avec la mort, à des pensées ou à des gestes suicidaires et à des flashbacks.

- L'incidence du stress post-traumatique est beaucoup plus élevée lorsque le jeune a fait l'objet de mauvais traitements affectifs, sexuels ou physiques.

- Les personnes souffrant de stress post-traumatique font souvent usage d'alcool ou d'autres drogues pour arriver à apaiser leurs émotions et à contrôler leur colère (CAMH, 2002a).

Schizophrénie

- Les symptômes de la schizophrénie comme la psychose, les hallucinations et la paranoïa, apparaissent habituellement à la fin de l'adolescence ou au début de la vingtaine.

- Les personnes atteintes de schizophrénie consomment de l'alcool surtout pour ses effets euphoriques et relaxants. L'alcool peut accroître les effets secondaires sur le système nerveux central (SNC) des médicaments antipsychotiques, en empirer les effets secondaires extrapyramidaux (ESE) et accélérer également l'apparition de la dyskinésie tardive. L'alcool peut aussi accroître chez les personnes atteintes de schizophrénie les risques d'anxiété, de troubles du sommeil et de problèmes d'ordre sexuel.

- Des recherches ont démontré que les personnes atteintes de schizophrénie qui font beaucoup usage de cannabis voient la maladie apparaître de 5 à 10 ans plus tôt que celles qui n'en font pas usage.

- Le taux de tabagisme dans cette population est beaucoup plus élevé que chez le grand public, en partie du fait que la nicotine atténue les effets secondaires des médicaments antipsychotiques. Parmi les personnes atteintes de schizophrénie, l'incidence de dyskinésie tardive est beaucoup plus élevée chez les fumeurs que chez les non-fumeurs.

- Les symptômes psychotiques qui imitent la schizophrénie (hallucinations, délire, anxiété, dépersonnalisation et paranoïa) peuvent être causés par l'usage d'hallucinogènes comme le cannabis. L'usage d'hallucinogènes produit habituellement des effets visuels et l'usage chronique de ces drogues peut causer le trouble des perceptions post-hallucinogènes (TPPH), ce qu'on appelle plus communément des « flashbacks », qui prennent la forme de pseudo-hallucinations visuelles comme des effets de traînée, des halos et des mouvements à partir du coin de l'œil. Habituellement, les personnes atteintes de TPPH savent que ces phénomènes sont irréels, contrairement aux personnes souffrant d'une maladie psychotique (Ballon, sous presse).

- L'usage de cocaïne peut atténuer les symptômes négatifs de la schizophrénie ainsi que le sentiment de dépression.

Anxiété sociale

· Elle se manifeste habituellement par des comportements liés au désir d'éviter d'aller à l'école, une mauvaise image de soi et l'isolement social, et la crainte intense d'être humilié et d'être jugé de façon négative par les autres.

· Le comportement d'évitement peut au départ protéger le jeune contre l'usage d'alcool ou d'autres drogues. Cependant, lorsqu'un jeune fait l'essai de l'alcool ou d'autres drogues, l'effet anxiolytique de la substance peut l'inciter à poursuivre son usage (CAMH, 2002a).

· L'usage d'alcool ou d'autres drogues peut atténuer les symptômes que ressent le jeune et le recours de cette façon à l'automédication peut donner l'impression que le jeune fonctionne assez bien. Cependant, au fur et à mesure que la tolérance croît, les effets des drogues diminuent et il peut y avoir aggravation des symptômes.

· L'anxiété sociale peut être confondue avec la timidité ou des déficits au plan des aptitudes sociales, déficits développementaux qui sont communs chez les adolescents.

· La consommation excessive de caféine ou de stimulants par une personne souffrant du trouble anxieux peut imiter les symptômes de l'anxiété et accroître l'insomnie. Elle peut aussi faire augmenter le rythme cardiaque, la nervosité, la rougeur faciale, les troubles gastro-intestinaux, les tics nerveux, les palpitations et la transpiration.

Double diagnostic

· On parle de « double diagnostic » dans le cas des jeunes ayant des troubles développementaux ainsi que des troubles mentaux.

· Les jeunes ayant des troubles développementaux qui font usage d'alcool ou d'autres drogues présentent des caractéristiques particulières.

· Les troubles liés à l'usage d'alcool ou d'autres drogues comme d'autres problèmes de santé mentale sont liés au degré de déficience/potentiel cognitif. Plus le QI d'un jeune ayant des troubles développementaux est élevé, plus la prévalence de ces troubles est élevée (Campbell et Malone, 1991 ; Edgerton, 1986).

· La croyance populaire voulant que les personnes auxquelles s'applique un double diagnostic et qui font usage d'alcool ou d'autres drogues soient plus vulnérables à l'effet intoxicant de ces substances a été confirmée en partie.

· Les personnes ayant des troubles développementaux ont tendance à faire usage d'alcool ou de drogues illicites en quantité plus grande que la population générale. Elles sont donc plus difficiles à identifier. Les fournisseurs de soins considèrent souvent que cet usage fait partie du « mode de vie » de ces personnes.

- Les contraintes inhérentes auxquelles sont confrontées les personnes ayant des troubles développementaux au cours de leur vie et l'anxiété et la dépression qui en résultent (Stavrakaki, 1999 ; Stavrakaki et Mintsioulis, 1995 ; 1997) tendent à inciter ces personnes plus que les autres à faire usage d'alcool ou d'autres drogues comme moyen d'automédication ou pour atténuer le stress qu'elles ressentent. (Longo, 1997 ; Ruf, 1999).
- Les troubles mentaux qu'on retrouve le plus souvent chez cette population, comme le trouble bipolaire et la schizophrénie, ont tendance à faire augmenter la prévalence des troubles liés à l'usage d'alcool ou d'autres drogues dans cette population (Longo, 1997 ; Stavrakaki, 2002 ; Westermeyer et coll., 1988).

CHAPITRE 2

COMMENT SE PRÉPARER À RÉPONDRE AUX BESOINS DES JEUNES—ATTITUDES, CONNAISSANCES ET APPROCHES ESSENTIELLES

D'après votre propre expérience, vous savez sans doute déjà qu'il faut s'attendre à tout lorsqu'on travaille avec des jeunes ! Le présent chapitre donne un aperçu de certains renseignements qui peuvent vous être utiles si vous ne les connaissez pas déjà. Les diverses sections du chapitre traitent des attitudes, connaissances et approches essentielles qui peuvent vous servir à aider des jeunes à s'attaquer notamment à leurs problèmes d'usage d'alcool ou d'autres drogues et de santé mentale.

Selon le milieu où vous œuvrez, les sujets suivants peuvent vous intéresser :

· approches intégrées ;
· mythes et préjugés communs sur l'usage d'alcool ou d'autres drogues et la santé mentale ;
· concepts de base relatifs à l'usage d'alcool ou d'autres drogues ;
· réduction des méfaits ;
· modèle des étapes du changement ;
· motivation et changement de comportement ;
· sensibilisation à la diversité culturelle ;
· services d'approche ;
· déclaration du problème ;
· gestion du comportement ;
· enjeux juridiques.

2.1 APPROCHES INTÉGRÉES POUR LUTTER CONTRE LES PROBLÈMES D'USAGE D'ALCOOL OU D'AUTRES DROGUES ET DE SANTÉ MENTALE CHEZ LES JEUNES—NOUVEAU DOMAINE DE PRATIQUE

Étant donné que les problèmes d'usage d'alcool ou d'autres drogues et les problèmes de santé mentale vont si souvent de pair, des approches de traitement intégrées sont logiques parce qu'elles reflètent le vécu de nombreux jeunes.

Une approche intégrée vise à traiter *à la fois le problème d'usage d'alcool ou d'autres drogues et les autres problèmes de santé mentale* chez les jeunes. Elle suppose :

- une évaluation des problèmes d'usage d'alcool ou d'autres drogues et de santé mentale ;
- un traitement global et un plan de soutien unique qui traite de tous les aspects des problèmes auxquels fait face un jeune ;
- la collaboration avec les autres fournisseurs de soins en vue de la mise en œuvre coordonnée du plan.

Dans un programme de traitement intégré, les autres membres de l'équipe et vous travaillez ensemble pour aider le jeune à surmonter à la fois son problème d'usage d'alcool ou d'autres drogues et ses problèmes de santé mentale. Vous pouvez aussi collaborer avec des collègues travaillant dans d'autres services de l'organisme auquel vous appartenez ou avec des collègues appartenant à d'autres organismes communautaires pour offrir un ensemble de services (simultanément ou de façon successive) qui répondent aux besoins de traitement et de soutien des jeunes (pour de plus amples renseignements sur l'intégration des programmes et des systèmes, voir Santé Canada, 2002, 16-20, 93-97).

Il importe que vous intégriez vos approches au traitement des problèmes d'usage d'alcool ou d'autres drogues et de santé mentale puisque ces phénomènes interagissent de nombreuses façons. Les résultats obtenus auprès des jeunes tendent aussi à être moins bons lorsqu'on s'attaque isolément à ces deux types de problèmes. Pour que le traitement soit efficace, vous devez comprendre la façon dont l'usage d'alcool ou d'autres drogues d'un jeune influe sur sa santé mentale et vice versa.

Quelle que soit la « porte » à laquelle un jeune frappe, qu'il s'agisse d'un programme de traitement de la toxicomanie, d'un service de santé mentale ou d'un autre organisme, à titre de fournisseur de soins, vous devez dépister les problèmes d'usage d'alcool ou d'autres drogues et de santé mentale, et veiller à les traiter de façon intégrée.

2.1.1 QUE FAIRE POUR ACCROÎTRE L'INTÉGRATION DES APPROCHES ?

Pour mieux aider les jeunes qui ont des problèmes d'usage d'alcool ou d'autres drogues et de santé mentale, vous pouvez notamment :

· accroître votre compréhension des concepts de base liés à l'usage d'alcool ou d'autres drogues ;

· accroître votre connaissance des problèmes d'usage d'alcool ou d'autres drogues et de santé mentale chez les jeunes, de la prévalence de ces problèmes et de leur interaction ;

· accroître votre compréhension des différences et des similitudes entre les services de traitement de la toxicomanie et de santé mentale pour les jeunes. Cela peut vous aider à comprendre les diverses façons dont on peut interpréter et prioriser les besoins des jeunes ;

· accroître votre compréhension de l'éventail de programmes et de services de santé mentale et de traitement de la toxicomanie qui s'adressent aux jeunes dans votre collectivité ;

· acquérir des compétences multidisciplinaires qui vous permettront de dépister, d'évaluer et de traiter les problèmes d'usage d'alcool ou d'autres drogues et de santé mentale ;

· améliorer la coordination de vos services avec les autres services de traitement de la toxicomanie et de santé mentale destinés aux jeunes dans votre collectivité pour éviter que les jeunes ne soient ballottés d'un service à un autre ou, pis encore, qu'ils ne passent entre les mailles du filet ;

· vous préparer à coordonner la gestion de cas et à veiller à l'intégration des approches en vue d'aider les jeunes à surmonter leurs problèmes d'usage d'alcool ou d'autres drogues et de santé mentale.

2.1.2 COORDINATION DES SERVICES DE TRAITEMENT DE LA TOXICOMANIE ET DE SANTÉ MENTALE POUR LES JEUNES

Les domaines de la lutte contre la toxicomanie et de la santé mentale ont jusqu'ici été des domaines bien distincts, mais la situation à cet égard commence à changer. On s'entend de plus en plus pour reconnaître que les jeunes auxquels s'adressent les services de traitement de la toxicomanie et de santé mentale ont tendance à avoir des besoins multiples qui exigent une approche globale et intégrée.

Certaines des initiatives visant à accroître les liens entre les spécialistes de ces domaines comprennent la formation conjointe, les échanges de personnel, les détachements et la consultation (Schwartz, 1997). Voici d'autres mécanismes qui peuvent favoriser la coordination : regroupement ; information et services d'orientation ; admissions et orientations centralisées ; réseaux interagences comme des équipes multidisciplinaires ; gestion de cas ; partage du personnel ; modèles de financement ; formation et éducation ; partage des systèmes de données ; liens avec l'ensemble du système de services de santé, de services sociaux et de services correctionnels (Santé Canada, 2002).

Il s'agit d'un nouveau concept en Ontario. Jusqu'ici, la lutte contre la toxicomanie et les services de santé mentale pour enfants relevaient de domaines distincts. C'est de moins en moins le cas puisque les intervenants des deux domaines commencent à travailler ensemble et essaient de répondre aux besoins des adolescents aux prises avec des problèmes d'usage d'alcool ou d'autres drogues et de santé mentale. Cette collaboration n'en est qu'à ses débuts. (Schwartz, 1997, 1)

Les adolescents qu'on rencontre dans les centres de santé mentale sont très semblables à ceux qui viennent chercher de l'aide dans les centres de traitement de la toxicomanie. Ce sont les mêmes adolescents ! Les mêmes facteurs de risque. Des problèmes semblables. Des familles semblables. Des problèmes de santé mentale, des craintes et des angoisses semblables. (Schwartz, 1997, 1)

L'annexe B, Services de traitement de la toxicomanie et de santé mentale pour les jeunes en Ontario, fait ressortir certaines des différences et, ce qui importe peut-être davantage, les points de similitude entre les services de traitement de la toxicomanie et les services de santé mentale destinés aux jeunes.

2.2 MYTHES ET PRÉJUGÉS COMMUNS SUR L'USAGE D'ALCOOL OU D'AUTRES DROGUES ET LA SANTÉ MENTALE

Quelle que soit votre expertise ou votre expérience, il peut arriver :
- que vous vous sentiez mal à l'aise à l'idée de traiter avec des jeunes qui font usage d'alcool ou d'autres drogues ou que vous ayez peur de le faire ;
- que vous ressentiez moins d'empathie à l'égard des jeunes qui font usage d'alcool ou d'autres drogues par opposition aux jeunes qui souffrent de dépression ou d'anxiété, par exemple ;
- que vous vous sentiez mal à l'aise autour de jeunes qui ont des comportements inhabituels ou extrêmes comme celui de se faire des entailles ou de dire des choses qui ne tiennent pas debout ;
- que vous hésitiez à interroger les jeunes sur leur usage d'alcool ou d'autres drogues ;
- que vous hésitiez à interroger les jeunes sur leurs problèmes éventuels de santé mentale.

Vos sentiments reflètent probablement, d'une certaine façon, certains mythes et préjugés qui persistent sur l'usage d'alcool ou d'autres drogues et la santé mentale dans notre société :

Certains mythes communs sur l'usage d'alcool ou d'autres drogues et la santé mentale

Mythe	Vérité
Le traitement des problèmes d'usage d'alcool ou d'autres drogues est un domaine hautement spécialisé et tout jeune qui fait usage de ces drogues devrait immédiatement être dirigé vers un spécialiste de la lutte contre la toxicomanie.	Bien qu'il soit nécessaire de posséder des connaissances et une formation sur l'usage d'alcool ou d'autres drogues et sur la façon de dépister, d'évaluer et de traiter les problèmes, vous pouvez exécuter des interventions efficaces sans être un spécialiste du sujet.
On ne peut pas aider un jeune qui fait usage d'alcool ou d'autres drogues avant qu'il n'ait « touché le fond ».	« Toucher le fond » laisse entendre qu'un événement extraordinaire doit se produire avant qu'une personne puisse changer son comportement, ce qui est absolument faux ! Cependant, les conséquences négatives de l'usage d'alcool ou d'autres drogues amènent souvent un jeune ou ses parents à chercher de l'aide.

Mythe	Vérité
Les traitements visant à lutter contre la toxicomanie ne sont efficaces qu'auprès des personnes très motivées à cesser leur usage d'alcool ou d'autres drogues.	La motivation n'est pas une caractéristique intrinsèque, mais plutôt un processus évolutif, un continuum, qui peut être favorisé. Votre style de communication, votre empathie, votre chaleur, votre objectivité et votre engagement, peuvent venir à bout de la résistance d'un jeune et accroître sa motivation à changer son comportement.
Les drogues douces comme l'alcool, la marijuana et le tabac ne créent pas de dépendance. Les jeunes qui ne font usage que de ce type de drogues n'ont pas besoin d'aide.	Tous les types de drogues peuvent créer une dépendance et causer beaucoup de tort.
Les jeunes qui font usage d'alcool ou d'autres drogues doivent cesser de le faire avant qu'on puisse traiter les problèmes de santé mentale dont ils peuvent être affligés.	Obliger un jeune à cesser de faire usage d'alcool ou d'autres drogues comme condition préalable à son traitement est souvent un objectif trop ambitieux. Cette approche peut être la cause du renvoi d'un jeune d'un service à un autre.
Les jeunes qui souffrent de problèmes de santé mentale sont tous potentiellement violents et dangereux.	Les jeunes souffrant de problèmes de santé mentale ne sont pas plus dangereux que les autres. Cependant, selon le problème dont ils souffrent, ils peuvent être plus susceptibles de faire preuve de violence à leur propre endroit qu'à l'endroit d'autres personnes. Près de la moitié des personnes atteintes de schizophrénie tentent de se suicider et une sur dix y parvient.
Les jeunes qui souffrent de problèmes de santé mentale sont responsables de leur condition qui reflète une faiblesse ou un défaut de caractère chez eux ou chez leurs parents ou qui est une tentative de leur part d'obtenir de l'attention.	Une personne chez qui l'on a diagnostiqué un problème de santé mentale souffre d'une maladie. Elle n'y est pour rien. Les problèmes de santé mentale affectent des personnes de toutes les races, de toutes les cultures et de toutes les classes sociales.

Mythe	Vérité
Les jeunes atteints de problèmes de santé mentale ne peuvent pas mener une vie indépendante et n'ont rien à apporter à la collectivité.	De nombreuses personnes qui ont déjà souffert de problèmes de santé mentale ont beaucoup contribué à notre société, notamment en politique, dans le secteur culturel, dans les milieux universitaires et sportifs, en journalisme, dans les affaires, dans le domaine artistique et dans les sciences. Bon nombre de ces personnes ont été des chefs de file et des visionnaires.
Les jeunes souffrant de problèmes de santé mentale doivent être traités pour ces troubles avant qu'on puisse les aider à surmonter leur problème d'usage d'alcool ou d'autres drogues.	Si le problème de santé mentale dont souffre une personne produit chez elle des symptômes graves ou menace sa vie, il faut essayer de traiter ce trouble le plus rapidement possible. Dans les autres cas, il vaut souvent mieux traiter simultanément les problèmes d'usage d'alcool ou d'autres drogues et de santé mentale.

(Fondation de la recherche sur la toxicomanie et Santé et Bien-être social Canada, 1991 ; Centre de toxicomanie et de santé mentale et Association canadienne pour la santé mentale, 2001 ; Schwartz, 1997)

2.2.1 IMPORTANCE D'UNE ATTITUDE POSITIVE

Votre attitude et vos attentes à l'endroit des jeunes auprès desquels vous intervenez ont beaucoup à voir avec ce qu'il advient d'eux. Adopter une attitude positive à l'égard des jeunes et de leur capacité de changer suppose de ne pas donner prise aux mythes et aux préjugés. Il importe aussi de mettre l'accent sur les forces et les ressources naturelles des jeunes, et pas seulement sur leurs problèmes, si l'on veut vraiment établir un rapport avec eux et les inciter à chercher des solutions à leurs problèmes.

Si vous reconnaissez que le fait d'intervenir auprès de jeunes qui peuvent faire usage d'alcool ou d'autres drogues et souffrir de problèmes de santé mentale est gratifiant, que vous considérez avoir le droit de les interroger sur leurs problèmes d'usage d'alcool ou d'autres drogues et de santé mentale et que vous estimez être équipé pour intervenir convenablement auprès d'eux, vous pouvez être assuré que vous pouvez vraiment les aider.

L'important est de reconnaître que chaque jeune est une personne unique qui fait face à des circonstances difficiles et parfois dévastatrices. Il serait mal avisé de faire des suppositions ou

Que le conseiller soit convaincu qu'une personne puisse changer son comportement ou qu'il soit convaincu du contraire importe, car ses attentes ont de bonnes chances de se réaliser. (Miller et Rollick, 2002, 41)

des généralisations en se fondant sur la gravité des problèmes auxquels est confronté un jeune en particulier.

2.3 LES DROGUES ET LEURS EFFETS

Dans cette section, nous définissons les concepts de base et décrivons les processus fondamentaux de l'usage d'alcool ou d'autres drogues. L'information figurant dans cette section vise à répondre aux questions essentielles suivantes : « Qu'est-ce que les drogues ? » et « Quels sont leurs effets ? »

Premièrement, qu'est-ce qu'une drogue ? Le mot grec *pharmakon* signifie à la fois médicament et poison, confusion dans les faits et les attitudes qui persiste encore aujourd'hui. Certaines « drogues » (p. ex., des médicaments) sont conçues pour avoir des effets positifs sur l'esprit ou le corps, mais peuvent être toxiques si elles sont mal utilisées. D'autres substances qui sont normalement utilisées comme des aliments ou des boissons (p. ex., les champignons, l'alcool) ou qui servent à d'autres fins que la consommation humaine (p. ex., l'essence, les solvants) peuvent aussi avoir des effets puissants sur l'esprit ou le corps. Ce que toutes ces substances ont en commun, c'est leur capacité de changer l'humeur, l'état d'esprit ou la façon d'être de l'utilisateur.

Les gens prennent des drogues pour une raison principale : ces substances changent la chimie du système nerveux central (SNC), en particulier celle du cerveau. Les effets produits peuvent être physiologiques, biochimiques ou psychologiques, mais dans tous les cas, les drogues produisent des « états de conscience altérés », c'est-à-dire des sensations altérées, des perceptions altérées et mêmes des capacités altérées.

Quand cette altération devient-elle de l'abus de drogues ? Dire que quelqu'un souffre d'abus de drogues, c'est porter un jugement de valeur plutôt qu'un jugement scientifique. La distinction entre l'usage acceptable de drogues, l'usage dangereux de drogues et l'abus varie selon les lieux et les époques et selon les contextes culturels également.

Pour comprendre les effets des drogues, nous devons d'abord nous familiariser avec deux processus importants qui influent sur leur intensité :
· la concentration de la drogue au site d'action dans le corps et les facteurs qui influent sur celle-ci ;
· la réaction du corps à une concentration donnée de drogue, laquelle change et se développe au fil du temps. C'est ce qu'on appelle la tolérance.

Une drogue est toute substance utilisée pour modifier l'humeur, l'état d'esprit ou la façon d'être de l'usager.

L'American Medical Association définit ainsi l'abus de drogues : l'ingestion d'une substance psychotrope capable de produire une dépendance physique ou psychologique dans des doses et à une fréquence susceptibles d'entraîner l'intoxication manifeste ou de causer des problèmes psychologiques ou physiques de même que des comportement anti-sociaux. Autrement dit, lorsque l'usage continu d'une substance psychotrope importe davantage à une personne que les problèmes qui découlent de cet usage, on peut alors parler de toxicomanie. (Wilford, 1981)

2.3.1 CONCENTRATION DE LA DROGUE AU SITE D'ACTION

L'intensité de l'effet de la drogue dépend en grande partie de sa concentration au site d'action. La concentration dépend, à son tour, de la dose administrée ; de la façon dont la substance est absorbée, distribuée, métabolisée et éliminée par le corps ; de l'interaction entre les drogues ; et d'autres facteurs. Le site primaire de psychoactivité est le SNC, mais l'action à et d'autres sites (p. ex., le cœur) peut causer des effets psychologiques (p. ex., l'excitation).

Dose

Dose s'entend de la quantité consommée. Dans le cas des drogues licites, la dose est connue ou peut être estimée. La dose d'un médicament sur ordonnance ou d'un médicament en vente libre est habituellement indiquée sur l'étiquette du médicament. Une dose d'alcool peut être estimée en se reportant à la notion de verre « standard » illustrée ci-dessous.

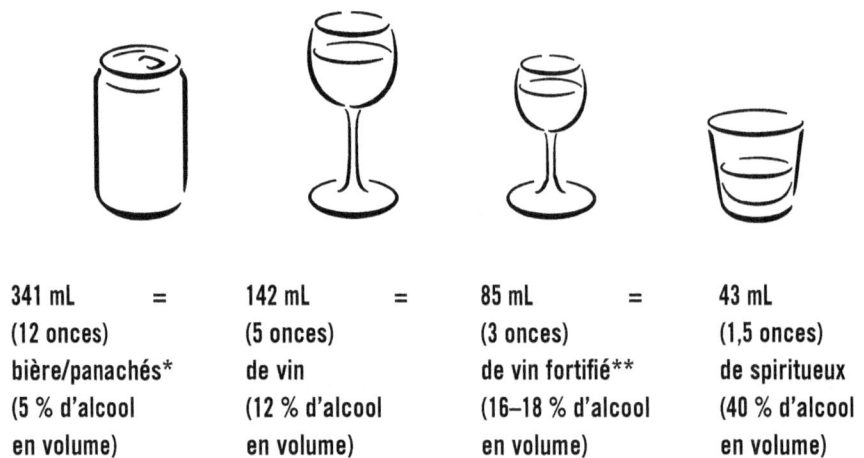

341 mL	=	142 mL	=	85 mL	=	43 mL
(12 onces)		(5 onces)		(3 onces)		(1,5 onces)
bière/panachés*		de vin		de vin fortifié**		de spiritueux
(5 % d'alcool		(12 % d'alcool		(16–18 % d'alcool		(40 % d'alcool
en volume)		en volume)		en volume)		en volume)

* Il est à noter que la bière et de nombreux panachés contiennent 5 % d'alcool, mais certains produits en contiennent parfois 6 ou 7 %, ce qui les rend plus enivrants qu'un verre standard. Les bières légères contiennent en moyenne 4 % d'alcool.

** comme le sherry, le porto ou le vermouth

Figure 2.1 : Un verre « standard » est une bouteille de bière, un verre de vin de table, un petit verre de vin de dessert (fortifié) ou un « coup » de spiritueux. Chaque consommation contient la même quantité d'alcool.

Dans le cas des drogues illicites, la dose est souvent inconnue en raison du caractère extrêmement variable de ces préparations. Pour les drogues provenant de sources végétales (p. ex., la marijuana), les différences dans les variétés de plants et les techniques de culture peuvent grandement influer sur la puissance de la drogue. Pour les drogues synthétiques, la puissance varie selon :

· les techniques chimiques employées par le fabricant ;

· le soin avec lequel ces techniques sont utilisées ;

- l'âge de la drogue et les conditions dans lesquelles elle a été entreposée ;
- la pureté de la drogue.

Absorption

Pour qu'une drogue psychotrope produise un effet sur le cerveau, elle doit pouvoir :

- traverser les membranes cellulaires du petit intestin, des poumons, des muqueuses, etc., afin d'être absorbée dans le sang ;
- traverser la barrière hémato-encéphalique, c'est-à-dire les membranes cellulaires spécialisées des petits capillaires du cerveau qui sont très rapprochées, de manière à passer du sang au site d'action, soit le cerveau.

La plupart des drogues psychotropes peuvent traverser les membranes cellulaires assez facilement, mais la vitesse avec laquelle elles pénètrent dans le sang et le cerveau dépend du mode d'administration de la drogue ou de la voie qu'elle emprunte.

Les voies les plus fréquentes sont :

Ingestion : l'administration orale (la drogue est avalée) est la méthode la plus commune et la plus pratique d'administration d'une drogue. Cependant, la vitesse d'absorption des drogues par cette voie a tendance à être plutôt lente puisque, de façon générale, les drogues doivent passer de l'estomac au petit intestin avant de pouvoir entrer dans le sang.

L'absorption par ingestion peut être ralentie par :

- la présence de nourriture dans l'estomac ;
- la présence dans l'estomac d'un contenu qui dilue la drogue ;
- la présence dans l'estomac d'un contenu hautement acide ou hautement basique. (Certaines drogues sont entièrement détruites par l'acidité de l'estomac ou par les enzymes digestives et doivent être administrées par injection pour être efficaces. C'est le cas, par exemple, de l'insuline, de certains antibiotiques et de certaines hormones.)

Inhalation : les substances volatiles (gaz) et les aérosols (suspensions de particules ou de gouttes de liquide dans un gaz) sont habituellement administrées par inhalation dans les poumons. L'absorption à partir des poumons est rapide : l'effet d'une bouffée de cocaïne fumable ou de tabac est ressenti en quelques secondes. Les drogues dont on peut faire usage de cette façon comprennent les solvants, les gaz propulseurs, le cannabis, le tabac, certains médicaments administrés pour traiter l'asthme et de nombreux anesthésiques généraux.

Un usager expérimenté peut contrôler la dose de la drogue inhalée. En ajustant notamment la profondeur de l'inhalation et le temps pendant lequel il retient son souffle, cet usager peut exercer une influence sur le degré d'absorption de la drogue et, par conséquent, sur l'intensité de ses effets. Il est difficile pour cette raison de quantifier la quantité de drogue que contient une bouffée de fumée ou de vapeur.

Bon nombre des risques liés à l'usage de drogues découlent de la méthode d'administration : peu importe ce qu'on fume, fumer est nocif en soi ; peu importe ce qu'on s'injecte, s'injecter quoi que ce soit est dangereux.

Absorption par les muqueuses : les muqueuses (membranes qui tapissent l'intérieur de la bouche, du nez, des cavités oculaires, de la gorge, du vagin, du rectum, etc.) sont plus perméables que la surface de la peau. L'absorption des drogues liposolubles par les muqueuses est donc rapide et efficace. Les effets des drogues qui sont « reniflées » par le nez, comme la cocaïne et la nicotine sous forme de tabac à priser, se font sentir en une minute ou deux. La cocaïne et la nicotine peuvent aussi être absorbées par l'intérieur de la joue. De nombreuses drogues peuvent aussi être administrées de façon rectale.

Injection : l'injection contourne les barrières biologiques normales, réduisant considérablement le temps s'écoulant entre l'administration de la drogue et son effet. L'injection produit une augmentation rapide de la concentration de la drogue dans le sang, si cela se fait rapidement. Du sang contenant beaucoup de drogue (ou « bolus ») peut parvenir au cerveau dans les secondes qui suivent l'administration de la drogue. L'augmentation rapide subséquente du niveau de drogue dans le cerveau explique le « rush », ou la brève période d'effet intense que ressent le consommateur.

On peut injecter des drogues dans de nombreux tissus ou cavités du corps. Voici les voies d'injection les plus fréquentes :

· *Injection sous-cutanée (S.C.)* : ce terme désigne l'injection sous la peau. C'est la façon dont certains médicaments sont administrés (p. ex., l'insuline) et c'est aussi la méthode qu'utilisent les usagers de la rue qui ne savent pas utiliser des seringues ou n'ont plus de veines pouvant accepter une injection. L'absorption est plus lente que lorsque la même drogue est administrée de façon intraveineuse, mais plus rapide que lorsqu'elle est consommée par voie orale.

· *Injection intramusculaire (I.M.)* : dans ce cas, la drogue est administrée directement dans le tissu musculaire. Le consommateur peut ainsi s'injecter une quantité plus grande de solution que par la méthode d'injection sous-cutanée, mais cette méthode est habituellement plus douloureuse. Les drogues thérapeutiques sont souvent administrées au moyen de cette méthode qui n'est cependant pas prisée des usagers de la rue.

· *Injection intraveineuse (I.V.)* : l'injection intraveineuse achemine la drogue directement dans le sang, favorisant l'absorption la plus rapide de la drogue. Elle exige une grande adresse et tend donc à être utilisée par les consommateurs les plus expérimentés. L'injection intraveineuse est extrêmement dangereuse en raison :
  – du risque de surdose ;
  – du risque d'infection (notamment par le VIH) si des solutions impures ou des seringues contaminées sont utilisées ;
  – du risque que de petites particules (p. ex., provenant de tablettes écrasées qui n'ont pas été filtrées) ou des bulles d'air (embole) dans la solution injectée bloquent le flot normal du sang dans les organes, ce qui peut avoir des conséquences fatales pour l'usager.

Distribution

Tant le sang que, dans une moindre mesure, le système lymphatique transportent les drogues aux sites d'action. Cependant, l'efficacité de la distribution est inégale : certaines drogues se lient facilement aux particules sanguines comme les protéines plasmatiques ; certaines se dissolvent dans les tissus adipeux ; quelques-unes peuvent se déposer dans les tissus osseux. Pour traverser la barrière hémato-encéphalique, les drogues doivent se présenter sous forme de petites molécules hautement liposolubles et ne pas s'attacher aux particules sanguines. La plupart des drogues peuvent aussi traverser le placenta des femmes enceintes et affecter le fœtus. Elles peuvent aussi passer dans le lait des femmes qui allaitent.

Métabolisme

Les drogues sont éliminées du corps sous la même forme ou sous une nouvelle forme. Afin d'en faciliter l'excrétion, le corps transforme les substances qui sont essentiellement liposolubles en produits secondaires hydrosolubles. Ce processus s'appelle métabolisme ; il s'agit d'une transformation chimique complexe produite par les enzymes. Si le métabolisme peut se produire à différents endroits dans le corps, la majeure partie a lieu dans le foie.

Toutes les drogues consommées par voie orale traversent le foie avant de passer dans le sang. On parle ici d'effet de premier passage. Dans certains cas, cela signifie qu'une drogue est désactivée avant de produire son effet et doit donc être consommée d'une autre façon, par inhalation ou par injection, afin de produire l'effet recherché.

À mesure qu'une drogue devient moins liposoluble, elle perd sa capacité d'entrer dans le cerveau et perd donc son caractère psychotrope. L'action métabolique ne diminue cependant pas l'action de toutes les drogues. Les produits secondaires métaboliques sont parfois aussi actifs, voire plus actifs, que la substance initiale. On peut donner en exemple de ce genre de drogue l'héroïne qui se transforme en morphine lorsqu'elle traverse le foie.

Élimination

À mesure qu'une drogue est absorbée par le corps, la concentration de cette drogue dans le sang diminue. Cette baisse reflète d'abord le passage de la drogue du sang aux tissus (distribution) et ensuite son métabolisme et son excrétion par le corps (élimination). Le taux exact de transformation et d'élimination est en partie génétiquement déterminé pour chaque personne, mais il est aussi fonction de certaines caractéristiques propres à la drogue elle-même.

Le taux d'excrétion de la drogue du corps est souvent décrit en utilisant le concept de « demi-vie ». Il s'agit du temps requis pour que la concentration de la drogue dans le sang diminue de moitié. Lorsqu'on applique ce concept, cela signifie qu'une drogue met cinq demi-vies à atteindre un niveau constant ou l'état stationnaire (absorption de la drogue = élimination de la drogue) dans le corps et que la drogue met cinq demi-vies à disparaître complètement du corps.

Le concept de la demi-vie peut être utilisé, en partie, pour déterminer à quelle fréquence une drogue doit être administrée pour produire l'effet escompté. Il peut aussi servir à établir dans quelle mesure la drogue peut mener à l'abus de celle-ci. Une drogue ayant une courte demi-vie comme la cocaïne produira de graves symptômes de sevrage et le client est susceptible d'en consommer de nouveau pour faire cesser ces symptômes. La marijuana, par contre, a une très longue demi-vie (en partie parce qu'elle est très liposoluble) et est beaucoup moins susceptible de causer des symptômes de sevrage.

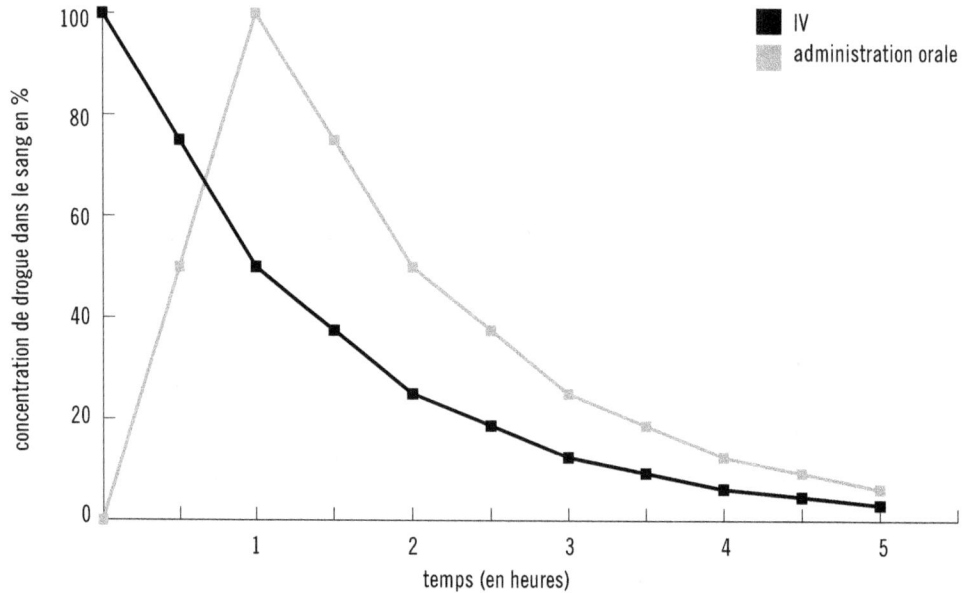

Figure 2.2. Drogue ayant une demi-vie d'une heure : IV par opposition à administration orale

La figure 2.2 illustre le concept de la demi-vie. Dans cet exemple, la drogue a une demi-vie d'une heure. Une fois qu'elle est pleinement absorbée, la concentration met une heure à passer de 100 % à 50 %, et ensuite une autre heure à passer de 50 % à 25 %, une autre heure à passer de 25 % à 12,5 % et ainsi de suite. Bien que la concentration de drogue ne soit jamais vraiment égale au zéro mathématique, en pratique, dans cet exemple, la drogue mettra cinq heures à sortir du système.

La durée de l'effet de nombreuses drogues augmente avec l'âge du consommateur. Il se peut que ce phénomène soit attribuable à l'augmentation des tissus adipeux (qui agissent comme un réservoir pour les drogues hautement liposolubles) ou à une déficience du foie ou des reins.

La plupart des drogues sont excrétées du corps par deux principales voies :
· dans l'urine (en passant par les reins) ;
· dans les selles (en passant par le foie), par le canal cholédoque et le petit et le gros intestins.

Certaines drogues sont aussi excrétées par les poumons. La concentration de drogue dans l'air exhalé est toujours directement proportionnelle à la concentration de drogue dans le sang à ce moment. Étant donné qu'environ 5 % d'une dose de boisson alcoolique est exhalé, ce principe peut être utilisé pour estimer le niveau d'alcool dans le sang. Divers appareils utilisés sur la route (ivressomètre) servent à cette fin.

Il existe aussi des voies moins importantes par lesquelles de petites quantités de drogues peuvent être excrétées du corps. Il s'agit notamment :

· du lait (ce qui revêt de l'importance pour les enfants des mères qui allaitent) ;

· de la salive (peut servir à une analyse judiciaire [p. ex., bandelette réactive pour détecter l'alcool]) ;

· d'autres fluides corporels (transpiration, larmes, sperme, etc.).

Intervalle thérapeutique

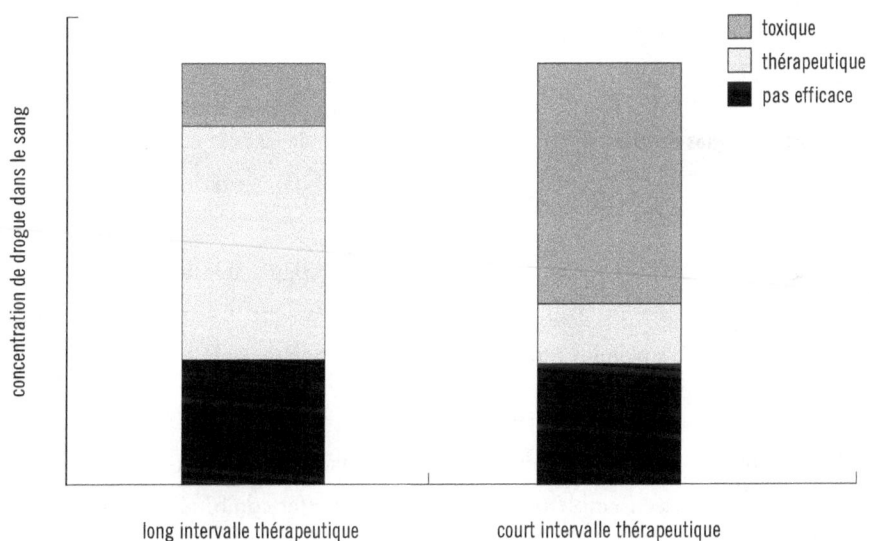

Figure 2.3 : Long intervalle thérapeutique par opposition à court intervalle thérapeutique

L'intervalle thérapeutique, aussi appelé l'index thérapeutique, peut exprimer la marge de sécurité d'une drogue. Il s'agit de la concentration sanguine à laquelle une drogue produit l'effet désiré sans devenir toxique. Une drogue avec un index thérapeutique élevé comme le diazépam (Valium) est efficace à de nombreuses doses, mais ne cause habituellement pas une toxicité fatale même à doses très élevées. Dans le cas d'une drogue comme la méthadone, cependant, il y a peu de différence entre une dose efficace et une surdose toxique fatale.

De nombreux facteurs influent sur les effets produits par une drogue et sur leur durée : la nature de la drogue, sa dose, son mode d'administration, son absorption et son élimination. Des variables liées à la drogue, à l'utilisateur et au milieu exercent une influence. Pour ces raisons, vous ne pouvez donc pas vous attendre à pouvoir prédire sur un usager donné les effets d'une drogue dont vous ignorez la qualité et la dose administrées.

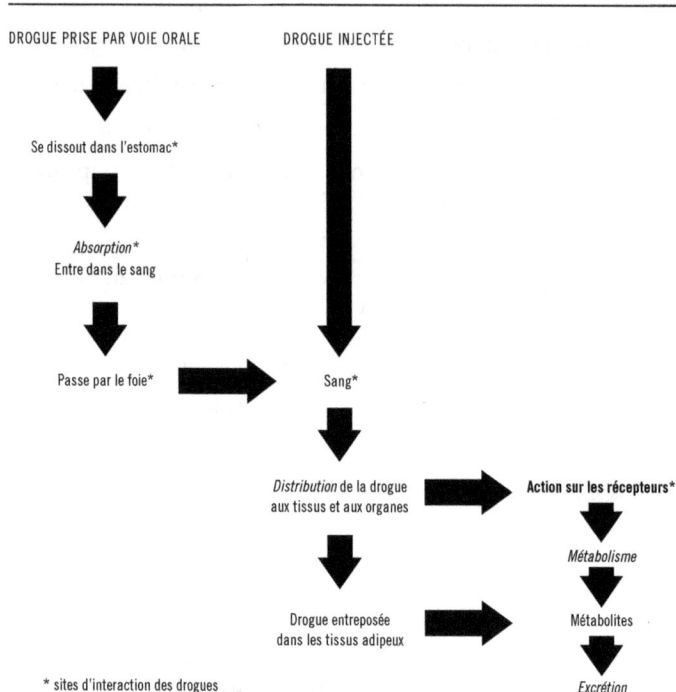

DROGUE PRISE PAR VOIE ORALE DROGUE INJECTÉE

Se dissout dans l'estomac*

*Absorption**
Entre dans le sang

Passe par le foie* → Sang*

Distribution de la drogue aux tissus et aux organes → **Action sur les récepteurs***

Métabolisme

Drogue entreposée dans les tissus adipeux → Métabolites

Excrétion

* sites d'interaction des drogues

Figure 2.4 : Effets des drogues dans le corps et sites potentiels des interactions des drogues (Pearl Isaac)

Interaction des drogues

Une interaction entre deux drogues se produit lorsqu'une drogue modifie l'action ou les effets d'une autre drogue présente dans le corps au même moment. Certaines interactions peuvent être bénignes, mais quelques interactions peuvent être dangereuses, voire fatales.

· Des drogues consommées ensemble peuvent ne pas avoir d'interaction. Ainsi, l'alcool ne semble pas modifier l'effet des vitamines ou des contraceptifs oraux, ou vice versa.

· Des drogues consommées ensemble peuvent produire un effet combiné plus marqué que si ces drogues étaient prises séparément. Ce phénomène est peut-être attribuable à leur action similaire sur le cerveau ou au fait qu'une drogue augmente la concentration de l'autre drogue dans le corps en modifiant sa distribution, son métabolisme ou son excrétion. Ainsi, l'alcool et les antihistaminiques ont un effet dépresseur sur le SNC et ont un effet cumulatif, ce qui peut accroître les effets recherchés de ces drogues (p. ex., disinhibition) ou leurs effets secondaires (p. ex., somnolence).

· Des drogues consommées ensemble peuvent avoir un effet antagoniste. Ce phénomène peut se produire lorsqu'une drogue « bloque » ou prévient les effets d'une autre drogue. L'antagonisme peut aussi se produire lorsque deux drogues ont des effets opposés sur le cerveau (p. ex., la somnolence produite par l'alcool par opposition à l'état d'éveil causé par la caféine) ou lorsqu'une drogue modifie le taux d'absorption ou la distribution d'une autre.

Si l'on peut habituellement prévoir les interactions des drogues chez les personnes qui prennent des médicaments sur ordonnance, elles sont moins prévisibles chez les personnes qui font usage de drogues. Les usagers de drogues peuvent prendre différents types de drogues pour produire tout un ensemble d'effets ou pour contrôler des effets extrêmes. Par exemple, le LSD et les amphétamines peuvent être pris ensemble pour produire des effets hallucinogènes ainsi qu'un effet de stimulation. Des sédatifs peuvent être consommés pour contrer les effets de l'effondrement ressenti lorsque cesse l'effet de la cocaïne. Le problème qui se pose est que plusieurs variables comme la puissance de la drogue, sa pureté et sa dose ne peuvent pas être contrôlées ; il s'ensuit que les interactions entre ces drogues peuvent causer des réactions toxiques.

Autres facteurs ayant une influence sur l'effet des drogues

La réaction d'une personne à une drogue ou à une combinaison de drogues est aussi fonction d'autres facteurs : poids, sexe, alimentation, état de santé, accoutumance, état d'esprit et milieu social. Les facteurs psychologiques jouent un rôle critique. En effet, l'effet anticipé d'une drogue détermine souvent la production de cet effet.

2.3.2 EFFETS DE L'USAGE À LONG TERME : ADAPTATION DU CORPS À L'ALCOOL ET AUX AUTRES DROGUES

Quand une personne fait usage de drogues pendant une longue période, certains problèmes se manifestent. Nous commençons à parler de la « tolérance » et de la « dépendance » que la personne développe à l'égard des drogues ainsi que des effets du « sevrage » qu'elle ressent lorsqu'elle cesse d'en faire usage. Ces termes font partie de notre vocabulaire courant, mais ils ne sont pas toujours clairement définis ni utilisés uniformément, même par des spécialistes. Le problème s'aggrave lorsqu'on cherche à les appliquer à un jeune usager de drogues qui n'aura pas développé les mêmes réactions corporelles qu'un usager de longue date.

Tolérance

L'ampleur de la réaction du corps à une drogue dépend non seulement de la concentration de cette substance, mais aussi de la sensibilité (réactivité) des cellules et des organes cibles. Le corps peut parfois s'adapter à certains effets d'une drogue, mais pas à d'autres. Ainsi, une drogue peut au départ causer de la somnolence, mais cet effet peut disparaître avec l'habitude. Par contre, un effet comme la dysfonction sexuelle peut ne pas disparaître avec le temps. L'usage chronique d'une drogue produit habituellement l'insensibilisation à cette drogue ou une tolérance à l'égard de celle-ci.

La tolérance est l'adaptation du corps à l'exposition répétée à une drogue, de telle sorte que les effets d'une dose donnée d'une drogue deviennent progressivement moins intenses. L'usager doit donc augmenter la dose de la drogue utilisée pour obtenir l'effet initial recherché.

La tolérance se définit comme l'insensibilisation à une drogue. Ce phénomène peut être vu simplement comme la façon pour le corps de se protéger des effets de l'usage de cette drogue.

La tolérance se développe normalement de façon graduelle après des jours, des semaines ou des mois d'usage d'une drogue. La tolérance à certaines drogues, comme le tabac, se développe cependant après quelques usages seulement comme c'est le cas quand une personne « apprend » à fumer. En effet, les fumeurs développent rapidement une tolérance à la nausée et au sentiment d'étourdissement que cause l'usage du tabac.

FAITS CONCERNANT LA TOLÉRANCE

- Le moment où se manifeste la tolérance varie d'une drogue à l'autre.

- Lorsque la tolérance à l'égard d'une drogue se développe, cela peut parfois favoriser le développement d'une tolérance croisée à l'égard d'une autre drogue.

- Plus la dose utilisée est forte, plus la tolérance se développe rapidement.

- La tolérance à une drogue se développe plus rapidement si celle-ci est utilisée régulièrement et non en quantité excessive à l'occasion.

- La tolérance se développe plus rapidement si la personne qui fait usage de drogues avait déjà développé une tolérance à l'égard de cette drogue.

- La tolérance à tous les effets d'une drogue n'est pas égale (p. ex., la dose fatale peut demeurer la même alors que la dose nécessaire pour produire l'effet d'euphorie peut augmenter).

- La tolérance peut se développer plus rapidement à l'égard d'effets comme la perte de dextérité et l'état d'éveil, ce qui peut notamment nuire au rendement professionnel.

Des facteurs sociaux et affectifs influent aussi sur l'action des drogues. En ce qui touche la tolérance, par exemple, si une personne fait usage de drogue dans la même pièce chaque jour, elle apprend à s'attendre à faire usage de cette drogue à cet endroit et son corps apprend à résister aux effets de cette drogue (ou à les tolérer) lorsqu'elle se trouve dans ce milieu. La tolérance n'est donc pas seulement un processus physique, mais aussi un processus psychologique.

Dépendance

On distingue habituellement les aspects psychologiques et physiques de la dépendance à l'égard de drogues, mais cette distinction n'est pas claire et n'est sans doute pas utile en pratique. Il est probable que la « tendance à vouloir faire usage d'alcool ou d'autres drogues » a des causes psychologiques et physiques inséparables.

Le développement de la dépendance psychologique constitue un élément important expliquant l'usage excessif de toutes les drogues psychotropes. Dans le cas de certaines drogues comme le tabac et la marijuana dont les symptômes de sevrage sont relativement légers, la dépendance psychologique peut être la raison principale qui pousse une personne à poursuivre son usage.

La dépendance psychologique explique en grande partie pourquoi une personne continue de faire usage de drogues au-delà du stade de l'expérimentation. Elle est donc un facteur important à prendre en compte dans le traitement.

- -

FAITS CONCERNANT LA DÉPENDANCE

- **La dépendance physique peut ne pas être évidente tant que la personne concernée continue de faire usage de drogues.**

- **L'ampleur de la dépendance physique et la gravité des symptômes de sevrage sont fonction de la quantité de drogue utilisée, de la fréquence et de la durée de l'usage ainsi que de la demi-vie de la substance utilisée.**

- **La dépendance à elle seule ne mène pas à la toxicomanie ; de nombreux médicaments « peuvent » causer une dépendance (p. ex., l'insuline utilisée par les diabétiques, les inhalants utilisés par les asthmatiques, les antidépresseurs utilisés par les personnes souffrant de dépression) ; or, ces substances ne conduisent pas à la toxicomanie.**

- **Les drogues injectables (p. ex., héroïne) ou inhalables (p. ex., nicotine) sont plus susceptibles de produire une dépendance que celles qu'on avale.**

- **Le type de symptômes de sevrage qui se manifestent a tendance à être l'inverse du type de symptômes primaires produits par la drogue, c'est-à-dire que les symptômes de sevrage se manifestent comme le contraire des effets aigus de la drogue. À titre d'exemple, les symptômes de sevrage associés à l'arrêt de l'usage de dépresseurs sont l'hyperactivité du SNC (irritabilité, convulsions, etc.) tandis que ceux qui sont associés à l'arrêt de l'usage de stimulants sont l'hypoactivité (ralentissement de l'activité du SNC) et la dépression.**

- **La tolérance et la dépendance sont des phénomènes distincts qui peuvent se développer l'un sans l'autre.**

- -

La *dépendance psychologique* s'entend du désir émotionnel et mental d'une personne de continuer à faire usage de drogues parce que sa sensation de bien-être est liée aux effets de cet usage. Pour simplifier les choses, l'usager de drogues « compte » sur ces substances pour fonctionner ou pour se sentir à l'aise dans une situation donnée, comme une soirée. Dans les cas extrêmes, la personne concernée se sent mal dans toutes les circonstances si elle ne fait pas usage d'alcool ou d'autres drogues.

La *dépendance physique* s'entend de l'adaptation des tissus corporels à la présence continue de drogues, de telle sorte que la personne concernée ressent des symptômes de sevrage lorsqu'elle cesse d'en faire usage.

Le degré de dépendance physique se mesure à la gravité des symptômes de sevrage. Dans le cas de drogues comme l'alcool, les barbituriques et les opioïdes, les symptômes de sevrage peuvent être si déplaisants et menaçants qu'ils expliquent en très grande partie que la personne qui en fait usage hésite beaucoup à mettre à fin à son usage.

La gravité du sevrage est aussi déterminée par la demi-vie de la drogue utilisée. Les drogues ayant une demi-vie brève ont tendance à avoir des symptômes de sevrage graves, tandis que les drogues ayant une demi-vie plus longue ont tendance à avoir des symptômes de sevrage moins graves qui durent pendant une période plus longue.

La dépendance croisée s'entend de la capacité d'une drogue d'empêcher la manifestation des symptômes de sevrage d'une autre drogue en la remplaçant comme drogue créant la dépendance chez l'usager (p. ex., benzodiazépines et alcool). La dépendance croisée explique comment fonctionnent les programmes de maintien à la méthadone qui s'adressent aux narcomanes. La méthadone, opioïde synthétique, peut remplacer d'autres drogues de la même famille (héroïne, morphine, etc.), mais a l'avantage de pouvoir être administrée par voie buccale, d'avoir des effets plus longs, de ne pas créer d'euphorie et d'avoir une composition connue.

Le fait que certains usagers d'alcool ou d'autres drogues ne développent pas de dépendance malgré un usage important laisse supposer que certaines personnes ont une prédisposition à la dépendance, ou que leurs circonstances sociales les y portent, et remet en question la notion voulant que le pouvoir de créer une dépendance soit un attribut de la drogue uniquement.

Sevrage

Le sevrage décrit l'ensemble des symptômes et des réactions physiques, parfois spectaculaires, qui se produisent lorsqu'un usager habituel de drogues met fin soudainement à son usage de ces substances. La restructuration adaptative du corps (tolérance fonctionnelle) apparaît et l'usager de drogues ressent la gamme complète de réactions opposées à la présence de ces substances que son corps a développées. Il en découle que la personne ressent soudainement un effet opposé à celui qu'elle recherchait en consommant les drogues à l'origine. Les stimulants ont ainsi tendance à produire des symptômes de sevrage qui ralentissent, et les dépresseurs des symptômes de sevrage de type opposé, soit des symptômes d'excitation.

Il existe un chevauchement important dans les symptômes de sevrage associés aux drogues appartenant au même groupe et même aux drogues qui appartiennent à des catégories distinctes. Il n'est donc pas possible de déduire de quelle drogue faisait usage la personne qui ressent ces symptômes en observant ses réactions lors du sevrage. La confusion peut être encore plus grande lorsque le client utilise plusieurs drogues. Il est essentiel pour savoir quel traitement il convient d'appliquer de savoir quels sont les antécédents récents du client en matière d'usage, tels la dose de drogue utilisée et les moments où il en fait usage.

La durée et la gravité des symptômes de sevrage varient grandement d'une drogue à l'autre selon la dose utilisée, la demi-vie de la drogue, la durée de l'usage, le niveau de dépendance, la soudaineté de l'arrêt de l'usage et d'autres facteurs pharmacologiques.

L'intervention d'un médecin peut être nécessaire si les symptômes de sevrage sont graves, et la personne qui cesse son usage peut devoir être traitée dans un établissement doté de systèmes de soutien de la vie et d'installations d'analyse des drogues. Le sevrage de l'alcool, des barbituriques et des benzodiazépines peut être fatal en raison du risque de convulsions ; le sevrage des opioïdes, bien que parfois extrêmement déplaisant, met rarement la vie du consommateur en danger.

Comme pour la dépendance, le sevrage est un phénomène qui dépend d'autres facteurs que de la drogue utilisée. Le sevrage peut se produire dans le cas de l'arrêt de l'usage de nombreux médicaments. Dans ce cas-ci aussi, il s'agit de la façon dont le corps réagit au fait d'être soudainement privé d'une substance à laquelle il s'était habitué.

Les symptômes de sevrage peuvent comprendre la dépression, l'insomnie, l'agitation, l'anxiété, l'irritabilité, la frustration, la colère et la difficulté à se concentrer. Ces symptômes peuvent imiter des symptômes et des troubles psychiatriques, ce qui peut compliquer le diagnostic.

Toxicomanie

On attribue au terme « toxicomanie » un sens différent selon le contexte. Il comporte très souvent une connotation morale inutile. La plupart des spécialistes utilisent le terme pour décrire des habitudes d'usage de drogues qui créent une dépendance comportant des aspects tant physiques que psychologiques. Il est préférable de voir la « toxicomanie » comme un continuum dans l'usage de drogues qui suppose une dépendance et un usage toujours croissants, et de plus en plus de torts pour la personne qui en consomme.

CONSEIL

- Si le consommateur est jeune, les aspects psychologiques et sociaux de la dépendance à l'égard de drogues peuvent être ceux qui revêtent le plus d'importance pour le choix du traitement. Il est possible de sous-estimer le problème d'usage de drogues si l'on recherche des signes spectaculaires de « toxicomanie » au plan de la dépendance physique ; cependant, considérer tout usage de drogues comme une « toxicomanie » peut se traduire par une surestimation de la gravité des symptômes de sevrage ressentis.

- Il est particulièrement important de connaître la gamme des habitudes d'usage d'un jeune quand il s'agit d'évaluer son cas puisque le jeune consommateur ne manifestera pas des symptômes de sevrage physiques aussi marqués qu'un client plus âgé qui prend des drogues depuis longtemps.

2.3.3 LES DROGUES ET LEURS EFFETS

Cette section fournit de l'information sur la façon d'identifier et de classer les drogues ainsi que sur leur capacité de créer une dépendance. Chaque fois qu'il a été possible de le faire, l'information portant sur chaque drogue a été adaptée au cas précis des jeunes usagers. Nous vous rappelons qu'il n'est pas nécessaire que vous connaissiez à fond chacune des drogues pour intervenir auprès des jeunes usagers de drogues. Ce sont parfois les jeunes eux-mêmes qui peuvent le mieux vous renseigner au sujet des effets des drogues qu'ils prennent.

Identification et analyse

Il n'est pas facile d'identifier une drogue avec exactitude. On ne peut pas le faire avec fiabilité simplement en la regardant ou en se fiant au nom qu'on lui donne dans la rue. Seules les personnes qui possèdent la formation voulue devraient identifier les drogues. Les jeunes seront votre meilleure source de renseignements. Ils seront en mesure de vous dire quelles sont les drogues qu'ils prennent et sauront mieux que vous quels sont les noms qu'on leur donne dans la rue, ce qui est disponible sur le marché, et quelle combinaison de drogues est utilisée. Comme les drogues de rue illicites ne sont pas contrôlées, ni votre client ni vous-même ne pouvez connaître avec certitude la nature ou la composition de la drogue, sa force ou son degré de pureté.

Internet peut parfois être utile pour identifier une drogue. Bien que ce ne soit pas toujours la meilleure source d'information scientifique et médicale crédible, certains sites sont fiables. Lorsqu'il s'agit d'identifier les drogues dont font usage les jeunes, les sites destinés aux usagers peuvent fournir de l'information utile.

S'il devient nécessaire de connaître la nature ou la composition précises des drogues dont fait usage votre client (le plus souvent pour en connaître les effets et les conséquences sur la santé), seule une analyse en laboratoire pourra vous fournir ces renseignements.

CONSEIL

Ne vous laissez pas intimider par la connaissance des drogues que les adolescents ont acquise dans la rue. Considérez les adolescents comme une source d'information et sachez reconnaître qu'ils ont certaines connaissances relatives aux drogues. Ne présumez cependant pas qu'ils savent tout ce qu'il y a à savoir à leur sujet.

Classification des drogues

Il existe diverses façons de classer les drogues en fonction de critères tels leur provenance, leurs fonctions et leurs effets. La classification que vous trouverez sans doute la plus utile est simple et se fonde sur les effets pharmacologiques des drogues sur le système nerveux central (SNC) :

Dépresseurs du SNC

· alcool
· sédatifs/hypnotiques/anxiolytiques comme les benzodiazépines (p. ex., diazépam [Valium®], lorazépam [Ativan®])
· GHB
· kétamine
· drogues inhalées/solvants
· barbituriques (p. ex., Amytal®, Seconal®, Nembutal®)

Opioïdes (narcotiques) analgésiques

· héroïne

· morphine

· codéine

· méthadone

· opium

· mépéridine (p. ex., Demerol®)

· de nombreuses autres drogues

Hallucinogènes

· cannabis (marijuana, hachisch)

· MDMA (ecstasy)

· LSD (acide)

· psilocybine (champignons magiques)

· mescaline

· PCP

Stimulants

· nicotine

· caféine

· cocaïne

· amphétamines (p. ex., méthylphénidate [Ritalin®], méthamphétamines)

· d'autres drogues

Agents psychothérapeutiques

· antidépresseurs

· antipsychotiques

· psychorégulateurs

À l'intérieur de chacun de ces groupes principaux, les drogues peuvent être classées en sous-groupes selon le type de dépendance qu'elles sont susceptibles d'entraîner.

Capacité de conduire à la dépendance

Nous savons beaucoup de choses sur les diverses drogues et leurs effets, bien plus, en fait, que ce que ce chapitre peut contenir. Nous ne pouvons pas vraiment prédire avec exactitude quelles sources de renseignements sur les drogues pourraient vous être utiles dans le cadre de votre travail auprès des jeunes. Le renseignement qui revêt souvent le plus d'importance pour aider et conseiller un jeune est de savoir quels sont les effets qu'il cherche à obtenir de son usage de drogues. Quel que soit cet effet, c'est habituellement celui qu'obtiendra le jeune. On peut aussi dire que l'usage de drogues peut produire chez les jeunes des effets particuliers en raison du fait qu'ils n'ont pas encore atteint l'étape de la maturité aux plans physique, psychologique ou social. L'effet négatif le plus grave de l'usage de drogues peut être d'interrompre le cours normal de cette maturation.

Nous recommandons que vous complétiez l'information contenue dans ce chapitre en consultant un livre de référence sur les drogues comme *Drugs and Drug Abuse, 3ᵉ éd., CAMH, 1997*. Nous mentionnons aussi à l'annexe C la série de brochures *Vous connaissez...* que le CAMH publie et met à jour régulièrement. Les brochures d'information de cette série décrivent brièvement les quatorze drogues ou groupes de drogues dont font usage communément les jeunes. Ces publications peuvent être remises aux jeunes et à leurs parents. Nous vous encourageons à commander les brochures de la série *Vous connaissez...* auprès du CAMH, par courriel, à marketing@camh.net, ou par téléphone au 1 800 661-1111, ou au 416 595-6059, à Toronto.

2.4 MODÈLE DES ÉTAPES DU CHANGEMENT

Le modèle des étapes du changement, élaboré par Prochaska et DiClemente (1982), est devenu un important outil pour quiconque aide d'autres personnes à changer un comportement. D'après ce modèle, le changement est un processus et les jeunes progresseront vers différentes étapes et régresseront aussi parfois vers d'autres. À l'occasion, des jeunes auront des rechutes et reprendront le comportement antérieur à l'égard de l'usage de drogues et le processus du changement reprendra à partir du début. Chaque étape du changement est associée à un ensemble donné de caractéristiques cognitives, affectives et comportementales.

Inaction : ne pensent pas à changer
À cette étape, les jeunes adoptent une attitude défensive et ne veulent pas s'engager dans le processus du changement. Ils ne sont habituellement pas conscients de l'importance de leur usage d'alcool ou d'autres drogues ni des conséquences qu'il peut avoir.

Prise de conscience : pensent à changer
À cette étape, les jeunes manifestent une certaine détresse et commencent à envisager de changer des comportements. Ils ressentent habituellement de l'ambivalence au sujet de leur capacité de changer et se demandent si le jeu en vaut la chandelle.

Préparation : se préparent à changer
À cette étape, les jeunes expriment l'intention de changer. Ils sont prêts à s'engager fermement à aller jusqu'au bout du processus de changement.

Action : font des changements
À cette étape, les jeunes travaillent activement à atteindre certains objectifs comme cesser ou réduire leur usage d'alcool ou d'autres drogues ainsi qu'apporter certains changements à leur milieu (p. ex., éviter certains endroits ou personnes, développer des activités de loisir constructives, etc.).

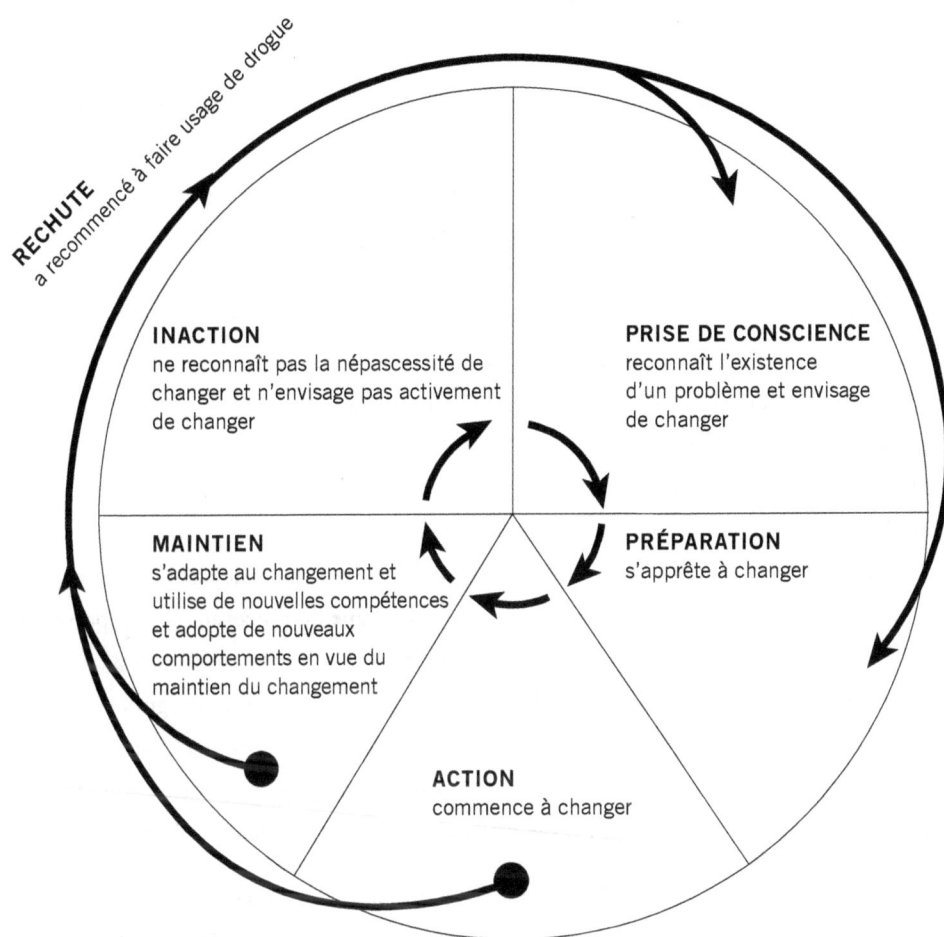

INACTION
ne reconnaît pas la népascessité de changer et n'envisage pas activement de changer

PRISE DE CONSCIENCE
reconnaît l'existence d'un problème et envisage de changer

MAINTIEN
s'adapte au changement et utilise de nouvelles compétences et adopte de nouveaux comportements en vue du maintien du changement

PRÉPARATION
s'apprête à changer

ACTION
commence à changer

RECHUTE
a recommencé à faire usage de drogue

Le modèle des étapes du changement a joué un rôle intégral dans l'élaboration de la technique d'entrevue motivationnelle et des interventions brèves fondées sur une approche motivationnelle. (DiClemente et Velasquez, 2002, 202)

Figure 2.5 : Modèle des étapes du changement. Adapté de Prochaska, J. O., et de DiClemente, C. C. (1982)

Maintien : maintiennent les changements

À cette étape, les jeunes travaillent à maintenir les changements initiaux apportés dans leur vie, ce qui peut supposer qu'ils fassent d'autres changements pour appuyer leurs objectifs (p. ex., se faire de nouveaux amis, trouver un emploi à temps partiel, etc.).

Rechute : recommencent à faire usage d'alcool ou d'autres drogues

Les jeunes qui font une rechute retombent dans la situation où ils se trouvaient lorsqu'ils consommaient trop d'alcool ou d'autres drogues alors qu'ils s'étaient fixés comme objectif de cesser ou de réduire cette consommation. Il peut s'agir d'une rechute mineure ou de la reprise d'un comportement problématique. Après la rechute, les jeunes peuvent revenir à une étape précédente du modèle du processus de changement. La rechute est un phénomène très commun dans le processus de changement. Le chapitre 4 traite des approches particulières qui visent à prévenir les rechutes ou à y faire face.

Certaines conclusions se dégagent de ce modèle pour ceux qui travaillent avec des clients qui font usage d'alcool ou d'autres drogues :

· Il existe des interventions précises visant chaque étape du processus de changement. Il importe donc de savoir à quelle étape se situe son client.

· Les jeunes clients qui sont à l'étape de l'inaction peuvent être de bons candidats pour de brèves interventions (voir chapitre 4 et *Premier contact*).

· Les jeunes clients qui songent à changer peuvent tirer parti d'un examen de ce qu'ils ont à gagner et à perdre s'ils changent leur usage de drogues (voir chapitre 4 et *Premier contact*).

· Les jeunes qui sont prêts à changer peuvent tirer parti d'une analyse fonctionnelle de leur usage de drogues qui leur permettra de cerner les déclencheurs et les conséquences de cet usage (voir chapitre 4 et *Premier contact*).

· De nombreux jeunes sont à l'étape de l'inaction lorsqu'ils viennent pour une évaluation ou du counselling et ne sont pas encore prêts à changer.

· Les jeunes reviennent souvent à une étape précédente du processus de changement et c'est pourquoi il importe de vérifier fréquemment à quelle étape du processus ils sont parvenus.

· Le changement est un processus et non un événement.

· Il est fréquent que des personnes qui font usage de plusieurs types de drogues se trouvent à différentes étapes du processus de changement. Ainsi, un jeune peut être à l'étape de l'inaction pour sa consommation d'alcool, à l'étape de la prise de conscience pour son usage de cannabis et à l'étape de l'action pour son usage de cocaïne.

Les jeunes peuvent se trouver à des points différents du cycle de changement pour leurs problèmes d'usage d'alcool ou d'autres drogues et de santé mentale. Ils peuvent être plus (ou moins) conscients des conséquences de l'un ou de l'autre de ces problèmes et être donc plus disposés à prendre des mesures pour régler le problème dont ils ont pris conscience.

Vous pouvez adapter au modèle des étapes du changement la façon dont vous travaillez avec les jeunes pour les amener à se préparer au changement. Le chapitre 4 donne des renseignements supplémentaires sur la façon d'adapter le traitement aux étapes du changement. Vous pouvez notamment apprendre comment vous pouvez mieux encourager les jeunes à changer.

2.5 TECHNIQUE D'ENTREVUE MOTIVATIONNELLE

Dans cette section, nous proposons une « façon d'être » avec le client qui est particulièrement utile avec les jeunes qui sont à l'étape de l'inaction ou de la prise de conscience. Il s'agit d'une approche axée sur le client dans la mesure où elle met l'accent sur ses préoccupations, et elle est dynamique parce que le conseiller aide activement le client à changer. La relation thérapeutique est un partenariat dans lequel le conseiller soutient le client au lieu de lui dire ce qu'il doit faire. Le conseiller crée un climat positif qui favorise la collaboration interpersonnelle. Le conseiller ne cherche pas tant à fournir de l'information à son client ou à lui inculquer certaines convictions qu'à le diriger dans la bonne voie. Le conseiller respecte l'autonomie et la liberté du client qui doit lui-même décider ce qu'il veut faire (Miller et Rollnick, 2002).

Vous trouverez au chapitre 4 des renseignements pratiques sur la technique d'entrevue motivationnelle. Le manuel *Premier contact* se fonde sur la technique d'entrevue motivationnelle.

Vous savez déjà que les jeunes peuvent modifier leur comportement et accroître ainsi leur bien-être sans votre aide. En fait, la plupart des jeunes qui font usage d'alcool ou d'autres drogues réduisent leur consommation ou cessent de consommer sans aucune intervention. Autrement dit, leur comportement change naturellement.

Ceux qui travaillent auprès des jeunes savent qu'on ne peut pas les forcer à changer, mais il est possible en adoptant le bon style de communication de faciliter le processus de changement.

Selon Miller et Rollnick, une personne est motivée à changer lorsqu'elle est prête et disposée à le faire et qu'elle en est capable, ce qui suppose :
· qu'elle est prête à changer (priorité qu'elle accorde au changement) ;
· qu'elle veut changer (importance qu'elle accorde au changement) ;
· qu'elle se sent capable de changer (sentiment de compétence personnelle).
(Miller et Rollnick, 2002, 10-11)

Comme la plupart d'entre nous, cependant, les jeunes ressentent souvent de l'ambivalence au sujet du changement ; ils le veulent et ne le veulent pas. En faisant preuve d'empathie et de chaleur et en ne portant pas de jugement sur lui, vous pourrez mieux guider un jeune et l'amener à reconnaître, et ensuite à surmonter, l'ambivalence qu'il ressent au sujet du changement. Vous pouvez notamment l'aider à évaluer les coûts et les avantages de sa situation, et l'amener à se demander ce qu'il est motivé à faire pour changer.

La motivation d'un jeune n'est pas une caractéristique ou un trait de personnalité immuable (on ne peut pas dire d'une personne, par exemple, qu'elle n'est pas une personne motivée), mais plutôt un *processus interpersonnel* (Miller et Rollnick, 2002, 22). Autrement dit, l'empathie, la confiance, la compréhension, l'acceptation et l'engagement, sur lesquels est fondée la relation entre vous et le jeune, influent sur sa motivation.

La technique d'entrevue motivationnelle est une méthode de communication plutôt qu'un ensemble de techniques ; il s'agit essentiellement d'une façon d'être avec les gens et de les aider, une approche qui facilite la communication et qui évoque le changement naturel. (Miller et Rollnick, 2002, 25)

La technique d'entrevue motivationnelle est une méthode axée sur le client qui cherche activement à accroître sa motivation personnelle envers le changement par l'examen des raisons qui le font hésiter à changer. (Miller et Rollnick, 2002, p. 25)

Lorsqu'une personne travaille auprès des jeunes, l'habileté la plus importante qu'elle peut mettre à leur service est sans doute sa capacité d'évaluer et d'accroître leur motivation à changer.

L'esprit de la technique d'entrevue motivationnelle (Miller et Rollnick, 2002, 35)

Approche fondamentale de la technique d'entrevue motivationnelle	Counselling symétrique
Collaboration : Le counselling repose sur un partenariat qui respecte l'expertise et la perspective du client. Le conseiller crée un climat qui favorise le changement et non qui l'impose.	*Confrontation* : Le counselling a pour but de remplacer les perspectives déformées du client en l'amenant à reconnaître et à accepter la « réalité » qu'il ne peut pas voir ou ne veut pas admettre.
Évocation : On présume que le client possède en soi les ressources et la motivation nécessaires pour changer. La motivation intrinsèque est renforcée en amenant le client à se reporter à ses propres perspectives, buts et valeurs.	*Éducation* : On présume que des connaissances, une lucidité ou des compétences de base font défaut au client. Le conseiller cherche à combler ces lacunes en fournissant au client l'information voulue.
Autonomie : Le conseiller affirme le droit et la capacité d'auto-direction et facilite la prise de décisions éclairées.	*Autorité* : Le conseiller dit au client ce qu'il doit faire.

(Miller et Rollnick, 2002, 35)

Les quatre principaux principes sur lesquels est fondée la technique d'entrevue motivationnelle :

Exprimer de l'empathie
L'acceptation facilite le changement.
L'écoute réfléchie et adroite revêt une importance capitale.
L'ambivalence est normale.

Faire ressortir l'écart
Le client et non le conseiller devrait exposer les raisons militant en faveur du changement. Le changement est motivé par l'écart perçu entre le comportement actuel et les valeurs ou buts personnels importants.

Composer avec la résistance
Éviter les affrontements portant sur la nécessité du changement.
Il ne faut pas chercher à vaincre directement la résistance.

Les nouvelles perspectives sont sollicitées mais non imposées.

Le client joue un rôle capital dans la recherche de réponses et de solutions.

La résistance indique au conseiller qu'il doit s'y prendre autrement avec le client.

Renforcer la compétence personnelle

Le fait pour une personne d'être convaincue de pouvoir changer est une source de motivation importante.

Le client, et non le conseiller, est celui qui doit choisir de changer et de prendre les mesures nécessaires à cette fin.

L'idée que se fait le conseiller de la capacité de changer d'une personne peut déterminer l'issue du traitement.

(Miller et Rollnick, 2002, 37 à 41)

On a constaté chez les jeunes qui participent à un traitement de toxicomanie un certain nombre de raisons qui peuvent expliquer qu'ils soient particulièrement ambivalents au sujet du changement ou qu'ils s'y opposent. À titre d'exemple, il se peut que ces jeunes :

· aient l'habitude de manipuler les adultes dans leur vie ;

· aient été exposés à des messages excessifs sur la drogue ;

· se sentent invulnérables ;

· aient été forcés d'accepter un traitement par le système judiciaire ;

· aient besoin de trouver leur identité ;

· n'aient pas encore développé une dépendance à l'égard de la drogue (Baer et Peterson, 2002) ;

· aient l'impression que les avantages qu'ils tirent de l'usage de drogues sont supérieurs à ses conséquences négatives.

En outre, si les jeunes souffrent aussi de problèmes de santé mentale, il se peut qu'ils :

· aient des déficiences qui les empêchent de comprendre qu'ils ont un problème et d'en percevoir les conséquences ;

· justifient leur usage d'alcool ou d'autres drogues en se disant que c'est une façon pour eux de composer avec leurs problèmes de santé mentale ;

· soient démoralisés et se sentent inutiles (Connors et coll., 2001) ;

· présentent des symptômes (dépression, manie, etc.) qui font en sorte qu'ils ont du mal à ressentir un affect stable ou à se sentir motivés.

Quoi qu'il en soit, il y a aussi beaucoup d'autres raisons pour lesquelles la technique d'entrevue motivationnelle peut être particulièrement utile lorsqu'on travaille avec des groupes de jeunes, notamment celles-ci :

· les jeunes ressentent souvent de l'ambivalence au sujet de leur identité, de leurs rôles et de leurs comportements et la technique d'entrevue motivationnelle met l'accent sur les façons d'examiner cette ambivalence et de la surmonter ;

- la technique d'entrevue motivationnelle insiste sur le respect et la reconnaissance des choix et de l'ambivalence du client ainsi que sur la nécessité d'éviter les affrontements, approche qui devrait donner de bons résultats avec les jeunes qui n'ont souvent que des choix limités et peu de contrôle sur les événements ;
- l'approche axée sur l'exploration des enjeux de la technique d'entrevue motivationnelle et l'importance que cette technique attache aux objectifs de changement personnels semblent correspondre à la nature curieuse des jeunes, à leur intérêt pour les questions philosophiques ainsi qu'à leur désir d'autonomie ;
- la technique d'entrevue motivationnelle cadre avec les objectifs de réduction des méfaits qui peuvent convenir dans le cas des jeunes qui n'ont pas de problème chronique d'usage d'alcool ou d'autres drogues ;
- la technique d'entrevue motivationnelle peut convenir tout particulièrement dans le cadre de programmes de prévention destinés aux jeunes qui ont déjà fait usage d'alcool ou d'autres drogues ;
- la technique d'entrevue motivationnelle peut être utile pour amener les jeunes à s'adresser à divers services, en particulier les jeunes qui ont souvent été « forcés » de suivre un traitement par leur famille, l'école ou un tribunal ;
- la technique d'entrevue motivationnelle se prête bien à des séances brèves données dans des milieux informels pour jeunes comme les haltes-accueil, les centres de loisirs ou les centres de placement.

(Baer et Peterson, 2002)

CONSEIL

La technique de l'entrevue motivationnelle est une approche qui est utile à toutes les étapes du changement parce qu'un jeune peut ressentir de l'ambivalence au sujet du traitement à tout moment au cours de celui-ci. La technique d'entrevue motivationnelle peut cependant être particulièrement utile dans le cas de jeunes dont le niveau de motivation n'est pas très élevé ou qui ressentent davantage d'ambivalence à l'égard du traitement (ce qui peut être le cas de la majorité des jeunes) parce qu'elle vous permet, parfois au cours d'une seule séance, d'amener le jeune à se pencher sur les besoins qu'il peut chercher à satisfaire en faisant usage d'alcool ou d'autres drogues.

2.6 RÉDUCTION DES MÉFAITS

Les approches de réduction des méfaits visent essentiellement à réduire le tort causé par l'alcool ou les autres drogues chez un jeune sans exiger de sa part qu'il cesse d'en faire usage. Au lieu de juger les personnes qui prennent de l'alcool ou d'autres drogues, les partisans de cette approche s'emploient à aider les jeunes à trouver des stratégies humaines et pratiques susceptibles de réduire le tort que l'alcool ou d'autres drogues leur causent.

Les jeunes qui font usage d'alcool ou d'autres drogues prennent des risques pendant qu'ils sont sous influence. Ils peuvent notamment :

- avoir des relations sexuelles non protégées qui peuvent aboutir à une grossesse non désirée ou à la transmission du VIH ou d'autres maladies transmissibles sexuellement ;
- conduire (ou monter à bord d'un véhicule conduit par une personne sous influence), risquant de se blesser ou de se tuer ou encore de blesser ou de tuer quelqu'un d'autre ;
- utiliser de l'équipement souillé pour s'injecter de la drogue ou pour en renifler, risquant ainsi de contracter ou de transmettre le VIH ou l'hépatite C ;
- avoir d'autres comportements à risque comme conduire un bateau ou faire de la plongée, risquant de se blesser ou de se tuer ou encore de blesser ou de tuer quelqu'un d'autre.

Le concept de la réduction des méfaits tient compte du fait que, même si l'abstinence est peut-être la stratégie idéale, de nombreuses personnes peuvent ne pas être prêtes (aux étapes de l'inaction et de la prise de conscience) à modifier leur usage d'alcool ou d'autres drogues ou à l'arrêter complètement. Cependant, si elles sont prêtes à considérer d'autres objectifs comme réduire leur usage de drogue, prendre de la drogue de façon plus sûre ou remplacer la drogue qu'elles prennent par une drogue moins nocive, elles peuvent réduire les méfaits que cause à eux et à leur entourage leur usage d'alcool ou d'autres drogues. Et de nombreuses personnes qui optent d'abord pour des stratégies de réduction des méfaits peuvent progresser vers l'abstinence.

Compte tenu du fait que la réduction des méfaits repose sur des objectifs de traitement souples, met l'accent sur la réduction de la stigmatisation des usagers d'alcool ou d'autres drogues et vise à lutter de façon intégrée contre l'usage d'alcool ou d'autres drogues et d'autres comportements à risque, c'est une approche pratique et humaine cherchant à amener les usagers d'alcool ou d'autres drogues à se faire traiter et à poursuivre leur traitement.

Les stratégies d'approche comme les échanges de seringues permettent de proposer aux personnes qui ne sont pas prêtes à suivre un traitement formel de recevoir les services dont elles ont besoin.

Voici quelques exemples qui illustrent parfaitement des stratégies de réduction des méfaits :
- les services de traitement de la toxicomanie et des problèmes de santé mentale qui ne font pas de l'abstinence le seul objectif de traitement possible (et une condition préalable à tout traitement), mais qui permettent aux jeunes de se fixer des objectifs de traitement souples ;

La réduction des méfaits encourage les personnes à se fixer leurs propres objectifs personnels. Comme cette approche personnalisée met l'accent sur le caractère unique de chaque personne et sur la souplesse, elle est susceptible de plaire particulièrement aux adolescents et aux jeunes adultes. (Miller et coll., 2001, 73)

- les programmes visant à fournir des seringues propres (programmes d'échange) ;
- le traitement de maintien à la méthadone pour les personnes ayant une dépendance à l'égard des opioïdes ;
- la distribution gratuite de condoms ;
- les services visant à aider les usagers d'alcool ou d'autres drogues à avoir accès aux soins médicaux, à la nourriture, au logement et aux refuges (un programme offre des services aux jeunes itinérants sans exiger l'abstinence de leur part).

La réduction des méfaits est de plus en plus vue comme une importante solution de rechange dans le domaine de la santé publique, particulièrement réaliste dans le cas des adolescents et des jeunes adultes.

Les lecteurs sont encouragés à consulter Marlatt (1998) pour une explication plus détaillée de la réduction des méfaits.

CONSEIL

Les approches de réduction des méfaits peuvent soulever des questions juridiques et éthiques. Par exemple, si un jeune qui n'a pas encore atteint l'âge légal de consommer de l'alcool se fixe comme objectif de faire usage d'alcool en quantité modérée ou si vous fournissez de l'information sur la façon d'utiliser de façon plus sécuritaire une drogue illicite (par exemple, en suggérant que le jeune fume telle drogue au lieu de se l'injecter), vous pouvez courir le risque qu'on considère que vous vous faites complice de la perpétration d'une infraction. Votre organisme devrait donc élaborer des politiques et des procédures claires sur la mise en œuvre d'objectifs et de stratégies de réduction des méfaits visant les jeunes.

2.7 AMÉLIORER L'ACCÈS : SENSIBILISATION À LA DIVERSITÉ CULTURELLE

De nombreux groupes de jeunes et leurs familles peuvent être réticents à demander de l'aide auprès de services destinés à la population en général. S'ils sont dirigés vers ces services, ils ne se présenteront peut-être pas au rendez-vous fixé. S'ils le font, ils sont susceptibles de ne pas revenir par la suite parce qu'ils ont l'impression que ces services ne peuvent pas leur être utiles. Pour les jeunes provenant de certains groupes ethnoculturels ou ayant diverses orientations sexuelles, une partie du problème peut résider dans le fait que les fournisseurs de service ne viennent pas du même milieu, ne parlent pas leur langue ou ne connaissent pas les normes et les valeurs propres à leur culture. Ainsi, vous devez indiquer clairement aux jeunes qui sont gais, lesbiennes, bisexuels ou transgenderistes que leur orientation sexuelle est acceptée et qu'ils peuvent l'affirmer. Nous vous encourageons à consulter *Asking the Right Questions: Talking about Sexual Orientation and Gender Identity during Assessment for Drug and Alcohol Concerns* (Barbara, Chaim et Doctor, 2002).

Si vous êtes plus sensibilisé aux différentes réalités culturelles, vous serez mieux en mesure d'aider des familles et des jeunes provenant de différents milieux. La sensibilité à la diversité culturelle se compose de plusieurs éléments, à savoir les valeurs, la connaissance de soi, les connaissances et les compétences, que nous décrivons ci-après. (Hansen et Pepitone-Areola-Rockwell, 2000)

Valeurs

- auto-examen critique
- évaluation des valeurs personnelles
- orientation à la justice sociale
- reconnaissance des jeux de pouvoir
- valorisation de la diversité

Connaissance de soi

La connaissance de sa propre culture façonne nos valeurs, nos idées et nos préjugés personnels à l'égard de groupes sociaux. Voici certains aspects de la culture :

- patrimoine culturel
- classe sociale
- identité ethno-raciale
- sexe
- orientation sexuelle
- cohorte d'âge
- handicap

Connaissances

Connaissance :

- de l'histoire et des manifestations de l'oppression, des préjugés et de la discrimination en Amérique du Nord et de leurs conséquences psychologiques ;
- des influences sociopolitiques (p. ex., pauvreté, stéréotypes, stigmatisation et marginalisation) qui s'exercent sur la vie de groupes sociaux ;
- des questions comme les styles interrelationnels et les valeurs normatives relatives à la maladie et à l'aide que sont susceptibles de demander certains groupes déterminés ;
- des procédures et des outils d'évaluation propres à certaines cultures et connaissance de leurs bases empiriques ;
- des différences dans les structures familiales, le rôle des hommes et des femmes, les valeurs, les croyances et la vision du monde entre certains groupes déterminés ; connaissance de leurs effets sur la formation de la personnalité, sur le développement ainsi que sur la santé physique et mentale.

Les élèves peuvent parler confidentiellement avec les conseillers en toxicomanie. Ce genre d'approche donne souvent des résultats surprenants. Les adolescents viennent parler des amis ou des membres de leur famille dont ils s'inquiètent parce qu'ils consomment de l'alcool ou d'autres drogues. Les conseillers sont à la disposition des jeunes dans les écoles et peuvent les aider à développer des habiletés leur permettant de composer avec la situation. (Schwartz, 1997, 51)

Parmi les autres endroits où des programmes d'approche peuvent être mis en œuvre, mentionnons les auberges de jeunesse, les refuges pour femmes maltraitées, les centres de santé communautaire et même les terminus d'autobus. Les travailleurs des programmes d'approche ont des compétences spécialisées qui leur permettent d'intervenir auprès de jeunes itinérants qui ne peuvent avoir accès aux services traditionnels. (Schwartz, 1997, 52)

Compétences

Capacité :

· d'évaluer les hypothèses propres à une culture ainsi que les hypothèses universelles se rapportant aux personnes provenant de certains groupes et d'élaborer des concepts cliniques justes, et notamment de comprendre quand les questions cliniques comportent des dimensions culturelles et quand l'orientation théorique doit être adaptée pour être plus efficace lors des interventions auprès des membres de certains groupes ;

· d'évaluer ses propres compétences en matière de réalités multiculturelles, notamment savoir lorsque les circonstances (p. ex., préjugés personnels, stade de l'identité ethnique, manque de connaissances préalables, compétences langagières ou influences sociales) ont une influence négative sur les activités professionnelles de manière à adapter son comportement en conséquence (p. ex., obtenir l'information voulue, consulter des spécialistes, obtenir de l'encadrement ou diriger le client vers un fournisseur de services plus qualifié) ;

· de modifier les outils d'évaluation et d'adapter en conséquence les diagnostics posés (y compris les bases empiriques lorsqu'elles existent) pour pouvoir les utiliser avec certains groupes ;

· de concevoir et de mettre en œuvre des plans de traitement et des interventions efficaces non biaisés, pour les jeunes de certains groupes déterminés ;

· d'évaluer certaines questions comme le niveau d'acculturation, de stress acculturel et l'étape de développement de l'identité de gai ou de lesbienne ;

· d'établir l'effet des différences linguistiques entre le thérapeute et le client (y compris le recours à des interprètes, au besoin) sur l'évaluation et l'intervention ;

· d'établir un rapport et de faire preuve d'empathie d'une façon qui soit adaptée à la culture du client (p. ex., en tenant compte des interprétations données dans diverses cultures aux signaux verbaux et non verbaux, à l'espace personnel et au contact visuel) ;

· de soulever et d'examiner les questions liées aux différences entre le thérapeute et le client et d'en tenir compte dans la planification du traitement pour en assurer l'efficacité.

2.7.1 STRATÉGIES D'APPROCHE

Les stratégies d'approche doivent être fondées sur le respect et visent à rejoindre les jeunes où qu'ils soient au lieu d'attendre qu'ils viennent à vous (ou qu'ils vous soient envoyés). Elles supposent ce qui suit :

· rencontrer des jeunes dans les endroits et au moment qui leur conviennent au lieu de s'attendre à ce qu'ils demandent des services pendant les heures de bureau normales ;

· établir des rapports avec les jeunes et gagner leur confiance de manière à pouvoir cerner leurs problèmes d'usage d'alcool ou d'autres drogues et de santé mentale ;

· établir une relation d'appui continu avec les jeunes de manière à les amener à suivre ou à poursuivre un traitement ;

- établir des partenariats avec les fournisseurs de soins appartenant à d'autres organismes et systèmes ;
- faire participer activement les familles, au besoin ;
- répondre aux besoins de base des jeunes et à leurs besoins pratiques, et notamment au besoin de sécurité ;
- offrir aux jeunes et à leurs familles des activités créatrices non menaçantes ainsi que des points d'accès.

Vous pouvez concevoir des programmes d'approche pour compléter des programmes de lutte contre la toxicomanie ou de santé mentale existants. Voici certains exemples de ce genre d'initiatives :

Substance Abuse Program for African Canadian and Caribbean Youth (SAPPACY)

Il s'agit d'un programme de traitement et de prévention destiné aux jeunes Canadiens d'origine africaine et antillaise âgés de 13 à 29 ans qui vivent à Toronto. Il se fonde sur un modèle de traitement de la toxicomanie à composante africaine. Le programme met l'accent sur l'approche de la communauté. Les séances de traitement prévues dans le cadre du SAPPACY sont informelles et les conseillers rencontrent les jeunes dans leur communauté, dans les parcs, dans les cafés ou là où cela leur convient dans la ville.

Conseillers en toxicomanie dans les écoles

De nombreux services de traitement de la toxicomanie estiment qu'il est bon d'offrir des programmes dans les écoles, et notamment des haltes-accueil ainsi que du counselling individuel et de groupe en partenariat avec les écoles locales.

Programmes d'approche destinés aux jeunes de la rue

Certains programmes pour les jeunes emploient des travailleurs qui cherchent à joindre les jeunes dans la rue. Ces programmes fournissent aux jeunes du soutien affectif et pratique, dont les nécessités de base, et les dirigent aussi vers les services dont ils ont besoin. Ces programmes mettent habituellement l'accent sur la réduction des méfaits et peuvent comporter des stratégies qui prévoient la distribution de condoms et d'autres articles.

Services d'approche par Internet

Ces stratégies visent à tirer parti de la technologie informatique. Il existe de nombreuses ressources en ligne pour aider les jeunes à cesser de faire usage d'alcool ou d'autres drogues ainsi que pour les aider à cesser de fumer. Skinner, Maley, Smith, Chirrey et Morrison (2001) ont élaboré un cadre (modèle des sept fonctions critiques) pour aider les fournisseurs de soins à adapter ces ressources pour qu'elles conviennent aux interventions brèves.

Les stratégies d'approche comprennent presque toutes des approches dynamiques et créatrices visant à aider les jeunes et leurs familles à trouver des occasions de s'amuser, d'exprimer leur créativité, de s'instruire et d'obtenir du soutien et de l'aide pratique.

2.8 FAVORISER LA DIVULGATION AU SUJET DE L'USAGE DE DROGUES

Lorsque des jeunes s'adressent à vous (ou vous sont envoyés), ils peuvent ne pas être en mesure de vous parler de leur usage d'alcool ou d'autres drogues pour les raisons suivantes :

· crainte d'être jugés ;

· crainte de la punition et de se retrouver dans le pétrin (violation des conditions de probation, suspension de l'école, perte de privilèges dans leur famille ou dans leur foyer de groupe).

Les politiques et les procédures punitives découragent les jeunes de parler de leur problème d'usage d'alcool ou d'autres drogues. Si, par contre, les jeunes savent qu'ils n'ont « rien à craindre » en vous parlant, il y a de bonnes chances pour qu'ils se montrent plus ouverts. Vous devriez les assurer que l'information qu'ils vous communiquent demeurera confidentielle. S'ils vous parlent de leur problème d'usage d'alcool ou d'autres drogues parce qu'ils cherchent de l'aide, ils devraient être aidés et non punis. Pour créer un climat de confiance, il importe que les jeunes puissent discuter avec vous de leur usage d'alcool ou d'autres drogues, et des problèmes qui en découlent, sans devoir admettre qu'ils ont enfreint des règles.

2.9 GESTION DU COMPORTEMENT

Il se peut qu'un jeune avec lequel vous travaillez ait à l'occasion un comportement perturbateur. Au lieu de le confronter, vous pourriez peut-être prévenir ou gérer la situation en changeant soit votre propre comportement, soit l'environnement dans lequel vous travaillez. À titre d'exemple :

· Ayez recours au style de communication propre à la technique d'entrevue motivationnelle et composez avec la résistance qu'oppose le jeune pour éviter un affrontement (voir section 2.5) ; demandez-lui de vous faire part de son point de vue lorsque vous constatez des comportements indésirables.

· Établissez des règles (raisonnables) ou même un « contrat » formel qui précise clairement le comportement que vous attendez du jeune et les conséquences qu'il devra subir s'il ne répond pas à vos attentes. Offrez des récompenses (que vous êtes en mesure de donner) si le jeune fait sa part.

· Mettez l'accent sur l'autonomie, la compétence et le besoin de rapprochement, c'est-à-dire les besoins psychologiques humains qui sont à la base de la motivation.

· Aménagez votre espace de travail de manière à éviter que le jeune ait accès à des armes potentielles ou à des articles qui pourraient susciter chez lui des besoins particuliers (ciseaux, coupe-papier, colle, liquide correcteur, allumettes, briquets, aiguilles ou seringues), et placez-vous près de la porte.

Si un jeune est intoxiqué, il sera sans doute plus utile d'apporter certains changements à l'environnement. Ainsi, si le jeune a consommé des stimulants, réduisez le niveau de stimulation dans l'environnement de la façon suivante :

· réduisez l'intensité de l'éclairage (en particulier si l'éclairage est fourni par des fluorescents) ;

· parlez doucement ;

· contrôlez le niveau de bruit aux alentours de la pièce où vous recevez le jeune ;

· évitez de lui offrir du café.

Si le jeune a consommé des dépresseurs, vous voudrez peut-être augmenter le niveau de stimulation dans l'environnement et lui offrir du café.

Si le jeune perçoit la réalité de façon déformée, rassurez-le en lui disant que ce qu'il perçoit n'est pas réel, mais que c'est le résultat de son usage d'alcool ou d'autres drogues. Réduisez le niveau de stimulation le plus possible et, si vous poursuivez l'entretien, demeurez détendu.

Les jeunes qui ont consommé des drogues peuvent et doivent être tenus responsables de leurs actes. À titre d'exemple, vous pouvez leur dire directement ce que vous pensez de leur comportement sans que le ton que vous utilisez leur indique que vous portez un jugement sur eux.

CONSEIL

Tenter de faire du counselling ou de poursuivre un traitement de groupe quand le jeune est intoxiqué n'est pas une bonne idée. Il est cependant bon de s'assurer qu'il n'est pas en danger et de lui fournir l'aide qu'il demande, le cas échéant, et de décider avec lui du moment du prochain rendez-vous.

2.10 ENJEUX JURIDIQUES

Lorsqu'on travaille avec des jeunes qui font usage d'alcool ou d'autres drogues, les principaux enjeux juridiques à comprendre sont le *consentement* (notamment dans quelles circonstances il est requis et valide ainsi que l'âge à partir duquel il est nécessaire) ainsi que la *confidentialité* et ses limites.

Consentement

Idéalement, vous devriez obtenir le consentement écrit du jeune avant de commencer à lui administrer un traitement. À moins que vous n'ayez obtenu son consentement par écrit, il ne faudrait pas présumer que le jeune consent à être traité simplement parce qu'il se présente à sa prochaine séance de counselling. Vous devez expliquer au jeune quelles sont les autres options qui s'offrent à lui ainsi que les avantages et les inconvénients du traitement et de l'inaction afin qu'il soit en mesure de donner un consentement éclairé, le cas échéant.

Vous ne pouvez forcer un jeune à consentir à se faire traiter même si la participation à un programme de traitement est une condition fixée dans le cadre d'une ordonnance de probation. Vous pouvez agir sans le consentement du jeune seulement lorsque sa vie est en danger (c'est-à-dire lorsqu'il a pris une dose qui peut-être fatale et est inconscient, en état de grande euphorie ou incohérent).

Pour consentir à un traitement, le jeune doit comprendre ce que le traitement comprend et doit être considéré comme étant en possession de ses moyens. Sous l'influence de l'alcool ou d'autres drogues, un jeune n'est pas considéré comme en possession de ses moyens. De façon générale, si l'on considère qu'un jeune est en mesure de comprendre ce que suppose le traitement, il lui appartient de consentir ou non au traitement sans égard à son âge. En Ontario, aux termes de la *Loi sur les services à la famille*, l'âge de consentement au traitement est de 12 ans bien que les conseillers soient tenus de dire aux jeunes de 12 à 15 ans qu'il serait préférable que leurs parents ou leur tuteur participent à la décision.

Les parents, les tuteurs ou le plus proche parent peuvent donner leur consentement au traitement si le jeune, pour une raison ou une autre, n'est pas en mesure de le faire. Ils doivent cependant toujours être guidés par le « meilleur intérêt du jeune », ce qui peut parfois être difficile à déterminer. Si la mesure prise améliore la qualité de vie du jeune, elle est habituellement jugée dans son meilleur intérêt.

Certaines lois provinciales et fédérales ainsi que les codes de déontologie de diverses professions précisent aussi que l'information obtenue des clients doit demeurer confidentielle. Cela signifie que si vous n'avez pas son consentement, vous ne pouvez pas communiquer de l'information obtenue d'un jeune à qui que ce soit, pas même à ses parents.

Confidentialité

De façon générale, vous ne devriez jamais divulguer l'information que le jeune vous a communiquée lors d'une séance de counselling, que ce soit à son sujet ou au sujet de membres de sa famille, à moins d'avoir sa permission. Il devrait idéalement signer un formulaire de consentement précisant à qui l'information peut être communiquée ainsi que la période visée par ce consentement. Il convient que le jeune renouvelle son consentement si l'information doit être communiquée à une date ultérieure.

Les professionnels de la santé ne sont pas tenus de signaler aux autorités un crime que le client leur révèlerait avoir commis lors d'une séance de counselling (comme celui de possession ou de trafic de drogues ou de prostitution). Dans certaines circonstances cependant, vous pouvez être forcé de divulguer de l'information sans le consentement du jeune. Ainsi :

· quiconque apprend qu'un enfant est maltraité doit communiquer cette information aux autorités voulues ;

· si vous êtes un professionnel de la santé, vous pouvez être tenu d'alerter les services de santé appropriés si l'un de vos clients est atteint d'une maladie infectieuse ;

· si vous êtes un médecin, vous pouvez être tenu d'alerter les autorités si un patient souffre d'une maladie qui l'empêche de conduire ;

· vous pouvez être tenu de divulguer de l'information qui vous aurait été communiquée par un jeune si vous êtes cité à comparaître ou si un tribunal exige de voir vos dossiers.

L'obligation de divulguer des renseignements est moins claire si le jeune fait usage de drogues qui peuvent le mettre en danger ou mettre en danger d'autres personnes (c'est-à-dire s'il est suicidaire ou violent ou s'il compte conduire avec des facultés affaiblies). Cependant, vous avez l'obligation de prendre les mesures nécessaires pour assurer sa sécurité ou celle des autres en faisant appel aux ressources voulues comme les services d'urgence et les services de protection de l'enfance. Vous devriez connaître les politiques et les procédures de l'organisme auquel vous appartenez à cet égard et privilégier la prudence.

CONSEIL

Il est important d'expliquer tôt aux jeunes avec lesquels vous travaillez dans quelles circonstances vous devrez peut-être divulguer de l'information sans leur consentement. Cela leur permet de décider de ne pas vous révéler des renseignements qui pourraient les incriminer si un tribunal vous citait à comparaître.

CHAPITRE 3

PROBLÈMES D'USAGE D'ALCOOL OU D'AUTRES DROGUES ET DE SANTÉ MENTALE—DÉPISTAGE, ÉVALUATION ET PLANIFICATION DU TRAITEMENT

3.1 IMPORTANCE DU DÉPISTAGE DES PROBLÈMES D'USAGE D'ALCOOL OU D'AUTRES DROGUES ET DE SANTÉ MENTALE

Quel que soit votre milieu de travail, les rapports que vous entretenez avec des jeunes vous donnent l'occasion de les observer et de leur poser des questions sur leur vie. Si vous êtes perspicace et si vous êtes prêt à aborder certaines questions avec objectivité et sans porter de jugement, vous êtes plus susceptible de pouvoir établir une bonne relation avec les jeunes, de gagner leur confiance et de les aider à trouver la motivation voulue pour changer.

Malheureusement, les problèmes des jeunes sont souvent négligés et ce n'est que lorsqu'une crise éclate ou qu'ils se sont fait du tort à eux-mêmes ou en ont fait à d'autres que leurs problèmes sont finalement pris en compte. En dépistant les problèmes dès qu'ils se posent, on augmente les chances d'amener un jeune à accepter de participer à un traitement et de réussir à l'aider à éviter ou à réduire les conséquences négatives ultérieures de ces problèmes. En intervenant tôt, les chances de réussite de l'intervention augmentent également, ce qui est particulièrement important dans le cas des jeunes qui ont à la fois des problèmes d'usage d'alcool ou d'autres drogues et des problèmes de santé mentale vu les défis particuliers que doivent relever ces jeunes.

CONSEIL

Lorsque vous recueillez des renseignements en vue de cerner les problèmes possibles d'usage d'alcool ou d'autres drogues et de santé mentale chez un jeune, vous devez comprendre comment le jeune perçoit sa situation, et notamment s'il est conscient de l'existence d'un « problème ». Ayez recours à un style de communication motivationnelle et suivez le rythme du client. Évitez de vous focaliser sur ce que vous percevez comme un problème avant que le jeune ne soit prêt à le faire.

Lorsque vous constatez des problèmes possibles d'usage d'alcool ou d'autres drogues et de santé mentale, vous devez établir si ces problèmes sont inquiétants. Si c'est le cas :

· intervenez auprès du jeune et de sa famille pour voir comment ils perçoivent le problème ;

· étudiez avec eux quelles sont les mesures qu'ils sont prêts à prendre à cet égard.

Si vous ne décelez pas de problème, et en particulier si vous ne décelez pas les deux types de problèmes lorsqu'ils existent, soit vous ne jugerez pas bon d'évaluer le cas du jeune en vue d'établir un plan de traitement, soit vous ne tiendrez compte que d'un aspect du problème, ce qui ne peut que compromettre l'efficacité de tout le processus.

À titre d'exemple, le comportement des jeunes qui ont des démêlés avec la justice pourrait nous amener à conclure que ces jeunes sont très susceptibles d'avoir des problèmes concomitants d'usage d'alcool ou d'autres drogues et de santé mentale. Il serait sans doute préférable que ces jeunes suivent un traitement au lieu de faire l'objet d'une surveillance accrue, mais il faudrait d'abord que leurs problèmes sous-jacents aient été dépistés. (Trupin et Boesky, 2001)

CONSEIL

Lorsque vous rencontrez un jeune qui présente *soit* des problèmes d'usage d'alcool ou d'autres drogues, soit des problèmes de santé mentale, demandez-vous s'il ne souffre pas de problèmes concomitants. (CAMH, 2002a)

Dépister des problèmes possibles *ne revient pas* à faire une évaluation complète ou à poser un diagnostic. Le dépistage n'exige pas une formation spécialisée ni des outils officiels bien que vous aurez accès, dans certains milieux, à des outils de dépistage des problèmes d'usage d'alcool ou d'autres drogues et de santé mentale. Vous déciderez peut-être d'avoir recours à ces outils ainsi qu'à des approches informelles (voir annexe D, Outils de dépistage). Selon le milieu dans lequel vous œuvrez et selon l'approche que vous considérez convenir le mieux à un jeune, vous choisirez peut-être de recourir, pour établir si le jeune fait usage d'alcool ou d'autres drogues et souffre aussi de problèmes de santé mentale, à un seul type de méthode ou à une variété de méthodes, y compris à l'observation, à des questions et à des outils de dépistage officiels.

À titre d'exemple, vous préférerez peut-être recueillir des renseignements auprès du jeune en discutant avec lui, en lui posant des questions et en l'observant. Cette méthode peut vous fournir suffisamment de renseignements pour vous permettre d'établir que l'usage d'alcool ou d'autres drogues d'un jeune est nocif ou problématique et qu'une évaluation plus complète de son cas s'impose.

Des tests de dépistage officiels peuvent appuyer vos observations, confirmer l'existence d'un problème et fournir une rétroaction concrète au jeune sur son problème. En fonction des résultats des tests que vous déciderez de lui faire subir, vous pourrez situer, d'après des normes établies, ses problèmes d'usage d'alcool ou d'autres drogues ou ses symptômes de problèmes de santé mentale sur une échelle allant de « pas de problème » à « problème grave ». Vous déciderez peut-être de faire passer à tous vos clients des tests de dépistage pour pouvoir établir de façon rapide et facile quels sont leurs problèmes d'usage d'alcool ou d'autres drogues et de santé mentale.

CONSEIL

Si vous ne faites pas déjà passer ce genre de tests à tous les jeunes qui vous sont adressés, songez à poser des questions de dépistage simples dans le cadre du processus d'accueil ou d'évaluation.

3.2 DÉPISTAGE DES PROBLÈMES D'USAGE D'ALCOOL OU D'AUTRES DROGUES ET DE SANTÉ MENTALE : APPROCHES ET OUTILS

Il existe de nombreuses façons de dépister des problèmes possibles d'usage d'alcool ou d'autres drogues et de santé mentale chez les jeunes. Votre milieu de travail et votre degré d'expertise ainsi que le temps et les ressources dont vous disposez détermineront les approches auxquelles vous aurez recours.

Vous pouvez avoir recours à l'une ou à plusieurs des approches décrites ci-dessous pour dépister les problèmes d'usage d'alcool ou d'autres drogues et de santé mentale chez les jeunes avec lesquels vous travaillez.

APPROCHES POUR LE DÉPISTAGE DES PROBLÈMES D'USAGE D'ALCOOL OU D'AUTRES DROGUES ET DE SANTÉ MENTALE

Faites des observations et utilisez votre jugement	Observez l'apparence et le comportement du jeune. Prêtez attention à ce qu'il dit.
	N'oubliez pas que ce que vous constatez peut ne pas avoir de lien avec l'usage d'alcool ou d'autres drogues (p. ex., ce jeune est peut-être simplement amoureux !).

Pendant le processus de dépistage :

- Soyez conscient de vos propres valeurs et attitudes à l'égard de l'usage d'alcool ou d'autres drogues et de la santé mentale.
- Évitez les étiquettes.
- Cherchez activement à dépister les problèmes le plus tôt possible pour optimiser les chances de succès des interventions en posant des questions aux jeunes sur leur usage d'alcool ou d'autres drogues et sur leur santé mentale.
- Tenez compte de la motivation et sachez la renforcer.
- Si vous dépistez des problèmes d'usage d'alcool ou d'autres drogues et de santé mentale, évaluez la gravité comparative des deux types de problèmes pour en tenir compte dans la planification d'un traitement intégré.

Faites des observations et utilisez votre jugement (suite)	Si vous connaissez ce jeune depuis un certain temps, demandez-vous s'il vous est déjà venu à l'esprit qu'il avait peut-être un problème d'usage d'alcool ou d'autres drogues. (Certainement ? Probablement ? Pas du tout ?)
	Lorsque c'est possible, vérifiez l'exactitude de vos observations auprès du jeune (p. ex., « J'ai remarqué que... »).
	Cherchez à vérifier vos observations auprès de personnes qui connaissent aussi le jeune (parents, amis ou fournisseurs de soins) ou consultez à cette fin les dossiers le concernant avec sa permission.
Posez quelques questions	Sans porter de jugement, vous pouvez poser directement au jeune des questions au sujet de son usage d'alcool ou d'autres drogues. Voici des exemples de questions que vous pouvez lui poser :
	· As-tu déjà consommé de l'alcool ? As-tu déjà fait usage de cannabis ? de cocaïne ? de tabac ?
	· Quand as-tu fait usage pour la dernière fois de... ?
	· Combien de fois fais-tu usage de... ? (Chaque jour ? 2 ou 3 fois par semaine ? Une fois par semaine ? Une fois par mois ? 3 à 4 fois par année ? Une fois par année ou moins ?)
	· Peux-tu me décrire une journée type lorsque tu fais usage d'alcool ou d'autres drogues ?
	· Au cours du dernier mois, combien de verres d'alcool as-tu consommés lorsque tu as bu ?
	· As-tu ressenti des problèmes reliés à ton usage de... ?
	· Un parent, un ami ou un médecin a-t-il déjà exprimé des préoccupations au sujet de ton usage de... ou a-t-il jamais suggéré que tu réduises cet usage ?
	· Fais-tu usage de... quand tu es seul ou en compagnie d'autres personnes ?
	· Que ressens-tu quand tu fais usage de... ?
	· Ton usage de... te préoccupe-t-il ?
	· As-tu déjà essayé de cesser de faire usage de... ?
	· Peux-tu me dire tout ce qu'il y a de bon et de mauvais à faire usage d'alcool ou d'autres drogues ?

Posez quelques questions (suite)	Sans porter de jugement, vous pouvez poser des questions au jeune sur sa santé mentale. Voici des exemples de questions que vous pouvez lui poser : · Comment te sens-tu ? Apprécies-tu la vie ? · Comment ça va à l'école, avec ta famille et tes amis, etc. ? · T'es-tu déjà senti déprimé ou suicidaire ? · T'es-tu déjà fait du mal ou as-tu déjà songé à le faire ? · (Dans l'affirmative) Avais-tu alors fait usage d'alcool ou d'autres drogues ? · As-tu déjà été traité pour un problème de santé mentale comme l'anxiété ou la dépression ? · T'a-t-on déjà prescrit un médicament pour traiter un problème de santé mentale ? · Prends-tu des médicaments à l'heure actuelle ? Si oui, de quels types de médicaments s'agit-il ? · As-tu déjà été hospitalisé pour un problème de santé mentale ?
Utilisez des outils de dépistage des problèmes d'usage d'alcool ou d'autres drogues et de santé mentale	Selon le milieu dans lequel vous travaillez, vous aurez peut-être accès à des outils de dépistage rapides qui peuvent vous permettre de faire une évaluation initiale des problèmes et qui vous fourniront ainsi qu'aux jeunes auprès desquels vous intervenez des renseignements vous permettant d'établir si leurs problèmes d'usage d'alcool ou d'autres drogues et de santé mentale sont inquiétants. Après avoir administré un test à un jeune, vous l'aiderez en lui présentant ses résultats de façon objective et sans porter de jugement. Demandez au jeune ce qu'il pense au sujet de ses résultats et les sentiments qu'ils suscitent chez lui. Voir l'annexe D pour de plus amples renseignements sur les outils de dépistage des problèmes d'usage d'alcool ou d'autres drogues et de santé mentale.

Tableau adapté de Santé Canada (2002, 35-45).

Lorsque vous cherchez à dépister les problèmes d'usage d'alcool ou d'autres drogues et de santé mentale chez un jeune, n'oubliez pas que celui-ci peut :

· traverser une crise, ressentir les effets du sevrage ou être extrêmement agité ;

· avoir des problèmes d'usage d'alcool ou d'autres drogues et de santé mentale qui interagissent (p. ex., l'usage de la cocaïne ou des méthamphétamines pourrait déclencher un épisode maniaque chez un jeune atteint du trouble bipolaire) ;

· être affligé d'un problème de santé mentale qui est en rémission ;

· pratiquer l'automédication en faisant usage d'alcool ou d'autres drogues pour atténuer sa détresse mentale (p. ex., le jeune peut fumer de la marijuana seulement lorsqu'il est déprimé pour ne pas se sentir triste) ;

· avoir manifesté d'autres symptômes dans le passé qui diffèrent des symptômes qu'il présente maintenant ;

· ne pas considérer son usage d'alcool ou d'autres drogues ou ses symptômes de problèmes de santé mentale comme des « problèmes » ;

· être prêt à demander de l'aide pour régler un problème, mais pas tous ses problèmes (p. ex., le jeune veut cesser d'entendre des voix, mais n'est pas prêt à cesser de fumer de la marijuana).

3.2.1 QUE RECHERCHER ?

Il existe de nombreux signes parfois très semblables qui indiquent qu'un jeune peut avoir des problèmes d'usage d'alcool ou d'autres drogues et de santé mentale. Il importe de ne pas oublier cependant que d'autres raisons que l'usage d'alcool ou d'autres drogues et les problèmes de santé mentale peuvent expliquer des changements dans l'apparence, le comportement ou les capacités cognitives, à savoir les trois principaux indicateurs de problèmes d'usage d'alcool ou d'autres drogues et de santé mentale.

SIGNES À RECHERCHER :

Apparence (éveil, affect, anxiété)

· odeur d'alcool, d'autres drogues ou d'inhalants

· changements importants dans l'apparence et la toilette personnelle

· affect inapproprié

· changement d'humeur

· détresse émotive : dépression, idées suicidaires ou tentatives de suicide, confusion et sautes d'humeur

Comportement (mouvements, organisation, expression)

- changements de comportement
- démarche hésitante
- agitation
- léthargie
- hyperactivité
- étourdissements, évanouissement
- tendance à avoir des accidents
- haut niveau de plaintes physiques et de problèmes de santé
- démêlés avec la justice
- problèmes financiers
- perte de poids soudaine
- troubles du sommeil
- changements importants dans les amis, les résultats scolaires, l'attitude et les relations avec les proches
- abandon des passe-temps
- abandon des activités récréatives
- décrochage scolaire
- automutilation
- tentatives de suicide
- actes fréquents de vandalisme et pyromanie

Capacités cognitives (orientation, calcul, raisonnement, cohérence)

- problèmes de concentration
- expression fébrile

Dans certains territoires, il est possible de faire passer des tests pour dépister l'usage d'alcool ou d'autres drogues. La fiabilité de cette approche est cependant contestable étant donné les écarts dans la façon dont différentes drogues sont métabolisées et éliminées par le corps.

3.3 GRAVITÉ DE L'USAGE D'ALCOOL OU D'AUTRES DROGUES ET PLAN D'ACTION

Si vous savez qu'un jeune fait usage d'alcool ou d'autres drogues et si vous soupçonnez qu'il a aussi un problème de santé mentale, vous devrez travailler avec lui à établir la gravité de son usage. Vous devrez aussi établir s'il convient d'évaluer sa situation à fond et s'il est prêt à collaborer à cette évaluation (si c'est le cas, il faut aussi établir où cette évaluation sera faite).

Vous pouvez vous faire une idée préliminaire au sujet des prochaines mesures à prendre en voyant où se situe l'usage d'alcool ou d'autres drogues du jeune sur le *Continuum de l'usage d'alcool ou d'autres drogues* proposé ci-dessous.

NON-USAGE :
N'a jamais fait usage d'une substance particulière.

USAGE EXPÉRIMENTAL :
Usage peu fréquent et irrégulier qui est motivé par la curiosité au sujet des effets de la substance.

USAGE IRRÉGULIER :
Usage peu fréquent et irrégulier qui se limite habituellement aux occasions spéciales (vacances, anniversaires, etc.) ou qui a lieu lorsque l'occasion se présente.

USAGE NOCIF :
Usage qui a des conséquences nocives et qui se traduit par des comportements à risques élevés.

USAGE RÉGULIER :
Usage qui a lieu de façon prévisible et qui peut être fréquent ou espacé. Le jeune cherche activement à ressentir l'effet de la substance ou à participer aux activités de son groupe de pairs liées à l'usage de drogue. Il a habituellement l'impression de contrôler son usage (il peut l'arrêter ou le poursuivre).

DÉPENDANCE :
Usage régulier, prévisible et habituellement fréquent. Le jeune ressent un besoin physique ou psychologique pour la substance. Il a l'impression de ne pas contrôler son usage et poursuivra cet usage malgré ses conséquences nocives.

Figure 3.1 : Continuum de l'usage d'alcool ou d'autres drogues

La plupart des jeunes commencent à faire un usage expérimental de l'alcool ou d'autres drogues, mais la vaste majorité d'entre eux ne va pas plus loin. Certains progresseront vers un usage continu, mais irrégulier, un usage régulier et enfin vers la dépendance. Cet usage croissant d'alcool ou d'autres drogues peut prendre fin à tout moment ou il peut varier selon la drogue utilisée. Ainsi, un jeune peut faire l'expérience des hallucinogènes, faire usage de cannabis à l'occasion, boire de l'alcool régulièrement et avoir une dépendance à l'égard du tabac.

L'usage d'alcool ou d'autres drogues d'un jeune peut devenir nocif à toute étape de son usage. Même si un jeune n'a fait usage de l'alcool ou d'autres drogues qu'une seule fois, il peut avoir eu des comportements à risque comme avoir des relations sexuelles non protégées ou conduire en état d'ébriété, comportements qui peuvent avoir de graves conséquences. Chez les jeunes souffrant de problèmes de santé mentale, l'usage d'alcool ou d'autres drogues, même en petites quantités, peut causer des problèmes.

Si l'usage d'alcool ou d'autres drogues présente un problème, il convient de se poser les questions suivantes :

· Quels sont les comportements et les problèmes associés à cet usage ?

· Où se situe cet usage sur le continuum ?

· Cet usage est-il susceptible d'être nocif pour le jeune ?

· Le jeune est-il susceptible d'accroître son usage ?

Si un jeune semble avoir des problèmes de santé mentale :

· Quels sont ses symptômes ?

· Quelle semble être leur gravité ?

Si le jeune semble avoir des problèmes d'usage d'alcool ou d'autres drogues ainsi que des problèmes de santé mentale :

· Quelle semble être la relation entre ces deux types de problèmes ?

Le jeune a-t-il d'autres besoins urgents qui doivent être comblés immédiatement (p. ex., sécurité, traitement médical, logement, nourriture, vêtements, argent ou autres produits essentiels comme des condoms ou des seringues propres) ?

En fonction de vos observations et des réponses que vous avez obtenues à vos questions, vous pouvez travailler avec le jeune pour trouver comment vous y prendre pour l'aider à résoudre ses problèmes.

Plusieurs options s'offrent à vous pour aider le jeune à régler ses problèmes d'usage d'alcool ou d'autres drogues et de santé mentale. Les options qui conviennent le mieux dépendront de plusieurs facteurs dont ceux-ci :

· l'importance de l'usage d'alcool ou d'autres drogues pour le jeune ;

· le risque qu'il augmente son usage d'alcool ou d'autres drogues ;

· le risque que cet usage entraîne pour lui des conséquences nocives ;

· l'étape du changement où se situe le jeune ;

· la mesure dans laquelle le jeune est prêt à changer.

Si cela vous paraît indiqué, envisagez de discuter avec le jeune des options suivantes :

Surveillance continue

Effectuez périodiquement des vérifications pour déceler tout changement dans l'usage d'alcool ou d'autres drogues et dans les symptômes de problèmes de santé mentale. Fiez-vous à vos propres observations et à votre jugement et posez aussi certaines questions.

Éducation

Fournissez au jeune des renseignements sur les effets de l'alcool et des autres drogues sur la santé physique et mentale ainsi que sur leur caractère licite ou illicite. Offrez-lui de l'information sur le bien-être et la santé mentale en général. Mettez l'accent sur le mieux-être.

Prévention

Renforcez les attitudes et les comportements qui sont incompatibles avec l'usage d'alcool ou d'autres drogues par l'entremise de discussions, de counselling par les pairs, du développement des compétences sociales et d'autres activités.

Réduction des méfaits

Fournissez aide et soutien pour réduire les effets nocifs de l'usage d'alcool ou d'autres drogues (sans exiger l'abstinence).

Évaluation globale et planification d'un traitement intégré

Lorsqu'un jeune a des problèmes concomitants d'usage d'alcool ou d'autres drogues et de santé mentale, dirigez-le et sa famille, si possible, vers un service qui effectuera une évaluation globale et proposera un traitement intégré. Si un service de traitement intégré n'est pas disponible, dirigez-les plutôt vers un programme de traitement de la toxicomanie ou un service de santé mentale et occupez-vous de la gestion continue du cas pour vous assurer que les problèmes d'usage d'alcool ou d'autres drogues et de santé mentale du jeune sont pris en compte et qu'un plan de traitement intégré lui est proposé.

Stade de l'usage d'alcool ou d'autres drogues (avec manifestation ou non de symptômes de problèmes de santé mentale)	Objectifs	Plan d'action
Non-usage	Prévenir le début de l'usage d'alcool ou d'autres drogues.	Renforcement du non-usage Sensibilisation Surveillance
Usage expérimental	Renforcer la motivation à changer. Prévenir une augmentation de l'usage d'alcool ou d'autres drogues. Désintéresser le jeune de l'usage d'alcool ou d'autres drogues. Réduire les méfaits de l'usage d'alcool ou d'autres drogues.	Sensibilisation Réduction des méfaits Surveillance

Stade de l'usage d'alcool ou d'autres drogues (avec manifestation ou non de symptômes de problèmes de santé mentale)	Objectifs	Plan d'action
Usage irrégulier	Renforcer la motivation à changer. Prévenir une augmentation de l'usage d'alcool ou d'autres drogues. Désintéresser le jeune de l'usage d'alcool ou d'autres drogues. Réduire les méfaits de l'usage d'alcool ou d'autres drogues.	Sensibilisation Réduction des méfaits Surveillance
Usage régulier	Renforcer la motivation à changer. Prévenir une augmentation de l'usage d'alcool ou d'autres drogues. Désintéresser le jeune de l'usage d'alcool ou d'autres drogues. Réduire les méfaits de l'usage d'alcool ou d'autres drogues.	Sensibilisation Réduction des méfaits Surveillance Évaluation
Dépendance	Renforcer la motivation à changer. Désintéresser le jeune de l'usage d'alcool ou d'autres drogues. Réduire les méfaits de l'usage d'alcool ou d'autres drogues.	Réduction des méfaits Évaluation Traitement
Usage nocif	Renforcer la motivation à changer. Désintéresser le jeune de l'usage d'alcool ou d'autres drogues. Réduire les méfaits de l'usage d'alcool ou d'autres drogues.	Réduction des méfaits Évaluation Traitement

Si votre objectif est de *prévenir l'usage d'alcool ou d'autres drogues*, votre stratégie comportera des activités de sensibilisation et de prévention ainsi qu'une surveillance continue. Étant donné que de nombreux jeunes reçoivent des messages de sensibilisation et de prévention à l'école, dans la collectivité et à la maison, il vous faudra peut-être simplement renforcer ces messages de non-usage et vérifier périodiquement que le jeune les a bien assimilés.

Si votre objectif est de *prévenir l'augmentation de l'usage d'alcool ou d'autres drogues* parmi, par exemple, les jeunes qui en font usage de façon expérimentale et irrégulière, il peut être indiqué d'offrir des activités de sensibilisation et de prévention. Si vous trouvez la bonne façon d'explorer le problème, vous pouvez encourager le jeune à reconnaître qu'il doit changer. Cela peut suffire à désintéresser le jeune de l'usage d'alcool ou d'autres drogues. La mise en œuvre de stratégies de réduction des méfaits peut aussi être nécessaire. Il importera de vérifier continuellement que le jeune n'augmente pas son usage d'alcool ou d'autres drogues.

Si votre objectif est de *désintéresser le jeune de l'usage d'alcool ou d'autres drogues*, votre stratégie dépendra de la gravité du problème et du risque d'accroissement de cet usage. Si vous adoptez la bonne approche, vous pourrez aider le jeune à se rendre compte de son ambivalence et à la surmonter et vous renforcerez sa motivation à changer son comportement. Vous pouvez offrir aux jeunes qui ne font que peu usage d'alcool ou d'autres drogues et qui n'ont pas subi d'effets nocifs, des programmes d'éducation et de prévention. Vous pouvez offrir aux jeunes pour qui l'usage d'alcool ou d'autres drogues a déjà des effets nocifs et qui sont susceptibles d'accroître cet usage de participer à une évaluation globale qui aboutira à l'élaboration d'un plan de traitement intégré dans le but de réduire les conséquences nocives (actuelles et éventuelles) de leur usage d'alcool ou d'autres drogues.

3.3.1 NÉCESSITÉ DE DÉCELER LES AUTRES BESOINS URGENTS OU CONNEXES

Vous devrez peut-être aider un jeune qui traverse une crise et qui a des besoins urgents. Il se peut que ce jeune :

· risque de subir de mauvais traitements ou d'être victime de violence ;
· soit sous l'effet d'un traumatisme en raison des mauvais traitements qu'il a subis ;
· ressente des symptômes aigus de problèmes de santé mentale ;
· pose un danger pour lui-même ou pour les autres ;
· soit blessé ou malade ;
· soit une jeune fille enceinte ;
· soit gravement intoxiqué ;
· ressente des effets marqués du sevrage ;
· traverse une crise ou connaisse des difficultés continues au plan logement, emploi, études, famille ou relations ;
· ait des démêlés avec la justice.

Familiarisez-vous avec les services et les ressources dont dispose votre organisme d'attache ou votre collectivité pour que vous puissiez aider les jeunes à obtenir le soutien, les services et le suivi dont ils ont besoin.

3.4 IMPORTANCE D'UNE ÉVALUATION GLOBALE

Lorsque vous constatez que des jeunes font usage d'alcool ou d'autres drogues régulièrement ou de façon nocive pour eux ou pour les autres, encouragez-les à participer à un processus d'évaluation globale. Même s'ils sont forcés de participer à l'évaluation (par leurs parents, par le personnel scolaire ou par le système judiciaire), il est bon de leur expliquer qu'une évaluation globale peut les aider à en savoir plus long sur eux-mêmes, et notamment sur leurs besoins, sur leurs forces et sur leurs options en matière de changement.

Expliquez aux jeunes qu'en fonction de leur niveau d'alphabétisation et de leurs connaissances linguistiques, le processus d'évaluation pourrait comporter des entrevues, des questionnaires (parfois informatisés) ou des devoirs (p. ex., tenir un journal). Les membres de leur famille ou d'autres personnes qu'ils connaissent peuvent aussi être interviewés. Dans le cadre du processus de collecte de renseignements, il se peut aussi qu'on ait à consulter des dossiers personnels (école, traitement, système judiciaire).

L'évaluation vise à :
· établir l'étendue et la gravité des problèmes d'usage d'alcool ou d'autres drogues et de santé mentale du jeune. Dans certains milieux, l'objectif premier de l'évaluation globale est de confirmer le diagnostic, ce qui peut comprendre de faire la distinction entre l'usage d'alcool ou d'autres drogues et la dépendance à leur égard d'après les critères du DSM-IV. Dans ces milieux, l'évaluation de santé mentale comporte une entrevue menée par un professionnel de la santé mentale qualifié (psychiatre ou psychologue agréé) ;
· évaluer le fonctionnement du jeune relativement à d'autres aspects de sa vie ;
· étudier les liens entre les divers problèmes auxquels il est confronté, y compris la relation entre ses problèmes d'usage d'alcool ou d'autres drogues et de santé mentale ;
· cerner ses forces et ses ressources ;
· établir et renforcer sa motivation à l'égard du changement ;
· élaborer un plan de traitement et de soutien qui tienne compte de ses besoins de façon intégrée.

Selon le milieu dans lequel vous œuvrez, vous pourrez peut-être mener l'évaluation globale par vous-même ou avec l'aide de vos collègues. Vous pouvez aussi faire appel aux services d'autres fournisseurs de soins.

3.5 CONSEILS RELATIFS AU PROCESSUS D'ÉVALUATION

· Cherchez à mettre le jeune à l'aise au sujet de la divulgation de renseignements.

· Établissez un bon rapport avec lui avant de demander si vous pouvez lui poser beaucoup de questions.

· Tenez compte des préoccupations du jeune.

· Utilisez des termes qui ne dénotent pas un jugement de valeur.

· Tenez compte des questions liées à la diversité comme la langue, la culture et l'orientation sexuelle.

· Menez les entrevues lorsque le jeune est sobre et dans un état émotif relativement stable.

· Menez les entrevues en privé dans un endroit où l'on ne vous interrompra pas.

· Si cela est possible, demandez à quelqu'un que le jeune connaît de mener l'entrevue.

· Informez le jeune dès le départ de l'utilisation qui sera faite des renseignements qui seront recueillis.

· Indiquez immédiatement au jeune que tous les renseignements qu'il vous communiquera demeureront confidentiels, sauf dans certaines circonstances bien précises.

· Posez au jeune des questions simples et directes qui se situent dans un contexte temporel bien défini.

· Formulez les questions de façon à présenter l'usage d'alcool ou d'autres drogues de façon normale. (Par exemple, demandez : « De nombreuses personnes ont fait l'expérience de l'alcool ou d'autres drogues. As-tu déjà fait l'expérience de... ? »)

· Si le jeune a du mal à se souvenir d'événements ou de détails au sujet du passé, rafraîchissez sa mémoire en posant des questions au sujet du contexte. (p. ex., « En quelle année étais-tu quand... ? » ou « Avec qui étais-tu quand... ? »).

· Avant de tirer des conclusions, reportez-vous à l'information qui vous a été fournie par d'autres sources pour vérifier l'exactitude de l'information provenant du jeune.

· Réévaluez sa situation à une date ultérieure.

3.6 UTILISATION DE LA TECHNIQUE D'ENTREVUE MOTIVATIONNELLE LORS DE L'ÉVALUATION

Cette section renferme des suggestions, dont bon nombre se fondent sur la technique d'entrevue motivationnelle. Elle vise à vous aider à procéder à l'évaluation de façon à favoriser la participation du jeune et à renforcer sa motivation à l'égard du changement.

Pour veiller à ce que le processus d'évaluation renforce la motivation des jeunes à l'égard du changement, il vaut mieux « que vous commenciez au même point qu'eux » et que vous montriez que vous êtes prêt à les écouter, à les accepter et à les aider. Vous pouvez le faire en leur expliquant le processus d'évaluation, en leur donnant un droit de regard sur l'entrevue et en insistant sur l'exigence de confidentialité (et sur ses limites). N'oubliez pas que ce sont vos actes autant que vos paroles qui les rassureront.

Établissez si je jeune traverse une crise. Si le jeune se trouve en situation de crise physique et émotive aiguës, il peut ne pas être en mesure de composer avec ses problèmes immédiats et peut dans certains cas présenter un danger pour lui-même ou pour les autres. Avant de procéder à une évaluation, vous devrez répondre immédiatement aux besoins urgents du jeune.

Voici certains indicateurs de stress extrême :
· agitation physique ;
· incapacité de suivre une conversation ;
· manque de concentration ;
· changements d'humeur brusques ;
· apathie extrême ;
· manque d'intérêt et de participation au processus d'entrevue.

Posez des questions au jeune sur son état d'esprit. Les jeunes se présentent souvent à l'entrevue d'évaluation en disant qu'ils ne pensent pas avoir de problèmes d'usage d'alcool ou d'autres drogues et de santé mentale et que ce sont d'autres personnes (juge, parents ou instances scolaires) qui sont de cet avis. Ils participent à une évaluation et à un traitement non pas parce qu'ils souhaitent obtenir de l'aide, mais parce qu'ils veulent éviter des conséquences négatives s'ils ne le font pas (p. ex., violation des conditions de probation, punition parentale ou suspension de l'école). Dites-leur que vous pensez que le fait de vouloir éviter des conséquences négatives est un point de départ valide et que vous êtes prêt à les aider à se conformer à des attentes externes. S'ils sont en colère ou s'ils ont du ressentiment parce qu'on les force de cette façon à participer à une évaluation, essayez de leur montrer que vous comprenez leurs sentiments et traitez de la question dès le départ. Cette façon de procéder pourrait aider à atténuer la frustration qu'éprouvent les jeunes et leur donner l'impression d'avoir un mot à dire en leur offrant si possible une gamme d'options à partir de laquelle ils peuvent faire des choix.

Faites preuve d'empathie. Il s'agit du premier principe de la technique d'entrevue motivationnelle. En acceptant la situation dans laquelle se trouve le jeune ainsi que ses sentiments, vous pouvez faciliter le processus de changement.

Écoutez. Il vous faut absolument savoir comment bien écouter les jeunes si vous voulez communiquer efficacement avec eux. C'est particulièrement important dans le cas de jeunes qui ont du mal à s'exprimer de façon verbale, avec lesquels il peut être utile d'adopter un rythme plus lent.

Évitez les jugements de valeur. Évitez de parler de « problèmes ». Utilisez plutôt des termes comme « choix », « comportements » et « risques ».

La technique d'entrevue motivationnelle est une approche prometteuse permettant d'obtenir la participation des jeunes. Peu de jeunes voient leur comportement à risque comme un problème devant être traité ou exigeant le recours à des services. La technique de l'entrevue motivationnelle qui évite la confrontation et les jugements de valeur peut être utile au début pour joindre les jeunes et pour obtenir leur collaboration. (Baer et Peterson, 2002, 323)

Il peut être très difficile pour les jeunes ayant des problèmes de santé mentale comme la schizophrénie d'avoir suffisamment d'énergie et de motivation pour être bien disposé tôt le matin. Il peut être irréaliste de s'attendre à ce que ce genre de jeune se présente à l'heure à un rendez-vous qui lui aurait été fixé à 8 h 30. (Jean Addington, communication personnelle)

Demandez au jeune quelles sont ses attentes à l'égard de l'évaluation et du traitement et discutez-en avec lui. Selon le milieu dans lequel vous œuvrez, les jeunes peuvent ne pas s'attendre à ce que vous leur posiez des questions sur leur usage d'alcool ou d'autres drogues, sur leur santé mentale et sur d'autres questions connexes. Soyez prêt à expliquer la raison pour laquelle vous voulez le faire. Dites-leur que vous voulez les connaître aussi bien que possible et connaître aussi tout ce qui peut avoir un effet sur leur vie, y compris leurs problèmes d'usage d'alcool ou d'autres drogues et de santé mentale. Il importe aussi de savoir s'ils ont des idées toutes faites sur ce que suppose un traitement visant à contrôler les problèmes d'usage d'alcool ou d'autres drogues et de santé mentale. De nombreux jeunes pensent, par exemple, que le traitement suppose l'admission à un centre médical ou des approches punitives et contraignantes. Répondez à toutes les questions et préoccupations de vos clients.

Expliquez au jeune que l'évaluation est un processus dans le cadre duquel vous travaillerez ensemble à :

- cerner la situation particulière dans laquelle il se trouve ainsi que les problèmes auxquels il est confronté ;
- explorer ses forces pour faire face à ces problèmes ;
- examiner les changements qu'il est prêt à faire pour améliorer la situation ;
- discuter des options de traitement disponibles.

Faites savoir à vos clients qui vous êtes, ce qu'ils peuvent attendre de vous et ce que vous attendez d'eux. Dites-leur quels sont vos domaines de compétence, votre rôle au sein de l'organisme dont vous faites partie et vos liens et ceux de votre organisme avec d'autres services. Dites-leur où ils peuvent s'adresser pour obtenir de l'aide entre deux rendez-vous. Décrivez-leur le processus d'évaluation : sa durée, les sujets qui seront abordés (tenez compte des sujets qu'ils souhaitent aborder) et la façon dont les questions seront posées (p. ex., de vive voix ou par écrit). Discutez avec eux des autres personnes, comme les membres de leur famille, qui sont susceptibles de participer au processus et ce que cela exigera de leur part. Assurez-les que vous leur communiquerez les résultats de l'évaluation. Donnez-leur un aperçu des étapes qui pourraient suivre une évaluation.

Indiquez à vos clients que les renseignements qu'ils vous transmettent demeureront confidentiels et précisez-leur les circonstances dans lesquelles vous serez tenu de ne pas respecter l'exigence de confidentialité.

Informez vos clients des frais qui pourraient découler de leur participation au processus d'évaluation.

CONSEIL

Faites savoir à vos clients qu'ils ne devraient pas faire usage d'alcool ou d'autres drogues dans les 12 à 24 heures qui précèdent leur rendez-vous avec vous. Expliquez-leur que si vous faites cette demande, c'est pour que les effets de l'alcool ou d'autres drogues ne faussent pas les résultats de l'évaluation. S'ils sont intoxiqués, il vaut mieux leur fixer un autre rendez-vous et leur demander quels moyens ils pourraient prendre pour éviter de faire usage d'alcool ou d'autres drogues avant leur rendez-vous.

Parez au plus urgent d'abord. Demandez aux jeunes clients pourquoi ils sont venus vous voir et quels sont, à leur avis, les problèmes auxquels ils sont confrontés. Leur point de vue sera unique et sans doute bien différent de celui d'autres personnes qui les connaissent. Ils peuvent avoir des préoccupations à l'égard de plusieurs questions, dont leur usage d'alcool ou d'autres drogues, leurs résultats scolaires, les ordonnances de probation, leurs dettes, leurs idées suicidaires et les conflits familiaux. Il est bon de commencer à discuter avec eux du problème qui leur semble le plus important. Vous aurez l'occasion d'aborder d'autres questions ainsi que les liens entre toutes ces préoccupations par la suite.

Respectez le rythme de votre client. Soyez souple et faites preuve de discernement quant au moment et à la façon d'utiliser les outils d'évaluation. Ne vous engagez pas à la hâte dans l'évaluation ou la rétroaction. Cherchez d'abord à engager une discussion qui amènera le jeune à vous faire confiance et adaptez-vous à son rythme.

Posez des questions sur les valeurs et les attitudes personnelles. Les jeunes peuvent penser que certaines drogues ne sont pas « vraiment dangereuses » ou que les adultes ont des vues très moralisatrices sur l'usage d'alcool ou d'autres drogues. Ils peuvent aussi avoir des valeurs et des objectifs personnels qui sont incompatibles avec l'usage d'alcool ou d'autres drogues. L'un des principes de la technique d'entrevue motivationnelle est d'essayer d'aider les jeunes à comprendre ce qui sépare leur comportement actuel des valeurs et objectifs personnels qu'ils disent avoir. Il importe cependant que ce soit eux et non vous qui présentent les arguments qui militent en faveur du changement.

Évitez les affrontements. Un autre principe clé de la technique d'entrevue motivationnelle est de « composer avec la résistance », ce qui signifie qu'il ne faut pas se lancer dans un grand raisonnement pour essayer de convaincre un jeune qu'il doit changer. Il vaut même mieux ne pas parler du changement lors des premiers entretiens avec le client. Même en cours de route, il est préférable de ne pas contredire directement votre client s'il montre de la résistance. Interprétez plutôt la résistance comme un signe que vous devez changer votre approche. Vous pouvez peut-être fournir de nouveaux renseignements et une perspective différente et inviter évidemment votre client à vous faire part de sa propre perspective, mais ne cherchez pas à imposer vos vues personnelles. C'est votre client qui trouvera ses propres réponses et solutions.

Explorez la façon dont le jeune tire parti de ses forces et de ses ressources pour composer avec ses problèmes. Le processus d'évaluation met l'accent non seulement sur les problèmes, mais aussi sur les forces et les capacités du jeune. Essayez d'en savoir le plus long possible sur la façon dont il compose avec ses problèmes. (Essaie-t-il de se tirer d'affaire seul ou demande-t-il l'aide d'autres personnes ? Qu'est-ce qui a bien fonctionné et mal fonctionné pour lui ?)

Appuyez la compétence personnelle. Pour avoir la motivation nécessaire pour changer, les jeunes doivent être convaincus que changer est possible pour eux. Il importe d'insister sur le fait que c'est à eux qu'il incombe d'apporter des changements dans leur vie. Il est primordial que vous renforciez leur confiance dans leur capacité de changer.

Fournissez une rétroaction personnalisée. Donnez aux jeunes une rétroaction personnalisée sur leur usage d'alcool ou d'autres drogues. Expliquez-leur comment leur usage se compare à l'usage type des jeunes de leur âge et de leur sexe ainsi qu'aux limites fixées pour un usage présentant peu de risques. Vous pouvez aussi fournir une rétroaction dans d'autres domaines comme sur ce qui plaît et déplaît au jeune, sur sa participation à des réseaux sociaux et sur les conséquences à court terme (plutôt qu'à long terme) de l'usage d'alcool ou d'autres drogues. La rétroaction devrait être claire et facile à comprendre. Le manuel *Premier contact* propose un processus détaillé et du matériel pour la rétroaction à l'étape de l'évaluation. Les graphiques qui figurent dans le manuel permettent aux jeunes de comparer leur usage d'alcool ou d'autres drogues à celui des élèves du niveau secondaire et leur indique la prévalence des problèmes d'usage d'alcool ou d'autres drogues et de santé mentale.

Attendez avant de fournir des conseils sur le traitement. Lorsque vous avez recours à la technique de l'entrevue motivationnelle, soyez prêt à reconnaître l'ambivalence qui anime un jeune à l'égard du changement. Attendez pour lui fournir des conseils sur le traitement qu'il ait atteint l'étape de la « préparation » au changement.

3.7 ÉVALUATION GLOBALE : APPROCHES ET OUTILS

L'évaluation globale vise à établir l'étendue des problèmes d'usage d'alcool ou d'autres drogues et de santé mentale ainsi que des problèmes touchant d'autres aspects de la vie. Elle prend notamment en compte les forces du jeune et sa motivation à changer. Selon le milieu dans lequel vous œuvrez, vous utiliserez divers outils et approches pour explorer ces questions. Les annexes E et F fournissent des renseignements sur les outils d'évaluation largement utilisés.

Vous voudrez peut-être tenir compte des facteurs suivants pour choisir des outils d'évaluation :
· L'outil d'évaluation et les questions qui y figurent tiennent-ils compte des différentes réalités culturelles ?
· Si l'outil est écrit, le langage utilisé est-il adapté au niveau d'alphabétisation et de compréhension des jeunes ?

Bien que les outils et les instruments d'évaluation soient importants, ils ne sont que l'une des nombreuses approches utilisées dans le cadre de ce processus. Le jugement professionnel permet de trouver un juste équilibre entre les outils, les entrevues et la qualité de la relation qui répondront le mieux aux besoins d'un adolescent.
(Schwartz, 1997, 47)

- Quelle formation ou quels antécédents sont nécessaires pour administrer cet outil ?
- Pour quel groupe d'âge cet outil a-t-il été conçu ?

Lorsque des jeunes ont vu ou voient d'autres professionnels, comme c'est souvent le cas, il importe que vous consultiez ces derniers pour vous assurer que l'évaluation et la planification du traitement se fassent de façon cohérente et coordonnée.

Avec le consentement de votre client, vous voudrez peut-être obtenir copie de rapports d'évaluation précédents ou de résumés de fiches de mise en congé. Lorsque vous consultez ces documents, n'oubliez cependant pas que :
- les problèmes se manifestent différemment selon le stade de développement, ce qui peut avoir donné lieu à des diagnostics contradictoires au fil des années ;
- les jeunes n'ont peut-être pas été interrogés sur leurs problèmes d'usage d'alcool ou d'autres drogues et de santé mentale dans les évaluations précédentes ;
- les dossiers peuvent être incomplets ou trompeurs et peuvent avoir mal établi la cause d'un symptôme particulier.

CONSEIL

Le fait d'entretenir des rapports avec les fournisseurs de soins de votre collectivité qui procèdent à des évaluations pour établir les problèmes d'usage d'alcool ou d'autres drogues ou de santé mentale chez les jeunes peut vous aider à échanger efficacement des renseignements avec eux. Les clients n'auront donc pas à « raconter leur histoire » plus d'une fois.

3.7.1 ÉVALUATION DE L'USAGE D'ALCOOL OU D'AUTRES DROGUES

Lorsque vous évaluez l'usage d'alcool ou d'autres drogues d'un jeune, vous essayez d'établir les habitudes de consommation et la gravité du problème. Il vous faudra donc sans doute recueillir à cette fin des renseignements sur les points suivants :
- **Quantité utilisée** : De quelle quantité d'alcool ou d'autres drogues le jeune fait-il usage (nombre de verres d'alcool, de joints de marijuana, de doses de LSD, etc.) ?
- **Fréquence de l'usage** : Combien de fois le jeune a-t-il fait usage d'alcool ou d'autres drogues au cours de la dernière semaine ou du dernier mois ?
- **Usage le plus récent** : Le jeune a-t-il fait usage d'alcool ou d'autres drogues au cours des derniers jours ? Si oui, combien ? Est-il susceptible de ressentir des symptômes de sevrage ?
- **Stade de l'usage sur le *continuum de l'usage d'alcool ou d'autres drogues*** (voir section 3.3) : Le jeune a-t-il atteint le stade de l'usage nocif d'alcool ou d'autres drogues ?
- **Gamme de drogues utilisées** : La gamme de drogues que le jeune a déjà utilisées est un indicateur de la gravité de son problème d'usage d'alcool ou d'autres drogues.

- **Combinaison de drogues :** Le jeune a-t-il tendance à combiner certaines drogues comme la cocaïne et l'alcool, la marijuana et l'alcool, les opioïdes et les amphétamines, etc. ?
- **« Drogue de choix » :** Il ne s'agit peut-être pas de la drogue dont le jeune fait le plus grand usage, mais de celle à laquelle il aura le plus de mal à renoncer. Il convient de mentionner ce fait au jeune.
- **Problème prioritaire :** Quelle est la drogue qui cause le plus grave problème ? Il se peut que ce qui préoccupe le plus le jeune soient une drogue spécifique ou ses habitudes de consommation.
- **Début de l'usage initial :** À quel âge le jeune a-t-il fait usage de chacune des drogues pour la première fois ? Plus un jeune commence à faire usage d'alcool ou d'autres drogues tôt, plus cet usage risque de devenir problématique.
- **Début de l'usage régulier :** Quand le jeune s'est-il mis à faire usage de chaque drogue chaque semaine ou plus fréquemment ? Le fait de commencer tôt à faire usage d'alcool ou d'autres drogues et d'augmenter rapidement cet usage accroît les risques que l'usage devienne problématique.
- **Durée de l'usage :** Depuis combien d'années le jeune fait-il usage d'alcool ou d'autres drogues ?
- **Habitudes de consommation actuelles et passées :** Le jeune fait-il actuellement un usage plus marqué ou moins marqué de certaines drogues ? Les habitudes de consommation actuelles ne sont peut-être pas les habitudes normales ou principales du jeune. À titre d'exemple, le jeune qui a subi une évaluation pour son usage de cocaïne prenait peut-être du cannabis avant de se mettre à la cocaïne. L'usage de cannabis pourrait constituer de nouveau un problème lorsque le jeune aura renoncé à la cocaïne.
- **Mode d'administration de chaque drogue utilisée :** Le jeune fume-t-il, inhale-t-il ou s'injecte-t-il les drogues et a-t-il changé son mode d'administration pour l'une ou l'autre des drogues dont il fait usage (p. ex., a-t-il commencé à s'injecter de la cocaïne alors qu'il la fumait jusque-là ou vice versa) ?
- **Circonstances de l'usage :** Le jeune fait-il usage d'alcool ou d'autres drogues seul ou avec d'autres ? L'usage dans des circonstances inappropriées comme juste avant de conduire ou durant les heures d'école est considéré comme étant problématique. Il n'est pas logique d'attendre pour s'attaquer au problème que le jeune subisse des conséquences négatives comme celles qui découleraient d'une arrestation ou d'un accident.
- **Périodes d'abstinence ou de réduction de l'usage :** Le jeune a-t-il déjà cessé ou réduit son usage d'alcool ou d'autres drogues ? Si oui, quand ? Pendant combien de temps ? Pourquoi le jeune a-t-il fait une rechute et à quand remonte sa dernière période d'abstinence ou de réduction d'usage ?
- **Antécédents en matière de traitement :** Qu'est-ce qui a été utile et qu'est-ce qui n'a pas été utile ?

CONSEIL

Il importe d'évaluer la dépendance à l'égard de la nicotine des jeunes. Le tabagisme est très fréquent chez les jeunes ayant des problèmes de santé mentale comme la schizophrénie. Rien n'indique que le fait pour un jeune de cesser de faire usage de la nicotine le pousse à recommencer à faire usage d'autres drogues. (Myers, Brown et Kelly, 2000)

Les lecteurs sont encouragés à consulter Winters (2001) pour un aperçu détaillé de l'évaluation chez les jeunes de l'usage d'alcool ou d'autres drogues ainsi que d'autres domaines de fonctionnement.

3.7.2 INSTRUMENTS D'ÉVALUATION DE L'USAGE D'ALCOOL OU D'AUTRES DROGUES

Il existe de nombreux instruments d'évaluation de l'usage d'alcool ou d'autres drogues. Le système de traitement de la toxicomanie en Ontario utilise un ensemble d'outils d'évaluation normalisés pour les formalités d'accueil, d'évaluation et de planification du traitement.

Voici les outils d'évaluation qui conviennent dans le cas des adolescents.
· Psychoactive Drug History Questionnaire (DHQ) (Questionnaire sur l'usage de drogues psychotropes)
· Adverse Consequences of Substance Use (Conséquences négatives de l'usage d'alcool ou d'autres drogues)
· Readiness for Change (Préparation au changement)

Voir les annexes E et F pour de plus amples renseignements sur les outils d'évaluation et notamment sur les outils susmentionnés.

3.7.3 ÉVALUATION DE LA SANTÉ MENTALE

Lorsqu'on évalue la santé mentale d'un jeune, l'approche qu'on utilise peut varier selon le milieu dans lequel on œuvre ainsi que ses qualifications. À titre d'exemple :
· Les travailleurs sociaux et les travailleurs des services pour enfants et adolescents dans les centres communautaires de santé mentale pour enfants évaluent les jeunes et leurs familles pour établir tant leurs forces que leurs problèmes.
· Les psychiatres et les psychologues agréés font des évaluations qui aboutissent à des diagnostics psychiatriques officiels.
· Les conseillers en toxicomanie agréés qui participent à des programmes de traitement de la toxicomanie explorent certains aspects de la santé mentale dans le cadre des évaluations de l'usage d'alcool ou d'autres drogues qu'ils effectuent.

Les critères du DSM-IV relatifs aux troubles d'usage d'alcool ou d'autres drogues ont été établis pour les adultes et ne s'appliquent pas toujours aux adolescents (Bukstein et coll., 1997). Les troubles liés à l'abus d'alcool et de drogues (TAAD) diffèrent chez les adultes et les adolescents dans la mesure où les adolescents manifestent souvent une plus grande tolérance à l'alcool et aux autres drogues et moins de symptômes de sevrage et de symptômes médicaux. L'usage d'alcool ou d'autres drogues à un âge précoce ainsi qu'un usage fréquent et intense peuvent indiquer l'existence de TAAD. Plus un jeune augmente rapidement la fréquence de son usage ainsi que la quantité utilisée, plus le risque est grand qu'il développe des TAAD (Ballon, sous presse).

Certains facteurs doivent absolument être pris en compte pour évaluer l'existence d'un trouble : durée des symptômes, moment où ils apparaissent, fréquence à laquelle ils se manifestent et endroit où ils se manifestent. Chez les adolescents en particulier, les facteurs de stress peuvent s'accumuler et se manifester par des symptômes pendant de brèves périodes. Il ne faut pas conclure à l'existence d'un trouble. Il faut que des symptômes se manifestent pendant au moins six mois pour qu'un diagnostic puisse être posé. Il est aussi important de tenir compte de la fréquence et de la durée des symptômes. Enfin, l'endroit où se manifestent ces symptômes est très significatif. Si les symptômes se manifestent à la maison, à l'école, lors d'activités récréatives et avec des pairs, il est possible qu'on soit en présence d'un problème profond. Des symptômes qui ne se manifesteraient qu'à la maison seraient interprétés autrement. Ces variables sont des indicateurs qui permettent aux professionnels d'établir la gravité d'un problème en se reportant à un continuum.
(Schwartz, 1997, 35)

Voici certains des aspects de la santé mentale d'un jeune qui peuvent être étudiés dans le cadre d'une évaluation :

· ses problèmes émotifs et comportementaux ;

· les risques qu'il se fasse du mal à lui-même ou qu'il en fasse à d'autres ;

· ses antécédents en matière de problèmes de santé mentale et les diagnostics posés dans le passé ;

· les traitements de santé mentale actuels ou passés ;

· la consommation de médicaments sur ordonnance (psychotropes) ;

· les symptômes du syndrome de stress post-traumatique.

Le tableau suivant présente les dimensions de la santé mentale qui sont évaluées dans le cadre du programme de traitement des troubles concomitants offert par le CAMH (Skinner et Toneato, 2001).

Dimensions de la santé mentale	Symptômes
Psychose	· Hallucinations · Délire ou perception faussée de la réalité · Comportement verbal : « langage déroutant »
Colère	· Impulsivité, agressivité, rage · Comportement verbal : « langage menaçant » · État d'esprit : « mode de survie »
Humeur (y compris la dépression)	· Instabilité de l'affect comme la dépression ou la manie · Comportement verbal : auto-critique « perdant », « bon à rien », « discours triste/heureux »
Anxiété	· Crainte, détresse, panique et inhibition · Comportement verbal : « peur », « crainte », « danger »
Problèmes comportementaux	· Difficulté à se concentrer, distractibilité, automutilation, etc.

3.7.4 OUTILS D'ÉVALUATION DE LA SANTÉ MENTALE

Il existe plusieurs outils utilisés pour évaluer la santé mentale des adolescents. En Ontario, bon nombre des programmes financés par le ministère des Services sociaux et communautaires (MSSC) et le ministère des Services à l'enfance utilisent le Brief Child and Family Phone Interview (BCFPI) (entrevue téléphonique brève avec l'enfant et la famille) et le Child and Adolescent Functional Assessment Scale (CAFAS) (échelle d'évaluation du fonctionnement des enfants et des adolescents), qui évaluent l'altération du fonctionnement quotidien attribuable à des problèmes émotifs, comportementaux, psychologiques, psychiatriques et d'usage d'alcool ou d'autres drogues.

Voir les annexes E et F pour de plus amples renseignements sur les outils d'évaluation de la santé mentale.

3.7.5 ÉVALUATION DES PROBLÈMES CONCOMITANTS D'USAGE D'ALCOOL OU D'AUTRES DROGUES ET DE SANTÉ MENTALE

Lorsque vous effectuez une évaluation pour établir si un jeune a des problèmes concomitants d'usage d'alcool ou d'autres drogues et de santé mentale, vous effectuez une évaluation complète des deux types de problèmes, y compris de l'interaction entre eux. Il importe de se souvenir que des symptômes peuvent avoir des causes multiples. Ballon (sous presse) met en lumière plusieurs dilemmes communs en matière de diagnostic :

· **Comportement illicite** : S'agit-il d'une dépression ? D'une conduite addictive ? D'un trouble comportemental ? Ou d'une combinaison de tous ces problèmes ?

· **Symptômes psychotiques** : Les symptômes sont-ils produits par l'usage d'alcool ou d'autres drogues ? S'agit-il de schizophrénie ? Du trouble de perception post-hallucinogène (TPPH) ? La crainte s'explique-t-elle par le fait que la sécurité de la personne est vraiment menacée ? S'agit-il d'une forme de syndrome de stress post-traumatique (SSPT) ? Ou d'une combinaison de tous ces problèmes ?

· **Automutilation** : Le comportement est-il attribuable à l'usage d'alcool ou d'autres drogues ? S'agit d'un trouble dépressif majeur ? S'agit-il de la phase dépressive du trouble bipolaire ? S'agit-il d'une conduite addictive ? S'agit-il d'un trouble comportemental ou d'un autre type de trouble de la personnalité ? Ou d'une combinaison de tous ces problèmes ?

Voici des exemples de la façon dont des problèmes de consommation d'alcool peuvent imiter, masquer, causer ou exacerber des problèmes de santé mentale, ou vice versa.

· La détresse psychologique peut être associée à l'intoxication, à l'usage d'alcool ou d'autres drogues ou au sevrage.

· Les symptômes psychotiques peuvent être associés à l'intoxication causée par presque tous les types de drogues.

· Les symptômes de l'anxiété et de la dépression peuvent être associés à l'intoxication ou au sevrage découlant de l'usage d'alcool, de cocaïne et de sédatifs.

· Des doses élevées et l'usage chronique de stimulants (p. ex., méthamphétamines) peuvent provoquer un épisode de psychose ou de manie.

· Le sevrage des stimulants peut produire des symptômes de léthargie, de dépression, d'agitation et d'insomnie des mois après la fin de l'usage.

· Les symptômes de sevrage subaigus peuvent se manifester par des symptômes d'hyperactivité, d'hyperexcitation et de crises de panique. Ces symptômes peuvent se manifester des semaines et même des mois après que le jeune a cessé de faire usage d'alcool, de stimulants, de benzodiazépines ou d'opioïdes (Trupin et Boesky, 2001).

Vous devez faire preuve de jugement pour établir le lien entre les problèmes d'usage d'alcool ou d'autres drogues et de santé mentale et poser un diagnostic. Vous pouvez au besoin modifier ce diagnostic par la suite, mais il vaut mieux ne pas attendre pour traiter les symptômes de problèmes de santé mentale. Vous devrez maintenir des rapports réguliers avec le jeune pour pouvoir réévaluer votre diagnostic à mesure que vous comprendrez davantage les problèmes auxquels il est confronté ainsi que la relation entre ceux-ci. (Ballon, communication personnelle)

- L'usage chronique de cannabis peut être diagnostiqué comme le THADA parce que qu'il imite l'inattention associée au THADA.
- L'usage d'alcool ou d'autres drogues peut faire paraître mixtes les symptômes du trouble bipolaire ou peut créer un changement rapide des états.
- Les symptômes psychotiques peuvent être produits par l'usage d'alcool ou d'autres drogues, en particulier de stimulants comme la cocaïne ou les amphétamines (Ballon, sous presse).

L'évaluation portera sur la gravité des problèmes d'usage d'alcool ou d'autres drogues et de santé mentale, mais afin d'explorer cette relation, vous devez aussi examiner les facteurs suivants :
- la chronologie du début des problèmes d'usage d'alcool ou d'autres drogues et de santé mentale ;
- la présence ou l'absence de symptômes de problèmes de santé mentale durant des périodes de réduction de l'usage ou d'abstinence (p. ex., les symptômes ont-ils diminué ou ont-ils disparu lors d'une période d'abstinence ou de réduction de l'usage ?) ;
- s'il y a atténuation ou aggravation des symptômes certains jours et, si c'est le cas, quel lien cela a-t-il avec l'usage d'alcool ou d'autres drogues du jeune ?

3.7.6 ÉVALUATION TOUCHANT D'AUTRES ASPECTS DE LA VIE

Dans bien des cas, les problèmes d'usage d'alcool ou d'autres drogues et de santé mentale ne sont que quelques-uns des nombreux problèmes auxquels les jeunes font face.

Vous devez essayer d'en savoir le plus long possible sur d'autres aspects de la vie des jeunes et voir l'interaction de ces aspects avec leurs problèmes d'usage d'alcool ou d'autres drogues et de santé mentale.

Le tableau ci-dessous énumère des aspects de la vie, dont bon nombre se rapportent aux facteurs de risque et aux facteurs de protection dont nous avons discuté au chapitre 1, que vous devez prendre en compte dans une évaluation globale :

Aspects de la vie	Problèmes possibles
Besoins fondamentaux	Accès à : · nourriture, vêtements, transports ; · logement sécuritaire ; · soutien et milieu de vie stable ; · protection des dangers immédiats ou des risques de mauvais traitements ou de violence.

Aspects de la vie	Problèmes possibles
État de santé	Adoption de comportements à risques élevés :
	· gravité de l'usage d'alcool ou d'autres drogues (voir section 3.7.1) ;
	· activités sexuelles et relations sexuelles non protégées ;
	· conduite d'un véhicule après avoir bu ou fait usage de drogues ;
	· partage de seringues et d'autres articles pour faire usage des drogues comme des réchauds, de l'eau et des tampons ;
	· autres comportements à risque.
	Bien-être général :
	· état psychologique (voir section 3.7.3) ;
	· grossesse actuelle ou passée ;
	· alimentation ;
	· maladies graves depuis la naissance ;
	· accidents passés ;
	· cas de VIH/sida, d'hépatite C, d'autres maladies transmissibles sexuellement et d'autres affections comme la mononucléose et la tuberculose ;
	· allergies ;
	· handicaps physiques ;
	· troubles du développement (examiner la possibilité de TSAF) ;
	· gestion des maladies/déficiences ;
	· médication actuelle, le cas échéant, et attitude à son endroit (l'utilisation d'analgésiques pourrait indiquer le recours à l'automédication) ;
	· présence de maladies graves dans la famille ;
	· perception de l'état de santé, des problèmes de santé et des risques pour l'avenir.
Évaluation de la situation familiale (voir section 3.8)	· Liens familiaux
	· Pratiques parentales
	· Comportements et attitudes des parents à l'égard de l'usage d'alcool ou d'autres drogues
	· Comportement et attentes de la famille à l'égard de l'usage d'alcool ou d'autres drogues
	· Comportement des frères et sœurs à l'égard de l'usage d'alcool ou d'autres drogues
	· Disfonctionnement chronique du couple ou de la famille
	· Séparation/divorce
	· Antécédents psychiatriques de la famille
	· Autres adultes jouant un rôle dans la vie du jeune (p. ex., grands-parents, famille et amis)

Aspects de la vie	Problèmes possibles
Orientation sexuelle et identité sexuelle	· Affirmation de son identité sexuelle · Discrimination · Acceptation par la famille · Engagement dans la communauté · Image du corps · Préoccupations relatives au VIH · Pour de plus amples renseignements, consultez *Asking the Right Questions: Talking about Sexual Orientation and Gender Identity during Assessment for Drug and Alcohol Concerns* (Barbara et coll., 2002)
Mauvais traitements et négligence	· Symptômes de mauvais traitements et de traumatismes sexuels/physiques · Victime de mauvais traitements dans l'enfance · Témoin de violence · Objet de menaces · Idées suicidaires/tentatives de suicide · Automutilation (y compris des entailles) · Mal causé à d'autres personnes · Pratiques sexuelles à risque · Autres comportements à risque · Symptômes de SSPT (p. ex., cauchemars, flashbacks, insensibilisation et détachement)
Milieu des pairs	· Usage d'alcool ou d'autres drogues par les pairs · Normes des pairs · Personnes ayant opté pour l'abstinence pouvant servir de modèles · Participation à un gang · Réseau social
Milieu scolaire	· Troubles et difficultés d'apprentissage · Résultats/réalisations scolaires · Participation aux activités scolaires · Alphabétisation · Usage d'alcool ou d'autres drogues à l'école
Milieu de travail	· Situation et antécédents en matière d'emploi · Accès à de l'alcool ou à d'autres drogues au travail · Usage d'alcool ou d'autres drogues au travail

Aspects de la vie	Problèmes possibles
Loisirs/activités récréatives	· Participation à des activités ne comportant pas d'usage d'alcool ou d'autres drogues
Activités religieuses/ spiritualité	· Croyances et valeurs · Participation à des activités religieuses/spirituelles
Délinquance/ démêlés avec la justice	· Adoption de comportements illicites · Démêlés avec la justice actuels ou passés, comparution future devant un tribunal ou autres rendez-vous de nature judiciaire
Intervention des services de protection de l'enfance	· Placement actuel ou passé dans une famille d'accueil, tutelle permanente, etc. (comme enfant ou comme parent)

CONSEIL

Il importe que vous vous renseigniez sur les sources de traumatisme pour que vous ayez les connaissances et les compétences nécessaires pour aider les jeunes à composer avec des flashbacks ou des souvenirs qui peuvent ressurgir lorsqu'il est question de mauvais traitements et de négligence ou lorsqu'ils cessent de faire usage d'alcool ou d'autres drogues.

Pour de plus amples renseignements, consultez *Bridging Responses: A front-line worker's guide to supporting women who have post-traumatic stress* (Haskell, 2001).

Identité ethnoculturelle

Le chapitre 2 traite des valeurs, des connaissances et des compétences liées à une évaluation compétente des questions culturelles. En outre, lorsqu'on intervient auprès de jeunes appartenant à divers groupes ethnoculturels, il importe de leur poser des questions sur les expériences et les situations qui ont des répercussions sur leur vie. Voici des exemples de questions à poser :

· Quand es-tu arrivé au Canada et as-tu conservé ta culture d'origine (Qu'en est-il des parents et des grands-parents) ?

· Quelle est ton identité culturelle ? Quelle est l'identité culturelle de tes parents ?

· Quelle importance accordes-tu à ton identité culturelle ?

· Comment te situes-tu par rapport à l'identité culturelle des gens de ton milieu ?

· Comment t'estimes-tu et comment estimes-tu la communauté, la culture et la race auxquelles tu appartiens ?

· Comment ton groupe ethnoculturel perçoit-il les problèmes de santé mentale et comment compose-t-il avec ceux-ci ?

Les parents peuvent avoir l'impression que tout irait mieux si le jeune pouvait retourner dans son pays d'origine (Charles Senior, communication personnelle).

Dans le cas des jeunes Autochtones, il importe d'obtenir le plus de renseignements possibles sur ce qui suit (Peter Menzies, communication personnelle) :

· moment et raison de leur arrivée dans un centre urbain (et viennent-ils d'une réserve ?) ;

· leur histoire personnelle (y compris la possibilité que leurs parents les aient envoyés dans un pensionnat et qu'il y ait eu intervention des services à l'enfance) ;

· histoire des traumatismes, y compris des traumatismes intergénérationnels ;

· adoption de pratiques traditionnelles, non traditionnelles ou néo-traditionnelles (appartenance à deux mondes) ;

· portée du soutien disponible dans leur communauté ou dans leur ville ;

· étendue de l'isolement, de la marginalisation, de la discrimination et du racisme dont ils font l'objet ;

· degré de honte et de sentiment d'exclusion ;

· valeurs ;

· participation de la famille ;

· portée de la confiance dans le fournisseur de soins (vous pouvez être considéré comme un représentant de l'autorité ou comme un oppresseur).

Bien que vous puissiez avoir accès à de la formation qui vous permettra d'augmenter vos connaissances sur la culture autochtone et votre compréhension de la situation des jeunes Autochtones, il importe de reconnaître et de respecter la situation complexe dans laquelle se trouvent ces jeunes. Il convient de leur poser des questions sur leur vie, d'écouter leur point de vue et de ne pas avoir d'idées préconçues.

Il est essentiel de travailler en collaboration avec les organismes autochtones pour veiller à bien évaluer et diagnostiquer les jeunes Autochtones et pour leur proposer des pratiques de guérison traditionnelles s'ils le souhaitent.

3.7.7 ÉVALUATION DES FORCES ET DES RESSOURCES D'UN JEUNE

Quel que soit le nombre de problèmes avec lesquels un jeune est aux prises, il possède des forces et des ressources qui lui permettent de survivre. Présumez que votre client possède des qualités et des habiletés qui l'ont aidé à faire face aux difficultés et à atteindre certains buts. Votre intérêt pour les forces et les ressources d'un jeune et votre capacité de lui en faire part peuvent renforcer son estime de soi et son sens de compétence personnelle.

CONSEIL

N'oubliez pas qu'un jeune peut faire l'objet de critiques et de commentaires négatifs de la part de ses parents, des instances scolaires et d'autres personnes. Vous pouvez lui faire découvrir son potentiel en mettant l'accent sur ses forces. Ainsi, lorsque vous travaillez avec un jeune qui n'est pas parvenu à obtenir de bonnes notes à l'école, demandez-lui de vous parler d'expériences plus positives qui ne sont pas liées à l'école. Il peut notamment s'agir de compétences non scolaires comme les amitiés établies à l'école, d'efforts continus déployés pour apprendre malgré les obstacles et les difficultés à surmonter, et de la participation à des activités ou à des équipes parascolaires.

3.7.8 ÉVALUATION DE LA PRÉPARATION AU CHANGEMENT

Le processus d'évaluation devrait viser à explorer comment le jeune perçoit le changement de comportement, et notamment :

- les raisons qui l'incitent à faire usage d'alcool ou d'autres drogues (raisons sociales et psychologiques, désir de composer avec une situation difficile, automédication, etc.) ;
- les attentes relatives aux résultats comportementaux (y compris la perception des risques) ;
- l'étape du processus du changement (voir tableau ci-dessous) ;
- la motivation ;
- la compétence personnelle (confiance dans sa capacité d'atteindre ses objectifs personnels). (Winters, 2001)

Il est particulièrement important d'évaluer l'état de préparation au changement d'un jeune. Si, par exemple, un jeune a réduit son usage d'alcool ou d'autres drogues au cours des trois derniers mois, cela peut être un signe qu'il est prêt à changer. Le fait qu'un jeune ait de lui-même décidé de changer son comportement augure aussi bien du succès du traitement.

Caractéristiques communes des personnes à l'étape de *l'inaction*

Adoptent une attitude défensive.

N'acceptent pas que certains problèmes soient liés à leur usage de drogues.

Ne participent pas de façon active au traitement ou adoptent une attitude passive.

Évitent consciemment ou inconsciemment de prendre les mesures qui les amèneront à changer leur comportement.

Ne sont pas conscientes de l'existence d'un problème.

Demandent souvent à participer à un traitement en réponse à des pressions exercées par d'autres.

Se sentent forcées de participer à un traitement par les personnes qui leur sont chères.

Caractéristiques communes des personnes à l'étape de la *prise de conscience*

Cherchent à évaluer et à comprendre leur comportement.

Manifestent de la détresse.

Souhaitent exercer un contrôle sur ce qui leur arrive.

Songent à changer certains comportements.

Ne sont pas encore passées à l'action et ne sont pas encore prêtes à le faire.

Ont fréquemment cherché à changer leur comportement dans le passé.

Évaluent les avantages et les inconvénients liés à la modification de leur comportement.

Caractéristiques communes des personnes à l'étape de la *préparation*

Ont l'intention de changer leur comportement.

Sont prêtes à changer leurs attitudes ainsi que leur comportement.

Sont sur le point de passer à l'action.

Sont engagées dans le processus du changement.

Sont prêtes à prendre des engagements fermes cadrant avec l'option de changement qu'elles choisissent.

Sont sur le point de prendre la décision de changer ou l'ont déjà fait.

Caractéristiques communes des personnes à l'étape de l'*action*

Ont pris la décision de changer.

Se sont engagées fermement de façon verbale ou autrement à changer.

Déploient des efforts pour modifier leur comportement ou leur environnement.

Font preuve de motivation et s'efforcent de changer leur comportement.

Se sont engagées à changer et participent au processus du changement.

Sont prêtes à mettre en œuvre les stratégies et les activités voulues pour changer.

Caractéristiques communes des personnes à l'étape du *maintien*

Travaillent à maintenir les changements apportés jusqu'ici à leur comportement.

Déploient beaucoup d'efforts pour éviter les rechutes.

Craignent les rechutes et angoissent à ce sujet.

Sont tentées moins fréquemment, mais souvent de façon intense, de faire usage d'alcool ou d'autres drogues.

Caractéristiques communes des personnes à l'étape de la *rechute*

Recommencent à faire usage d'alcool ou d'autres drogues.

Ressentent de la déception, de la culpabilité ou du découragement.

Abandonnent le traitement.

Ne sont pas sûres qu'elles veulent vraiment changer et retombent à une étape précédente comme celle de l'inaction ou de la prise de conscience.

Deviennent plus déterminées à changer et veulent tirer des enseignements de leur rechute. Veulent du soutien et de la compréhension de la part du conseiller.

Ce tableau est tiré de Connors et coll. (2001, 13, 19, 22, 25, 30).

Vous trouverez à l'annexe F un outil convivial appelé *Readiness for Change* (préparation au changement). Cet outil vous aidera à évaluer l'étape du processus du changement où se situe votre client. Lorsque vous saurez quel est le niveau de motivation du jeune, vous pourrez adapter votre approche en conséquence. Le fait de tenir compte de l'étape du processus du changement qui s'applique à votre client vous aidera à établir un véritable rapport avec lui.

CONSEIL

De façon générale, les programmes et les services sont prévus pour aider les jeunes qui ont atteint l'étape de l'action. Le défi consiste à aider les jeunes qui se trouvent à l'étape de l'inaction ou de la prise de conscience à parvenir à cette étape. Essayez de ne pas diriger vers des programmes qui ne sont pas suffisamment souples des jeunes qui ne sont pas encore parvenus à l'étape du processus de changement voulue.

Vous pouvez vous reporter au *modèle des étapes du changement* pour adapter vos interventions auprès des jeunes et pour les aider à se préparer au changement. Le chapitre 4 contient de plus amples renseignements sur la façon d'adapter le traitement aux différentes étapes du changement.

3.8 ÉVALUATION DE LA SITUATION FAMILIALE

Les messages au sujet du rôle des familles dans l'évaluation et le traitement des jeunes sont variés. Dans le domaine du traitement de la toxicomanie, si le fait de faire appel à la participation des familles est considéré comme une meilleure pratique (Santé Canada, 1999), le degré de cette participation varie en réalité. De nombreux programmes dispensent un traitement aux jeunes sans obtenir le consentement ou la participation de la famille, lorsque c'est nécessaire.

Par ailleurs, dans le domaine de la santé mentale, on insiste beaucoup plus sur la participation de la famille au traitement. En fait, les parents sont considérés comme les clients principaux s'ils amènent leur enfant pour qu'il se fasse traiter et on leur donne habituellement davantage accès à l'information que dans le domaine du traitement de la toxicomanie sur l'évaluation et le traitement de leur enfant. Il importe de s'entendre sur le sens à donner à « participation de la famille ». Certains fournisseurs de soins de santé mentale hésitent à dire que les familles *ont besoin* de « traitement ».

Lorsque vous effectuez une évaluation globale, il importe de reconnaître le rôle primordial de la famille dans la vie d'un jeune. Selon les antécédents et les capacités de la famille, la participation de la famille au traitement peut vraiment beaucoup aider le jeune. Il existe cependant des cas où la participation de la famille peut être contre-indiquée ou encore des situations où il faudrait fournir un soutien considérable à la famille pour qu'elle joue un rôle positif.

Il importe de faire preuve de prudence quand il s'agit de faire participer la famille au traitement du jeune, en particulier lorsque le jeune a été victime de mauvais traitements de la part d'un ou de plusieurs membres de sa famille. Lorsque les familles sont considérées comme responsables d'une partie du problème, il peut être utile d'évaluer la situation familiale.

Lorsqu'ils en ont besoin, il convient de fournir aux membres de la famille du soutien, des renseignements et des explications pour qu'ils puissent aider le jeune à progresser. Il peut être nécessaire que les membres de la famille participent à des séances de counselling familial pour modifier les aspects de la vie familiale qui ne fonctionnent pas pour le jeune.

Il importe d'obtenir des renseignements sur l'usage d'alcool ou d'autres drogues qui est fait par les membres de la famille pour mieux comprendre le contexte de l'usage du jeune. Si l'usage d'alcool ou d'autres drogues de la famille est problématique, l'usage du jeune est susceptible de l'être aussi et il faut tenir compte de ce facteur dans le choix du traitement. En outre, le fait de faire participer les membres de la famille au processus de traitement permet de se faire une meilleure idée de l'usage d'alcool ou d'autres drogues du jeune ainsi que de son fonctionnement général, ce qui fait du counselling familial une option en matière de traitement (Chaim et Shenfeld, sous presse).

L'évaluation de la situation familiale a les objectifs suivants :
· écouter la façon dont les membres de la famille perçoivent les problèmes du jeune, y compris ses problèmes d'usage d'alcool ou d'autres drogues et de santé mentale, et être prêt à entendre une autre version des faits ;
· établir la mesure dans laquelle l'usage d'alcool ou d'autres drogues du jeune peut être lié à d'autres problèmes familiaux que la famille n'a pas pu reconnaître ou régler, y compris les problèmes d'usage d'alcool ou d'autres drogues et de santé mentale d'autres membres de la famille ;
· évaluer et exploiter les ressources de la famille (forces et soutien) pour aider le jeune à surmonter ses propres problèmes d'usage d'alcool ou d'autres drogues et de santé mentale et permettre à la famille de collaborer à la gestion du cas du jeune et à son traitement ;
· fournir une rétroaction aux parents sur les conclusions de l'évaluation et les informer des plans de traitement ;

- établir s'il est nécessaire de modifier les interactions familiales (ce qui peut exiger que la famille soit dirigée vers un service familial pour de la thérapie conjugale/familiale à long terme, ou d'aiguiller vers des services spécialisés certains membres de la famille ayant des besoins spéciaux) pour que la famille puisse renforcer les progrès réalisés par le jeune ;
- établir si la famille a besoin d'aide pour faire face aux effets des problèmes d'usage d'alcool ou d'autres drogues et de santé mentale du jeune, comme l'échec scolaire et les démêlés avec la justice.

Mesures importantes :
- faire participer tous les membres de la famille au processus d'évaluation ;
- faire ressortir pas seulement les problèmes de la famille, mais aussi ses forces ;
- susciter un sens d'espoir et d'optimisme dans la famille malgré les difficultés ;
- clarifier les problèmes ;
- aider la famille à faire face aux questions difficiles sans rejeter le blâme sur qui que ce soit, sans porter d'accusations et sans porter de jugement ;
- élaborer un plan de traitement comportant des stratégies et des objectifs clairs non seulement pour le jeune, mais aussi pour d'autres membres de sa famille ;
- diriger la famille vers un service pour jeunes ou un service familial lorsqu'une intervention à long terme est indiquée.

En fonction des résultats de votre évaluation, vous pouvez établir le type et le niveau de participation de la famille qui cadrent le mieux avec le plan de traitement du jeune. Le tableau ci-dessous fournit des directives pour établir le niveau de participation de la famille.

Types de participation de la famille	Niveau d'intervention	Objectifs
Collecte de renseignements secondaires	Consulter les membres de la famille pour obtenir leur perception de la vie et de la situation du jeune.	Avoir une perspective plus large sur la vie du jeune et sur les défis qu'il doit relever, et mieux connaître ses forces et son réseau de soutien.
Séance d'orientation destinée à la famille	Expliquer le plan de traitement aux parents et aux membres de la famille et leur transmettre de l'information sur l'usage d'alcool ou d'autres drogues et la santé mentale.	Informer la famille sur le traitement auquel le jeune participera et obtenir son appui pour ce traitement.

Types de participation de la famille	Niveau d'intervention	Objectifs
Groupe psychoéducatif ou de soutien pour les parents ou la famille	Faire participer la famille et les membres de la famille à des activités éducatives mettant l'accent sur la communication de renseignements sur l'usage d'alcool ou d'autres drogues et la santé mentale.	Informer les parents et et/ou les membres de la famille sur les questions liées aux relations familiales et sur leur lien avec l'abus d'alcool ou d'autres drogues et la santé mentale.
Counselling familial	Conclure un contrat avec la famille en vue d'interventions visant à régler les problèmes cernés.	Trouver des solutions aux problèmes cernés par les membres de la famille qui sont liés aux problèmes d'usage d'alcool ou d'autres drogues et de santé mentale du jeune.
Thérapie familiale (nombreuses approches)	Conclure un contrat avec la famille en vue d'interventions visant à régler le disfonctionnement chronique et systémique de la famille.	Favoriser des changements pour régler les problèmes délicats et insolubles liés au disfonctionnement chronique de la famille qui sont vus comme ayant un lien direct avec l'usage d'alcool ou d'autres drogues du jeune. Les interventions destinées à la famille feront peut-être ressortir les problèmes d'usage d'alcool ou d'autres drogues et de santé mentale des parents ou d'autres membres de la famille. Il est très important que ces membres de la famille soient dirigés vers des services où des interventions pourront leur être offertes.

(Boudreau, sous presse)

Suite à l'évaluation de la situation familiale, vous constaterez peut-être que les problèmes d'usage d'alcool ou d'autres drogues et de santé mentale du jeune trouvent leur source et ont des répercussions dans la famille. Il s'agira alors d'aider tous les membres de la famille à changer leur comportement ; le jeune verra donc qu'il n'est pas le seul à devoir changer. Au lieu de percevoir le jeune comme le « problème », la famille reconnaîtra l'existence d'un « problème familial ».

Idéalement, le plan de traitement global ne porterait pas seulement sur la famille, mais sur un ensemble plus vaste d'intervenants exerçant une influence sur le jeune comme l'école, le milieu de travail, les services récréatifs, les services de santé, etc. Vous voudrez peut-être faire participer au plan de traitement outre les membres de la famille, les camarades de travail ou les supérieurs du jeune et sa petite amie ou son petit ami.

Il n'est évidemment pas toujours possible de compter sur le « soutien » des amis et des membres de la famille du jeune. Les problèmes du jeune pourraient influer directement et profondément sur les membres de sa famille ou sur ses amis intimes. Au cours de l'évaluation, essayez de cerner les personnes dans le milieu du jeune qui :

· sont directement touchées par les problèmes d'usage d'alcool ou d'autres drogues et de santé mentale du jeune ;
· contribuent à aggraver les problèmes du jeune ;
· sont en mesure de lui fournir de l'aide et du soutien.

Songez aussi à la possibilité de faire appel à des sources moins évidentes (p. ex., les grands-parents) pour du soutien et des renseignements.

3.9 ÉLABORATION D'UN PLAN DE TRAITEMENT

Une fois que vous aurez terminé l'évaluation globale, vous devrez collaborer avec le jeune et sa famille si cela est possible pour élaborer un plan de traitement qui répond aux besoins particuliers du jeune et qui correspond à l'étape du processus de changement qu'il a atteint. Un plan de traitement valable reposera sur les forces et les ressources du jeune et de sa famille, et les renforcera.

Lorsque vous dirigez le jeune ou des membres de sa famille vers des programmes et des services dans la collectivité, n'oubliez pas que, dans le cas du jeune qui souffre à la fois de problèmes d'usage d'alcool ou d'autres drogues et de problèmes de santé mentale, le traitement doit prévoir une approche intégrée.

Avec le consentement du jeune, les membres de la famille et ceux qui jouent un rôle important dans sa vie peuvent participer à l'élaboration du plan de traitement ou être informés de son contenu.

3.9.1 PRINCIPES RELATIFS À LA PLANIFICATION DU TRAITEMENT

Voici une liste de certains des principes généraux relatifs à la planification d'un traitement qui peut servir de liste de vérification.

- Le plan de traitement reconnaît et renforce la responsabilité personnelle du jeune à l'égard des comportements qui nuisent à sa santé et relativement aux changements qui s'imposent à cet égard.
- Le plan de traitement correspond à l'étape du processus de changement à laquelle est parvenu le jeune ainsi qu'à son niveau de motivation.
- Le plan de traitement tire pleinement parti des forces du jeune et de son réseau de soutien et insiste le moins possible sur ses problèmes.
- Le plan de traitement est complet et global et il vise à prendre en compte tous les facteurs qui sont vus comme contribuant aux problèmes auxquels est confronté le jeune.
- Le plan de traitement a recours aux options de traitement les moins perturbatrices possibles (p. ex., traitement en clinique externe plutôt qu'en milieu hospitalier) de manière à bouleverser le moins possible les aspects positifs de la vie du jeune liés à ses études, à son travail et à ses activités sociales.
- Lorsque c'est possible, il faut offrir toutes les composantes du traitement au même endroit et faire en sorte que le traitement soit dispensé par un seul praticien ou par une équipe de praticiens.
- Il faut se familiariser avec les ressources communautaires locales destinées aux jeunes, y compris avec leurs objectifs, leurs critères d'admission et leurs autres caractéristiques (p. ex., les listes d'attente).
- Lorsqu'il est nécessaire de diriger le jeune vers un autre organisme, il faut choisir de préférence un organisme qui offre un traitement fondé sur une évaluation continue des besoins individuels au lieu d'un organisme qui traite tous les jeunes de la même façon.
- Le contexte familial est habituellement celui qui convient le mieux à la planification du traitement et celui qui donne les meilleurs résultats ; par ailleurs, la participation continue de la famille est souhaitable.

3.9.2 RECOURS AUX CRITÈRES DE PLACEMENT ET AUX ARBRES DE DÉCISION

Selon le milieu dans lequel vous œuvrez et la province ou le territoire où vous vous trouvez, vous pouvez vous reporter à des critères de placement normalisés qui permettent de s'assurer que les jeunes reçoivent les services les moins perturbateurs possibles qui répondent cependant à leurs besoins.

En Ontario, par exemple, les fournisseurs de soins du domaine de la lutte contre la toxicomanie se reportent à des critères d'admission et de mise en congé ainsi qu'à des ensembles d'arbres de décision connexes pour décider de ce qui suit :

- où, au sein du système de traitement, diriger pour la première fois les jeunes ayant des problèmes d'usage d'alcool ou d'autres drogues ;
- quand les diriger vers d'autres services au sein du système de traitement.

Voici des critères d'admission qui reflètent sept catégories de forces et de besoins qu'on vous recommande en Ontario (Bureau ontarien de lutte contre la toxicomanie et Conseil consultatif ontarien des services de lutte contre la toxicomanie, 2000, 18-21) de prendre en compte pour évaluer le niveau de fonctionnement des jeunes.

- **Intoxication aiguë et besoins relatifs au sevrage** : capacité de fonctionnement du jeune lorsqu'il fait usage d'alcool ou d'autres drogues et lorsqu'il en est privé.
- **Besoins médicaux/psychiatriques** : tout signe ou symptôme de problèmes médicaux/psychiatriques.
- **Besoins émotifs/comportementaux** : capacité de fonctionnement du jeune manifestée par les habiletés en matière de dynamique de la vie, de résolution de problèmes, d'adaptation et d'autogestion.
- **Préparation au traitement** : degré de préparation du jeune à changer son usage d'alcool ou d'autres drogues ainsi que d'autres aspects de sa vie.
- **Potentiel de rechute** : probabilité que le jeune recommence à faire usage d'alcool ou d'autres drogues (s'il a cessé d'en consommer) ou ne respecte pas certains objectifs de traitement convenus.
- **Milieu de rétablissement/réseau de soutien** : niveau d'aide et de sécurité sur lequel le jeune peut compter.
- **Obstacles et ressources** : obstacles et engagements qui empêchent un jeune de participer au traitement et ressources dont il dispose ou dont il a besoin pour participer au traitement prévu.

3.9.3 ÉTABLISSEMENT DES OBJECTIFS DE TRAITEMENT

La volonté de changer doit exister chez le jeune. Une fois que celui-ci est prêt et disposé à envisager la possibilité de changer, vous pouvez discuter avec lui des objectifs de traitement possibles.

Le jeune et vous devrez négocier les changements qu'il est prêt à faire et prendre une décision à cet égard. Voici les étapes à suivre pour aboutir à un « plan de changement » (adapté de Miller et Rollnick [2002, 133-139]) :

- **Établir des objectifs** : Commencez par les objectifs que le jeune souhaite le plus atteindre et n'oubliez pas qu'il peut s'agir d'objectifs plus ambitieux que la réduction ou l'abandon de l'usage d'alcool ou d'autres drogues. Les objectifs doivent être réalistes et classés par ordre de

Lorsque des jeunes ayant des problèmes concomitants commencent un traitement, il faut tenir compte de divers facteurs lorsqu'il s'agit de choisir le milieu le plus indiqué et le moins restrictif où le traitement sera dispensé. Si un service de gestion du sevrage est peut-être ce qui convient le mieux à de nouveaux clients qui sont très intoxiqués ou qui manifestent de graves problèmes de sevrage, ces jeunes clients peuvent au départ n'être prêts qu'à accepter un traitement comme patients externes. Lorsqu'ils accepteront mieux le traitement, ils seront peut-être davantage disposés à participer à un programme de désintoxication. Dans le cas des jeunes ayant des problèmes concomitants, il est nécessaire d'adopter une approche de gestion de cas et une approche à long terme afin de créer l'alliance thérapeutique idéale. (Ballon, sous presse)

priorité. Vous pouvez suggérer des objectifs supplémentaires qui vous sembleraient utiles pour le bien-être du jeune et qui valent les efforts qu'il est prêt à consentir.

· **Examiner des options de rechange :** Il existe de nombreuses façons d'atteindre des objectifs et vous pouvez réfléchir avec le jeune à diverses options et évaluer ensemble diverses stratégies. Le choix final appartient cependant au jeune.

· **Dresser un plan :** Demandez au jeune de décrire son plan de changement. Résumez et transcrivez ensuite ce qu'il a dit.

· **S'engager à respecter le plan :** Demandez au jeune de s'engager à respecter le plan établi. S'il n'est pas prêt à le faire, n'insistez pas. Lorsqu'il sera prêt à s'engager à respecter le plan, il peut être utile que le jeune explique ce plan à d'autres personnes.

3.9.4 DÉROULEMENT DU TRAITEMENT

Il n'existe pas de règles immuables au sujet du déroulement du traitement des problèmes d'usage d'alcool ou d'autres drogues et de santé mentale. De façon générale, il est préférable d'évaluer ces problèmes et de les traiter simultanément à moins qu'il n'y ait de bonnes raisons d'agir autrement.

Selon le milieu où vous œuvrez, et en fonction des circonstances de chaque cas, vous devrez décider avec un psychiatre des risques et des avantages éventuels de l'administration de médicaments psychotropes pour traiter les symptômes de problèmes de santé mentale. Il est préférable que le jeune cesse de faire usage d'alcool ou d'autres drogues avant de commencer à prendre ces médicaments, mais ce n'est pas toujours absolument nécessaire.

Quel que soit le milieu où vous œuvrez, si un jeune présente à la fois des problèmes d'usage d'alcool ou d'autres drogues et des problèmes de santé mentale, il est nécessaire d'établir un plan global permettant de traiter les deux types de problèmes en même temps ainsi que tout autre problème auquel le jeune est confronté.

3.9.5 CHOIX DU LIEU DU TRAITEMENT DES PROBLÈMES D'USAGE D'ALCOOL OU D'AUTRES DROGUES ET DE SANTÉ MENTALE

Le plan de traitement sera en partie déterminé par les installations qui existent dans votre région. Il importe donc que vous connaissiez bien les services locaux, que vous vous renseigniez sur les composantes du continuum de soins qu'ils offrent, que vous connaissiez leurs critères d'admission et que vous vous teniez au courant.

Recherchez l'option de traitement la moins perturbatrice qui répond aux besoins d'un jeune et qui l'aide et le soutient suffisamment. Comme nous l'indiquions précédemment, les arbres de décision ainsi que d'autres outils semblables peuvent vous être utiles à cette fin.

La plupart des jeunes sont habituellement traités comme patients externes dans un établissement communautaire. Si un jeune n'a pas de lieu où vivre en toute sérucité, s'il manque de soutien ou si sa vie est complètement chaotique, il peut être bon pour lui d'être admis dans un établissement de traitement comme patient interne. Il peut aussi être nécessaire de traiter dans ce genre d'établissement les jeunes qui présentent de graves symptômes de problèmes de santé mentale.

Il est probable qu'il n'existe pas beaucoup de services de traitement destinés aux jeunes dans votre région et vous devrez peut-être voir ce qui s'offre ailleurs afin de trouver les composantes du continuum de traitement répondant aux besoins du jeune. Une autre option qui s'offre à vous est de diriger le jeune vers des services de traitement et de réadaptation pour adultes s'ils sont prêts à l'accepter. Ce n'est cependant pas l'idéal puisqu'il est préférable de traiter les jeunes dans un milieu conçu pour eux. Il se peut cependant que vous n'ayez pas d'autre choix.

Vous pouvez aussi chercher des services destinés aux jeunes qui ne se spécialisent pas dans le traitement des problèmes d'usage d'alcool ou d'autres drogues et faire preuve de créativité. Ainsi, si aucun centre de traitement n'accepte des jeunes comme patients internes dans votre région, vous pourrez peut-être conclure une entente avec un foyer de groupe ou une maison de transition si le jeune a besoin de vivre dans un milieu stable où l'usage d'alcool ou d'autres drogues n'est pas toléré.

Bien que les services de traitement de la toxicomanie pour les jeunes soient mixtes en Ontario, il se peut que vous jugiez bon dans certains cas de diriger une jeune femme vers un programme de traitement réservé aux femmes ou de vous assurer que l'établissement mixte propose des composantes de traitement qui tiennent compte des besoins particuliers des femmes.

Vous pouvez aussi envisager l'option de services de traitement adaptés à la culture du jeune.

Pour de plus amples renseignements sur les programmes et les services disponibles en Ontario, veuillez consulter la base de données offerte par Drogue et alcool—Répertoire des traitements (DART) sur le site Web suivant : http://www.dart.on.ca/index_fr.html

De nombreux niveaux de soins sont disponibles et bien qu'ils ne soient pas tous largement disponibles, il importe de créer un spectre de soins. Par exemple, les ressources de traitement peuvent comporter des ailes psychiatriques pour patients internes, des traitements de longue et de courte durée, des foyers de groupe où l'abstinence est de rigueur, des traitements de jour, des traitements intensifs individuels et de la thérapie de groupe pour patients externes, des programmes scolaires, des groupes d'entraide comme les Alcooliques Anonymes ou les Narcotiques Anonymes (AA ou NA), des groupes psychiatriques et des réunions de contrôle occasionnelles destinées à des patients externes. (Ballon, sous presse)

La gestion de cas est essentielle à une approche intégrée au traitement des problèmes d'usage d'alcool ou d'autres drogues et de santé mentale. Dans le cadre des programmes de traitement intégrés, une gestion de cas intensive a permis d'accroître la motivation et le taux de rétention des clients, de réduire le nombre d'hospitalisations, de diminuer l'usage d'alcool ou d'autres drogues et d'accroître les rémissions stables parmi les clients. (Drake et Mueser 2000, 111)

Les jeunes peuvent très facilement être laissés pour compte par le système. Le gestionnaire de cas agit comme défenseur du jeune et peut faire appel à une équipe multidisciplinaire efficace pour aider le jeune à faire face aux nombreux problèmes découlant de troubles concomitants. La gestion de cas vise à constituer pour le jeune un réseau de soutien dans la collectivité, avec le concours des services de traitement, de sa famille et de ses amis. (Ballon, sous presse)

3.9.6 MISE EN ŒUVRE DU PLAN DE TRAITEMENT ET ORIENTATIONS

Vous mettrez en œuvre le plan de traitement soit au sein de l'organisme auquel vous appartenez, soit en partenariat avec un autre organisme. Vous devrez peut-être aussi orienter le jeune vers un organisme situé dans une autre région.

Si vous devez orienter un jeune vers un autre service, renseignez-vous le plus possible sur celui-ci et demandez notamment quelles sont ses exigences. Certains jeunes pourront peut-être obtenir eux-mêmes un rendez-vous, mais attendez-vous à devoir aider un certain nombre d'entre eux à le faire.

Faites un suivi pour vous assurer que le jeune ou sa famille a communiqué avec le service de traitement. Faites aussi un suivi auprès du service de traitement pour vous assurer qu'il compte mettre en œuvre un plan de traitement intégré.

3.10 IMPORTANCE DE LA GESTION DE CAS

Quel que soit le milieu où vous œuvrez, nous ne saurions trop insister sur la nécessité que vous vous occupiez de la gestion de cas pour veiller à ce que les jeunes reçoivent bien un traitement et un soutien intégrés. Une gestion de cas efficace constitue un élément essentiel d'une approche intégrée en matière de traitement et de soutien.

Comme de nombreuses interventions sont nécessaires dans le cas des jeunes, la constitution d'une équipe multidisciplinaire pouvant élaborer un plan de traitement simultané est essentielle. Les problèmes d'usage d'alcool ou d'autres drogues et de santé mentale sont souvent chroniques et peuvent prendre des années à se stabiliser même lorsqu'ils sont traités. Les rechutes sont fréquentes et les besoins des jeunes peuvent augmenter et diminuer de façon répétée, ce qui signifie qu'il faut continuellement ajuster le niveau de soutien qui leur est accordé. Pour que le traitement dispensé à un jeune soit efficace, il faut faire preuve de patience et il est préférable qu'il repose sur une gestion de cas globale qui porte non seulement sur les problèmes d'usage d'alcool ou d'autres drogues et de santé mentale de l'adolescent, mais sur de nombreux autres éléments de sa vie comme la famille, l'emploi, les loisirs, le logement et les relations avec les pairs.

Si vous vous occupez de la gestion de cas, vous collaborerez, dans le but de coordonner les service fournis au jeune, avec divers fournisseurs de soins au sein du même organisme que vous, mais souvent au sein d'organismes distincts. Vous pourrez être responsable à vous seul de la gestion de cas ou vous pourrez faire partie d'une équipe de gestion de cas multidisciplinaire qui compte des spécialistes des problèmes d'usage d'alcool ou d'autres drogues ainsi que des spécialistes de la santé mentale.

À titre de gestionnaire de cas, vous aurez un rôle à jouer en ce qui touche :

· le dépistage des problèmes ;
· les stratégies d'approche ;
· l'évaluation des forces et des besoins des jeunes ;
· la planification du traitement ;
· la défense des intérêts des jeunes pour veiller à ce qu'ils aient accès aux services dont ils ont besoin ;
· la prestation d'aide pratique et l'orientation des jeunes vers les services dont ils ont besoin ;
· la surveillance des progrès réalisés par les jeunes, la prestation du soutien continu et l'accès à d'autres services, le cas échéant. (Bois et Graham [1997] ; Drake et Mueser [2000]).

Soins continus

Il importe de veiller à ce que le traitement des jeunes ne prenne pas fin trop tôt. Cela est d'autant plus important lorsque les symptômes de problèmes de santé mentale que manifeste le jeune donnent à penser que son problème est chronique (p. ex., troubles de l'humeur) ou qu'il est atteint d'un trouble qui exigera qu'il prenne des médicaments (p. ex., trouble psychotique). De nombreux problèmes de santé mentale apparaissent à l'adolescence et le diagnostic posé n'est souvent que provisoire. Il importe donc qu'un jeune client continue de voir régulièrement un professionnel de la santé qui pourra suivre ses progrès ou déceler des symptômes plus graves s'ils devaient se manifester ultérieurement.

Les jeunes peuvent très facilement être laissés pour compte par le système. Le gestionnaire de cas agit comme défenseur du jeune et peut faire appel à une équipe multidisciplinaire efficace pour aider le jeune à faire face aux nombreux problèmes découlant de troubles concomitants. La gestion de cas vise à constituer pour le jeune un réseau de soutien dans la collectivité, avec le concours des services de traitement, de sa famille et de ses amis. (Ballon, sous presse)

CHAPITRE 4

TRAITEMENT ET SOUTIEN

4.1 TRAITEMENT INTÉGRÉ

Bien que le sujet du traitement des troubles concomitants chez les jeunes ait fait l'objet de très peu de recherche, nous disposons cependant de renseignements sur les meilleures pratiques dans le domaine de l'usage d'alcool ou d'autres drogues et de la santé mentale chez les jeunes ainsi que de nouvelles approches intégrées au traitement des troubles concomitants. L'information portant sur les meilleures pratiques en matière de traitement des divers problèmes de santé mentale est abondante et dépasse le cadre du présent document. Pour de plus amples renseignements sur la façon de traiter les adolescents souffrant de problèmes d'usage d'alcool ou d'autres drogues et de troubles de santé mentale, veuillez consulter le *Manuel diagnostique et statistique des troubles mentaux, quatrième édition (DSM-IV)* (American Psychiatric Association, Washington DC., 1994) ainsi qu'*Evidence Based Practice for the Treatment of Depression and Conduct Disorders in Children and Adolescents* (Santé mentale pour enfants Ontario, mai 2001).

Le traitement intégré des troubles concomitants exige :
- la capacité de traiter les problèmes de santé mentale ;
- la capacité de traiter les problèmes d'usage d'alcool ou d'autres drogues ;
- la capacité de coordonner le traitement de ces deux types de problèmes au sein d'un même programme ou système.

Une approche intégrée repose sur le principe selon lequel les jeunes chez qui l'on a diagnostiqué des problèmes concomitants d'usage d'alcool ou d'autres drogues et de santé mentale recevront le traitement voulu pour leur problème de santé mentale avant, pendant ou après leur traitement pour leur problème d'usage d'alcool ou d'autres drogues, selon le lien entre ces deux types de problèmes.

Lorsqu'ils élaborent un plan de traitement intégré, on conseille notamment aux intervenants dans le domaine du traitement de la toxicomanie qui n'ont pas les connaissances voulues pour traiter les problèmes de santé mentale chez les adolescents de collaborer avec des intervenants qui œuvrent dans ce domaine. Le chapitre 1 fournit des renseignements de base sur les problèmes de santé mentale les plus communs, leur prévalence et leur lien possible avec l'usage d'alcool ou d'autres drogues. Ces renseignements ainsi que le manuel *Premier contact* vous permettront de commencer à traiter les problèmes et les symptômes de santé mentale lorsque débutera le traitement pour l'usage d'alcool ou d'autres drogues. Les praticiens qui ont les connaissances voulues pour traiter les problèmes de santé mentale, mais qui sont moins renseignés sur l'usage d'alcool ou d'autres drogues, auront intérêt à utiliser pour le traitement de l'usage d'alcool ou d'autres drogues le manuel *Premier contact* ainsi que le modèle cognitivo-comportemental qui est présenté à la section 4.8 du présent chapitre.

4.1.1 INTÉGRATION DES PROGRAMMES ET DES SYSTÈMES

Le traitement et le soutien des jeunes ayant des problèmes d'usage d'alcool ou d'autres drogues et de santé mentale reposent sur quatre grands principes (Drake et Osher, 1997 ; Santé Canada, 1999) :

- Aborder les problèmes d'usage d'alcool ou d'autres drogues et de santé mentale des jeunes de façon *intégrée*. Cela peut être fait soit dans un même établissement, soit en coordonnant des services dispensés dans plusieurs établissements.
- Utiliser des techniques *spécialisées* qui visent à traiter les problèmes d'usage d'alcool ou d'autres drogues et les problèmes de santé mentale. Il faut pour cela avoir la capacité d'évaluer les problèmes d'usage d'alcool ou d'autres drogues et de santé mentale et de comprendre l'interaction entre ces deux types de problèmes.
- Offrir toute une gamme d'interventions et de mesures de soutien aux jeunes et à leurs familles. Il s'agit notamment d'établir des liens entre les programmes et les services et de fournir une gamme *complète* de services et de mesures de soutien pour répondre à tout un ensemble de besoins qui s'ajoutent à ceux générés par les problèmes d'usage d'alcool ou d'autres drogues et de santé mentale.
- Adopter une approche *à long terme* lors de l'élaboration du plan de traitement et veiller à ne pas mettre fin au traitement trop tôt.

Il est utile de faire une distinction entre l'*intégration des programmes* et l'*intégration des systèmes* puisqu'il s'agit de deux façons de fournir des soins et du soutien aux jeunes qui ont besoin de traitement pour les aider à surmonter leurs problèmes d'usage d'alcool ou d'autres drogues et de santé mentale.

L'*intégration des programmes* suppose que les traitements pour l'usage d'alcool ou d'autres drogues et les problèmes de santé mentale sont mis en œuvre par les mêmes intervenants ou groupe d'intervenants au sein d'un même programme. Cette approche permet de s'assurer que le jeune reçoit une évaluation et un traitement cohérents au lieu de messages contradictoires de la part de fournisseurs de soins différents. Les jeunes clients n'ont pas à suivre leur traitement pour l'usage d'alcool ou d'autres drogues auprès d'un organisme et leur traitement de santé mentale auprès d'un autre. La situation idéale existe rarement à l'heure actuelle. Il faudrait évidemment pour cela que les services de santé mentale développent la capacité de traiter les problèmes d'usage d'alcool ou d'autres drogues et que les organismes de traitement de la toxicomanie soient en mesure de fournir un traitement pour les problèmes de santé mentale. Il s'agirait à cette fin de recruter des employés possédant les compétences voulues ou de dispenser la formation nécessaire aux employés actuels. L'intégration des programmes peut se faire par étapes, la première étape consistant à élaborer des procédures de dépistage et d'évaluation intégrées et la seconde, à concevoir une intervention brève comme *Premier contact* qui aborde la question de l'usage d'alcool ou d'autres drogues dans le contexte d'autres problèmes de santé mentale.

L'*intégration des systèmes* renvoie à l'établissement de liens à long terme entre les fournisseurs de services ou les organismes de traitement appartenant à un système ou à des systèmes multiples dans le but de faciliter la prestation de services à l'échelle locale. Les traitements pour les problèmes de santé mentale et d'usage d'alcool ou d'autres drogues sont coordonnés par au moins deux cliniciens ou travailleurs de soutien qui travaillent au sein de services ou d'organismes différents dont le rôle est d'élaborer et de mettre en œuvre un plan de traitement intégré (Santé Canada, 2002). Un certain nombre de collectivités ont adopté cette option. Certains organismes de traitement de la toxicomanie ont établi des partenariats avec des psychiatres qui les conseillent sur la façon de traiter les problèmes de santé mentale des jeunes qui participent à leurs programmes. D'autres organismes de santé mentale et de traitement de la toxicomanie exécutent des programmes conjoints qui font appel aux compétences des travailleurs des deux domaines.

4.1.2 QUESTIONS CLINIQUES LIÉES AU TRAITEMENT DES ADOLESCENTS AYANT DES TROUBLES CONCOMITANTS

Un traitement intégré repose sur la compréhension de la nécessité qu'un ou plusieurs conseillers d'un organisme (intégration des programmes) ou de plusieurs organismes (intégration des systèmes) concertent leurs efforts pour traiter les deux types de problèmes de façon simultanée. Pour que cette approche donne de bons résultats, les conseillers doivent posséder les connaissances et les compétences voulues pour traiter les deux types de problèmes en même temps ainsi que la capacité de savoir quand il convient de se concentrer sur un problème plutôt qu'un autre.

C'est la nature du lien entre les problèmes d'usage d'alcool ou d'autres drogues et de santé mentale qui dicte ce sur quoi doit porter en priorité le traitement. Lorsque l'évaluation fait ressortir l'existence de problèmes d'usage d'alcool ou d'autres drogues et de santé mentale, le conseiller doit chercher à établir le lien possible entre eux. Voici les deux questions qu'il devrait se poser à cet égard :

· Quand les symptômes de chaque problème se manifestent-ils (lien temporel) ?
· Est-ce l'alcool ou les drogues utilisés qui causent les symptômes de problèmes de santé mentale (lien pharmacologique) ?

LIEN TEMPOREL
Le lien temporel entre les deux types de problèmes peut être examiné à deux égards, soit le lien à long terme et le lien actuel.

Lien temporel à long terme
· À quel problème le client a-t-il été confronté en premier ? Ressentait-il des symptômes de problème de santé mentale avant de commencer à faire usage d'alcool ou d'autres drogues ?
· Le client a-t-il commencé à faire usage d'alcool ou d'autres drogues avant que le problème de santé mentale n'apparaisse ?
· Les deux types de problèmes sont-ils apparus en même temps ?

Lien temporel actuel
· Un symptôme de problème de santé mentale se manifeste-t-il souvent juste avant que le client fasse usage d'alcool ou d'autres drogues (p. ex., par opposition à l'usage qui se produit lors d'une soirée) ?
· Un symptôme de problème de santé mentale se manifeste-t-il souvent après que le client a fait usage d'alcool ou d'autres drogues (p. ex., le client se sent déprimé après avoir bu de l'alcool) ?
· Peut-on faire un autre rapprochement entre l'usage d'alcool ou d'autres drogues et les symptômes de problème de santé mentale ?
· Peut-on dire qu'on ne peut pas faire de rapprochement entre les deux types de problèmes ?

C'est en connaissant les rapprochements possibles entre les deux types de problèmes qu'il est possible d'établir s'il existe un lien entre eux. Il est important de faire l'historique des deux problèmes à partir du moment où ils sont apparus. Il s'agit ici de découvrir si un problème a précédé l'autre et, si c'est le cas, pourquoi les deux types de problèmes se posent maintenant.

LIEN PHARMACOLOGIQUE
Les effets pharmacologiques de l'alcool ou des autres drogues qu'utilise le jeune revêtent aussi de l'importance. Dans ce cas, la question est de savoir si la substance qui est utilisée

possède les propriétés pharmacologiques voulues pour produire les symptômes de problèmes de santé mentale que le jeune attribue soit à son usage d'alcool ou d'autres drogues, soit au sevrage. Autrement dit, les symptômes de problèmes de santé mentale peuvent être le résultat de l'usage d'alcool ou d'autres drogues ou de l'arrêt de cet usage.

Il est utile pour établir le lien entre les deux types de problèmes de disposer également de renseignements sur la quantité d'alcool ou d'autres drogues dont le jeune fait usage, sur la fréquence de son usage et sur la durée des effets des substances.

À titre d'exemple, si un jeune client signale des symptômes de dépression pendant plusieurs semaines après qu'il a consommé une quantité modérée d'alcool, il est peu probable que l'alcool ait « imité » des symptômes de dépression. Il est plus probable que l'alcool ait servi à « déclencher » ou à « exacerber » des symptômes de dépression pour lesquels le jeune présente peut-être une prédisposition. Par ailleurs, si un jeune signale des symptômes de dépression pendant quelques jours après avoir consommé de façon prolongée une quantité excessive d'alcool, il est probable que l'alcool, en raison de la quantité utilisée et de la fréquence et de la durée de la consommation, ait « imité » les symptômes de la dépression.

Il ne s'agit évidemment que d'indications. Le défi consiste cependant à essayer d'établir le lien entre les deux types de problèmes constatés. Il peut être utile de noter que le tableau 1 du DSM-IV (American Psychiatric Association, 1994) fournit des renseignements complets sur les effets directs et les effets du sevrage qui s'appliquent à tous les types de drogues et sur les problèmes de santé mentale que chaque catégorie de drogues est le plus susceptible de produire. En outre, l'annexe A du DSM-IV comporte un arbre de décision qui vise à faciliter le dépistage des problèmes découlant de l'usage d'alcool ou d'autres drogues ou provoqués par celui-ci, ce qui est compatible avec l'approche décrite dans cette section pour établir le lien entre les deux types de problèmes.

TYPES DE LIENS ENTRE LES PROBLÈMES D'USAGE D'ALCOOL OU D'AUTRES DROGUES ET DE SANTÉ MENTALE

Une fois que vous aurez établi les liens *temporels* et *pharmacologiques* entre les problèmes d'usage d'alcool ou d'autres drogues et de santé mentale d'un jeune, vous pourrez établir un plan de traitement en conséquence. Comme nous l'indiquions à la section 1.5, Trupin et Boesky (2001) ont établi un cadre qui répartit les relations temporelles et pharmacologiques de façon encore plus poussée pour faire ressortir six liens possibles entre les deux types de problèmes. Dans cinq de ces catégories, il existe un certain lien entre les problèmes d'usage d'alcool ou d'autres drogues et de santé mentale. Dans la sixième catégorie, les deux types de problèmes sont indépendants et n'ont aucun lien entre eux.

Lien	Conséquences en matière de traitement
Absence de lien : Chaque problème existe sans que des symptômes de l'autre problème ne se manifestent. Autrement dit, les problèmes d'usage d'alcool ou d'autres drogues et de santé mentale ne sont pas liés. Chaque problème existe indépendamment de l'autre. · Le jeune a déjà utilisé une ou plusieurs drogues de façon régulière pendant assez longtemps (p. ex., plusieurs mois) sans que ne se manifeste un problème de santé mentale. · Le jeune a déjà manifesté des symptômes de problèmes de santé mentale lorsqu'il ne faisait pas usage d'alcool ou d'autres drogues. · Bien que les deux problèmes puissent ne pas être reliés, un facteur commun pourrait avoir une incidence sur eux.	Le traitement doit porter sur les deux types de problèmes ou d'abord sur le problème dont l'existence a été constatée.
Créer : Les symptômes de problèmes de santé mentale se manifestent après un usage à long terme d'alcool ou d'autres drogues. · Aucun problème de santé mentale n'est manifeste avant le début de l'usage d'alcool ou d'autres drogues. · Le jeune signale des symptômes de problèmes de santé mentale après avoir fait usage d'alcool ou d'autres drogues pendant une période prolongée. · La drogue possède les propriétés pharmacologiques voulues pour créer les symptômes des problèmes de santé mentale signalés après un usage prolongé.	Traiter le problème d'usage d'alcool ou d'autres drogues ainsi que tout symptôme grave de problèmes de santé mentale. Fournir des soins continus pour s'assurer que les symptômes de problèmes de santé mentale ne réapparaissent pas.
Déclencher : Les symptômes de problèmes de santé mentale pour lesquels le jeune a peut-être une prédisposition se manifestent après l'usage d'alcool ou d'autres drogues. Il se peut que le jeune ait été vulnérable à un problème de santé mentale. · Aucun problème de santé mentale n'est évident avant l'usage d'alcool ou d'autres drogues.	Fournir une rétroaction personnalisée et des renseignements sur la vulnérabilité du jeune à un problème de santé mentale déclenché par l'usage d'alcool ou d'autres drogues.

Lien	Conséquences en matière de traitement
· Le client signale des symptômes de problèmes de santé mentale après l'usage (à court terme) d'alcool ou d'autres drogues. · Des antécédents familiaux peuvent expliquer la vulnérabilité du jeune à un problème de santé mentale. · Le lien pharmacologique entre la drogue utilisée et les symptômes peut ne pas être clair.	Offrir une rétroaction personnalisée et un programme d'éducation concernant la vulnérabilité du jeune aux problèmes de santé mentale causés par l'usage d'alcool ou d'autres drogues. Recommander l'abstinence dans le plan de traitement pour le problème d'usage d'alcool ou d'autres drogues. Traiter le problème de santé mentale et chercher à en soulager les symptômes graves. Fournir des soins continus et un suivi pour établir si le problème de santé mentale doit être traité de façon continue.
Exacerber : Les symptômes d'un problème de santé mentale connu sont exacerbés après l'usage d'alcool ou d'autres drogues à une ou plusieurs occasions. · Le jeune a déjà manifesté des problèmes de santé mentale. · Les problèmes de santé mentale s'aggravent lorsque le jeune fait usage d'alcool ou d'autres drogues ou peu après. · Les problèmes de santé mentale du jeune s'atténuent lorsqu'il ne fait pas usage d'alcool ou d'autres drogues. · La drogue utilisée possède les propriétés pharmacologiques voulues pour pouvoir créer ou exacerber les symptômes de problèmes de santé mentale constatés.	Traiter le problème de santé mentale et en soulager les symptômes, le cas échéant. Fournir une rétroaction personnalisée et des renseignements sur la vulnérabilité du jeune à un problème de santé mentale déclenché par l'usage d'alcool ou d'autres drogues. Recommander l'abstinence dans le plan de traitement pour le problème d'usage d'alcool ou d'autres drogues. Fournir des soins continus et un suivi pour établir si le problème de santé mentale doit être traité de façon continue.

Lien	Conséquences en matière de traitement
Imiter : Les symptômes de problèmes de santé mentale se manifestent après l'usage d'alcool ou d'autres drogues. Autrement dit, ils sont provoqués par l'usage d'alcool ou d'autres drogues. · Le jeune n'a jamais manifesté de problèmes de santé mentale auparavant. · Les symptômes de problèmes de santé mentale se manifestent habituellement après l'intoxication ou le sevrage qui découle de l'usage d'une quantité importante d'alcool ou d'autres drogues. · La drogue utilisée possède les propriétés pharmacologiques voulues pour pouvoir imiter les symptômes de problèmes de santé mentale constatés. · Les symptômes de problèmes de santé mentale disparaissent après que le jeune cesse de faire usage d'alcool ou d'autres drogues.	Traiter le problème d'usage d'alcool ou d'autres drogues et, au besoin, chercher à soulager les symptômes graves de problèmes de santé mentale.
Masquer : Les symptômes de problèmes de santé mentale se manifestent après qu'un jeune cesse de faire usage d'alcool ou d'autres drogues. En d'autres termes, l'alcool ou les autres drogues masquent les symptômes d'un problème de santé mentale. · Certains signes peuvent avoir indiqué la présence antérieure d'un problème de santé mentale. · Il y a peu ou pas de preuves de l'existence d'un problème de santé mentale lorsque le jeune fait usage d'alcool ou d'autres drogues. · Il existe des preuves de l'existence d'un problème de santé mentale lorsque le jeune cesse de faire usage d'alcool ou d'autres drogues. · La drogue utilisée possède les propriétés pharmacologiques voulues pour supprimer les symptômes des problèmes de santé mentale constatés.	Traiter en priorité le problème de santé mentale. Traiter le problème d'usage d'alcool ou d'autres drogues selon sa gravité.

Voici trois exemples de traitements choisis en fonction du lien existant entre les problèmes d'usage d'alcool ou d'autres drogues et de santé mentale.

Exemple 1 : Un adolescent n'ayant jamais manifesté de signes de dépression signale ressentir ces symptômes seulement après avoir commencé à consommer de l'alcool régulièrement. Le conseiller pourrait présumer qu'il y a un lien d'imitation entre les deux types de problèmes et conclure que les symptômes de dépression ont été provoqués par la consommation d'alcool. En raison de ce lien, le traitement porterait en priorité sur le problème d'usage d'alcool (p. ex., réduire ou éliminer l'usage) tout en tenant compte des symptômes graves de problème de santé mentale. Compte tenu de ce lien, on s'attendrait à ce que l'intensité des symptômes de dépression diminue à mesure que l'adolescent réduit sa consommation d'alcool. Si ce n'est pas le cas, et même s'il y a réduction ou élimination de la consommation, le conseiller devrait réévaluer le lien entre les deux problèmes. Il se pourrait que la consommation d'alcool « crée » les symptômes de dépression chez un jeune qui a déjà une prédisposition à la dépression.

Dans cet exemple, il est essentiel que le conseiller connaisse les effets pharmacologiques de l'alcool, et sache en particulier que des symptômes de dépression peuvent découler du sevrage de l'alcool lorsqu'une personne en consomme depuis longtemps. Il importe aussi qu'il sache comment se manifeste la dépression chez les adolescents.

Exemple 2 : Une adolescente dit être trop anxieuse pour aller à l'école après avoir terminé avec succès un traitement pour un problème d'usage d'alcool et de cannabis. Il importe de connaître comment se manifestent les symptômes de problèmes de santé mentale immédiatement avant et après un épisode d'usage d'alcool ou de cannabis. Dans le cas de cette adolescente, l'usage de l'alcool ou du cannabis peut avoir « masqué » un problème d'anxiété sociale. L'objectif du traitement, qui peut au départ avoir été de résoudre le problème d'usage d'alcool ou de cannabis, devrait maintenant être de régler le problème de santé mentale, soit l'anxiété sociale. Dans une telle situation, on pourrait s'attendre à ce que l'adolescente ne connaisse pas de rechute si le problème de l'anxiété sociale s'atténue. Si le problème d'usage d'alcool ou de cannabis ne s'estompait pas, le conseiller devrait réévaluer le lien entre les problèmes concomitants même si le problème d'anxiété sociale s'améliorait pour sa part.

Dans cet exemple, le conseiller devrait connaître les effets pharmacologiques du cannabis et de l'alcool, et en particulier savoir que l'alcool calme l'anxiété. Il doit aussi comprendre le phénomène de l'anxiété sociale et ses effets chez les jeunes.

Exemple 3 : Un adolescent signale des symptômes de dépression même s'il n'a pas fait usage d'alcool ou d'autres drogues récemment. Cet adolescent prend parfois de l'alcool ou d'autres drogues en quantité excessive, mais ne manifeste alors aucun symptôme de problèmes de santé mentale ni avant ni après son usage d'alcool ou d'autres drogues. Dans ce cas, le conseiller devrait essayer d'établir si le jeune client souffre de deux problèmes indépendants qui pourraient être attribuables à un facteur de risque commun. Il se peut que les deux problèmes doivent être traités.

DÉROULEMENT DU TRAITEMENT : CHANGEMENT D'ORIENTATION

Il importe d'être souple, en particulier au début du traitement, et ce jusqu'à ce que les problèmes d'usage d'alcool ou d'autres drogues se soient stabilisés et que vous compreniez mieux le lien entre les deux types de problèmes. Vous devrez sans doute changer l'orientation du traitement en cours de route selon qu'un problème ou l'autre se manifeste.

Il peut être utile de vous fixer des objectifs pour chaque séance. Vous pouvez vérifier auprès du jeune quelle est sa situation en ce qui touche ses problèmes concomitants avant de commencer la séance. Cette vérification peut être informelle en demandant simplement au client de vous parler de tout épisode d'usage d'alcool ou d'autres drogues et d'attribuer une cote à ses problèmes de santé mentale. Vous pourrez ainsi changer l'orientation de la séance pour qu'elle porte sur le problème prioritaire. La situation se complique un peu lorsque plus d'un conseiller participe à la mise en œuvre du plan de traitement intégré, ce qui fait ressortir l'importance pour les conseillers de coordonner leurs interventions de manière à ce que le jeune reçoive l'aide nécessaire au bon moment.

Le counselling portera parfois davantage sur un problème que sur l'autre, par exemple lorsqu'un problème semble découler de l'autre. Dans ce cas, on constatera une amélioration du problème secondaire si le problème primaire est bien traité.

AUTOSURVEILLANCE

L'autosurveillance est une technique qui est communément utilisée en counselling et qui aide à mettre en lumière un problème, à établir l'efficacité d'interventions précises et à évaluer les progrès accomplis au fil du temps. L'autosurveillance peut être un outil particulièrement utile lorsqu'on travaille avec des jeunes qui peuvent ne pas toujours transmettre de façon complète et exacte les faits concernant leur cas. Par exemple, on peut demander à un jeune qui souffre de dépression de tenir un journal de ses humeurs. La tenue d'un journal pourrait être combinée à l'autosurveillance de la consommation d'alcool ou d'autres drogues pour qu'il soit possible d'établir le lien entre les problèmes d'usage d'alcool ou d'autres drogues et de santé mentale. Des méthodes de suivi peuvent être conçues pour la plupart des problèmes, y compris l'anxiété et la colère, deux problèmes fréquemment mentionnés par les adolescents. Souvent, ces outils d'autosurveillance existent. S'ils ne sont pas accessibles, le conseiller peut élaborer un système d'autosurveillance à l'intention de ses clients.

4.2 AIDER LES JEUNES À PROGRESSER DANS LE PROCESSUS DE CHANGEMENT

Le modèle des *étapes du changement* que nous avons présenté dans la section 2.4 propose des objectifs et des stratégies de traitement qui correspondent à chaque étape du processus de changement dans le but d'aider les jeunes à passer d'une étape à l'autre. Bien que les stratégies présentées ci-dessous visent l'usage d'alcool ou d'autres drogues, elles peuvent s'appliquer à tout changement comportemental nécessaire, y compris aux changements susceptibles de se répercuter sur la santé mentale.

ÉTAPE DE L'INACTION
Deux stratégies fondamentales peuvent être utiles à l'étape de l'*inaction*.

Efforcez-vous d'établir avec le jeune client une relation thérapeutique fondée sur la confiance.
Vous pouvez le faire en prenant les mesures suivantes :
- exprimer de l'empathie, de la chaleur et de la compréhension à l'égard du client quand il vous présente son point de vue ;
- insister sur le fait que c'est le client, et non le conseiller, qui est responsable du processus de changement ;
- éviter les étiquettes (p. ex., alcoolique, toxicomane, etc.) ;
- faire preuve d'humour, être rassurant et fixer des limites de manière à susciter chez le client un sentiment de confiance, de confort et de sécurité.

Aidez le jeune client à établir les enjeux.
Vous pouvez le faire en prenant les mesures suivantes :
- éviter de faire des observations dénotant un jugement de valeur ;
- prêter une attention soutenue à la façon dont le jeune perçoit son problème ;
- aider le jeune à déterminer si les problèmes auxquels il est confronté sont liés à son usage d'alcool ou d'autres drogues ;
- examiner avec le jeune quelles sont les préoccupations et les inquiétudes des personnes qui lui sont proches (p. ex., parents, frères et soeurs, amis) au sujet de son usage d'alcool ou d'autres drogues ;
- fournir des conseils sur la façon de réduire les méfaits découlant de l'usage d'alcool ou d'autres drogues, notamment par la diminution de l'usage et par l'adoption de méthodes d'administration moins nocives.

L'objectif à atteindre lorsqu'on travaille avec des clients qui sont à l'étape de l'inaction est de les aider à faire le lien entre leur usage d'alcool ou d'autres drogues et les conséquences déplaisantes qui en découlent, les amenant ainsi à se préoccuper davantage de cet usage. Le passage de l'étape de l'inaction à l'étape de la prise de conscience peut être difficile, mais c'est au jeune et non au conseiller de faire ce qui est nécessaire pour progresser dans le processus de changement. Certains jeunes clients chercheront à plaire au conseiller ou à éviter les conflits avec lui en donnant l'impression d'être d'accord avec lui sans pour autant vraiment comprendre ou accepter que leurs habitudes de consommation entraînent certaines conséquences. Ce n'est cependant que lorsqu'un client commence à exprimer certaines préoccupations à l'égard de son usage d'alcool ou d'autres drogues qu'il s'apprête à passer à l'étape de la prise de conscience.

ÉTAPE DE LA PRISE DE CONSCIENCE

Le conseiller peut aider le client qui se trouve à l'étape de la *prise de conscience* en prenant les mesures suivantes :

· continuer à bâtir la relation thérapeutique ;

· continuer à constater et à examiner l'usage d'alcool ou d'autres drogues et ses conséquences ;

· aider le jeune à évaluer les avantages et les inconvénients que présente pour lui le fait de s'attaquer au problème de son usage d'alcool ou d'autres drogues et à ses conséquences ;

· examiner l'ambivalence du client au sujet du changement ;

· passer en revue les options possibles, y compris les aspects positifs et négatifs de chacune d'elles.

L'objectif à atteindre lorsqu'on travaille avec un jeune qui est à l'étape de la prise de conscience est de l'aider à se rendre compte qu'il peut résoudre ses problèmes (compétence personnelle) et que les mesures qu'il prendra à cette fin lui permettront d'améliorer sa qualité de vie. Lorsque le jeune exprime de l'intérêt pour l'idée de modifier son usage d'alcool ou d'autres drogues, il s'apprête à passer à l'étape de la préparation.

ÉTAPE DE LA PRÉPARATION

Le conseiller peut aider le jeune qui se trouve à l'étape de la *préparation* en prenant les mesures suivantes :

· aider le jeune client à se fixer des objectifs ;

· aider le jeune client à choisir un plan d'action qui convient à sa personnalité, à ses besoins, à son contexte culturel et à ses préférences ;

· accorder au jeune client un soutien pratique pour l'aider à surmonter les obstacles sur le chemin du changement.

L'objectif à atteindre lorsqu'on travaille avec un jeune qui est à l'étape de la préparation est de l'aider à s'engager fermement à changer, ce qui suppose de fixer des objectifs et d'établir un plan précis lui permettant d'atteindre ses objectifs. Lorsque le client aura établi ce plan, il sera passé à l'étape de l'action.

ÉTAPE DE L'ACTION

Le conseiller peut aider le jeune qui est à l'étape de l'*action* en prenant les mesures suivantes :

· fournir au jeune du soutien et des encouragements ;

· aider le jeune à acquérir des compétences (p. ex., affirmation de soi, restructuration cognitive, combat contre l'ennui, etc.) qui lui permettront de faire face aux déclencheurs de son usage d'alcool ou d'autres drogues et de résister à ses envies ;

· aider le jeune à trouver des solutions de rechange à l'usage d'alcool ou d'autres drogues (p. ex., activités non liées à l'usage d'alcool ou d'autres drogues, loisirs, compétences sociales, etc.).

L'objectif à atteindre lorsqu'on travaille avec un jeune qui est à l'étape de l'action est de l'aider à progresser dans le processus du changement en l'amenant à exploiter ses habiletés de recherche de solutions et d'adaptation et en l'aidant à acquérir de nouvelles habiletés. Lorsque le jeune aura atteint ses objectifs initiaux, il passera à l'étape du maintien.

ÉTAPE DU MAINTIEN

Le conseiller peut aider le client qui est à l'étape du *maintien* en prenant les mesures suivantes :

· aider le jeune à trouver d'autres activités sociales et récréatives, amis et systèmes de soutien ;

· cerner les problèmes additionnels qui pourraient être examinés dans le cadre du counselling ;

· mettre l'accent sur les stratégies de prévention des rechutes.

L'objectif à atteindre lorsqu'on travaille avec un jeune qui est à l'étape du maintien est de l'aider à comprendre et à intégrer les stratégies élaborées et les compétences acquises à l'étape de l'action ainsi qu'à effectuer des changements durables dans sa vie.

ÉTAPE DE LA RECHUTE

Le conseiller peut aider le jeune qui est à l'étape de la *rechute*, en prenant les mesures suivantes :

· être compréhensif et encourageant ;

· aider le jeune à tirer des leçons de la rechute ;

· donner de l'espoir et de la confiance.

L'objectif à atteindre lorsqu'on travaille avec un jeune qui est à l'étape de la rechute est de l'aider à réintégrer le processus du changement.

Dans une entrevue
motivationnelle, le conseiller
répond de façon particulière
au discours sur le changement
pour le renforcer et réagit à la
résistance au changement de
manière à la réduire, l'objectif
étant d'aider le client à
surmonter son ambivalence à
l'égard du changement et de
favoriser le changement.

(Miller et Rollnick, 2002, 51)

4.3 PRINCIPALES TECHNIQUES DE L'ENTREVUE MOTIVATIONNELLE (EM)

CONSEIL

La motivation fluctue. Chez les jeunes qui souffrent de problèmes d'usage d'alcool ou d'autres drogues et de santé mentale, la motivation peut beaucoup changer. Il est fréquent que les jeunes qui ont des problèmes de santé mentale avancent et reculent dans le processus de changement. Par exemple, les jeunes qui connaissent un épisode maniaque ressentent une confiance élevée et beaucoup d'énergie. Ils peuvent aussi participer à davantage de soirées (un facteur de risque de rechute) ou manifester une confiance excessive dans leur capacité de se maîtriser et de pouvoir prendre juste un verre de plus. Leur niveau de motivation peut ne pas être le même pour toutes les drogues qu'ils utilisent (p. ex., ils sont prêts à cesser de boire de l'alcool, mais ne sont pas prêts à envisager de cesser de faire usage d'autres drogues).

Cette section vous donne un aperçu des principales techniques utilisées pour mener une entrevue motivationnelle. Pour de plus amples renseignements sur l'utilisation de ces techniques, nous vous encourageons à consulter l'ouvrage qui fait autorité dans ce domaine, soit *Motivational Interviewing: Preparing People for Change*, par Miller et Rollnick (2002).

Les stratégies relatives à l'entrevue motivationnelle se répartissent en deux phases, mais il importe de comprendre qu'on peut continuer d'utiliser les stratégies de la phase 1 pendant tout le processus. La phase 1 vise surtout à motiver le jeune à changer. Une fois que le jeune reconnaît l'importance de changer son comportement, vous commencez à discuter avec lui des stratégies favorisant le changement. C'est le moment de passer aux stratégies de la phase 2 qui visent à renforcer l'engagement du jeune à changer et à l'amener à établir un plan pour atteindre ses objectifs.

4.3.1 CRÉER LA MOTIVATION

Le tableau ci-dessous présente certaines stratégies propres à l'EM. Nous vous encourageons à prendre connaissance de ce tableau et à mettre en pratique les stratégies proposées, ce qui vous permettra d'incorporer l'entrevue motivationnelle dans votre travail auprès des jeunes.

PHASE I : STRATÉGIES POUR MOTIVER LE JEUNE À CHANGER

Pièges à éviter au début du processus	
Questions et réponses	Vous êtes maître du déroulement de la séance, mais le jeune ne répond que par un « non » ou par un « oui » à vos questions. Demandez au jeune de remplir un questionnaire en prévision du

Questions et réponses (suite)	counselling pour obtenir de plus amples renseignements. Pour éviter le piège des questions et des réponses, posez des questions ouvertes et pratiquez une écoute réfléchie (voir ci-dessous). En règle générale, ne posez pas trois questions de suite.
Prendre parti	Vous soutenez qu'il existe un problème, mais le jeune n'est pas de cet avis. C'est le plus important piège à éviter ! Employez des stratégies destinées à faire face à la résistance du jeune (voir ci-dessous).
Agir en spécialiste	Vous donnez l'impression d'avoir réponse à tout et le jeune se cantonne dans un rôle passif. L'essentiel au tout début est de gagner la confiance du jeune. C'est plus tard dans le processus que vos connaissances spécialisées vous seront utiles et renforceront sa confiance. Vous devez miser sur la collaboration. N'oubliez pas que seul le jeune sait tout ce qu'il y a à savoir sur sa situation, ses valeurs, ses objectifs, ses préoccupations et ses compétences ainsi que sur la façon dont le changement s'inscrira dans sa vie.
Apposer des étiquettes	Le fait d'utiliser un terme diagnostique pour décrire le problème du jeune peut susciter de la résistance chez lui. Si le diagnostic posé crée cette résistance, cherchez plutôt à aider le jeune en l'amenant à décrire ses habitudes d'usage d'alcool ou d'autres drogues. Il est essentiel d'adopter un ton par lequel vous montrez au jeune que vous l'acceptez et que vous ne portez pas de jugement sur lui si vous voulez gagner sa confiance.
Insistance prématurée sur certaines questions	Évitez d'insister sur certaines questions particulières (p. ex., sur le problème tel que vous le percevez) quand d'autres questions préoccupent davantage le jeune client. Il se peut que le jeune ne soit pas d'accord avec vous pour l'instant sur la nature du problème auquel il est confronté. Si vous essayez d'aborder certaines questions trop tôt, le jeune peut adopter une attitude défensive. Commencez par écouter ce qu'il a à vous dire. Essayez de vous familiariser de façon générale avec sa vie. Cette façon de procéder vous permettra souvent d'aborder sous un autre angle les questions qui vous intéressent. Le temps que vous passez à écouter le jeune vous aide à établir un rapport de confiance avec lui.

Chercher des coupables	Il importe peu de trouver des coupables. Si un jeune essaie de blâmer quelqu'un d'autre pour son problème, essayez de trouver une façon de reformuler ses préoccupations. Il vaut peut-être la peine que vous donniez au départ quelques précisions sur l'objet du counselling pour qu'il sache qu'il ne consiste pas à trouver des coupables. Cherchez plutôt à renforcer la compétence personnelle du jeune en insistant sur ses forces et en renforçant l'alliance thérapeutique.
Première séance	La première séance est importante parce qu'elle donne le ton et fixe les attentes relatives au counselling. Le jeune reviendra vous voir en fonction du rapport que vous aurez établi avec lui lors de la première séance.
Début de la séance	Commencez par donner des précisions brèves et simples sur le déroulement de la première séance et sur le counselling en général. Précisez le temps dont vous disposez, votre rôle, vos objectifs ainsi que les rôles du jeune, et réglez toutes les questions de détail qui restent à régler. Posez des questions ouvertes.
Choix des questions aborder	La question la plus évidente n'est peut-être pas la question qu'il convient d'aborder en premier. Ne présumez pas que vous savez quelle est cette question. Demandez au jeune quelle est la question ou préoccupation qu'il aimerait d'abord aborder avec vous.
Méthodes à adopter au début	Les cinq méthodes exposées ci-dessous sont utiles pas seulement au cours de la première séance, mais tout au long du processus de counselling.
Poser des questions ouvertes	Laissez surtout parler le jeune au début du processus de counselling. Votre tâche consiste à l'écouter attentivement et à l'encourager à s'ouvrir à vous. Vous pouvez choisir le sujet à explorer et l'encourager à vous parler en lui posant des questions ouvertes. Pratiquez l'écoute réfléchie en plus de mettre en application les autres méthodes proposées ci-dessous.

Reformulation	Voici l'habileté la plus importante et la plus difficile à acquérir en ce qui touche l'entrevue motivationnelle. L'essentiel, c'est la façon de répondre. Vous devez tâcher de deviner ce que le jeune essaie d'exprimer en faisant une affirmation au lieu de lui poser une question. L'utilisation du terme « tu ou vous » comme sujet d'une affirmation provoquera certainement moins de résistance. Ne présumez pas que ce que vous croyez que les gens veulent dire correspond vraiment à ce qu'ils veulent dire. N'oubliez pas qu'il est possible d'interpréter de plusieurs façons la plupart des affirmations qui sont faites et vous devez essayer de découvrir quelle est l'interprétation la plus plausible. La reformulation ne s'arrête pas aux simples mots prononcés ne va pas non plus trop loin. L'objectif de la reformulation consiste à encourager l'exploration personnelle. Surtout lorsqu'il s'agit de questions émotives, il peut être bon d'atténuer un peu les propos du jeune en utilisant des mots neutres. La reformulation peut aussi être une technique directive dans la mesure où elle peut insister sur certains aspects des propos du jeune et en changer légèrement le sens. Au début du processus, tâchez le plus souvent de répondre aux propos du jeune en les reformulant. Vous pouvez faire deux ou trois reformulations par question posée.
Affirmer	L'affirmation et le soutien directs sont des façons de favoriser l'établissement d'un rapport de confiance entre vous et votre client. Mettez en lumière et insistez de manière appropriée sur les forces et les efforts du jeune.
Résumer	Il est bon de temps à autre de résumer ce que le jeune vous dit pour lui montrer que vous l'écoutez et pour le préparer à étoffer ses propos. Faire un résumé est une technique directive parce que vous pouvez décider ce que vous voulez refléter et ne pas refléter (p. ex., nature du problème, niveau d'ambivalence, énoncés par lesquels le jeune cherche à se motiver lui-même, etc.). Voir Miller et Rollnick (2002) pour de plus amples renseignements sur les divers types de résumés.

Encourager les échanges portant sur le changement	Il y a quatre catégories d'échanges qui portent sur le changement : · la discussion des inconvénients du statu quo ; · la discussion des avantages du changement ; · l'expression d'optimisme au sujet du changement ; · l'expression de l'intention de changer. Chacun de ces types d'énoncés fait pencher la balance en faveur du changement. Susciter les échanges sur le changement est donc une habileté essentielle de la technique de l'entrevue motivationnelle. C'est en bout de ligne au jeune qu'il appartient d'énoncer son désir de changer et vous pouvez encourager les échanges sur le changement.
Méthodes permettant de favoriser les échanges sur le changement	Il est important de favoriser les échanges sur le changement tout au long du counselling parce que l'ambivalence du jeune au sujet du changement peut refaire surface à tout moment. Il s'agit de cette façon de rappeler constamment au jeune les raisons qui militent en faveur du changement. Voir Miller et Rollnick (2002) pour de plus amples renseignements sur la façon de favoriser les échanges sur le changement.
Poser des questions évocatrices	Vous pouvez encourager le jeune à parler avec vous en lui posant des questions ouvertes sur les perceptions et les préoccupations qui correspondent aux quatre catégories d'échanges sur le changement. Exemples : · quels sont, à son avis, les inconvénients du statu quo ? · quels sont, à son avis, les avantages du changement ? · qu'est-ce qui le rend optimiste au sujet du changement ? · quelles sont ses intentions au sujet du changement ?
Utiliser l'échelle de l'importance	Vous pouvez demander au jeune de chiffrer l'importance qu'il accorde au changement et de vous expliquer pourquoi il a choisi tel chiffre (et non zéro). Vous pouvez aussi lui demander ce qui devrait se produire pour qu'il accorde une importance plus élevée au changement.
Explorer la confiance	Vous pouvez demander au jeune de vous dire dans quelle mesure il estime pouvoir apporter des changements à sa vie en attribuant une cote à son degré de confiance. Vous devrez peut-être travailler à accroître sa confiance dans sa capacité de changer si elle est peu élevée.

Explorer l'équilibre décisionnel	Vous pouvez demander au jeune d'explorer les aspects positifs et négatifs de son comportement. Commencez par lui demander ce qu'il aime au sujet de son comportement. Demandez-lui ensuite le contraire. Il peut être utile de demander au jeune de remplir un bilan décisionnel pour qu'il puisse voir les avantages et les inconvénients en même temps. L'examen du bilan permet aussi au jeune de se rendre compte de son ambivalence.
Étoffer	Une fois qu'un jeune a mentionné une raison militant en faveur du changement, demandez-lui d'étoffer son affirmation avant de passer à autre chose. Vous pouvez le faire en lui demandant de : · vous fournir des précisions ; · vous donner un exemple ; · décrire le dernier incident ; · vous dire n'importe quoi d'autre au sujet du changement.
Remettre en question les positions opposées	Demandez au jeune de décrire sa plus grande préoccupation (ou celle d'autres personnes) à l'égard du changement et d'imaginer les pires conséquences qui pourraient en résulter. Inversez ensuite la question et demandez-lui d'imaginer les conséquences les plus positives qui pourraient en résulter.
Retour en arrière	Demandez au jeune de repenser à l'époque où le problème n'existait pas et de comparer cette époque à la situation actuelle. Si la situation était pire autrefois, demandez-lui ce qui explique que la situation se soit améliorée.
Perspectives d'avenir	Demandez au jeune de s'imaginer ce que la situation pourrait être dans l'avenir après qu'il aura changé son comportement. Demandez-lui aussi ce qu'elle pourrait être dans le cas contraire. Vous cherchez ainsi à l'amener à évaluer de façon réaliste la situation et à l'encourager à avoir confiance dans l'avenir.
Explorer les objectifs et les valeurs	Demandez au jeune de vous dire ce qui est le plus important dans sa vie. Quels sont ses buts et ses valeurs ? Demandez-lui comment son problème cadre avec ceux-ci ou y nuit. Faites ressortir l'écart entre ses buts et ses valeurs et son comportement actuel. La technique de l'entrevue motivationnelle attache beaucoup d'importance à la compréhension que le jeune a de ses propres valeurs.

Renforcer les propos favorables au changement	Dispensez des encouragements au jeune lorsqu'il parle du changement.
Comment faire face à la résistance—recours aux réponses réfléchies	Considérez la résistance comme une opportunité. La résistance du client est étroitement associée à sa décision d'abandonner le traitement ou au fait qu'il n'y réagisse pas de façon positive, le cas échéant. La résistance n'est pas un trait de personnalité, mais un aspect de la relation entre le jeune et vous. La façon dont vous faites face à sa résistance est importante. Ce que vous dites et ce que vous faites peut amener cette résistance à diminuer ou, au contraire, à augmenter. La technique de l'entrevue motivationnelle propose de faire face à la résistance en suivant le courant.
Réflexion simple	Faites face à la résistance par la non-résistance en reflétant simplement le point de vue du jeune pour lui montrer que vous l'avez écouté.
Réflexion amplifiée	Reflétez de façon amplifiée ou exagérée ce que le jeune a dit. Faites preuve d'empathie, mais soyez direct. Énoncez simplement les faits tout en conservant un ton encourageant. Évitez le sarcasme.
Réflexion à deux sens	Reflétez les deux dimensions de l'ambivalence du jeune en montrant que vous l'avez écouté.
Autres façons de faire face à la résistance	Il existe d'autres façons de concilier votre point de vue et celui du jeune et d'atténuer sa résistance.
Changement d'orientation	Détournez l'attention du jeune de ce qui semble constituer un obstacle à la poursuite de son traitement. Dirigez plutôt son attention vers une question sur laquelle vous pouvez travailler ensemble. Voir la partie sur les étiquettes (ci-dessus).
Reformulation	Proposez une nouvelle interprétation ou un nouveau sens aux propos du jeune. Il vous faudra peut-être pour cela lui communiquer d'autres renseignements sur sa situation. Aidez-le à voir les choses autrement.
Acquiescer avec réserve	D'emblée, acquiescez avec le jeune, mais présentez la situation sous une optique légèrement différente, en somme reflétez ce qu'il a dit en le reformulant.
Mettre l'accent sur le choix personnel	Réaffirmez au jeune que c'est lui qui décidera en dernier ressort de ce qu'il veut faire.

Souscrire au point de vue exprimé	Si un jeune ressent de l'ambivalence au sujet du changement et que vous présentiez les arguments qui militent contre le changement, cela pourrait diminuer sa résistance et l'amener à parler du changement. Dites clairement au jeune pourquoi vous adoptez ce point de vue. Expliquez-lui qu'il peut être bon de débattre du bien-fondé du changement et que vous allez défendre la position voulant que le changement ne soit pas une bonne chose. Demandez au jeune d'essayer de vous convaincre du contraire.

Adapté de Miller et Rollnick (2002, 52-139).

4.3.2 RENFORCER LA DÉTERMINATION DE CHANGER

Les stratégies de la phase 1 visent à motiver le client à changer. Une fois que le client est résolu à changer, vous pouvez passer aux stratégies de la phase 2. De façon générale, si vous vous sentez à l'aise avec les stratégies de l'EM de la phase 1, vous serez en mesure de bien apprendre à utiliser les stratégies de la phase 2. N'oubliez pas qu'il est possible que vous ayez à recourir aux stratégies de la phase 1 tout au long du processus de counselling puisque l'ambivalence du client à l'égard du changement peut réapparaître à tout moment.

PHASE 2 : STRATÉGIES EN VUE DE RENFORCER LA DÉTERMINATION DE CHANGER

Reconnaître la préparation	Lorsqu'un jeune est bien motivé à changer, l'EM ne vise plus à souligner l'importance du changement et à bâtir une relation de confiance (stratégies de la phase 1) mais plutôt à renforcer la détermination du client à respecter un plan de changement. Un « moment opportun » se présentera pour engager le processus de changement. Le défi consiste pour vous à reconnaître ce moment opportun pour que vous puissiez aider le jeune à aller de l'avant. Les signes de la préparation au changement ont tendance à se manifester graduellement et subtilement.
	Voir Miller et Rollnick (2002) pour de plus amples renseignements sur les signes indiquant la préparation au changement.

Dangers à éviter	
Sous-estimer l'ambivalence	N'oubliez pas que l'ambivalence du jeune à l'égard du changement n'a peut-être pas disparu même si le processus du changement a débuté.
Trop de conseils	Ne commencez pas à dire au jeune ce qu'il doit faire. Vous devez continuer tout au long de la négociation des stratégies de changement de donner l'impression au jeune que la décision de changer lui appartient.
Trop peu de conseils	Si vous ne donnez pas suffisamment de conseils au jeune, il ne saura peut-être pas ce qu'il doit faire.
Début de la phase 2	Le moment est venu d'établir un plan de changement.
Récapitulation	Résumez la situation dans laquelle le jeune se trouve. Expliquez-lui que vous cherchez à récapituler tout ce qui a été dit pour que vous puissiez ensemble décider quelle est la prochaine étape. Avancez autant de raisons que possibles qui militent en faveur du changement, mais reconnaissez aussi toute réticence ou ambivalence de la part du jeune.
Principaux enjeux	Découvrez ce que le jeune veut et compte faire. Posez des questions ouvertes sur les prochaines étapes. Pratiquez la reformulation pour favoriser un examen plus approfondi des enjeux et aider le jeune à préciser ses intentions. Renforcez la détermination à changer et cherchez à faire diminuer la résistance du jeune. Insistez sur la responsabilité, la liberté et le choix personnels.
Renseignements et conseils	Vous pouvez offrir des conseils professionnels lorsque le jeune vous les demande ou lorsqu'il vous donne la permission de lui en donner (ce qui signifie qu'il peut accepter ou rejeter vos conseils). Vous voudrez peut-être lui proposer plusieurs options.
Négociation d'un plan	L'établissement d'un plan de changement doit reposer sur la prise de décisions communes et des négociations qui visent à formuler des objectifs, à examiner les options de changement, à aboutir à un plan et à amener le jeune à adhérer à ce plan.

Formulation des objectifs	La motivation du jeune est liée au désir de combler l'écart entre ses objectifs et sa situation actuelle. Vous ne pouvez pas imposer vos objectifs à votre client. Entendez-vous avec le jeune sur l'importance à accorder à chaque objectif. Commencez par les objectifs auxquels il tient le plus. Ces objectifs sont peut-être de nature générale plutôt que de nature précise. Demandez-lui dans quelle mesure il pense pouvoir réaliser ses objectifs. Demandez-lui quelles seraient les conséquences pour lui d'atteindre ou de ne pas atteindre ses objectifs. Discutez davantage des enjeux s'il exprime de sérieux doutes au sujet de l'importance de ces objectifs ou s'il semble manquer de confiance dans sa capacité d'atteindre ceux-ci.
Examen des options de changement	Réfléchissez avec le jeune aux stratégies qui s'offrent en matière de changement et évaluez-les ensemble. Le traitement n'est qu'une de ces options ; plusieurs autres options pourraient être mises en œuvre. Un jeune peut aussi faire appel à ses propres ressources et à son réseau de soutien social pour faire des changements par lui-même. Présentez au jeune toute une gamme de stratégies de changement.
Établissement d'un plan	Posez des questions ouvertes au jeune pour l'amener à verbaliser son plan. Il peut aussi être utile de consigner ce plan par écrit. Résumez le contenu du plan sur lequel vous vous êtes entendu avec le jeune et demandez-lui si vous avez bien reflété les discussions que vous avez eues avec lui.
Engagement	Demandez au jeune s'il est déterminé à suivre son plan de changement. Il peut souhaiter le modifier. Il peut toujours manifester de la réticence et de l'ambivalence à l'égard du changement. Le fait de rendre ce plan public (s'il le souhaite) peut renforcer sa détermination à le suivre. N'insistez pas pour obtenir que le jeune souscrive au plan. S'il fait preuve de réticence, vous voudrez peut-être intervenir. Maintenez le contact avec le jeune et vérifiez s'il est toujours déterminé à suivre son plan.
Transition	Certains jeunes feront les changements qui s'imposent une fois qu'ils se seront engagés à suivre leur plan. Le counselling axé sur l'action aidera peut-être d'autres à le faire. Vous pouvez continuer à fournir du counselling de type motivationnel tout au long du processus pour aider le jeune à surmonter son ambivalence si celle-ci devait réapparaître.

Adapté de Miller et Rollnick (2002, 126-139). Pour d'autres exemples d'interventions motivationnelles, voir Sampl et Kadden (2001) et Webb, Scudder, Kaminer et Kadden (2002).

4.4 INTERVENTIONS BRÈVES

« Interventions brèves » est un terme général qui désigne un certain nombre de modèles de traitement de courte durée. La plupart des interventions brèves s'appuient sur les principes de la technique de l'entrevue motivationnelle et comprennent d'autres approches de traitement comme la thérapie cognitivo-comportementale.

Les interventions brèves comptent habituellement moins de cinq séances et comprennent les six éléments suivants (Monti, Colby et O'Leary, 2001, 11) :

· rétroaction personnalisée portant sur les résultats de l'évaluation ;
· accent mis sur la responsabilité personnelle à l'égard du changement ;
· conseils ou recommandations explicites sur le changement ;
· présentation de plusieurs options en matière de changement ;
· approche fondée sur l'empathie (chaleur, attention et compréhension) ;
· insistance sur la compétence personnelle (optimisme à l'égard de la capacité de changer).

Les interventions brèves, qui sont rarement perturbatrices, se prêtent bien à une première intervention auprès de jeunes qui ont des problèmes d'usage d'alcool ou d'autres drogues, qu'ils aient ou non des problèmes concomitants de santé mentale. Pour certains jeunes, les interventions brèves sont une première étape vers un traitement plus approfondi tandis que pour d'autres, elles suffisent à les amener à modifier leur usage d'alcool ou d'autres drogues (voir *Premier contact*).

Ces interventions peuvent :
· être conçues et prévues pour être brèves (p. ex., *Premier contact*, manuel décrivant un programme d'intervention comportant cinq séances) ;
· être conçues de façon individuelle pour être brèves en fonction des renseignements recueillis (p. ex., les jeunes ayant des problèmes mineurs réagissent bien aux interventions brèves par opposition au counselling à long terme, en particulier s'ils ont de bonnes capacités d'adaptation) ;
· être brèves parce que c'est ce que préfère le client.

Les interventions brèves planifiées peuvent être structurées de manière à fournir aux adolescents une gamme de traitements, échelonnés sur un nombre convenu de séances, qui peuvent comprendre la psychoéducation, le dépistage des problèmes, la rétroaction, la prestation de conseils et l'établissement d'objectifs. Dans certains cas, un adolescent peut accepter de participer à une seule séance pour se conformer à une exigence externe comme une ordonnance de probation. Dans ce genre de situation, l'objectif est habituellement de fournir une rétroaction sur la nature du problème ainsi que de l'information sur les options en matière de counselling et de traitement qui sont disponibles si un jeune commençait à se préoccuper davantage de son usage d'alcool ou d'autres drogues. Les adolescents à l'étape de l'inaction ou de la prise de conscience sont souvent disposés à participer à un programme de counselling bref s'ils savent qu'on ne leur demandera pas de s'engager à ce que les changements durent toute la vie. Cette possibilité cadre avec la technique d'entrevue motivationnelle ; il pourrait s'ensuivre que l'adolescent demande de l'aide supplémentaire par la suite. En fait, les interventions brèves mènent souvent à un traitement intensif (Myers, Brown, Tate, Abrantes et Tomlinson, 2001).

Les interventions brèves suscitent de plus en plus d'intérêt parce qu'elles constituent une stratégie souple et peu coûteuse. Ce type d'intervention convient à différents types de milieux comme les écoles, les établissements pour patients externes et les milieux carcéraux pour jeunes.

OBJECTIFS RECOMMANDÉS POUR LES INTERVENTIONS BRÈVES DESTINÉES AUX ADOLESCENTS AYANT DES PROBLÈMES CONCOMITANTS D'USAGE D'ALCOOL OU D'AUTRES DROGUES ET DE TROUBLES PSYCHIATRIQUES SELON LE MILIEU VISÉ

Milieu	Principaux objectifs de l'intervention brève
Milieu hospitalier	Évaluer l'usage d'alcool ou d'autres drogues ; renforcer la motivation à changer ; diriger le jeune vers un traitement spécialisé.
Clinique externe	Dépister les problèmes ; fournir une rétroaction ; établir des objectifs relatifs aux changements de comportement.
Soins primaires	Dépister l'usage d'alcool ou d'autres drogues et la psychopathologie ; dépister les autres problèmes ; diriger le jeune vers d'autres services ; renforcer sa motivation à donner suite aux recommandations.
Établissement carcéral pour jeunes	Dépister l'usage d'alcool ou d'autres drogues; encourager la participation au traitement ou à des groupes de soutien au moment de la remise en liberté.
École	Dépister l'usage d'alcool ou d'autres drogues et la psychopathologie ; fournir une rétroaction; établir des objectifs en matière de changement; établir les services où diriger le jeune.

(Adapté du tableau 9.1 dans Myers et coll., 2001, 285)

Les lecteurs sont encouragés à consulter Monti et coll. (2001) pour de plus amples renseignements sur l'utilisation des interventions brèves avec les adolescents et les jeunes adultes. Myers et coll. (2001) traitent du recours aux interventions brèves pour aider les jeunes qui ont des problèmes d'usage d'alcool ou d'autres drogues et de santé mentale.

Brièveté est loin de signifier inefficacité. En fait, les moments décisifs de la vie sont souvent brefs. Ce que nous communiquons et la façon dont nous le faisons peuvent importer davantage que le temps que nous prenons pour le faire. Il est possible que des interventions brèves efficaces conviennent davantage à la nature et aux besoins des adolescents. (Miller, 2001, xii)

L'utilité possible des interventions brèves réside dans le fait qu'elles permettent de dépister les problèmes d'usage d'alcool ou d'autres drogues, de motiver les adolescents se trouvant dans divers milieux à s'attaquer à leurs problèmes d'usage et de faciliter les changements de comportement. (Myers et coll., 2001, 276)

Les principes des interventions brèves cadrent avec le type de traitement recommandé dans le cas des adolescents ayant des problèmes concomitants d'usage d'alcool ou d'autres drogues et de santé mentale. Plus particulièrement, le fait de fournir une rétroaction et une information personnalisée au jeune sur l'alcool et les autres drogues, sur leurs effets pharmacologiques et sur leurs répercussions possibles sur des problèmes de santé mentale comme la dépression, l'anxiété et les conflits interpersonnels peut accroître la sensibilisation des clients à leurs problèmes ainsi que leur motivation à changer. La rétroaction sur l'alcool et les autres drogues peut comprendre de l'information sur les effets à court et à plus long terme (quelques heures plus tard ou le lendemain) et sur les effets du sevrage. La plupart des adolescents ne sont conscients que des effets de renforcement immédiats, qui peuvent être bénéfiques, sur leurs symptômes de problèmes de santé mentale (p. ex., l'alcool peut annihiler les symptômes de l'anxiété sociale). Ils ne sont cependant pas conscients du fait que l'alcool et les autres drogues peuvent aussi causer ou exacerber les problèmes de santé mentale (p. ex., le sevrage de l'alcool peut causer des symptômes d'anxiété). Le fait de sensibiliser davantage les jeunes aux effets de l'alcool et des autres drogues sur leur santé mentale peut les motiver à chercher des stratégies de rechange pour faire face à leurs problèmes de santé mentale.

Les interventions brèves peuvent convenir tout particulièrement bien aux jeunes qui ont des problèmes de santé mentale pour les raisons suivantes (Myers et coll., 2001, 276-293) :

- l'usage d'alcool ou d'autres drogues de nombreux jeunes ayant des problèmes de santé mentale n'est pas adéquatement évalué et les jeunes ne sont donc pas suffisamment sensibilisés aux effets de cet usage ;
- les jeunes sont moins susceptibles d'avoir développé une dépendance à l'égard de l'alcool ou d'autres drogues parce que, de façon générale, ils n'en font pas usage depuis aussi longtemps que des adultes ;
- les objectifs de traitement qui mettent l'accent sur la modération et la réduction des méfaits peuvent être plus attrayants pour les jeunes et mieux leur convenir ;
- les interventions brèves constituent une façon efficace d'accroître l'accès des jeunes à des traitements ;
- elles peuvent être offertes dans divers milieux, dont les écoles, les centres de soins primaires, les services psychiatriques en milieu hospitalier, les cliniques externes et les centres de détention pour jeunes.

Premier contact est une intervention brève structurée qui peut servir de traitement intégré pour les problèmes d'usage d'alcool ou d'autres drogues et de santé mentale dans les centres de détention pour jeunes ainsi que dans les établissements offrant du counselling familial. Ce programme convient tant pour les interventions individuelles qu'avec les groupes. La plupart des conseillers expérimentés auront besoin de très peu ou d'aucune formation supplémentaire pour utiliser *Premier contact*.

4.5 RÉDUCTION DES MÉFAITS ET NON-ABSTINENCE COMME OBJECTIFS DE TRAITEMENT

La réduction des méfaits part du principe que tous les jeunes clients ne sont pas prêts à accepter l'abstinence et qu'il est possible de réduire certains risques liés à l'usage d'alcool ou d'autres drogues (p. ex., santé, démêlés avec la justice, sécurité, etc.), même si l'abstinence n'est pas leur objectif de traitement.

Marlatt (1998) fait observer que l'abstinence peut être vue comme un idéal le long d'un continuum allant des conséquences excessivement nocives aux conséquences moins nocives. Étant donné que l'abstinence pendant le reste de la vie peut être un concept auquel les adolescents peuvent avoir du mal à souscrire, l'approche de la réduction des méfaits peut leur paraître plus attrayante.

L'objectif de non-abstinence suppose que le jeune fasse usage d'alcool ou d'autres drogues moins souvent ou en quantité moindre. Les jeunes qui font usage de plusieurs drogues peuvent se fixer des objectifs différents pour chaque drogue (p. ex., abstinence pour certaines drogues et réduction de l'usage pour d'autres). Lorsque vous discutez des objectifs de non-abstinence avec le jeune, il importe de lui présenter toutes les options, y compris l'abstinence, et d'explorer avec lui les conséquences de chacune d'entre elles. Si vous insistez sur le fait que le choix à cet égard lui appartient, vous ne l'encouragez pas à poursuivre son usage d'alcool ou d'autres drogues.

L'approche de la réduction des méfaits est conforme aux stratégies suivantes :
· fournir de la rétroaction et de l'information pour favoriser un « dialogue fondé sur la coopération » (Miller, Turner et Marlatt, 2001) ;
· insister sur l'importance des habiletés d'autogestion et d'adaptation ;
· mettre l'accent sur la réduction des méfaits associés à l'usage d'alcool ou d'autres drogues à tout point le long du continuum des risques ;
· ne pas fixer de conditions préalables (p. ex., accepter l'abstinence comme objectif) pour avoir accès aux services (« seuil d'accès peu élevé ») ;
· indiquer l'acceptation pour réduire la stigmatisation découlant de la demande d'aide ;
· établir des objectifs et planifier le traitement en collaboration avec le jeune ;
· cerner les lacunes en matière de compétences et fournir une formation pour combler ces lacunes (Parks, Anderson, Marlatt, 2000) ;
· suivre le niveau de motivation du client et établir des stratégies motivationnelles ;
· prévenir tout accroissement des conséquences nocives ;
· fournir une pharmacothérapie pour l'usage d'alcool ou d'autres drogues, y compris l'administration de naltrexone pour réduire l'envie d'alcool, de méthadone dans le cas des usagers d'opioïdes ou d'une thérapie de remplacement de la nicotine dans le cas des fumeurs.

Insister sur l'objectif de l'abstinence trop tôt dans le processus de traitement peut décourager et aliéner le jeune et compromettre l'alliance thérapeutique. Avec les jeunes, il est souvent plus efficace de commencer par la « réduction des méfaits » dont le but est d'atténuer la gravité, la fréquence et les conséquences nocives de l'usage d'alcool ou d'autres drogues. Insister sur l'amélioration du fonctionnement et du mode de vie, et non sur l'arrêt de l'usage d'alcool ou d'autres drogues, est plus efficace pour motiver le jeune à changer... Cela étant dit, un clinicien devrait faire ressortir les avantages que présente l'arrêt de l'usage et trouver des solutions de rechange constructives à présenter aux jeunes. Par ailleurs, il faut aussi accepter les difficultés et les défis liés au processus du rétablissement. Il peut être utile d'encourager les clients à se fixer des objectifs pour des périodes précises et de revoir avec eux les avantages et les inconvénients pour eux de mettre fin ou de réduire leur usage d'alcool ou d'autres drogues pour se fixer les prochains objectifs. (Ballon, sous presse)

En résumé, la réduction des méfaits est conforme aux principes de la technique de l'entrevue motivationnelle, au modèle des étapes du changement et aux techniques cognitivo-comportementales dont nous avons traité dans ce chapitre. Selon leurs vues et leurs préférences, l'approche de la réduction des méfaits peut convenir davantage que d'autres méthodes avec certains jeunes. Le fait de fournir une formation pour combler les lacunes en matière d'habiletés d'adaptation constitue une autre composante de cette approche.

4.6 AUTOGESTION ET APPROCHE EN 12 ÉTAPES

L'approche en 12 étapes (p. ex., Alcooliques Anonymes, Narcotiques Anonymes) repose sur la croyance qu'une personne peut être traitée avec succès pour une toxicomanie seulement si elle reconnaît qu'elle ne peut pas faire usage d'alcool ou d'autres drogues avec modération et sans que cela entraîne de graves conséquences psychosociales. La croissance spirituelle est considérée comme essentielle à ce processus et aux étapes suivantes qui mettent l'accent sur la responsabilité personnelle pour le comportement passé et les efforts à déployer pour adopter un mode de vie plus sain et établir de meilleures relations interpersonnelles (Bukstein et coll., 1997).

Des programmes en 12 étapes sont offerts dans la plupart des collectivités et certains programmes de traitement intègrent ce modèle. Il peut être très utile d'obtenir des conseils et des encouragements de la part de pairs qui ont fait face aux mêmes types de problèmes. Par exemple, il peut être encourageant d'entendre des pairs (par opposition à des conseillers) dire qu'il est possible de renoncer à l'alcool ou à d'autres drogues.

Cependant, les conseillers qui travaillent auprès des jeunes font remarquer que l'autogestion et l'approche en 12 étapes ne sont pas traditionnellement axées sur les besoins des jeunes. Le grand inconvénient de ces approches, c'est qu'elles reposent sur l'abstinence et de nombreux jeunes ne sont pas prêts à accepter la prémisse voulant qu'ils doivent complètement renoncer à faire usage d'alcool ou d'autres drogues.

4.7 MEILLEURES PRATIQUES POUR LE TRAITEMENT DES JEUNES AYANT DES PROBLÈMES D'USAGE D'ALCOOL OU D'AUTRES DROGUES

Bien que les preuves accumulées dans ce domaine soient limitées, nous disposons d'information sur les meilleures pratiques en matière de traitement des problèmes d'usage d'alcool ou d'autres drogues chez les jeunes. Se fondant sur un examen exhaustif des études portant sur l'efficacité de ces traitements chez les jeunes, Catalano, Hawkins, Wells et coll. (1991-1992) ont conclu qu'un traitement aussi bref soit-il est préférable à l'absence de traitement. À l'époque où cette étude a été menée, aucun modèle de traitement en particulier ne s'était révélé plus efficace que les autres.

Un certain nombre d'études contrôlées ont été menées au cours des dernières années. Elles indiquent de façon générale que trois types différents, mais non mutuellement exclusifs, de traitement psychosocial sont efficaces et peut-être plus efficaces que d'autres types de traitement pour les jeunes ayant des problèmes d'usage d'alcool ou d'autres drogues. Il s'agit des approches comportementales, des approches cognitivo-comportementales et des interventions fondées sur la famille. L'approche la plus efficace est sans doute de combiner ces trois approches pour traiter les problèmes développementaux, psychologiques et familiaux (Riggs et Whitmore, 1999).

Le rapport de Santé Canada (1999) sur les meilleures pratiques en matière de traitement de l'alcoolisme et de la toxicomanie offre un point de vue semblable : « Les modalités de traitement qui semblent convenir le mieux aux adolescents sont celles qui prévoient l'adaptation aux besoins individuels. Les principaux éléments de programme comprennent la thérapie familiale, le counselling comportemental, l'appui de la famille et des pairs et les soins continus » (Santé Canada, 1999, p. 48). Le rapport souligne aussi l'importance d'une approche globale : « Sont aussi considérés importants les services auxiliaires, notamment la disponibilité d'écoles pour les décrocheurs, le counselling en orientation professionnelle, les services de loisirs, le développement psychologique, le counselling en cas de crise et le counselling en matière de sexualité » (Santé Canada, 1999, p. 48).

La thérapie cognitivo-comportementale et la thérapie familiale sont considérées comme de meilleures pratiques pour le traitement des problèmes d'usage d'alcool ou d'autres drogues chez les adolescents. Nous présentons dans ce chapitre un modèle de traitement pour chacun de ces types de thérapies.

4.8 MODÈLE DE TRAITEMENT POUR L'USAGE D'ALCOOL OU D'AUTRES DROGUES FONDÉ SUR LA THÉRAPIE COGNITIVO-COMPORTEMENTALE (TCC)

Cette section explique comment utiliser la TCC pour traiter les problèmes d'usage d'alcool ou d'autres drogues.

La TCC est de plus en plus utilisée pour traiter les problèmes d'usage d'alcool ou d'autres drogues chez les adolescents (Waldron, 1997). Dans des essais contrôlés aléatoires, tant les approches de TCC de groupe (Kaminer, Burleson et Bouchard, 1998) que les approches individuelles (Waldron, 1997) se sont révélées plus efficaces que les approches fondées sur le soutien et la sensibilisation ou les approches interactionnelles pour traiter des problèmes d'usage d'alcool ou d'autres drogues et pour réduire les problèmes comportementaux qui en découlent (Riggs et Whitmore, 1999).

Fondée sur la théorie de l'apprentissage social, la TCC se compose d'une vaste gamme de stratégies comportementales et cognitives. Elle accorde un rôle de premier plan au discours intérieur que se tient une personne (« le dialogue intérieur »). Dans la TCC, le dialogue intérieur influe sur les processus comportementaux. Autrement dit, ce que les gens se disent à eux-mêmes influe sur la façon dont ils se comportent. La TCC vise à aider les clients à comprendre comment ils pensent,

En identifiant et en modifiant les façons de penser mésadaptées, les adolescents peuvent réduire leurs pensées, leurs émotions et leurs comportements négatifs, y compris les comportements associés à l'usage d'alcool ou d'autres drogues. Un nombre important d'adolescents font état de distorsions cognitives et de monologue intérieur négatif (Van Hasselt et coll., 1993). Bien que l'efficacité de la thérapie cognitivo-comportementale reste à démontrer chez les adolescents souffrant de problèmes d'usage d'alcool ou d'autres drogues, cette thérapie semble donner de bons résultats pour le traitement de la dépression chez les adolescents (Brent et coll., 1997 ; Lewisohn, et coll., 1990). La prévention des rechutes est une approche cognitivo-comportementale qui aide les adolescents à développer une meilleure maîtrise de soi, à cerner les déclencheurs environnementaux et internes les poussant à faire usage d'alcool ou d'autres drogues et à élaborer des stratégies leur permettant de composer avec les facteurs de stress, les déclencheurs et les rechutes (Bukstein et Van Hasselt, 1993 ; Bukstein et coll., 1997 ; Marlatt et Gordon, 1985).

ce qu'ils ressentent et comment ils se comportent, en tant que condition préliminaire au changement de comportement. Elle met l'accent sur l'acquisition d'habiletés d'adaptation pratiques et sur la restructuration cognitive, c'est-à-dire sur l'identification et la modification des façons de penser mésadaptées qui influent sur le comportement.

La TCC a pour but d'aider les jeunes à cerner les pensées qui leur viennent avant et après les épisodes d'usage d'alcool ou d'autres drogues. Elle vise les objectifs suivants :
· cerner les situations dans lesquelles le jeune est le plus susceptible de faire usage d'alcool ou d'autres drogues ;
· apprendre au jeune de nouvelles habiletés pour réagir autrement à ces situations.

La TCC convient tout particulièrement au traitement des problèmes concomitants d'usage d'alcool ou d'autres drogues et de santé mentale. C'est l'une des approches de psychothérapie les plus efficaces pour de nombreux problèmes de santé mentale qui se manifestent dans l'enfance et l'adolescence, y compris la dépression (Brent et coll., 1997 ; Lewinsohn et coll., 1990), le trouble obsessivo-compulsif (March et Mulle, 1996) et le syndrome de stress post-traumatique (March, Amaya-Jackson et Murray, 1998).

4.8.1 ANALYSE FONCTIONNELLE

Une technique de base dans la TTC est l'analyse fonctionnelle du comportement qui repose sur la notion voulant que l'usage d'alcool ou d'autres drogues serve une « fonction » pour la personne. Il s'agit de la technique qu'on appelle la technique PCC.

La technique PCC est la suivante :
· les **p**récurseurs mènent au **c**omportement (usage d'alcool ou d'autres drogues) et aux **c**onséquences.

L'usage d'alcool ou d'autres drogues est vu comme un comportement acquis déclenché par des facteurs précis et renforcé par des conséquences positives précises ou « gains ». Les déclencheurs sont les *précurseurs* (« P ») dans l'analyse PCC. L'usage d'alcool ou d'autres drogues est le *comportement* (« C »), ce sur quoi doit porter le changement. Le renforcement prend la forme de *conséquences* (« C »). D'après ce modèle de comportement, l'usage d'alcool ou d'autres drogues persiste en raison de l'existence de précurseurs (y compris le dialogue intérieur) qui prédisposent l'adolescent à faire usage d'alcool ou d'autres drogues pour obtenir certains effets ou certaines conséquences de renforcement.

Il s'agit de la principale technique permettant d'analyser les habitudes d'un jeune en matière d'usage d'alcool ou d'autres drogues ; elle permet d'élaborer des interventions tenant spécifiquement compte de ces habitudes. L'analyse PCC permet de comprendre les facteurs suivants :
· les précurseurs qui « déclenchent » un épisode d'usage d'alcool ou d'autres drogues (« P ») ;
· les habitudes de consommation qui ont causé la situation (« C ») ;
· les conséquences positives de l'usage d'alcool ou d'autres drogues qui perpétuent cet usage (« C »).

Dans les sections suivantes, nous démontrerons comment la technique PCC peut être utilisée aux fins suivantes :

· analyser des épisodes particuliers d'usage d'alcool ou d'autres drogues ;

· formuler des objectifs de traitement ;

· explorer le lien entre l'usage d'alcool ou d'autres drogues et les symptômes de problèmes de santé mentale ;

· aider les proches du jeune à comprendre son usage d'alcool ou d'autres drogues.

Nous expliquerons ensuite comment effectuer une analyse PCC en trois étapes avec un client.

UTILISER LA TECHNIQUE PCC POUR ANALYSER DES ÉPISODES D'USAGE D'ALCOOL OU D'AUTRES DROGUES
Exemple :

P	C	C
Précurseur	Comportement	Conséquences
(déclencheurs, indicateurs)	(consommation d'alcool et d'autres drogues)	(gains)
Gêne ressentie lors d'une soirée	Consommation de 6 bières	Devenir animé et sociable

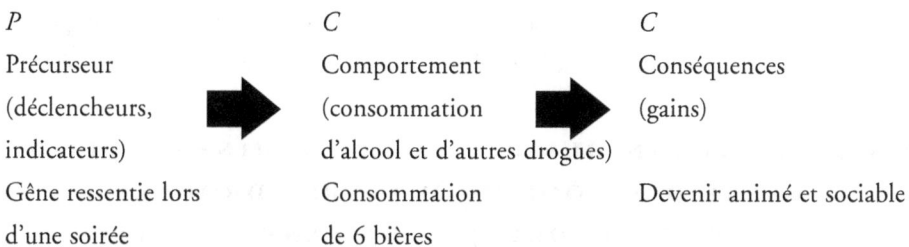

Dans cet exemple, la fonction de la consommation d'alcool du jeune (boire de la bière) vise à le rendre plus à l'aise et plus sociable lors de soirées.

La technique PCC est d'abord utilisée pour comprendre les circonstances qui entourent l'usage d'alcool ou d'autres drogues comme celles qui sont décrites dans l'exemple ci-dessus. À l'issue de cette analyse, il est possible d'élaborer un plan de traitement individualisé.

UTILISER LA TECHNIQUE PCC POUR FORMULER DES OBJECTIFS DE TRAITEMENT
La technique PCC aide la plupart des clients au début du traitement à voir clairement les circonstances dans lesquelles ils font usage d'alcool ou d'autres drogues et à concentrer ensuite leurs efforts sur l'atteinte de trois objectifs de changement précis liés à leur usage d'alcool ou d'autres drogues et à d'autres aspects de leur vie.

· *Objectifs liés aux déclencheurs (précurseurs)* : L'objectif dans ce cas est d'éviter ou d'éliminer les précurseurs qui déclenchent l'usage d'alcool ou d'autres drogues chez le jeune ou d'y réagir autrement, c'est-à-dire en ne faisant pas usage d'alcool ou d'autres drogues.

· *Objectifs liés au comportement d'usage d'alcool ou d'autres drogues* : L'objectif dans ce cas-ci est d'élaborer des stratégies visant à amener le jeune à modifier sa consommation (p. ex., en la réduisant pour la ramener à un niveau moins dangereux) ainsi que la drogue utilisée.

· *Objectifs liés aux gains (conséquences)* : L'objectif dans ce dernier cas est que le jeune trouve d'autres façons d'obtenir les conséquences qui l'incitent à faire usage d'alcool ou d'autres drogues.

Dans l'exemple ci-dessus, supposons que l'objectif du jeune est de réduire ou de cesser sa consommation d'alcool. Voici des objectifs concrets qui cadreraient avec l'analyse PCC :

· Le jeune évite le déclencheur en quittant la soirée ou en n'y allant pas du tout.
· Le jeune réagit au déclencheur d'une autre façon qu'en consommant de l'alcool en cherchant un ami qui ne boit pas d'alcool parmi les personnes présentes à la soirée (nouveau comportement).
· Le jeune trouve d'autres façons d'obtenir les conséquences désirées (être sociable lors de la soirée) en explorant des habiletés sociales comme celles qui consistent à savoir engager et poursuivre une conversation.

Nous présenterons plus loin dans cette section des interventions cognitives et des techniques de dynamique de la vie précises qui peuvent être utilisées pour aider le jeune à atteindre ses objectifs.

UTILISER LA TECHNIQUE PCC POUR EXAMINER LE LIEN ENTRE L'USAGE D'ALCOOL OU D'AUTRES DROGUES ET LES SYMPTÔMES DE PROBLÈMES DE SANTÉ MENTALE

Les symptômes de problèmes de santé mentale peuvent agir comme des précurseurs et déclencher l'usage d'alcool ou d'autres drogues. Le modèle PCC est une technique efficace pour recueillir des renseignements pas seulement sur l'usage d'alcool ou d'autres drogues, mais aussi sur les symptômes de problèmes de santé mentale. Il est nécessaire d'analyser attentivement les déclencheurs d'un épisode d'usage d'alcool ou d'autres drogues pour déterminer les émotions, les pensées et les comportements qui pourraient être des symptômes d'un problème de santé mentale. La question qu'il convient de se poser est de savoir si les émotions, pensées et comportements qui déclenchent l'usage d'alcool ou d'autres drogues se situent dans les limites du développement normal des adolescents ou s'ils sont plutôt des symptômes d'un problème de santé mentale.

UTILISER LA TECHNIQUE PCC POUR AIDER LES PROCHES DU JEUNE À COMPRENDRE SON USAGE D'ALCOOL OU D'AUTRES DROGUES

Les parents, les frères et sœurs, le conjoint et les amis du jeune ainsi que les professionnels qui cherchent à l'aider peuvent avoir une perception différente de son usage d'alcool ou d'autres drogues s'ils en comprennent les fonctions. Discuter de l'analyse PCC avec les membres de la famille (avec la permission du client) est une façon efficace de les faire participer au traitement de façon concrète. Vous pouvez aussi encourager les membres de la famille à appuyer le jeune à mesure qu'ils découvrent les déclencheurs et les conséquences du comportement d'usage d'alcool ou d'autres drogues et y cherchent des solutions de rechange constructives. La technique PCC peut aussi aider les autres personnes qui jouent un rôle important dans la vie du jeune à voir comment leur propre comportement contribue à déclencher et à perpétuer l'usage d'alcool ou d'autres drogues.

COMMENT PROCÉDER À UNE ANALYSE PCC AVEC UN CLIENT

Lorsque vous effectuez une analyse PCC avec un jeune, expliquez-lui les raisons qui vous incitent à le faire. En outre, définissez et décrivez à son intention les trois éléments de cette technique, à savoir les précurseurs, le comportement et les conséquences.

Consignez par écrit le résultat de l'analyse au fur et à mesure et donnez cette analyse au client.
· Décrivez le comportement, soit l'usage d'alcool ou d'autres drogues.
· Établissez les précurseurs de l'usage.
· Déterminez les conséquences de l'usage.

P	C	C
Pressions des pairs	Usage de cannabis	Sentiment d'appartenance au groupe

Étape 1. Décrire le comportement, soit l'usage d'alcool ou d'autres drogues

Commencez par établir les habitudes de consommation d'alcool ou d'autres drogues du jeune en ce qui touche les éléments suivants :
· type de drogue ;
· mode(s) d'administration ;
· fréquence de l'usage ;
· quantité utilisée.

Type de drogue : Lorsque vous discutez avec lui de son usage d'alcool ou d'autres drogues, il importe de demander au jeune de donner autant de précisions que possible au sujet de ses habitudes de consommation pour toutes les drogues qu'il prend pour qu'il n'y ait pas de « secret » et pour que vous sachiez exactement quelle est la situation à cet égard. Concentrez-vous sur les principales drogues dont le jeune a fait usage au cours des trois à six derniers mois. Discutez de chaque drogue séparément, selon la priorité que lui attribue le jeune.

Mode(s) d'administration : Certaines drogues sont administrées d'une seule façon (p. ex., l'alcool se boit). D'autres drogues sont administrées de diverses façons (p. ex., le cannabis peut être inhalé si on le fume ou pris oralement ; la cocaïne peut être fumée, reniflée ou injectée dans les veines). Voir la section 2.3.1 pour de plus amples renseignements sur les modes d'administration.

Fréquence : Il est nécessaire d'établir à quelle fréquence le jeune consomme de l'alcool ou d'autres drogues. Vous pouvez lui demander combien de fois il consomme de l'alcool par jour, par mois ou par année. La consommation fluctue habituellement et il s'agit de consigner la fréquence minimale et la fréquence maximale. Prenez note d'habitudes spéciales comme le moment de la journée ou des fluctuations pendant la semaine (p. ex., l'usage d'alcool ou d'autres drogues est habituellement plus fréquent pendant la fin de semaine).

Quantité : Pour découvrir la quantité d'une drogue donnée dont fait usage le jeune par occasion d'usage, choisissez une « dose type ». À titre d'exemple :

Alcool :	verre standard
Cannabis :	nombre de joints, par poids en onces ou en grammes
Pilules :	nombre de pilules, en indiquant la puissance de chacune
LSD :	doses ou nombre d'unités
Cocaïne :	poids en grammes.

En multipliant la fréquence d'usage par la quantité utilisée par occasion d'usage, vous établirez en gros la quantité de chaque drogue que le jeune consomme.

CONSEIL

Questions à poser sur le comportement d'usage d'alcool ou d'autres drogues

· **Quelle est la quantité d'alcool ou d'autres drogues dont le jeune fait usage ?**

· **Quelle est la fréquence de l'usage (p. ex., jours par semaine, fois par jour) ?**

· **Comment la drogue est-elle administrée ?**

· **Proportion d'usage seul ou en compagnie d'autres personnes ?**

Étape 2 : Établir les précurseurs de l'usage d'alcool ou d'autres drogues

Après que vous aurez établi les habitudes de consommation d'une drogue donnée, établissez les précurseurs ou les déclencheurs de l'usage. Procédez drogue par drogue. Les précurseurs peuvent être liés à n'importe quel aspect de la vie du jeune. Voici certains exemples types :

· circonstances sociales : soirées, activités avec certains amis ;

· situation donnée : offre de drogue, affrontement avec les parents, ennui, festivités, se lever le matin ;

· facteurs physiologiques : douleur, symptômes de sevrage, insomnie ;

· émotions : colère, dépression, confusion, anxiété, bonheur ;

· facteurs cognitifs : souvenirs pénibles, manque de confiance, pensées négatives.

Les précurseurs d'usage d'alcool ou d'autres drogues sont multiples chez de nombreux adolescents. Il suffit habituellement d'établir quels sont les précurseurs les plus fréquents et les plus puissants. Essayez de cerner de trois à cinq précurseurs importants pour chaque drogue dont fait usage le jeune.

Il est utile d'être aussi précis que possible, c'est-à-dire d'identifier les amis qui déclenchent l'usage d'alcool ou d'autres drogues, les festivités qui sont typiquement associées à l'usage d'alcool ou d'autres drogues, les symptômes de sevrage précis qui se manifestent ou la nature des souvenirs pénibles associés à l'envie de faire usage d'alcool ou d'autres drogues.

CONSEIL

· **L'usage d'une drogue peut être un précurseur pour l'usage d'une autre drogue. C'est souvent le cas chez les jeunes qui font usage de plusieurs drogues. Ainsi, la consommation d'alcool peut être déclenchée par l'usage de la cocaïne lorsque l'effet de cette drogue s'atténue et que le jeune veut reprendre ses sens graduellement.**

· **Il est important de rechercher les symptômes de problèmes de santé mentale ou les effets de médicaments puisqu'ils peuvent être des précurseurs de l'usage d'alcool ou d'autres drogues.**

L'Inventory of Drug-Taking Situations (IDTS) (répertoire des situations favorisant l'usage d'alcool ou d'autres drogues) (Annis et Martin, 1985) est un outil utile pour établir les situations qui peuvent constituer des précurseurs de l'usage d'alcool ou d'autres drogues pour un jeune. Ce questionnaire auto-administré comportant 50 propositions permet d'établir un profil de l'usage d'alcool ou d'autres drogues passé d'un client en ce qui concerne huit précurseurs possibles ou situations déclenchant l'usage d'alcool ou d'autres drogues :

· émotions négatives ;
· malaise physique ;
· émotions plaisantes ;
· vérification de la maîtrise de soi ;
· envies de faire usage d'alcool ou d'autres drogues et tentations ;
· conflits interpersonnels ;
· pressions sociales ;
· moments agréables avec autrui.

CONSEIL

Questions à poser sur les précurseurs (indicateurs ou déclencheurs)

Avant de faire usage d'alcool ou d'autres drogues :

Circonstances sociales :	Avec qui es-tu ?
	Quels sont tes rapports avec ceux qui t'entourent ?
Situation donnée :	Dans quelle situation te trouves-tu (p. ex., où es-tu ? qu'entends-tu et que vois-tu ?) ?
Facteurs cognitifs :	À quoi penses-tu ?
	Que te dis-tu à toi-même ?
Facteurs physiologiques :	Comment te sens-tu physiquement (p. ex., sensations, douleurs et maux) ?
Émotions :	Comment te sens-tu émotivement ?

Étape 3 : Établir les conséquences de l'usage d'alcool ou d'autres drogues

Les jeunes qui sont à l'étape de la préparation ou du changement sont sans doute conscients des conséquences négatives de leur usage et savent que celles-ci sont plus importantes que ses conséquences positives. L'usage d'alcool ou d'autres drogues entraîne de nombreuses conséquences négatives pour un adolescent, et notamment ses parents désapprouvent cet usage, cela lui cause des ennuis à l'école et ailleurs et il ne maîtrise pas ce qui lui arrive. Si l'usage d'alcool ou d'autres drogues n'avait que des conséquences négatives, il n'intéresserait personne. Au moins au début, ce sont les gains qu'il tire de cet usage qui intéressent surtout le jeune. Au moyen de la technique PCC, cherchez d'abord à découvrir quelles sont ces conséquences positives puisque ce sont les effets souhaités de l'usage d'alcool ou d'autres drogues qui renforcent et perpétuent cet usage.

CONSEIL

Un adolescent est souvent étonné et content de trouver un adulte à qui il peut parler des effets positifs de l'alcool ou des autres drogues. La plupart des adultes nient cette réalité et perdent alors toute crédibilité aux yeux du jeune. Le conseiller qui cherche à établir de façon impartiale, et en utilisant un vocabulaire qui ne dénote pas de jugement de valeur, ce qu'un jeune client aime au sujet de l'alcool ou des autres drogues donne à celui-ci l'impression que quelqu'un le comprend en reconnaissant et en validant son expérience.

Les conséquences négatives sont un outil utile pour un conseiller en toxicomanie parce qu'elles peuvent avoir une force de motivation importante. Bon nombre de conséquences négatives classiques comme la mauvaise santé ou l'endettement sont lentes à se manifester et ne sont pas vues par le jeune comme étant des possibilités dans son cas. Quoi qu'il en soit, l'énumération des conséquences négatives peut aider les jeunes clients à voir le bilan de l'usage de l'alcool ou d'autres drogues et à se rendre compte du pour et du contre.

Les catégories de conséquences correspondant aux précurseurs :
· circonstances sociales : (p. ex., « Tous mes amis fument ») ;
· situation donnée : (p. ex., « C'est fantastique de prendre un cap d'acide avant d'aller au cinéma ») ;
· facteurs cognitifs : (p. ex., « Je n'aurai jamais que des emplois médiocres comme celui que j'ai en ce moment ») ;
· facteurs physiologiques : (p. ex., « Une dose de cocaïne va me donner de l'énergie ») ;
· émotions : (p. ex., « Quelques verres d'alcool vont me calmer »).

CONSEIL

Questions à poser sur les conséquences

Quand tu fais usage d'alcool ou d'autres drogues :
· **Que se produit-il qui te plaît ?**
· **Qu'est-ce qui s'améliore ? Qu'est-ce qui empire ?**
· **De quelles pensées, émotions et comportements désagréables arrives-tu à te débarrasser ?**
· **Qu'est-ce qui change dans tes pensées, dans tes émotions et dans ton comportement ?**

4.8.2 STRATÉGIES POUR ATTEINDRE LES OBJECTIFS EN MATIÈRE D'USAGE D'ALCOOL OU D'AUTRES DROGUES

Dans la section précédente, nous avons expliqué comment on pouvait utiliser la technique PCC aux fins suivantes :
· analyser les habitudes d'usage, ce qui mène à
· formuler des objectifs et élaborer des stratégies qui sont liés aux précurseurs, aux comportements et aux conséquences associés à l'usage d'alcool ou d'autres drogues.

Voilà les éléments essentiels d'un plan de traitement individualisé. Il s'agit d'un plan qui tient spécifiquement compte des précurseurs, des comportements et des conséquences associés à l'usage d'alcool ou d'autres drogues dans le cas d'un client précis.

STRATÉGIES POUR FAIRE FACE AUX PRÉCURSEURS

Ces stratégies sont conçues pour permettre au jeune d'éviter ou de modifier les situations qui déclenchent son usage d'alcool ou d'autres drogues. Voici des exemples de précurseurs :

· circonstances sociales (p. ex., une soirée) ;

· situation donnée (p. ex., un affrontement avec les parents) ;

· facteurs physiologiques (p. ex., douleurs, symptômes de sevrage, insomnie, etc.) ;

· émotions (p. ex., anxiété, dépression, ennui, etc.) ;

· facteurs cognitifs (p. ex., « Je m'amuse plus lorsque je bois »).

La plupart des stratégies appartiennent aux catégories suivantes :

· éviter les situations à risques élevés ;

· élaborer des stratégies cognitives pour aider à composer avec les pensées nocives ;

· savoir réagir aux envies.

Votre tâche est d'aider le jeune à cerner et à appliquer les stratégies qui l'aideront le mieux à faire face aux précurseurs de son usage d'alcool ou d'autres drogues.

Stratégies d'évitement

Les jeunes ne voudront peut-être pas éviter toutes les situations qui servent de précurseurs et qui sont fortement susceptibles de les pousser à faire usage d'alcool ou d'autres drogues, mais il leur faudra absolument en éviter certaines et ils devront apprendre comment le faire.

Le processus qui consiste à élaborer des stratégies pour éviter l'usage d'alcool ou d'autres drogues comporte les étapes suivantes sur lesquelles vous et votre client devrez travailler ensemble :

· analyser les situations qui peuvent constituer des précurseurs ;

· élaborer des stratégies possibles pour éviter de faire usage d'alcool ou d'autres drogues ;

· s'exercer à mettre en œuvre les stratégies ;

· mettre en pratique les stratégies dans la vie réelle ;

· évaluer les résultats des stratégies ;

· répéter les étapes au besoin.

Une fois que votre client et vous aurez cerné les situations présentant des risques élevés (précurseurs), penchez-vous sur des déclencheurs donnés. Par exemple, l'école peut être une situation à risques élevés, mais ce seul renseignement ne suffit pas à élaborer une stratégie d'évitement. Vous devez chercher à connaître la réponse aux questions suivantes : comment ? quand ? qui ? où ? pourquoi ?

Il existe plusieurs façons de favoriser l'élaboration de stratégies d'évitement. Vous pouvez d'abord discuter des situations types dans lesquelles le jeune a fait usage d'alcool ou d'autres drogues et imaginer les mesures qu'il aurait pu prendre pour les éviter. Vous pouvez aussi demander au jeune quelles sont les mesures qu'il a déjà prises dans le passé pour éviter de faire usage d'alcool ou d'autres drogues. La plupart des jeunes sont plus forts qu'ils ne le pensent et vous pouvez les encourager à prendre conscience de leur force et à en tirer parti.

Les stratégies d'évitement relatives à l'usage d'alcool ou d'autres drogues prennent habituellement l'une des formes suivantes :
· un plan pour éviter ou éliminer complètement la situation qui constitue un déclencheur ;
· un plan pour se sortir de la situation si elle se produit ;
· un plan qui prévoit le non-usage d'alcool ou d'autres drogues dans cette situation.

Vous pouvez vraiment donner un bon coup de main au jeune en lui permettant de s'exercer à mettre en œuvre ces stratégies lors des séances de counselling. Il pourrait s'agir de discuter avec lui point par point ce qu'il fera dans une situation donnée et d'anticiper toute difficulté qui pourrait surgir ou d'employer la technique du jeu de rôle.

De façon générale, les adolescents devront mettre en œuvre plusieurs stratégies en même temps pour faire face aux différentes situations qui peuvent les inciter à faire usage d'alcool ou d'autres drogues.

Stratégies cognitives

Lors de l'analyse PCC, la plupart des jeunes usagers d'alcool ou d'autres drogues découvrent les façons de penser qui déclenchent leur usage d'alcool ou d'autres drogues (p. ex., « Je n'aurai jamais de bons résultats scolaires ; aussi bien passer mon temps à prendre de la drogue »), mais ils ne comprennent pas leur importance. Expliquez-leur ceci :
· Ces pensées sont un dialogue intérieur.
· Ce qu'ils se disent à eux-mêmes influe sur la façon dont ils se sentent et agissent.
· Les pensées se succèdent si rapidement qu'ils n'y prêtent souvent pas suffisamment attention.
· Leurs pensées et leurs émotions actuelles peuvent être attribuables à des événements pénibles survenus dans le passé.
· Le fait de modifier leurs façons de penser les aidera vraiment à se sentir mieux et à changer leur comportement.

Il importe d'expliquer au jeune que ce qu'une personne pense au sujet d'elle-même et de l'usage d'alcool ou d'autres drogues influe sur le succès avec lequel elle pourra contrôler cet usage. Les distorsions cognitives (pensées nocives) créent souvent le cercle vicieux suivant : excuses, culpabilité, rationalisation et usage d'alcool ou d'autres drogues.

Il existe au moins 10 modèles de pensées nocives :
Tout ou rien : des pensées qui comportent des conséquences extrêmes ou qui mènent à une interprétation où tout est noir ou tout est blanc (p. ex., « Tout le monde fait usage d'alcool ou d'autres drogues et je ne vois pas pourquoi je n'en ferais pas autant » ; « Il ne m'aime pas, ce qui signifie sans doute que personne ne m'aime »).

Généralisation à outrance : la conclusion hâtive voulant que parce que quelque chose s'est produit une fois, cela se produira chaque fois (p. ex., « Puisque mon usage d'alcool ou d'autres drogues ne m'a pas causé jusqu'ici de sérieux ennuis, il ne m'en causera jamais »).

Filtre mental : le fait de se concentrer sur un petit détail dans une situation (p. ex., « Peu importe que mes résultats scolaires se soient améliorés cette année, je viens de rater un examen facile »).

Faire fi de tout ce qui est positif : le rejet de tout ce qui est positif, y compris des compliments et de ses propres efforts, lesquels sont simplement vus comme le produit de la « chance ».

Sauter aux conclusions : la tendance à présumer de l'avenir ou des pensées et des réactions d'une autre personne ou à les prédire sans justification ou sans vérification des faits (p. ex., « Je sais que mon père ne me laissera pas prendre la voiture ce soir » ; « Je sais que Jeanne ne sortira jamais avec moi »).

Importance exagérée ou insuffisante : accorder trop d'importance habituellement aux erreurs, aux craintes et aux imperfections et pas suffisamment d'importance aux forces, aux vertus et aux contributions.

Raisonnement émotif : confondre les émotions et la réalité (p. ex., « Je me sens mal ; je dois donc être une mauvaise personne »).

Utilisation du conditionnel : essayer de se motiver en se culpabilisant (« Mes parents m'ont toujours appuyé ; je devrais cesser de les décevoir »).

Étiquetage et erreur d'étiquetage : la tendance à se décrire soi-même ou d'autres dans des termes très restrictifs ou de façon stéréotypée (« Je ne suis qu'un toxicomane »).

Personnalisation : assumer la responsabilité ou la faute pour quelque chose alors qu'il n'y a aucune raison de le faire (« Mes parents se querellent toujours à cause de moi » ; « Mon petit ami est de mauvaise humeur et c'est sans doute de ma faute »).

Une fois que les jeunes usagers d'alcool ou d'autres drogues ont pris conscience de ces pensées nocives, ils doivent apprendre et mettre en pratique les techniques suivantes pour les modifier : *Arrêter les pensées nocives* : chaque fois qu'une pensée nocive lui vient à l'esprit, le jeune doit se dire qu'il doit cesser de penser de cette façon et la remplacer par une pensée positive. Vous pourriez lui recommander de se représenter un panneau d'arrêt ou de crier dans sa tête le mot « arrête » (ou même de le faire à haute voix) pour s'aider à rejeter cette pensée. Vous pouvez aussi lui proposer de porter un gros élastique au poignet et de le tendre chaque fois qu'une pensée nocive lui vient à l'esprit.

Temps pour l'inquiétude : le jeune se réserve un certain temps et choisit un endroit particulier pour donner libre cours à ses pensées négatives. Dites-lui de prendre en note les pensées négatives qui lui viennent à l'esprit pendant le jour et de les garder pour y réfléchir au moment et à l'endroit convenus.

Technique de l'amplification : en exagérant grandement une pensée nocive, elle peut devenir tellement ridicule qu'elle finit par ne plus être néfaste.

Insistance sur le positif : il s'agit d'une technique pour rappeler au jeune les aspects positifs de sa vie. Apprenez-lui à établir une liste de tous les aspects positifs de sa vie ou demandez-lui de le faire et inscrivez ensuite chacun d'entre eux sur une carte. Le jeune devrait garder ces cartes à portée de main et les relire plusieurs fois au cours de la journée.

Utilisation de signaux : demandez au jeune de choisir un moment habituel de la journée et de s'en servir comme d'un signal lui indiquant que c'est le moment d'avoir une pensée positive au sujet de lui-même (p. ex., lorsqu'il s'arrête à un feu de circulation ou lorsqu'il déjeune).

Reconnaître ses réalisations : demandez au jeune de consigner ses réalisations de la journée à mesure qu'elles se produisent, y compris les réalisations qui semblent banales (p. ex., je me suis levé à l'heure, j'ai choisi un endroit agréable pour déjeuner, etc.).

Se féliciter : encouragez le jeune à se féliciter et à s'encourager lui-même. Les adolescents pensent souvent que ce comportement équivaut à de la vantardise et il faudra peut-être que vous encouragiez le jeune à surmonter cette attitude.

Projection dans le temps : au moyen de cette technique, le jeune reconnaît le malaise qu'il ressent actuellement, mais voyage mentalement dans le temps pour imaginer un moment où il ne se sentira plus de cette façon. Encouragez l'adolescent à accepter le fait que certaines émotions négatives sont normales.

Comment faire face aux envies

La forte envie d'alcool ou d'autres drogues que la plupart des jeunes ressentent pendant leur traitement constitue une situation présentant des risques élevés. Le sevrage de l'alcool ou d'autres drogues est susceptible de provoquer des envies particulièrement fortes. De nombreux usagers d'alcool ou d'autres drogues ne savent pas comment faire face à ces envies. Il importe que les jeunes comprennent qu'ils peuvent contrôler ces envies et qu'ils peuvent apprendre comment le faire.

CONSEIL
Vous pouvez rassurer le jeune et lui dire que les envies seront moins nombreuses et moins intenses avec le temps et à mesure qu'il trouvera des solutions de rechange à son usage d'alcool ou d'autres drogues. L'idée fondamentale est de les rendre normales. Expliquez-lui qu'il ne mourra pas, qu'il ne « lui faut pas absolument » de l'alcool ou d'autres drogues et que son problème n'est pas insoluble.

Le processus permettant de contrôler les envies est le même que celui qui sert à éviter les situations à risques élevés :

· apprendre à reconnaître les envies pour ce qu'elles sont ;

· reconnaître les situations qui sont des déclencheurs ;

· élaborer des stratégies pour éviter ces situations ;

· élaborer des stratégies pour y faire face ;

· mettre en pratique les stratégies ;

· évaluer les résultats des stratégies ;

· répéter les étapes au besoin.

Il existe deux stratégies fondamentales pour faire face aux envies :

· diminuer la fréquence des envies en éliminant les déclencheurs.

· diminuer l'effet des envies en optant pour des activités qui contrent les envies ou qui les rendent plus faciles à supporter. Cette stratégie prend habituellement la forme d'une « diversion » cognitive ou active (p. ex., réorienter ses pensées ou ses activités).

Encouragez le jeune à faire preuve de créativité dans ses efforts pour contrôler son usage d'alcool ou d'autres drogues jusqu'à ce qu'il trouve une stratégie qui soit efficace dans son cas.

STRATÉGIES POUR FAIRE FACE AU COMPORTEMENT

Ces interventions visent à aider le jeune client à opter pour une stratégie autre que celle qui consiste à faire usage d'alcool ou d'autres drogues lorsqu'il fait face à une situation qui est un déclencheur. L'une de ces stratégies consiste à refuser de faire usage d'alcool ou d'autres drogues.

Comment dire non

Apprendre à dire « non » à l'alcool ou aux autres drogues n'est pas facile, mais c'est un aspect important du contrôle de l'usage d'alcool ou d'autres drogues. Il s'agit d'apprendre à refuser quelque chose sans froisser les autres. Il s'agit d'une étape importante pour que le jeune apprenne à être maître de son propre destin. L'objectif du jeune est de savoir ce qu'il veut et ensuite de refuser poliment mais fermement de faire usage d'alcool ou d'autres drogues ou de faire quoi que ce soit d'autre qu'il ne veut pas faire. Cela peut être difficile et stressant, en particulier à un moment de la vie où l'influence des pairs est forte.

Voici des obstacles que les jeunes prétendent devoir surmonter lorsqu'ils veulent refuser de faire usage d'alcool ou d'autres drogues :

· ne veulent pas froisser un ami ou une connaissance ;

· s'inquiètent de ce que les autres vont penser d'eux s'ils refusent de faire usage d'alcool ou d'autres drogues ;

· craignent d'être rejetés par leur groupe de pairs ;

· prévoient faire face à des difficultés ;

· ne savent pas ce qu'ils doivent dire ;

· s'attendent à connaître un échec ou à se sentir inadéquats ;

· craignent de perdre des amis et de se sentir seuls ;

· craignent de se ridiculiser.

Vous devez prendre en compte les sentiments négatifs que suscitera chez les jeunes l'idée de dire « non », en particulier à des amis, et en discuter avec eux. Voici des habiletés que vous pouvez les aider à acquérir et à s'exercer à mettre en pratique :

· savoir comment s'en tenir à leur décision ;

· paraître résolus en actes et en paroles à ne pas faire usage d'alcool ou d'autres drogues ;

· regarder les gens dans les yeux lorsqu'ils leur disent « non » ;

· prévoir les réactions des amis ou des autres, et se préparer à faire face à ces réactions ;

· composer avec les plaisanteries et le rejet ;

· savoir quand partir lorsque les pressions ou les conflits sont trop prononcés.

S'exercer à savoir comment dire non dans certaines situations précises peut aussi être utile.

STRATÉGIES POUR FAIRE FACE AUX CONSÉQUENCES

Lorsqu'il fait usage d'alcool ou d'autres drogues, l'adolescent cherche habituellement à ce que son usage ait certaines conséquences positives immédiates comme celle de s'amuser ou de se sentir plus sociable ou détendu. Il se peut cependant que d'autres activités entraînent les mêmes gains positifs. Pour trouver des activités qui remplaceront l'usage d'alcool ou d'autres drogues, l'adolescent doit souvent acquérir de nouveaux comportements et habiletés. Lorsque le jeune a établi un répertoire suffisant d'activités de rechange, l'usage d'alcool ou d'autres drogues peut être présenté comme un choix parmi d'autres pour obtenir les conséquences positives recherchées.

Lorsque vous analyserez des épisodes d'usage d'alcool ou d'autres drogues au moyen de la technique PCC, il deviendra peut-être évident que les habiletés de dynamique de la vie du jeune pour faire face à diverses situations ne sont pas suffisamment développées. Ce peut être le cas en particulier des jeunes qui sont venus à compter sur l'usage d'alcool ou d'autres drogues pour les aider à faire face à des situations qu'ils trouvent particulièrement difficiles.

Dans la section suivante, nous revoyons brièvement certaines des habiletés de dynamique de la vie qui peuvent manquer aux jeunes, et notamment les habiletés dans les domaines suivants :

· sociabilité ;

· résolution de problèmes ;

· gestion du stress et relaxation ;

· gestion de la colère ;

· activités récréatives ;

· autres domaines de la vie.

Sociabilité

L'analyse PCC peut révéler que l'usage d'alcool ou d'autres drogues sert des fonctions sociales comme dans l'exemple suivant :

Précurseur	Comportement	Conséquence
Gêne ressentie à une soirée	Boire trois bières	Engager une conversation

Voici une liste des domaines de la vie sociale qui peuvent inciter les jeunes à faire usage d'alcool ou d'autres drogues. Vous devez aider vos jeunes clients à acquérir les habiletés sociales pour faire face à ces situations sans faire usage d'alcool ou d'autres drogues.

Établir des relations avec les pairs : Poursuivre des relations avec d'autres usagers d'alcool peut devenir moins souhaitable. Il peut cependant être difficile au jeune de renoncer à de vieux amis s'il a du mal à se faire de nouveaux amis.

Savoir engager une conversation : Certains jeunes peuvent faire usage d'alcool ou d'autres drogues pour être plus loquaces. Ils ont l'impression d'être plus sociables lorsqu'ils se sentent euphoriques et de mieux pouvoir s'exprimer.

Savoir écouter : Certains jeunes disent que faire usage d'alcool ou d'autres drogues les aide à écouter ce que les autres leur disent et à y réfléchir. Par contre, d'autres jeunes disent faire usage d'alcool ou d'autres drogues pour oublier ou pour pouvoir tolérer ce qu'on leur dit.

Savoir bien se présenter : Afin d'être accepts par des pairs qui ne font pas usage d'alcool ou d'autres drogues, certains adolescents veulent changer complètement leur image pour qu'on ne les considère pas comme des usagers d'alcool ou d'autres drogues.

Exprimer un contenu positif : Certains jeunes peuvent considérer l'usage d'alcool ou d'autres drogues comme une façon de se récompenser, de célébrer un événement ou simplement une occasion de s'amuser.

Exprimer un contenu négatif : L'usage d'alcool ou d'autres drogues peut aider un jeune à exprimer des émotions négatives qu'il a refoulées. Il peut aussi aider un jeune à composer avec des émotions négatives comme la colère, la tristesse, la frustration et la peur en soulageant le stress que ces émotions suscitent chez lui.

Règlement des différends : L'usage d'alcool ou d'autres drogues peut offrir une façon d'échapper aux conflits et aider le jeune à les aborder de front, mais pas nécessairement de la façon appropriée.

Savoir s'affirmer : L'usage d'alcool ou d'autres drogues peut aider des adolescents qui n'ont pas confiance en eux-mêmes à s'affirmer davantage. Par contre, les adolescents trop sûrs d'eux-mêmes peuvent faire usage d'alcool ou d'autres drogues pour atténuer leur agressivité.

Résolution des problèmes

Au cours de l'analyse PCC, les jeunes clients décrivent souvent une relation positive entre l'usage d'alcool ou d'autres drogues et leur capacité de régler des problèmes. Par exemple :

· L'usage d'alcool ou d'autres drogues les aident à mieux se concentrer et accroît leur capacité d'analyse.

· L'usage d'alcool ou d'autres drogues est un moyen de ne pas accepter la responsabilité pour de mauvaises décisions ou pour l'incapacité de régler un problème (p. ex., « J'avais pris de la drogue et je n'ai pas pu m'empêcher de participer à cette bataille à l'école »).

· L'usage d'alcool ou d'autres drogues permet d'atténuer le stress que provoque un problème persistant.

Peu de jeunes ont des lacunes dans tous les aspects de la résolution de problèmes. Il importe de cerner les habiletés ainsi que les lacunes dans ce domaine. Il existe des étapes à suivre que vous pouvez enseigner aux jeunes pour les aider à combler leurs lacunes en ce qui touche la résolution de problèmes.

Étapes dans la résolution de problèmes

Étape 1 :   Cerner le problème (p. ex., paresse).

Étape 2 :   Décrire le problème en détail (p. ex., manque d'énergie pour faire quoi que ce soit après l'école, y compris les devoirs).

Étape 3 :   Élaborer des stratégies ou des solutions possibles (au moins six) en faisant une séance de remue-méninges. Ne rejeter pour l'instant aucune idée qui vient à l'esprit. Pour poursuivre avec l'exemple du problème de la paresse, voici ce que pourrait comporter la liste de stratégies ou de solutions :

· prendre une douche pour « se réveiller » ou aller marcher à pas rapides ;

· boire du café ou du thé ;

· faire une petite sieste ;

· penser à une activité agréable qu'on veut faire ;

· réfléchir aux avantages de l'activité ;

· demander à quelqu'un qu'on aime bien de participer à cette activité ;

· convenir avec une autre personne de faire l'activité avec elle ;

· faire ses devoirs en groupe ;

· aménager un lieu de travail qui incite à travailler.

Étape 4 : Éliminer la solution qui semble inappropriée ou impraticable. Ramener à trois les options de solutions qu'on est prêt à essayer.

Étape 5 : Soupeser les avantages et les inconvénients des stratégies retenues et choisir celle qui comporte le moins d'inconvénients.

Étape 6 : Mettre à l'essai la stratégie choisie.

Étape 7 : Évaluer les résultats obtenus et répéter les étapes 3 à 5 si la solution choisie n'a pas donné les résultats escomptés. Si rien ne va, répéter l'étape 2 et analyser le problème plus à fond (p. ex., un conflit à la maison empêche de se motiver. Demander au jeune des explications sur ses émotions négatives).

Gestion du stress et relaxation

De nombreuses drogues offrent l'avantage immédiat de provoquer un état de détente et de bien-être. Pour de nombreux jeunes qui n'ont pas développé d'autres façons de composer avec le stress, l'usage d'alcool ou d'autres drogues offre une façon rapide et efficace de soulager temporairement le stress qu'ils ressentent. Cependant, lorsqu'un jeune cesse de faire usage d'alcool ou d'autres drogues, le stress et le malaise qu'il ressentait et que masquait son usage réapparaissent habituellement.

Voici les objectifs de stratégies qui mettent l'accent sur la gestion du stress :
· faire prendre conscience du fait que le stress constitue un aspect normal de la vie ;
· proposer au jeune des techniques de relaxation efficaces ;
· enseigner au jeune d'autres stratégies que l'usage d'alcool ou d'autres drogues pour gérer le stress ;
· initier le jeune à la restructuration cognitive ;
· aider le client à ressentir les effets des changements physiques et cognitifs qu'il peut faire par lui-même.

Encouragez vos jeunes clients à cerner les sources de pression et de tracas dans leur vie et à décrire comment ils y font face. S'ils ont du mal à reconnaître que le stress a un effet négatif sur leur vie, prouvez-leur le contraire en leur indiquant les signes physiques et émotionnels comme les maux de ventre et la colère. La prise de conscience de l'influence du stress dans leur vie est le premier pas vers le changement.

Lorsque vous enseignez à des jeunes ou à des groupes de jeunes des techniques de gestion du stress, voici des sujets qu'il est utile d'aborder :
· comprendre la notion de stress ;
· cerner les facteurs de stress généraux et personnels ;
· comprendre que la réaction d'alarme constitue une réaction physiologique normale ;

- évaluer le stress et élaborer des stratégies pour y faire face ;
- cerner le rôle des émotions dans l'accumulation du stress et trouver des façons appropriées de faire face à ses émotions ;
- comprendre le rôle du sommeil, de la posture, du contrôle de la respiration et de l'activité physique dans la réduction du stress ;
- utiliser les techniques de la restructuration cognitive comme moyen de soulager le stress.

Techniques de relaxation

La technique la plus simple est la technique de la relaxation musculaire progressive qui comprend des exercices de respiration lente et rythmique, de contraction et de relâchement de groupes de muscles donnés pour produire un état de relaxation généralisé.

D'autres techniques comprennent l'initiation à la pleine conscience, le rêve éveillé dirigé et des techniques de respiration spécialisées.

Gestion de la colère

Certains jeunes font usage d'alcool ou d'autres drogues pour supprimer leur colère. Chez d'autres jeunes, le fait de faire usage d'alcool ou d'autres drogues provoque un comportement agressif. Ces jeunes bénéficieront de l'apprentissage de techniques de gestion de la colère.

Les techniques de gestion de la colère visent les fins suivantes :
- normaliser la colère et en comprendre les aspects physiques et émotifs ;
- cerner les avantages et les inconvénients pour le client de changer sa façon de composer avec la colère ;
- procéder à l'analyse fonctionnelle (PCC) de la colère (précurseurs, comportement, conséquences) ;
- établir l'influence de l'usage d'alcool ou d'autres drogues sur la colère ;
- permettre au jeune d'autosurveiller son comportement ;
- enseigner des stratégies de réduction de la colère comme la relaxation, le contrôle de l'alimentation, la restructuration cognitive et l'affirmation de soi.

Activités récréatives

L'usage d'alcool ou d'autres drogues constitue une partie intégrante des activités récréatives pour certains jeunes. Ces activités peuvent remplir bon nombre des fonctions qui sont associées à l'usage d'alcool ou d'autres drogues comme s'amuser, avoir un « rush », se désennuyer, accroître l'estime de soi, atténuer le stress et être avec des amis.

Vous pouvez aider les jeunes à trouver de nouvelles activités récréatives en parlant avec eux de leurs intérêts, en explorant les possibilités d'activités récréatives et en les encourageant à participer à diverses activités.

Autres compétences de dynamique de la vie

Un traitement complet pour les jeunes doit porter sur une vaste gamme de domaines liés au bien-être et au développement personnel. L'évaluation globale aura fait ressortir des domaines où une intervention est nécessaire. Le traitement peut aussi mettre en lumière un certain nombre d'autres domaines dans lesquels des changements s'imposent. Il se peut que le jeune ait besoin de soins médicaux ou qu'il ait certaines préoccupations relatives à l'alimentation, à la sexualité, au contrôle des naissances ou aux maladies transmissibles sexuellement. Le jeune peut aussi s'être fixé certains objectifs en matière d'études, d'emploi ou de logement que vous pourrez l'aider à atteindre.

4.8.3 PRÉVENTION ET GESTION DES RECHUTES

Les rechutes tant durant le traitement qu'après celui-ci sont communes et peuvent aller d'une rechute mineure au retour au niveau précédent d'usage d'alcool ou d'autres drogues. Il importe de discuter avec le jeune de la façon de prévenir les rechutes et d'y faire face lorsqu'elles se produisent.

La prévention des rechutes vise à aider le client à anticiper quand une rechute pourrait se produire. Il s'agit de cerner les circonstances susceptibles de favoriser les rechutes et de l'aider à élaborer des stratégies pour y faire face, tout comme il l'a fait dans le cas du traitement.

La gestion des rechutes aide le jeune à se préparer à faire face à une rechute si elle devait se produire. Il est bon d'aborder cette question peu de temps après que le jeune commence à atteindre ses objectifs en matière d'usage d'alcool ou d'autres drogues. Il s'agit de réfléchir à la possibilité d'une rechute et de discuter de la meilleure façon d'y faire face pour qu'elle ait le moins de conséquences possibles. Examinez avec lui comment il composera avec le sentiment d'échec et de déception qu'il ressentira et comment il mettra fin à une rechute pour revenir à son objectif en matière d'usage d'alcool ou d'autres drogues.

Lorsqu'une rechute se produit, il est important d'aider le jeune client à y faire face de façon constructive et à en tirer des enseignements. Il faudra pour cela élaborer des stratégies cognitives pour composer avec les pensées négatives que suscitera la rechute. La rechute peut être présentée de la façon suivante (Parks et coll., 2000) :

· elle peut être vue comme une occasion pour le jeune de réfléchir et d'apprendre quelque chose de nouveau ;

· elle ne représente qu'un pas en arrière et non pas un échec ;

· elle n'annule pas tous les progrès réalisés par le client jusque là ;

· elle fait ressortir la nécessité de perfectionner les interventions et les habiletés qu'utilise le client pour faire face aux déclencheurs ;

· le changement de comportement est un processus qui comporte des bonds en avant et des bonds en arrière.

Vous devez choisir vos mots soigneusement lorsque vous discutez de la prévention des rechutes puisqu'ils peuvent déterminer dans une grande mesure la façon dont un client réagira à un incident d'usage d'alcool ou d'autres drogues. Lorsqu'il s'agit d'une occasion unique d'usage d'alcool ou d'autres drogues qui est suivie d'un retour rapide à l'abstinence, certains conseillers préfèrent parler de « dérapage » ou d'« oubli ».

Dans un sens, dès que l'objectif initial en matière d'usage d'alcool ou d'autres drogues a été atteint, tout le reste du counselling porte sur la prévention et la gestion des rechutes. Il ne s'agit cependant pas d'une phase distincte du traitement qui suppose le recours à des techniques spécialisées. Il s'agit seulement pour le conseiller et le client d'essayer de prévenir et de gérer tout incident d'usage d'alcool ou d'autres drogues qui pourrait se produire après l'atteinte de l'objectif initial. L'aspect important de la prévention et de la gestion des rechutes est l'attitude qu'adoptent à leur égard le conseiller et le jeune. L'objectif consiste à faire face à la rechute de façon constructive et non à punir le jeune.

4.9 APPROCHES DE TRAITEMENT AXÉES SUR LA FAMILLE

Pour obtenir les meilleurs résultats possibles lorsqu'on traite un adolescent qui a des problèmes d'usage d'alcool ou d'autres drogues et de santé mentale, il importe de considérer la thérapie familiale comme étant le traitement principal ou le traitement connexe. Il y a parfois des raisons de ne pas faire participer la famille au traitement, en cas de violence ou d'abus sexuels, par exemple, ou lorsque le jeune ou ses parents refusent la participation familiale. Quoi qu'il en soit, il est toujours possible d'aborder avec le jeune des questions familiales dans le cadre de séances de counselling avec un seul membre de la famille au cours desquelles les principes de la thérapie familiale sont appliqués dans le but d'influer de façon positive sur l'unité familiale (Szapoznik, Kurtines, Foote, Perez-Vidal et Hervis, 1986).

4.9.1 OBJECTIFS DE LA PARTICIPATION FAMILIALE

Selon le niveau de participation de la famille dont vous convenez au cours de l'évaluation (voir section 3.8), les objectifs de l'approche fondée sur la participation familiale peuvent inclure ce qui suit :

· La psychoéducation sur l'usage d'alcool ou d'autres drogues peut accroître la sensibilisation et le niveau de préoccupation et décroître la résistance au traitement. Elle peut aussi aider la famille à mieux comprendre que l'usage d'alcool ou d'autres drogues du jeune touche aussi sa famille.

· La psychoéducation au sujet des symptômes de problèmes de santé mentale et des médicaments et leurs effets peut aider la famille à comprendre comment les problèmes de santé mentale du jeune peuvent influer sur son comportement et sur ses émotions.

La famille joue un rôle central dans la vie des adolescents. Lorsque la vie de famille est au mieux désorganisée et ne favorise pas la croissance et le développement du jeune, cela peut avoir des conséquences dévastatrices pour lui. C'est pour cette raison que tant de praticiens insistent pour que la famille participe au traitement du jeune usager d'alcool ou d'autres drogues. La recherche démontre que la participation de la famille au traitement augmente les chances de succès de celui-ci. (Schwartz, 1997, 21)

- L'information au sujet des étapes du changement et de la réduction des méfaits peut aider la famille à mieux comprendre le processus de changement. Il est important d'examiner avec la famille la façon dont elle peut aider et appuyer le jeune pendant son traitement.
- Vous devez aider les membres de la famille à composer avec leurs sentiments de peur, de crainte, de frustration, de culpabilité et de colère lorsqu'ils se rendront compte que des problèmes d'usage d'alcool ou d'autres drogues et de santé mentale risquent d'avoir des répercussions importantes sur la vie de leur enfant et sur celle de ses frères et sœurs.
- Il est habituellement nécessaire de fournir une formation pour améliorer les habiletés des parents en matière de gestion du comportement (p. ex., comment surveiller les activités et les comportements de leur enfant, comment établir des limites et comment imposer des conséquences appropriées lorsque l'enfant ne respecte pas ces limites).
- Il est utile de fournir de la formation aux membres de la famille pour favoriser une amélioration des communications à l'intérieur de celle-ci, ce qui suppose de leur enseigner comment écouter et exprimer leurs pensées et leurs émotions.
- Il est important que la famille détermine ses valeurs, qu'elle les communique et qu'elle les mette en application, et que ses membres sachent quelles sont leurs attentes les uns à l'égard des autres.

4.9.2 MODÈLE INTÉGRÉ DE THÉRAPIE FAMILIALE

Bien que certains problèmes de santé mentale puissent se développer sans égard au contexte familial (p. ex., des troubles mentaux de nature biologique), de nombreux autres sont liés à la dynamique familiale et perpétués par celle-ci.

Intervenir auprès de la famille pour que la dynamique et les limites des relations changent peut donner de bons résultats même lorsque les jeunes eux-mêmes hésitent à participer au traitement. Le counselling familial peut viser à aider les parents à prendre des mesures pour décourager certains comportements et récompenser d'autres comportements plus adaptés.

La thérapie familiale peut être le traitement de choix dans le cas des jeunes adolescents qui n'ont pas les habiletés cognitives ou comportementales voulues pour changer leur comportement, seuls ou avec l'aide de leur conseiller, ou pour contrôler leurs émotions.

Le Centre de toxicomanie et de santé mentale utilise un « modèle intégré » pour travailler avec les familles (Boudreau, Chaim, Pearlman, Shenfeld et Skinner, 1998). Ce modèle comporte des éléments clés de plusieurs approches de thérapie familiale dont les suivants :
- *la thérapie structurelle* : qui porte sur les limites et les coalitions ;
- *la thérapie stratégique* : qui essaie de cerner et de changer des modèles interactionnels clés ;
- *la thérapie axée sur la recherche de solutions* : qui met l'accent sur les forces, les changements mineurs et la recherche de solutions ;
- *la thérapie cognitivo-comportementale* : qui a recours à l'autosurveillance et met l'accent sur le dépistage et la rectification des cognitions et des comportements manifestes observables.

THÉRAPIE STRUCTURELLE
· Limites
· Alliances
· Rapports spatiaux
· Coalitions
· Hiérarchies
· Rôles

THÉRAPIE STRATÉGIQUE
· Relations circulaires
· Prise de décisions
· Règles
· Modèles interactifs
· Définition du problème
· Tentatives de résolution du problème
· Pouvoir/Contrôle

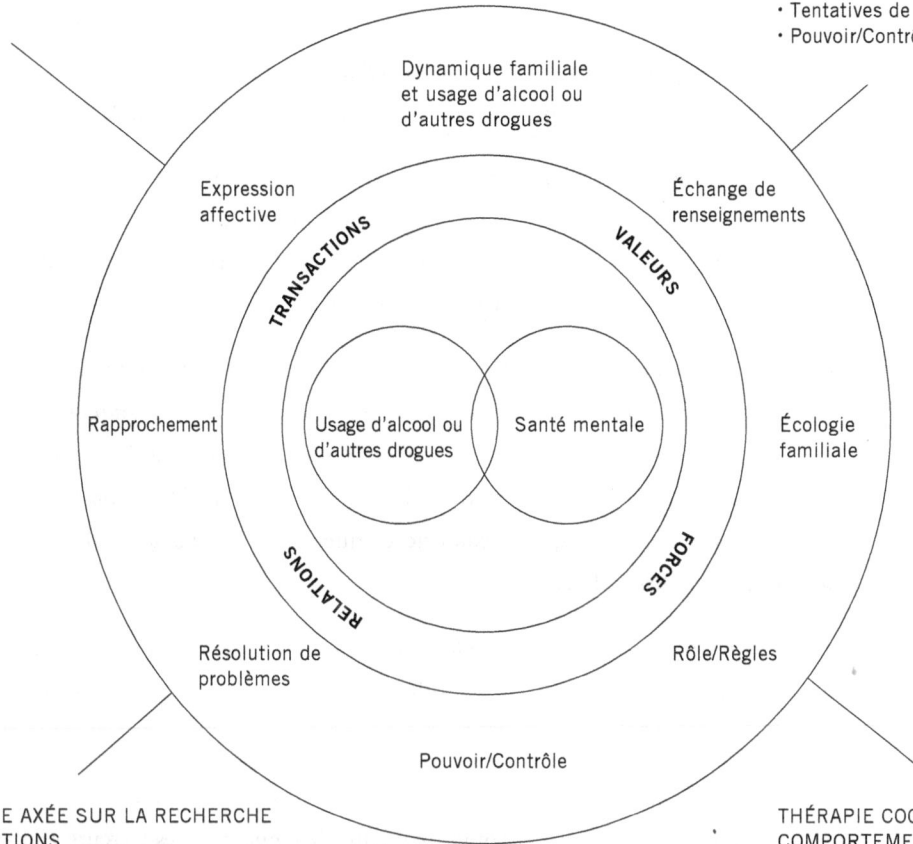

Dynamique familiale
et usage d'alcool ou
d'autres drogues

Expression
affective

TRANSACTIONS

VALEURS

Échange de
renseignements

Rapprochement

Usage d'alcool ou
d'autres drogues

Santé mentale

Écologie
familiale

RELATIONS

FORCES

Résolution de
problèmes

Rôle/Règles

Pouvoir/Contrôle

THÉRAPIE AXÉE SUR LA RECHERCHE
DE SOLUTIONS
· Solution telle que l'envisage la famille
· Échelle
· Changement dans le problème d'origine
· Exceptions au problème
· Question miracle

THÉRAPIE COGNITIVO-
COMPORTEMENTALE
· Pensées automatiques
· Déclencheurs
· Conséquences de renforcement
· Répétition des rôles
· Autosurveillance
· Restructuration cognitive

Figure 4.1 Modèle intégré de thérapie familiale/conjugale (Boudreau et coll., 1998)

Le modèle intégré porte sur quatre domaines clés du fonctionnement de la famille :

· *les forces* : dont il faut tirer parti lorsqu'on cherche des solutions aux problèmes qui se présentent ;

· *les valeurs* : la perspective et les croyances particulières de la famille et sa place dans le monde socio-politico-culturel ;

· *les relations* : la profondeur et la qualité des relations dans la famille ;

· *les transactions* : les interactions positives et négatives entre les membres de la famille.

Ces quatre domaines de base se subdivisent en dimensions plus précises du fonctionnement. En recueillant de l'information sur ces dimensions secondaires, vous pourrez mieux comprendre le système familial et son influence sur les problèmes d'usage d'alcool ou d'autres drogues et de santé mentale du jeune (Chaim et Shenfeld, sous presse).

L'effet des problèmes d'usage d'alcool ou d'autres drogues et de santé mentale renvoie au sens et au rôle particuliers de ces questions pour la famille. Il importe de recueillir des renseignements sur les habitudes d'usage d'alcool ou d'autres drogues de tous les membres de la famille, l'historique de cet usage, les problèmes de santé mentale des membres de la famille (y compris de la famille étendue) et les valeurs ainsi que le contexte culturel associés à l'usage d'alcool ou d'autres drogues et aux problèmes de santé mentale.

L'échange de renseignements vise les modèles de communication au sein de la famille (p. ex., comment et à qui l'information est transmise, les secrets de famille, le fait de savoir si la communication est claire ou non, etc.).

L'écologie familiale désigne le contexte externe qui entoure la famille comme le contexte économique, religieux, éducatif et communautaire ainsi que d'autres facteurs semblables.

Les rôles et les règles s'entendent des modes de fonctionnement manifestes et cachés de la famille et de leur place sur différents continuums (p. ex., tradition par opposition à modernité, souplesse par rapport à rigidité, etc.).

Le pouvoir et le contrôle peuvent être évalués en fonction de certains paramètres : partage par opposition à domination, ou démocratie par opposition à autocratie. Il importe de savoir si le jeune est assujetti à de la violence ou à des actes d'intimidation sous quelque forme que ce soit et, le cas échéant, d'établir s'il est en danger.

La recherche de solutions à des problèmes peut se faire de façon souple ou idiosyncrasique et il importe de savoir dans quelle mesure les styles des différents membres de la famille se ressemblent ou diffèrent les uns des autres.

Le rapprochement indique si les membres de la famille se sentent près les uns des autres ou sont distants les uns des autres.

L'expression affective s'entend de la façon dont les membres de la famille communiquent leur attachement, leurs sentiments et leurs émotions. Des facteurs culturels et historiques peuvent expliquer que la famille soit ouverte ou fermée dans ce domaine et il importe de replacer ce domaine de fonctionnement dans le contexte familial global.

Le modèle intégré n'est pas un modèle normatif et propose un certain nombre d'interventions au thérapeute au lieu de lui demander de s'en tenir à un seul modèle à utiliser dans des circonstances données. Ce modèle peut être utilisé à toutes les étapes du processus, de l'accueil à la fin du traitement. L'interaction entre les préférences du clinicien, les facteurs liés à la structure de l'organisme dispensant le traitement ainsi que les besoins et les forces du client déterminera la façon dont ce modèle sera appliqué (Chaim et Shenfeld, sous presse).

CHAPITRE 5

PHARMACOTHÉRAPIE

5.1 INTRODUCTION

D'après Riggs et Whitmore (1999), la pharmacothérapie pour les problèmes d'usage d'alcool ou d'autres drogues chez les adolescents ne repose pas sur une base empirique solide et les protocoles d'administration des médicaments découlent surtout d'études menées auprès d'adultes. Voici certaines connaissances acquises sur la pharmacothérapie pour les problèmes d'usage d'alcool ou d'autres drogues chez les adolescents (Riggs et Whitmore, 1999) :

· La pharmacothérapie est le plus fréquemment envisagée pour la désintoxication et le traitement des symptômes de sevrage.

· Des rapports isolés concluent à l'utilité possible de la désipramine pour aider les usagers de cocaïne à persévérer dans l'abstinence.

· Des études de cas concluent à l'utilité possible du naltrexone pour le traitement de l'alcoolisme.

· Des études de cas concluent à l'efficacité du naltrexone pour le traitement des clients ayant une dépendance aux opioïdes.

· Le recours aux agents aversifs comme le disulfirame est rare en raison d'une absence de recherches empiriques sur le sujet. S'il y a lieu, il convient d'offrir le disulfirame dans le cadre d'un traitement global.

· Les lignes directrices actuelles en matière de pratique recommandent que jusqu'à ce que des recherches empiriques plus poussées aient été menées pour établir l'effet de l'utilisation des agents aversifs dans le cas des adolescents ayant des problèmes d'usage d'alcool ou d'autres drogues, ces agents ne soient administrés que lorsque les interventions comportementales ont échoué ou en combinaison avec ces interventions.

La section 5.6 de ce chapitre décrit comment les médicaments sont utilisés pour traiter les problèmes d'usage d'alcool ou d'autres drogues.

Le recours à la pharmacothérapie dans le cas de certains problèmes de santé mentale chez les adolescents est bien établi. Vous devrez peut-être obtenir une consultation auprès d'un psychiatre pour qu'il pose un diagnostic et qu'il prescrive au besoin des médicaments au jeune auprès duquel vous intervenez. Peu d'organismes qui traitent les problèmes d'usage d'alcool ou d'autres drogues comptent des psychiatres parmi leur personnel. Ils doivent donc avoir des stratégies d'intégration des systèmes pour veiller à ce que leurs clients aient accès à des services psychiatriques au besoin. S'il est difficile d'avoir accès à un psychiatre, il est aussi possible de consulter le médecin de famille du client.

Le présent chapitre décrit les médicaments utilisés pour traiter les problèmes de santé mentale et fournit de l'information sur leur classification, leur usage et leurs effets secondaires ainsi que sur la façon de gérer ces effets secondaires.

5.2 UTILISATION DES MÉDICAMENTS PSYCHIATRIQUES POUR TRAITER LES PROBLÈMES DE SANTÉ MENTALE

CLASSIFICATION

Les médicaments psychiatriques appartiennent à quatre principaux groupes selon leur utilisation initialement prévue : antidépresseurs, psychorégulateurs, anxiolytiques/hypnotiques/sédatifs et antipsychotiques.

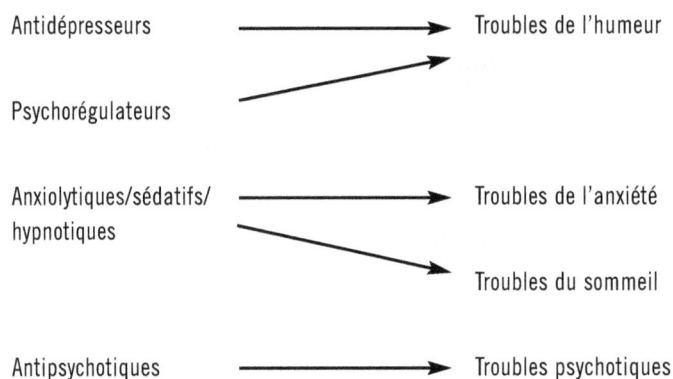

Antidépresseurs   ⟶   Troubles de l'humeur

Psychorégulateurs

Anxiolytiques/sédatifs/hypnotiques   ⟶   Troubles de l'anxiété

Troubles du sommeil

Antipsychotiques   ⟶   Troubles psychotiques

Figure 5.1: Usages classiques des différentes catégories de médicaments psychiatriques

Antidépresseurs

Les antidépresseurs agissent au moyen de divers mécanismes, mais ils ont tous comme résultat final d'accroître la transmission d'éléments neurochimiques dans le cerveau. D'abord et toujours utilisés pour traiter la dépression, ces médicaments servent aujourd'hui à diverses fins. Ils sont maintenant les médicaments qui sont d'abord prescrits pour traiter les troubles de l'anxiété et remplacent à ce titre les anxiolytiques classiques comme le diazépam (Valium®). Les antidépresseurs mettent plus longtemps à agir (habituellement entre quatre et six semaines) et peuvent augmenter le niveau d'anxiété au cours des premières semaines du traitement ; cependant, ils peuvent être efficaces à long terme pour traiter une vaste gamme de troubles de l'anxiété allant du trouble anxieux généralisé au trouble panique, en passant par le trouble obsessivo-compulsif. Les antidépresseurs sont moins susceptibles de créer une dépendance que les anxiolytiques classiques. Ils sont aussi utilisés pour traiter la douleur chronique, la boulimie, le syndrome de stress post-traumatique, la phobie sociale, le trouble dysphorique prémenstruel et le syndrome de la fatigue chronique.

Le tableau 1 de l'annexe G énumère les antidépresseurs actuellement disponibles au Canada ainsi que leurs noms génériques et leurs noms de commerce, leurs effets secondaires communs ainsi que les interactions médicamenteuses les plus importantes.

Psychorégulateurs

Les psychorégulateurs sont utilisés pour traiter le trouble bipolaire, anciennement connu sous le nom de psychose maniaque dépressive ou maniaco-dépressive. Le lithium a été le premier psychorégulateur vendu sur le marché et il continue d'être un médicament utile. D'autres médicaments utilisés comme des psychorégulateurs sont en fait des anticonvulsifs comme ceux qui sont prescrits pour traiter l'épilepsie et d'autres types de convulsions. Le valproate et la carbamazépine ont été les premiers anticonvulsifs utilisés comme psychorégulateurs et ils continuent d'être communément prescrits à cette fin. On ignore comment et pourquoi ces médicaments peuvent être utilisés de cette façon, mais d'après la théorie, les convulsions seraient le résultat de l'« hyperactivité » du cerveau tout comme la manie. Les nouveaux anticonvulsifs qui sont commercialisés sont habituellement aussi mis à l'essai comme psychorégulateurs. Il importe donc que les clients sachent que le psychorégulateur qui leur a été prescrit peut ne pas être « officiellement approuvé » pour le traitement du trouble bipolaire ; il peut s'ensuivre qu'une bonne partie des sites Internet ou des brochures qu'ils sont susceptibles de consulter peuvent classer ce médicament dans la seule catégorie des anticonvulsifs.

Le tableau 2 de l'annexe G énumère les médicaments communément appelés psychorégulateurs ainsi que leurs noms génériques et leurs noms de commerce, leurs effets secondaires communs ainsi que les interactions médicamenteuses les plus importantes.

Le traitement prescrit pour le trouble bipolaire est fonction des symptômes que manifeste le patient. Outre des psychorégulateurs, des antidépresseurs peuvent aussi être prescrits pour traiter ce trouble. La deuxième génération de médicaments antipsychotiques (tableau 4 de l'annexe G) semble aussi prometteuse pour traiter la manie aiguë et d'autres phases du trouble bipolaire et ces médicaments peuvent aussi être prescrits.

Anxiolytiques/Hypnotiques/Sédatifs

Ces médicaments ont pour effet d'accroître les effets de l'acide gamma-aminobutyrique (GABA), neuromédiateur inhibiteur. Le principal groupe de médicaments appartenant à cette catégorie sont les benzodiazépines comme le diazépam (Valium®) et le lorazépam (Ativan®). Bien que ces médicaments puissent être prescrits de façon légitime pour traiter l'anxiété et les troubles du sommeil, ils peuvent aussi faire l'objet d'un usage abusif. Il est parfois difficile de bien utiliser les benzodiazépines et les cliniciens ne sont pas toujours très bien renseignés sur le meilleur usage à faire de ces médicaments. Idéalement, ils devraient être utilisés pour traiter des symptômes pendant de brèves périodes allant de quelques jours à un mois. Si les symptômes durent plus longtemps, le client et l'équipe d'intervenants devraient se pencher sur les causes et les troubles sous-jacents qui contribuent à produire l'anxiété ou l'insomnie.

Des antidépresseurs, et en particulier des inhibiteurs spécifiques du recaptage de la sérotonine (ISRS), peuvent aussi être prescrits pour traiter l'anxiété et le trouble panique. En fait, les antidépresseurs sont considérés comme les médicaments de première intention pour traiter les troubles anxieux. La buspirone est un autre anxiolytique pouvant être administré pendant une période prolongée.

Le traitement de l'insomnie passe par le traitement des troubles sous-jacents comme la dépression ou la douleur chronique ainsi qu'une information sur la bonne hygiène du sommeil.

Le tableau 3 de l'annexe G énumère les médicaments de cette catégorie qui sont actuellement disponibles sur le marché et donne leurs noms génériques et de commerce, leurs effets secondaires communs ainsi que les interactions médicamenteuses les plus importantes. Certaines benzodiazépines sont considérées comme des anxiolytiques et d'autres comme des hypnotiques/sédatifs. En pratique, toutes les benzodiazépines peuvent être utilisées comme l'un ou l'autre. De façon générale, les médicaments dont l'effet est rapide et qui ont une demi-vie brève sont considérés comme des hypnotiques (p. ex., ils aideront le client à bien dormir la nuit sans le rendre somnolent pendant le jour) tandis que les médicaments ayant une demi-vie plus longue sont utilisés comme des anxiolytiques.

Antipsychotiques

Les antipsychotiques bloquent les récepteurs de la dopamine, un neurotransmetteur. Ils sont habituellement utilisés pour traiter la schizophrénie et d'autres troubles psychotiques. On met actuellement à l'essai la deuxième génération de médicaments antipsychotiques comme psychorégulateurs, anxiolytiques et même comme médicaments pour traiter la dépression rebelle. Quelle que soit la raison pour laquelle un antipsychotique est prescrit, il convient de bien expliquer aux clients le sens précis de « psychose » pour essayer de prévenir la stigmatisation associée à ce terme.

Le tableau 4 de l'annexe G énumère les médicaments de cette catégorie qui sont actuellement disponibles sur le marché et donne leurs noms génériques et de commerce, leurs effets secondaires communs ainsi que les interactions médicamenteuses importantes.

Malgré l'existence de catégories de médicaments psychiatriques, il importe de noter que chaque type de médicament peut être utilisé pour traiter divers types de troubles.

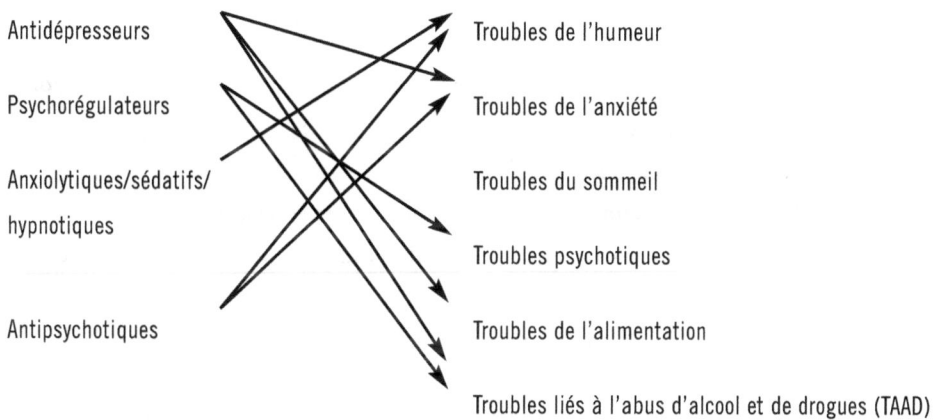

Figure 5.2 : Autres usages pour les différentes catégories de médicaments psychiatriques

---

5.3 GESTION DES EFFETS SECONDAIRES COMMUNS DES MÉDICAMENTS PSYCHIATRIQUES

EFFETS ANTICHOLINERGIQUES

Les effets anticholinergiques comme l'assèchement de la bouche et des yeux, la constipation et la rétention des urines se produisent parce que les médicaments bloquent les récepteurs de l'acétylcholine, un neurotransmetteur. On parle habituellement d'effets d'« assèchement ». Ces effets sont souvent de courte durée parce que le corps s'adapte aux médicaments avec le temps.

Assèchement de la bouche

· Cet effet est fréquent surtout chez les personnes âgées et lorsque le patient prend aussi d'autres médicaments.

· Mâcher de la gomme sans sucre ou sucer un bonbon amer ou sans sucre (l'assèchement de la bouche et la consommation de trop de sucre peuvent favoriser les caries).

· Avoir une bonne hygiène buccale, soit se brosser fréquemment les dents et utiliser de la soie dentaire et du rince-bouche.

· Aller régulièrement chez le dentiste.

· Utiliser des lubrifiants oraux remplaçant la salive (p. ex., MoiStir®).

Assèchement des yeux ou vision trouble

· Les médicaments produisent surtout un effet temporaire sur la vision de près.

· Lire sous un bon éclairage et éloigner de soi ce qu'on lit.

· Un médecin peut prescrire des gouttes pour les yeux.

Constipation

· Accroître la consommation de liquides (p. ex., de l'eau, des jus et d'autres boissons non alcoolisées et ne contenant pas de caféine).

· Augmenter l'activité et les exercices physiques.

· Accroître les fibres dans son alimentation (p. ex., son, fruits et légumes crus).

· Essayer un laxatif mucilagineux (p. ex., Metamucil®, Prodiem®) ou un laxatif émollient (p. ex., Surfak®, Colace®).

· Éviter le recours régulier à des laxatifs plus forts ou à des laxatifs stimulants.

Rétention des urines

· Si le problème est léger, faire preuve de patience et ouvrir le robinet au moment d'aller à la toilette.

· Si le problème est plus grave, un médecin peut prescrire un médicament pour essayer de contrer cet effet.

EFFETS SUR LE SYSTÈME NERVEUX CENTRAL

Tous les médicaments psychiatriques agissent sur le cerveau et peuvent affecter le système nerveux central, notamment en causant la somnolence, l'ataxie et des maux de tête. Certains de ces effets sont de courte durée tandis que d'autres peuvent se manifester pendant toute la durée de la pharmacothérapie. Comme de nombreux psychotropes causent ces effets, ceux-ci peuvent s'ajouter les uns aux autres ou s'annuler (voir section 5.5).

Somnolence

- Cet effet est fréquent au début de la thérapie avec la plupart des psychotropes, mais il devrait s'estomper avec le temps.
- Prendre de préférence la majeure partie de la dose ou la dose entière au coucher.
- Faire preuve de prudence lorsqu'on conduit ou utilise des machines.
- La consommation d'alcool ou d'autres sédatifs renforcera cet effet.
- La confusion, la difficulté à se concentrer et la désorientation indiquent peut-être que la dose administrée est trop élevée.

Ataxie (manque de coordination ou faiblesse des mouvements musculaires)

- Consulter un médecin puisque cet effet peut être attribuable à une dose trop élevée.

Maux de tête

- Essayer des médicaments en vente libre contre les maux de tête comme l'acétaminophène (Tylenol®), l'aspirine ou l'ibuprofène, mais demander d'abord à un médecin ou à un pharmacien de vérifier les interactions médicamenteuses, le cas échéant.
- Les maux de tête devraient disparaître avec le temps, mais s'ils persistent, il peut être nécessaire qu'un médecin prescrive un autre type de médicament.

EFFETS EXTRAPYRAMIDAUX (EEP)

Ces effets sont habituellement associés aux antipsychotiques de première génération sur le marché depuis un certain temps, mais ils se constatent aussi avec certains antipsychotiques de deuxième génération, plus récents, s'ils sont administrés à plus forte dose. Certains de ces effets, en particulier l'agitation motrice, peuvent aussi être causés par des antidépresseurs ISRS.

- Les effets secondaires comprennent les tremblements, l'agitation motrice (impression de ne pas pouvoir rester assis sans bouger), la raideur des muscles et les spasmes, la perturbation de la démarche et la perte d'expressivité faciale.
- Il peut être nécessaire de rectifier la dose du médicament.
- Un médecin peut prescrire des médicaments antiparkinsoniens (p. ex., benzatropine), mais leur consommation doit être contrôlée puisque des doses trop élevées de ces médicaments peuvent causer des effets secondaires comme la désorientation, la confusion et le délire.
- Le propranolol peut être prescrit pour traiter les tremblements ou l'agitation et des benzodiazépines (p. ex., lorazépam) peuvent être prescrits pour contrer l'agitation.

EFFETS GASTRO-INTESTINAUX

Les effets gastro-intestinaux comme la nausée et la diarrhée sont temporaires et durent le temps que le corps s'adapte aux médicaments. Ils se produisent souvent avec les antidépresseurs et les psychorégulateurs.

Nausée

· Prendre les médicaments avec les repas, avec de petites collations ou avec du lait.
· Éviter d'utiliser des antiacides dans les deux heures qui précèdent l'ingestion du médicament puisqu'ils peuvent empêcher son absorption.

Diarrhée

· La diarrhée devrait être temporaire et ne durer que le temps que le corps s'adapte aux médicaments. Essayer le lopéramide (Imodium®) ou l'attapulgite (Kaopectate®) après s'être renseigné auprès d'un pharmacien ou d'un médecin sur les interactions médicamenteuses possibles.
· On peut atténuer la diarrhée causée par l'utilisation du lithium en prenant de petites doses réparties pendant toute la journée ou en utilisant une préparation à résorption lente. Une diarrhée soudaine peut être un signe d'empoisonnement au lithium.

EFFETS CARDIOVASCULAIRES

Certains effets sont plus fréquents au début du traitement et peuvent parfois être évités en augmentant lentement la dose utilisée. D'autres effets sont plus graves et peuvent exiger de changer le médicament prescrit. Chaque catégorie de médicaments psychiatriques peut causer des effets cardiovasculaires, bien qu'ils soient plus fréquents dans le cas de certains médicaments.

Étourdissements, évanouissements

· L'« hypotension orthostatique » s'entend de la baisse rapide de la tension artérielle (p. ex., lorsqu'une personne se lève rapidement) qui cause des étourdissements et des évanouissements.
· Se lever lentement lorsqu'on est couché ou assis et balancer les pieds.
· Des bas de soutien et des exercices pour les mollets peuvent réduire l'accumulation du sang dans les mollets.
· Prendre le médicament en doses plus petites pendant toute la journée.

Tachycardie (rythme cardiaque rapide)

· Il ne s'agit habituellement pas d'un problème grave, mais il devrait cependant être signalé au médecin.

Hypertension artérielle (tension artérielle élevée)

· Parler à un médecin de la possibilité de réduire la dose du médicament, de changer le médicament ou d'ajouter un médicament contre l'hypertension artérielle.

EFFETS SUR LE POIDS

La prise de poids est un effet secondaire commun des psychorégulateurs et des nouveaux antipsychotiques. Cet effet peut aussi se constater avec certains antidépresseurs. La cause exacte de cet effet n'est pas connue, mais il se peut qu'il soit dû à une augmentation de l'appétit et à l'envie de manger des aliments riches en glucides ou à un changement dans la façon dont le corps métabolise le glucose. Il peut aussi parfois être attribuable à un problème de rétention d'eau.

· Réduire l'ingestion de glucides et de sucre et consulter un diététicien si c'est possible.
· Accroître l'activité et l'exercice physiques.

EFFETS SECONDAIRES D'ORDRE SEXUEL

Les effets secondaires comprennent la diminution de la libido, l'éjaculation tardive, le trouble érectile, l'inhibition de l'orgasme (tant chez les hommes que chez les femmes) et des troubles menstruels. Ces effets secondaires sont sans doute ceux dont les usagers de ces médicaments ont le plus de mal à parler ouvertement, ce qui explique qu'ils ne soient pas toujours signalés. Les usagers ne fournissent habituellement pas ce genre de renseignements à moins qu'un fournisseur de soins avec lequel ils ont établi un bon rapport et en qui ils ont confiance leur pose des questions à ce sujet.

· Signaler ces effets secondaires à un médecin puisque tous les traitements supposent l'administration de médicaments.
· Ces effets secondaires disparaissent parfois avec le temps, mais il faut aussi à l'occasion changer les médicaments prescrits.

ALTÉRATION DE LA THERMORÉGULATION

Il s'agit de l'altération de la capacité de réguler les changements extrêmes de la température et de l'humidité.

· Faire preuve de prudence dans le sauna et lors de jours chauds et humides en raison des risques d'insolation accrus.
· Boire beaucoup et demeurer à l'ombre autant que possible. Porter des vêtements amples et un chapeau à larges bords.
· Éviter d'être à l'extérieur trop longtemps lorsqu'il fait très froid en raison des risques d'hypothermie accrus.

PHOTOSENSIBILITÉ

Certains médicaments peuvent accroître les risques de coups de soleil. Certains médicaments comme la carbamazépine, un psychorégulateur, peuvent causer une réaction phototoxique grave qui se manifeste notamment par des éruptions cutanées ou d'autres symptômes physiques comme la nausée.

· Éviter l'exposition prolongée au soleil. Porter des vêtements amples et un chapeau à larges bords.
· Appliquer toujours une crème solaire dont le FPS est d'au moins 15.

TRANSPIRATION ABONDANTE

· Prendre une douche quotidienne et utiliser du talc et un antisudorifique plus puissant peut contribuer à atténuer le problème.
· Il peut être nécessaire de réduire la dose des médicaments.
· Dans les cas graves, parler à un médecin au sujet des médicaments pouvant être prescrits pour contrer cet effet.

CONSEIL

L'un des plus importants rôles des fournisseurs de soins et des conseillers qui interviennent auprès des jeunes est de dépister les effets secondaires des médicaments de manière à les atténuer. Il faut pour cela créer un climat ouvert et confiant qui permette aux jeunes de pouvoir décrire librement tout symptôme indésirable des médicaments qui leur sont prescrits. Les fournisseurs de soins et les conseillers devront peut-être discuter avec le médecin de leurs clients pour voir ce qui peut être fait pour les aider. Si vous ne pouvez pas changer les médicaments prescrits à vos clients, vous pouvez les aider à faire la distinction entre des effets secondaires et des effets nocifs, lesquels doivent être signalés immédiatement, et à composer avec ces effets jusqu'à ce qu'un médecin prescrive un médicament qui leur convient mieux.

5.4 PRINCIPES DE BASE DE LA GESTION DES MÉDICAMENTS

ÉTABLIR DES OBJECTIFS DE TRAITEMENT EN CONSULTATION AVEC LE PATIENT ET SA FAMILLE

Les objectifs de traitement doivent être réalistes. Compte tenu des améliorations des médicaments psychiatriques et de notre connaissance accrue du fonctionnement du cerveau, les objectifs de traitement sont plus ambitieux que jamais. Une rémission et un rétablissement complets sont possibles, mais il faut aussi reconnaître que les médicaments ne produisent pas l'effet recherché chez tous les patients et qu'il faut souvent faire l'essai de plusieurs médicaments avant de trouver celui qui convient le mieux à un jeune donné. Il importe que le jeune et sa famille participent pleinement au processus décisionnel et qu'ils connaissent aussi tous les avantages et les risques de la pharmacothérapie proposée.

OPTIMISER LA DOSE

Il est parfois étonnant de voir quelle différence une légère modification de la dose peut avoir sur la réaction d'une personne au traitement ou comment elle peut atténuer les effets secondaires de certains médicaments. Il peut être nécessaire d'augmenter la dose administrée en cas d'épisode aigu, mais de façon générale, la dose habituelle peut être maintenue.

DÉPISTER ET ATTÉNUER LES EFFETS SECONDAIRES

Si vous pouvez amener les jeunes à discuter ouvertement avec vous des effets secondaires des médicaments qui leur sont prescrits, vous pourrez les encourager à continuer à prendre ceux-ci. Il n'est pas rare qu'un jeune cesse de prendre des médicaments après avoir subi des effets secondaires dont il n'a parlé à personne.

ÉVALUER ET RÉÉVALUER LES RÉACTIONS

La plupart des troubles psychiatriques durent toute la vie, ce qui signifie que la pharmacothérapie est souvent de durée indéterminée. Une fois qu'un épisode aigu a été traité avec succès, il importe de prêter attention à tout signe possible de rechute.

TRAITEMENT DE COURTE DURÉE PAR OPPOSITION À TRAITEMENT DE MAINTIEN

Les jeunes et leurs familles s'inquiètent souvent de la durée de la pharmacothérapie. Le traitement sera parfois de courte durée, ce qui est le cas lorsqu'un sédatif est prescrit à un jeune qui souffre temporairement d'insomnie. Lors d'une première dépression, le traitement dure au moins un an. Dans le cas du trouble bipolaire et de la schizophrénie, le traitement est habituellement indéfini afin de prévenir la réapparition des symptômes. Dans le cas d'un premier épisode de psychose, il peut être difficile de faire la distinction entre une psychose attribuable à l'usage d'alcool ou d'autres drogues et la schizophrénie. Donc, si un jeune ne présente pas de symptômes de problèmes de santé mentale pendant plusieurs mois, il peut être possible pour lui de cesser progressivement de prendre des médicaments, pourvu qu'il soit suivi de très près.

UTILISATION OPTIMALE DES MÉDICAMENTS COMME « OUTIL » DANS LE CADRE D'UN PROGRAMME DE TRAITEMENT GLOBAL

Les médicaments constituent une partie essentielle des programmes de traitement, mais ils ne sont pas le seul traitement possible. Dans de nombreux cas, les médicaments aideront à stabiliser les jeunes et leur permettront de penser clairement de manière à pouvoir participer à d'autres traitements comme la thérapie cognitivo-comportementale, la thérapie familiale, la thérapie de groupe, etc.

Suggestions générales à l'intention des usagers de médicaments :

- Ils devraient connaître le nom et la dose des médicaments qu'ils prennent et le problème que chacun d'eux vise à contrôler.
- Demandez aux clients de chiffrer la gravité de leurs symptômes sur une échelle de 1 à 10 et voyez si les médicaments permettent d'améliorer ces symptômes.
- Suggérez aux clients qu'ils prennent note des effets secondaires et qu'ils les signalent à un professionnel de la santé. (Quels sont ces effets ? Quelle est leur gravité ?)
- Rappelez aux clients de prendre leurs médicaments chaque jour. Rappelez-leur aussi l'importance de l'exercice et d'une bonne alimentation.
- Encouragez les jeunes à s'informer auprès d'un médecin ou d'un pharmacien des interactions médicamenteuses possibles avant de prendre un nouveau médicament (médicament sur ordonnance ou médicament en vente libre).
- N'oubliez pas d'encourager les jeunes clients à poser toutes les questions qu'ils pourraient avoir au sujet des médicaments qu'ils prennent.

5.5 INTERACTIONS ENTRE LES MÉDICAMENTS PSYCHIATRIQUES ET L'ALCOOL OU D'AUTRES DROGUES

Dans cette section, nous examinerons les interactions possibles entre les médicaments prescrits pour des problèmes de santé mentale et les principales drogues dont font usage les jeunes. Comme les études sur le sujet sont rares, nous devons trouver des moyens de prévoir ces effets.

PRÉVOIR LES INTERACTIONS MÉDICAMENTEUSES

Il est souvent difficile de prévoir les interactions entre les médicaments psychiatriques et l'alcool ou d'autres drogues. Il est en effet difficile, voire impossible, de déterminer la pureté, la force (puissance) et la dose de la drogue utilisée ainsi que les contaminants qu'elle peut contenir.

La plupart des renseignements dont nous disposons sur les interactions médicamenteuses se fondent sur des théories non prouvées, sur des rapports de cas et sur des expériences isolées. Une interaction médicamenteuse peut parfois être prévue en se reportant aux expériences vécues par diverses personnes utilisant des médicaments de la même catégorie qui ont des effets semblables. Les théories se fondent souvent sur les récepteurs et les neurotransmetteurs sur lesquels les diverses drogues exercent une influence ou découlent souvent de l'identification des enzymes du foie qui métabolisent chaque drogue ainsi que des voies de transmission propres au médicament et à la drogue utilisés. Des expériences sur une dose unique sont à l'occasion menées sur des volontaires bien portants dans des milieux bien contrôlés.

CONSÉQUENCES DES INTERACTIONS MÉDICAMENTEUSES

On considère que certaines interactions médicamenteuses « ne sont pas cliniquement significatives », ce qui veut dire que s'il y a bien une certaine interaction, elle n'affecte pas le jeune. Les conséquences des interactions médicamenteuses sont cependant beaucoup plus graves lorsque le jeune fait usage d'alcool ou d'autres drogues, lesquelles peuvent elles-mêmes causer des effets toxiques. Voici les principaux effets toxiques qui peuvent se manifester :

· la dépression du système nerveux central, qui au mieux prend la forme de somnolence, mais qui sous sa forme la plus grave peut mener au coma ;
· la dépression du système respiratoire, qui peut provoquer l'arrêt complet de la respiration ;
· des effets cardiaques : contraction ou dilatation des vaisseaux sanguins ou changement du rythme cardiaque qui peut amener le cœur à cesser de battre ;
· le seuil de résistance aux convulsions peut diminuer, ce qui rend les crises épileptiques possibles ;
· des effets psychiatriques comme la psychose.

INTERACTIONS MÉDICAMENTEUSES SPÉCIFIQUES

En raison du manque de données sur les interactions ainsi que de la nature expérimentale de l'usage d'alcool ou d'autres drogues, il peut être difficile de deviner quelles interactions médicamenteuses peuvent se manifester chez un jeune. Certaines combinaisons de médicaments et de drogues sont cependant fréquentes et produisent des effets connus.

Voici un guide utile et convivial sur les interactions médicamenteuses : *Cocktails: Facts for Youth About Mixing Medicine, Booze, and Street Drugs* (Collin et Paone, 2002).

Antidépresseurs et stimulants

L'usage d'un stimulant comme la cocaïne ou le méthylphénidate et d'un antidépresseur inhibiteur de la monoamine-oxydase (IMAO) peut causer l'hypertension artérielle. L'usage combiné d'un stimulant et d'un antidépresseur imipraminique peut causer une augmentation du rythme cardiaque.

Antipsychotiques et marijuana

La marijuana peut diminuer l'efficacité des antipsychotiques et accroître le risque de rechute. L'usage combiné de marijuana et de certains antipsychotiques peut aussi causer l'hypotension (tension artérielle basse) et accroître la désorientation. Des effets cumulatifs peuvent aussi se manifester avec les anticholinergiques et d'autres médicaments qui ont des effets secondaires anticholinergiques, ce qui peut notamment causer l'assèchement de la bouche, la rétention des urines, la constipation, etc.

Antipsychotiques et tabac

Le tabagisme provoque une diminution de 20 % à 100 % de la concentration dans le sang de certains antipsychotiques, ce qui signifie que les fumeurs doivent prendre une dose plus élevée de ces médicaments. Si un jeune qui prend des antipsychotiques fume moins ou cesse de fumer, la concentration dans le sang de ces médicaments augmentera, ce qui peut causer des effets secondaires pouvant parfois être toxiques. Il est donc habituellement nécessaire de réduire la dose administrée, mais le client doit être suivi de près.

Benzodiazépines et alcool

Les benzodiazépines sont utilisées pour atténuer l'anxiété. L'alcool est fréquemment utilisé pour la même raison. Cette combinaison peut entraîner un effet sédatif et la confusion, et peut causer une perte de mémoire. Elle peut aussi avoir un effet dépressif sur le système respiratoire.

Benzodiazépines et tabac

Certains des composants du tabac peuvent activer les enzymes du foie qui métabolisent le diazépam et le chlordiazépoxide. Ces médicaments sont ainsi évacués plus rapidement du corps, ce qui signifie qu'il faut accroître la dose administrée.

Lithium et caféine

La caféine agit comme un diurétique, ce qui peut aggraver l'incontinence. Ce problème peut à son tour influer sur le niveau d'eau et, par conséquent, de lithium dans le corps. La caféine peut aussi augmenter l'excrétion par les reins du lithium ainsi que les tremblements dus au lithium. Les jeunes clients qui prennent du lithium peuvent continuer de consommer un peu de caféine, mais il importe que leur consommation ne varie pas de façon trop marquée d'un jour à l'autre.

5.6 MÉDICAMENTS UTILISÉS POUR LE TRAITEMENT DES PROBLÈMES D'ALCOOL OU D'AUTRES DROGUES

Dans cette section, nous discuterons des médicaments qui sont prescrits pour traiter les problèmes d'usage d'alcool ou d'autres drogues. Il faut se souvenir que ces médicaments ne jouent qu'un rôle complémentaire et qu'ils *doivent* être combinés à d'autres traitements non pharmacologiques et à des programmes de soutien.

OBJECTIFS ET STRATÉGIES DE TRAITEMENT

Les objectifs du traitement des problèmes d'usage d'alcool ou d'autres drogues sont de réduire l'usage et les effets des drogues utilisées, de réduire la fréquence et la gravité des rechutes et d'améliorer le fonctionnement psychologique et social de l'usager. Le traitement pharmacologique des problèmes d'usage d'alcool ou d'autres drogues ne doit être vu que comme un traitement qui complète des traitements comportementaux et psychologiques. Les médicaments sont surtout utilisés pour traiter un trouble psychiatrique sous-jacent ou les complications médicales de l'usage d'alcool ou d'autres drogues. À mesure que nous en apprendrons davantage sur les effets biologiques de l'alcool ou des autres drogues sur le cerveau, nous serons mieux en mesure de déterminer l'efficacité des médicaments prescrits pour traiter les problèmes d'usage d'alcool ou d'autres drogues.

Voici certains des traitements pharmacologiques qui existent actuellement :
· traitement des symptômes de sevrage et des complications connexes ;
· traitement de substitution dans le cadre duquel la drogue est remplacée par un médicament qui est moins susceptible de donner lieu à un problème d'usage ;
· thérapie antagoniste pour bloquer les effets d'une drogue ;
· thérapie aversive pour décourager l'usage de la drogue.

Traitement des symptômes de sevrage et des complications connexes

Le traitement du sevrage vise surtout à atténuer les symptômes ressentis (p. ex., les symptômes de sevrage précis sont traités à mesure qu'ils se manifestent). Voici certains exemples de médicaments prescrits pour traiter le sevrage :
· un antiémétique pour traiter la nausée et le vomissement (p. ex., le dimenhydrinate [Gravol®]) ;
· des médicaments anti-inflammatoires non stéroïdiens (AINS) pour les douleurs dans les muscles et les articulations et les maux de dos (p. ex., l'ibuprofen [Advil®], le naproxen) ;
· un agent anti-diarrhéique pour la diarrhée (p. ex., le lopéramide [Imodium®]) ;
· un sédatif non apparenté aux benzodiazépines pour l'insomnie (p. ex., antidépresseur sédatif à faible dose comme le trazodone) ;
· la clonidine pour les symptômes hyperadrénergiques comme l'augmentation du rythme cardiaque, de la tension artérielle et de la transpiration.

Les benzodiazépines comme le diazépam (Valium®) or le lorazépam (Ativan®) sont très utiles pour réduire les symptômes et l'incidence du délire et des convulsions attribuables au sevrage de l'alcool. Les clients commencent par prendre d'importantes doses de mise en charge qui sont calculées en se reportant à une liste de vérification des symptômes. Ces doses sont ensuite progressivement réduites sur plusieurs jours.

La thiamine (vitamine B1) est utilisée pour le sevrage aigu de l'alcool éthylique pour prévenir les complications neurologiques comme l'encéphalopathie de Gayet-Wernicke qui peut se produire chez les personnes ayant des problèmes d'alcoolisme chronique qui souffrent d'une carence en thiamine. Les symptômes ressentis comprennent des troubles liés à la motilité oculaire, des altérations papillaires, le nystagmus et de l'ataxie accompagnée de convulsions.

Traitement de substitution

L'usage de la méthadone, un opioïde synthétique, dans le traitement de la dépendance aux opioïdes, y compris des stupéfiants d'ordonnance et de l'héroïne, est un exemple de traitement de substitution. La méthadone fait disparaître les symptômes de sevrage à d'autres opioïdes ainsi que les envies chroniques sans développer de tolérance ou produire l'euphorie.

Pour empêcher son administration par intraveineuse et pour en masquer le goût amer, la méthadone est mélangée à du jus d'orange. Elle est rapidement absorbée par le corps sous cette forme et a une longue demi-vie, laquelle va de 13 à 55 heures, la demi-vie moyenne étant de 35 heures. La durée de l'action de la méthadone augmente lorsqu'elle est utilisée sur une longue période. La méthadone elle-même peut aussi créer une dépendance et l'usager doit donc de faire cesser d'en consommer très lentement pour éviter de ressentir des symptômes de sevrage et une rechute.

Parmi les effets secondaires de la méthadone, mentionnons ceux-ci :
- *Système nerveux central (SNC)* : somnolence, insomnie, dysphorie, faiblesse, étourdissements, sensation de vertige et nervosité.
- *Système gastro-intestinal (GI)* : nausée, vomissements, constipation chronique, diminution de l'appétit et assèchement de la bouche.
- *Autres* : transpiration, bouffées vasomotrices, impuissance et problèmes éjaculatoires.

La prescription et la distribution de méthadone au Canada est un processus soigneusement réglementé. Les patients et les pharmaciens visés doivent être inscrits auprès de l'instance de réglementation provinciale ou du Bureau de la surveillance des médicaments. Le pharmacien n'a pas besoin de permis spécial, mais ce ne sont pas toutes les pharmacies qui distribuent de la méthadone. Le pharmacien observe habituellement les clients lorsqu'ils prennent leur dose, mais lorsque ceux-ci participent au programme depuis un certain temps et y réagissent bien, ils peuvent obtenir des doses qu'ils peuvent prendre à la maison. Ils doivent conserver ces doses hors de portée des enfants et d'autres adultes puisqu'une seule dose de méthadone peut être fatale si elle est consommée par une autre personne que le client. Les personnes qui participent à ce traitement de substitution doivent aussi subir des tests de dépistage de drogue dans l'urine et participer à des séances de counselling individuel ou de groupe.

Thérapie antagoniste

L'administration du naltrexone (Revia®) est un exemple de traitement antagoniste visant à bloquer les effets des opioïdes. Le naltrexone a une grande affinité avec le récepteur sigma et est utilisé comme un traitement complémentaire pour renforcer l'abstinence après un traitement de désintoxication pour la dépendance aux opioïdes ou à l'alcool. Le traitement est particulièrement indiqué lorsque la motivation du client est très grande.

Le recours au naltrexone *peut précipiter le sevrage* si la désintoxication aux opioïdes n'est pas complète et le traitement doit donc commencer moins de sept à dix jours après le dernier usage d'opioïdes. La drogue commence à produire des effets rapidement et peut parfois être administrée tous les trois jours. Le naltrexone est contre-indiqué pour les personnes souffrant d'hépatite aiguë ou d'insuffisance hépatique. Le blocage des opioïdes peut être renversé avec l'administration de très importantes doses d'opioïdes, ce qui peut produire une surdose fatale.

Parmi les effets secondaires du naltrexone, mentionnons ceux-ci :
- *SNC* : insomnie, anxiété, nervosité, dysphorie, dépression, léthargie, fatigue, confusion et maux de tête.
- *GI* : crampes abdominales, nausée, vomissements et perte de poids.
- *Autres* : douleurs dans les articulations et douleurs musculaires.

Thérapie aversive

Le disulfirame (anciennement vendu sous le nom d'Antabuse®), est un exemple de thérapie aversive visant à décourager la consommation d'alcool. Ce médicament bloque la dégradation des métabolites toxiques de l'alcool (acétaldéhyde), causant une accumulation dans le corps. Les symptômes qui se manifestent lorsque le disulfirame est combiné à l'alcool sont la nausée, les bouffées vasomotrices, l'assèchement de la bouche, la transpiration, des douleurs pulsatiles à la tête et des palpitations. Bien que l'Antabuse ne soit plus fabriqué au Canada, les pharmacies qui font des préparations peuvent faire des capsules en utilisant de la poudre de disulfirame. Ce traitement n'est pas recommandé pour les jeunes.

Nouvelles options en matière de traitements pharmacologiques

La buprénorphine, qui n'est actuellement disponible au Canada que par l'entremise du Programme d'accès spécial, est une autre option pour le traitement de la dépendance aux opioïdes. La buprénorphine présente les avantages suivants : risques moins grands de décès attribuables à une surdose, symptômes de sevrage moins marqués lorsque le patient diminue son usage et facilité relative avec laquelle il est possible de trouver la dose optimale (dans un délai de quelques jours par opposition à plusieurs semaines pour la méthadone). La buprénorphine s'est révélée aussi efficace que des doses peu élevées de méthadone (20 à 60 milligrammes), ce qui expliquerait en partie que ce soit peut-être une meilleure option que la méthadone dans le cas des adolescents.

La buprénorphine est un agoniste partiel des opioïdes avec une affinité pour les récepteurs m du cerveau et des propriétés antagonistes sur les récepteurs k, ce qui signifie qu'elle ne fonctionne pas tout à fait comme la méthadone. Comme elle peut partiellement bloquer les effets d'autres opioïdes, la buprénorphine peut précipiter le sevrage chez les personnes qui font toujours usage d'opioïdes.

Le médicament est administré en prise sublinguale puisque sa biodisponibilité est faible (p. ex., une quantité insuffisante de médicament actif parvient dans la circulation sanguine et aux sites d'action). Un client doit conserver un comprimé sous la langue pendant quelques minutes jusqu'à ce qu'il fonde et puisse être absorbé directement dans le sang. Comme pour la méthadone, le pharmacien observe habituellement le processus. La concentration maximale dans le sang est atteinte 60 à 90 minutes après l'ingestion et la durée d'action du médicament est d'au moins 24 heures. Les effets secondaires de la buprénorphine sont semblables à d'autres opioïdes (p. ex., effet sédatif, constipation, nausée, etc.) bien qu'elle soit moins susceptible de causer une dépression grave du système respiratoire en cas de surdose.

ANNEXE A : FACTEURS DE RISQUE ET FACTEURS DE PROTECTION POUR LES PROBLÈMES POTENTIELS D'USAGE D'ALCOOL OU DE DROGUES ET DE SANTÉ MENTALE

FACTEURS DE RISQUE	PROBLÈMES POTENTIELS D'USAGE D'ALCOOL OU D'AUTRES DROGUES ET DE SANTÉ MENTALE CHEZ LES JEUNES	FACTEURS DE PROTECTION
Expérience prénatale Mauvaise alimentation et exposition aux lésions, aux infections et aux toxines, y compris aux substances comme le tabac, l'alcool et les drogues (dans l'utérus ou après la naissance)	• Anomalies biologiques et neurologiques, syndrome/effets de l'alcoolisme fœtal (maintenant appelé Trouble du spectre de l'alcoolisation fœtale) et anomalies biologiques et neurologiques connexes; faible poids à la naissance et problèmes de développement subséquents. • Les nourrissons manifestant des comportements inhibés peuvent être excessivement gênés et avoir une personnalité évitante durant la petite enfance et peuvent par la suite souffrir de phobie sociale et d'anxiété (Patterson, 2002). • La consommation d'alcool par la mère durant la grossesse est associée à des problèmes d'usage d'alcool ou d'autres drogues chez les jeunes (Ballon, sous presse).	
Situation familiale	• La famille « est l'influence la plus importante sur la santé mentale des enfants » (Patterson, 2002).	• Liens familiaux étroits (NIDA, 1997). • Liens positifs avec les membres de la famille étendue.
Compétences parentales inadéquates	• L'absence chez les parents de compétences parentales adéquates, en particulier lorsque les enfants ont une personnalité difficile ou des troubles comportementaux, est associée à des problèmes d'usage d'alcool ou d'autres drogues chez les jeunes (National Institute on Drug Abuse [NIDA], 1997).	• Discipline et limites appropriées à l'âge de l'enfant (parents exerçant leur autorité parentale).
Famille monoparentale	• Les jeunes provenant de familles monoparentales sont davantage susceptibles de connaître des problèmes d'internalisation comme la dépression ou l'anxiété (Adlaf et coll., 2002).	• Famille stable comportant deux parents.

ANNEXE A : FACTEURS DE RISQUE ET FACTEURS DE PROTECTION POUR LES PROBLÈMES POTENTIELS D'USAGE D'ALCOOL OU DE DROGUES ET DE SANTÉ MENTALE

FACTEURS DE RISQUE	PROBLÈMES POTENTIELS D'USAGE D'ALCOOL OU D'AUTRES DROGUES ET DE SANTÉ MENTALE CHEZ LES JEUNES	FACTEURS DE PROTECTION
Situation familiale (suite) Absence d'attachement mutuel et de stimulation dans la famille	• Facteur associé aux problèmes d'usage d'alcool ou d'autres drogues chez les jeunes (NIDA, 1997).	• Une bonne relation nourrisson/fournisseur de soins (un attachement solide est le fondement de la santé mentale tout au long de la vie) et une relation parent-enfant solide à mesure que l'enfant grandit (lien étroit, chaleur, confiance, communication ouverte).
Qualité de la relation parent-enfant	• Facteur associé à la présence de problèmes d'internalisation et d'externalisation chez les jeunes. Les élèves jugeant avoir une faible relation avec leurs parents sont plus susceptibles de dire souffrir d'une mauvaise estime de soi et de symptômes de dépression et d'avoir des idées suicidaires. Ils sont aussi plus susceptibles de signaler un problème de jeu pathologique et de faire usage de drogues illicites (Adlaf et coll., 2002).	• Bonne communication parent-enfant et attachement solide.
Surveillance parentale	• Le niveau de surveillance parentale est lié à la présence de problèmes d'internalisation et d'externalisation. Les élèves qui signalent que leurs parents ne surveillent habituellement pas leurs allées et venues sont plus susceptibles de signaler une détresse psychologique élevée, des idées suicidaires, des comportements délinquants, de boire de façon dangereuse et de faire usage de drogues illicites (Adlaf et coll., 2002).	• Surveillance parentale, règles de comportement claires au sein de la famille et participation des parents à la vie des enfants (NIDA, 1997).
Vie familiale turbulente, dysfonctionnement familial	• Une vie familiale turbulente est associée à des problèmes d'usage d'alcool ou d'autres drogues chez les jeunes (Schwartz, 1997). Le dysfonctionnement familial est un facteur important permettant de prédire des troubles psychiatriques chez les enfants (Offord et coll., 1989).	
Exposition à la violence au foyer	• L'exposition à la violence, en particulier la violence dirigée vers la mère, peut entraîner pour les filles un risque accru qu'elles deviennent victimes de violence dans leurs propres relations intimes et peut entraîner pour les garçons un risque accru qu'ils	

ANNEXE A : FACTEURS DE RISQUE ET FACTEURS DE PROTECTION POUR LES PROBLÈMES POTENTIELS D'USAGE D'ALCOOL OU DE DROGUES ET DE SANTÉ MENTALE

FACTEURS DE RISQUE	PROBLÈMES POTENTIELS D'USAGE D'ALCOOL OU D'AUTRES DROGUES ET DE SANTÉ MENTALE CHEZ LES JEUNES	FACTEURS DE PROTECTION
Situation familiale (suite)	commettent des actes de violence dans leurs propres relations intimes (ministère de la Justice du Canada, 2000). • Les enfants peuvent adopter le comportement violent dont ils sont les témoins et s'immiscer dans le conflit. Cette exposition à la violence peut se traduire chez ces enfants par des problèmes comportementaux, des relations avec des pairs antisociaux, des échecs scolaires et l'adoption à un jeune âge de comportements délinquants (Patterson, 2002). L'exposition à la violence constitue un prédicteur de problèmes à long terme dont la criminalité et les problèmes de santé mentale (Schwartz, 1997).	
Attitudes familiales permissives à l'égard de l'usage d'alcool et d'autres drogues	• Facteur associé aux problèmes d'usage d'alcool ou d'autre drogues chez les jeunes (Ballon, sous presse).	
Problèmes d'usage d'alcool ou d'autres drogues et de santé mentale chez les parents (naturels ou adoptifs)	• Les milieux familiaux qui sont chaotiques en raison du fait que les parents ont des problèmes d'usage d'alcool ou d'autres drogues et de santé mentale sont associés aux problèmes d'usage d'alcool ou d'autres drogues chez les jeunes (Ballon, sous presse; NIDA, 1997). Les parents qui ont une personnalité antisociale et les mères atteintes de dépression sont associés aux problèmes d'usage d'alcool ou d'autres drogues chez les jeunes (Ballon, sous presse). Les parents qui sont déprimés ou qui souffrent d'autres formes de psychopathologie sont associés aux problèmes de santé mentale chez leurs enfants. Ces parents ont tendance à avoir des compétences parentales inadéquates, à exercer moins de discipline et de surveillance et sont susceptibles d'être excessivement irritables et critiques. Ils ont aussi tendance à négliger leurs enfants et à avoir du mal à faire face aux difficultés de la vie (Patterson, 2002).	

ANNEXE A : FACTEURS DE RISQUE ET FACTEURS DE PROTECTION POUR LES PROBLÈMES POTENTIELS D'USAGE D'ALCOOL OU DE DROGUES ET DE SANTÉ MENTALE

FACTEURS DE RISQUE	PROBLÈMES POTENTIELS D'USAGE D'ALCOOL OU D'AUTRES DROGUES ET DE SANTÉ MENTALE CHEZ LES JEUNES	FACTEURS DE PROTECTION
Situation familiale (suite) Mauvais traitements physiques ou psychologiques et violence sexuelle	• Les mauvais traitements physiques et la violence sexuelle augmentent les risques qu'un enfant souffre de troubles psychiatriques comme le SSPT, les troubles des conduites, la dépression et un fonctionnement social inadéquat (Patterson, 2002). Les mauvais traitements physiques et la violence sexuelle sont associés aux problèmes d'usage d'alcool ou d'autres drogues chez les jeunes (Ballon, sous presse). Les mauvais traitements psychologiques sont associés à toute une gamme de problèmes de santé mentale (Patterson, 2002). Des niveaux élevés de critiques et de mépris (émotions exprimées) augmentent la probabilité de problèmes de santé mentale (Patterson, 2002).	
Événements familiaux qui sont source de stress	• La mort d'un parent ou le divorce augmentent les risques de problèmes de santé mentale. Ces risques sont fonction de l'âge de l'enfant, de la fréquence de changements permanents dans sa vie et de l'accès à des ressources lui permettant de faire face aux difficultés de la vie (Patterson, 2002).	
Situation individuelle Patrimoine génétique	• Des facteurs génétiques sont liés à l'autisme, au trouble bipolaire, à la schizophrénie et au trouble d'hyperactivité avec déficit de l'attention (Patterson, 2002).	• Intelligence innée (patrimoine génétique auquel s'ajoute une stimulation environnementale et des expériences précoces).
Tempérament et facteurs biologiques, y compris la tendance à vouloir ressentir des émotions fortes, le dérèglement affectif, une mauvaise maîtrise du comportement (p. ex., déficits au plan planification, attention, raisonnement, jugement, contrôle de la motricité et gestion de la colère/agressivité)	• Facteur associé aux problèmes d'usage d'alcool ou d'autres drogues chez les jeunes (Ballon, sous presse).	• Tempérament sociable.

ANNEXE A : FACTEURS DE RISQUE ET FACTEURS DE PROTECTION POUR LES PROBLÈMES POTENTIELS D'USAGE D'ALCOOL OU DE DROGUES ET DE SANTÉ MENTALE

FACTEURS DE RISQUE	PROBLÈMES POTENTIELS D'USAGE D'ALCOOL OU D'AUTRES DROGUES ET DE SANTÉ MENTALE CHEZ LES JEUNES	FACTEURS DE PROTECTION
Situation individuelle (suite) Faible ressort psychologique, faible estime de soi, dérèglement affectif et compétences sociales inadéquates	• Facteur associé aux problèmes d'usage d'alcool ou d'autres drogues chez les jeunes (Ballon, sous presse).	• Compétence personnelle.
Troubles psychiatriques, y compris le THADA, les troubles des conduites, les difficultés d'apprentissage, les troubles des humeurs, la schizophrénie, les troubles de l'alimentation, les troubles anxieux et les troubles somatoformes	• Le THADA, les troubles des conduites et les difficultés d'apprentissage tendent à se manifester dans l'enfance et peuvent accroître par la suite le risque de problèmes d'usage d'alcool ou d'autres drogues (Ballon, sous presse).	
Comportement antisocial ou gêne ou agressivité inappropriée dans la classe	• Facteur associé aux problèmes d'usage d'alcool ou d'autres drogues (NIDA, 1997; Schwartz, 1997).	• Réalisations/succès scolaires (NIDA, 1997).
Maladie ou incapacité chronique	• Un niveau de stress plus élevé et des défis développementaux plus grands accroissent les risques de problèmes émotifs et sociaux. Les risques augmentent lorsque les parents ont du mal à s'adapter à la situation ou ont difficilement accès aux ressources médicales et scolaires voulues (Patterson, 2002).	
Compétences sociales/compétences interpersonnelles inadéquates	• Facteur associé aux problèmes d'usage d'alcool ou d'autres drogues chez les jeunes (Ballon, sous presse; NIDA, 1997; Schwartz, 1997).	• Bonnes compétences sociales
Usage d'alcool ou d'autres drogues/Usage précoce d'alcool ou d'autres drogues	• L'usage d'alcool ou d'autres drogues peut causer des symptômes psychiatriques (Trupin et Boesky, 2001). • Le fait de commencer à faire usage d'alcool ou d'autres drogues à un jeune âge est associé aux problèmes d'usage d'alcool ou d'autres drogues (Schwartz, 1997).	• Adoption des normes classiques en matière d'usage d'alcool ou d'autres drogues (NIDA, 1997).

ANNEXE A : FACTEURS DE RISQUE ET FACTEURS DE PROTECTION POUR LES PROBLÈMES POTENTIELS D'USAGE D'ALCOOL OU DE DROGUES ET DE SANTÉ MENTALE

FACTEURS DE RISQUE	PROBLÈMES POTENTIELS D'USAGE D'ALCOOL OU D'AUTRES DROGUES ET DE SANTÉ MENTALE CHEZ LES JEUNES	FACTEURS DE PROTECTION
Situation individuelle (suite) Usage de drogues d'introduction	• L'usage de substances d'introduction comme les cigarettes, l'alcool et le cannabis est associé aux problèmes d'usage d'alcool ou d'autres drogues chez les jeunes (Ballon, sous presse).	
Âge (et changement d'année d'études)	• La prévalence des problèmes de santé mentale augmente avec l'année d'études durant l'adolescence. À titre d'exemple, le passage de la 7e à la 8e année (jeunes âgés de 12 ou 13 ans) est associé à des risques accrus d'idées suicidaires, de délinquance et de consommation d'alcool dangereuse (Adalf et coll., 2002). • La prévalence de problèmes de santé mentale atteint un sommet en 10e et 11e année (jeunes âgés de 15 ou 16 ans). Entre la 10e et la 11e année, les risques de faible estime de soi, de détresse psychologique et de consommation d'alcool dangereuse augmentent. Les jeunes en 13e année sont plus susceptibles d'avoir un problème de jeu pathologique et une consommation d'alcool dangereuse que ceux de 12e année (Adlaf et coll., 2002). • Les risques de consommation d'alcool dangereuse et d'usage de drogues illicites (y compris le cannabis) augmentent entre la 8e et la 9e année (jeunes âgés de 13 et 14 ans). Les jeunes de 10e année (âgés de 15 ans) sont plus susceptibles d'avoir une consommation d'alcool dangereuse que ceux de 9e année (Adlaf et coll., 2002).	
Relations avec les pairs Taquineries, harcèlement et rejet des pairs	• Peut aliéner le jeune, contribuer aux troubles des conduites et à la violence et susciter une aversion pour l'école ainsi que pour les interactions sociales (Patterson, 2002).	• Les relations avec les groupes de pairs qui favorisent les réalisations scolaires et l'intérêt pour l'école contribuent à développer le sentiment de compétence chez les jeunes et à assurer leur bonne santé mentale.

FACTEURS DE RISQUE	PROBLÈMES POTENTIELS D'USAGE D'ALCOOL OU D'AUTRES DROGUES ET DE SANTÉ MENTALE CHEZ LES JEUNES	FACTEURS DE PROTECTION
Relations avec les pairs (suite) Actes de violence de la part des pairs à l'école	• Traumatisent les élèves et contribuent à faire naître l'anxiété et d'autres types de troubles (Patterson, 2002).	
Pressions négatives de la part des pairs, modèles de comportements déviants et malsains	• Peut avoir une incidence négative sur la santé mentale, en particulier lors des périodes de transition importantes comme celles de la puberté ou du changement d'école (Patterson, 2002).	
Absence de modèles positifs ou idéalisation des modèles négatifs	• Facteur associé aux problèmes d'usage d'alcool ou d'autres drogues chez les jeunes (Ballon, sous presse).	
Le fait de se tenir avec des pairs ayant des comportements déviants ou avec des pairs qui ont des problèmes comportementaux ou des problèmes d'usage d'alcool ou d'autres drogues	• Facteur associé aux problèmes d'usage d'alcool ou d'autres drogues chez les jeunes (Ballon, sous presse; NIDA, 1997).	
Culture de la minceur parmi les jeunes femmes	• Les troubles de l'alimentation peuvent se développer chez les filles qui sont fortement influencées par des pairs qui souscrivent à la « culture de la minceur » (Patterson, 2002).	
Environnement scolaire et communautaire/conditions sociales Approbation perçue de l'usage de l'alcool ou d'autres drogues parmi les pairs et dans l'environnement scolaire et communautaire	• Facteur associé aux problèmes d'usage d'alcool ou d'autres drogues chez les jeunes (NIDA, 1997).	• Relation solide avec les institutions prosociales comme la famille, l'école et les organismes religieux (NIDA, 1997).
Mauvais résultats scolaires	• Les jeunes qui ne réussissent pas bien à l'école sont plus susceptibles d'adopter des comportements risqués. Les élèves qui disent avoir une moyenne d'au plus C sont plus susceptibles de signaler une faible estime de soi. Ils sont aussi plus susceptibles de signaler des problèmes d'externalisation comme la délinquance, le jeu pathologique, la consommation d'alcool dangereuse et l'usage de drogues illicites	

FACTEURS DE RISQUE	PROBLÈMES POTENTIELS D'USAGE D'ALCOOL OU D'AUTRES DROGUES ET DE SANTÉ MENTALE CHEZ LES JEUNES	FACTEURS DE PROTECTION
Environnement scolaire et communautaire/conditions sociales (suite)	(Adlaf et coll., 2002). L'échec scolaire est associé aux problèmes d'usage d'alcool ou d'autres drogues (NIDA, 1997).	
Manque d'attachement à l'école	• Les jeunes qui ne ressentent aucun attachement pour leur école ou aucun lien avec elle sont plus susceptibles d'avoir des problèmes d'internalisation comme le manque d'estime de soi, la dépression et les idées suicidaires. Ils sont aussi plus susceptibles de signaler l'usage de drogues illicites (abstraction faite du cannabis) (Adlaf et coll., 2002).	• Relations positives avec des adultes, y compris des leaders religieux ou des enseignants.
Fécoles de mauvaise qualité	• Les jeunes qui ont l'impression que leur sécurité est menacée à l'école sont plus susceptibles de ressentir des problèmes d'internalisation comme le manque d'estime de soi, des symptômes dépressifs, de la détresse psychologique et des idées suicidaires. Ils sont cependant moins susceptibles de faire usage de drogues illicites (Adlaf et coll., 2002).	• Liens positifs et dynamiques entre les familles et les écoles. Insistance sur la participation des parents à la vie scolaire et communication efficace entre l'école et eux.
Écoles de mauvaise qualité	• Les écoles qui n'ont pas des attentes scolaires suffisamment élevées, où les relations entre enseignants, parents et personnel scolaire sont difficiles et qui ne sont pas dirigées de façon efficace accroissent les risques de problèmes de comportement et de dépression chez les jeunes (Patterson, 2002).	• Liens positifs et juste équilibre chez les parents entre la vie professionnelle et la vie familiale et milieux de travail qui permettent de concilier vie professionnelle et vie familiale.
Faible revenu/statut socioéconomique peu élevé	• La pauvreté et les privations sont des prédicteurs de problèmes à long terme comme la criminalité, les problèmes de santé mentale et la dépendance à l'aide de l'État (Schwartz, 1997). Un faible revenu familial est un important prédicteur de troubles psychiatriques chez les enfants (Offord et coll., 1989). Le stress économique que ressentent les familles a une incidence sur la santé mentale des enfants, en particulier dans le contexte de problèmes comme les conflits familiaux, les problèmes de santé mentale et	• Des politiques sociales publiques qui assurent aux familles un revenu adéquat, qui accordent aux collectivités les ressources voulues pour favoriser la vie familiale, donnent aux parents les moyens de stimuler leurs enfants et favorisent le développement sain des enfants et leur santé mentale.

ANNEXE A : FACTEURS DE RISQUE ET FACTEURS DE PROTECTION POUR LES PROBLÈMES POTENTIELS D'USAGE D'ALCOOL OU DE DROGUES ET DE SANTÉ MENTALE

FACTEURS DE RISQUE	PROBLÈMES POTENTIELS D'USAGE D'ALCOOL OU D'AUTRES DROGUES ET DE SANTÉ MENTALE CHEZ LES JEUNES	FACTEURS DE PROTECTION
Environnement scolaire et communautaire/conditions sociales (suite)	d'usage d'alcool ou d'autres drogues qui peuvent en découler (Patterson, 2002). Un statut socioéconomique peu élevé est associé aux problèmes d'usage d'alcool ou d'autres drogues chez les jeunes (Ballon, sous presse).	
Problèmes dans la communauté ou dans le quartier	• Les activités des gangs criminels et le manque de sécurité communautaire sont associés aux problèmes d'usage d'alcool ou d'autres drogues chez les jeunes (Ballon, sous presse). • Des difficultés économiques prolongées ont des effets négatifs sur les relations familiales et augmentent la possibilité que des jeunes connaissent d'autres problèmes au sein de leur collectivité qui menacent leur bien-être, y compris la violence, le trafic de drogues, l'agressivité des pairs, l'appartenance à des gangs, l'usage d'alcool ou d'autres drogues, l'école buissonnière et l'échec scolaire et des démêlés avec la justice. Les communautés pauvres ont tendance à connaître des troubles sociaux, des manquements à la civilité, une mobilité résidentielle élevée et des liens sociaux faibles. Le fait de ressentir de façon soutenue la crainte d'être victime d'un crime est associé à la détérioration de la santé mentale. Les enfants qui proviennent de communautés pauvres risquent de devenir des adultes en colère ayant perdu tout espoir (Patterson, 2002). • Tant la disponibilité de l'alcool et d'autres drogues que le trafic des drogues sont associés aux problèmes d'usage d'alcool ou d'autres drogues (NIDA, 1997).	• Le capital social, y compris les liens entre les voisins et le sentiment d'appartenance à la communauté. Le capital social est associé à un sentiment de compétence collectif, à l'organisation communautaire, à la socialisation collective, à des ressources communautaires accrues, à l'information sur les ressources sociales et à l'accès à ces ressources (Patterson, 2002). • Ressources en santé et en éducation coordonnées, complètes, abordables et de qualité. • Disponibilité de ressources communautaires adaptées à l'âge des enfants comme de bons services de garde, bibliothèques, parcs, installations récréatives, etc.
Discrimination et racisme	• La discrimination et le racisme augmentent les risques auxquels font face les groupes de jeunes marginalisés.	

Adaptation des ressources suivantes : Adlaf et coll. (2002); National Institute on Drug Abuse (NIDA) (1997); Offord et coll. (1989); Patterson (2002); Schwartz (1997); Trupin et Boesky (2001). Veuillez noter que ces renseignements ne sont ni exhaustifs ni présentés en ordre de priorité.

ANNEXE B : SERVICES DE TRAITEMENT DE LA TOXICOMANIE ET DE SANTÉ MENTALE POUR LES JEUNES EN ONTARIO : APERÇU COMPARATIF

APERÇU COMPARATIF	SERVICES DE TRAITEMENT DE LA TOXICOMANIE POUR LES JEUNES	SERVICES DE SANTÉ MENTALE POUR LES JEUNES
Financement et mandat	Le ministère de la Santé et des Soins de longue durée de l'Ontario finance la plupart des services de traitement de la toxicomanie en Ontario. Les services ont des critères d'admission qui varient pour ce qui est de l'âge. Certains services, y compris la plupart des services d'évaluation et d'orientation, acceptent des clients jusqu'à l'âge de 99 ans. Les programmes pour patients externes pour lesquels l'âge est un critère d'admission acceptent généralement des jeunes à partir de l'âge de 12 ans. Certains programmes ne s'adressent qu'aux jeunes adultes (de 16 à 24 ans environ) tandis que d'autres ne s'adressent qu'aux adolescents.	Il existe deux types de services de santé mentale pour les jeunes en Ontario : • Les services hospitaliers (lits dans des hôpitaux psychiatriques, des hôpitaux généraux ou des établissements spécialisés) sont financés par le ministère de la Santé et des Soins de longue durée de l'Ontario. La disponibilité des services psychiatriques varie beaucoup dans la province. Certaines collectivités ont accès à des services très spécialisés, mais d'autres n'ont accès qu'aux services offerts dans les hôpitaux généraux, et d'autres encore n'ont pas du tout accès à des services psychiatriques. Dans certains cas, les jeunes sont acceptés dans des services psychiatriques pour adultes. • Les services communautaires et multidisciplinaires de santé mentale pour enfants sont financés par le ministère des Services sociaux et communautaires/ministère des Services à l'enfance de l'Ontario. Le secteur de la santé mentale des enfants est lié aux interventions médicales dans le domaine de la santé mentale pour enfants, mais il en est également distinct. Il existe un certain financement croisé et les centres dans certaines collectivités ont établi des protocoles avec des services hospitaliers. Dans de nombreuses collectivités, il n'existe aucun lien officiel entre le centre de santé mentale pour enfants et l'hôpital. En pratique cependant, les hôpitaux peuvent orienter vers des centres de santé mentale les jeunes auxquels ils donnent leur congé. Les centres peuvent avoir besoin de l'aide des hôpitaux en situation de crise (p.ex., lorsqu'un jeune a besoin d'être hospitalisé pour un trouble de l'alimentation ou pour une tentative de suicide). Chacun des 85 centres de santé mentale pour enfants en Ontario sert un groupe d'âge particulier qui varie d'un centre à l'autre. Certains servent les enfants jusqu'à l'âge de 6 ans; d'autres servent les jeunes jusqu'à l'âge de 16 ou de 18 ans; d'autres encore servent les jeunes dans la vingtaine. Certains centres se spécialisent dans le traitement de certains troubles particuliers.

ANNEXE B : SERVICES DE TRAITEMENT DE LA TOXICOMANIE ET DE SANTÉ MENTALE POUR LES JEUNES EN ONTARIO : APERÇU COMPARATIF

APERÇU COMPARATIF	SERVICES DE TRAITEMENT DE LA TOXICOMANIE POUR LES JEUNES	SERVICES DE SANTÉ MENTALE POUR LES JEUNES
Fournisseurs de soins et services	Les membres des services de traitement de la toxicomanie possèdent des antécédents professionnels et une formation variés. Ils peuvent être : • des conseillers en toxicomanie accrédités; • des infirmières ou des infirmiers; • des travailleurs sociaux; • des psychologues; • des psychiatres. Les centres d'évaluation/d'orientation offrent des services initiaux (première enquête, accueil, dépistage) ainsi que des services d'évaluation et d'orientation. Ils n'offrent que du counseling de courte durée (jusqu'à quatre séances). Dans les collectivités plus grandes cependant, d'autres services communautaires de traitement de la toxicomanie s'occupent aussi d'évaluation et d'orientation. Les clients ayant besoin d'autres types de soins sont orientés vers les services communautaires (ou en consultation externe), vers des centres de traitement de jour/de soirée ou vers des services en établissement. La vaste majorité des services de traitement des problèmes d'usage d'alcool ou d'autres drogues pour les jeunes sont des services communautaires (en consultation externe). Les programmes de traitement communautaires (en consultation externe) sont des programmes moins intensifs dans le cadre desquels les jeunes participent à des séances de traitement hebdomadaires (individuelles ou de groupe). Certains programmes de jour (ou de soirée) offrent un traitement quotidien plus intensif. Ces programmes peuvent aussi comporter une composante scolaire (aux termes de l'article 19 de la *Loi sur l'éducation*).	Selon le milieu visé, les traitements de santé mentale pour les jeunes peuvent être dispensés par • des psychiatres; • des infirmières ou des infirmiers; • des psychologues; • des travailleurs sociaux; • des travailleurs auprès des enfants et des adolescents. Le personnel des centres de santé mentale se compose surtout de travailleurs sociaux et de travailleurs auprès des enfants et des adolescents. Ces centres peuvent aussi avoir accès à des consultations psychiatriques (par l'entremise de la télépsychiatrie ou d'un psychiatre qui travaille sur place pendant quelques jours par semaine). La vaste majorité des services de santé mentale pour les enfants sont des services pour patients externes. Certains programmes de traitement de jour comportent une composante scolaire (aux termes de l'article 19 de la *Loi sur l'éducation*). Dans ces programmes, les classes comptent peu d'élèves et les enseignants travaillent étroitement avec un travailleur auprès des jeunes qui offre un soutien

APERÇU COMPARATIF	SERVICES DE TRAITEMENT DE LA TOXICOMANIE POUR LES JEUNES	SERVICES DE SANTÉ MENTALE POUR LES JEUNES
Fournisseurs de soins et services (suite)	Le traitement en établissement de courte ou de longue durée est difficilement accessible dans de nombreuses parties de la province. Un petit nombre de programmes de lutte contre la toxicomanie en Ontario sont mis en œuvre dans les hôpitaux; quelques-uns de ces programmes s'adressent spécifiquement aux jeunes tandis que d'autres n'acceptent que des jeunes de 16 ans et plus. Dans certains cas, les jeunes peuvent être orientés vers : • des programmes de courte et de longue durée comme des centres de réadaptation pour toxicomanes, des maisons de transition, des foyers de transition à surveillance minimale et des communautés thérapeutiques, bien que la plupart d'entre eux ne s'adressent pas aux jeunes. • des services en établissement existants dans d'autres secteurs en collaboration avec un programme de jour de traitement des toxicomanes (p. ex., les jeunes peuvent demeurer en garde en milieu ouvert, dans des centres de santé mentale pour les jeunes ou dans des foyers de groupe et suivre un traitement de jour/de soirée dans la collectivité) (Schwartz, 1997). Il n'y a pas de services de gestion du sevrage spécifiquement destinés aux jeunes en Ontario. Les jeunes reçoivent habituellement du soutien dans la collectivité au lieu d'être envoyés dans des centres de désintoxication pour adultes. Divers modèles de services communautaires de gestion du sevrage sont mis à l'essai dans la province.	comportemental/émotif. Les cours peuvent être donnés dans le centre de santé mentale que fréquente l'enfant, dans une école locale ou dans un centre communautaire. L'objectif visé est d'aider les jeunes à réintégrer le système scolaire normal. La disponibilité des traitements en établissement varie selon la collectivité. Il existe aussi des services à domicile intensifs et des services d'intervention en cas de crise. De nombreux services de santé mentale pour enfants offrent dans les collectivités des services complémentaires pour les jeunes et leurs familles. Les services hospitaliers de santé mentale pour les jeunes comprennent des services aux personnes hospitalisées et de consultation externe (ou les jeunes sont orientés vers un centre de santé mentale pour enfants). Les jeunes peuvent suivre un traitement dans des centres de santé mentale communautaires et hospitaliers, mais ils peuvent aussi recevoir un traitement et du soutien pour leurs problèmes de santé mentale par l'intermédiaire d'une vaste gamme de services dont ceux-ci : • les programmes des conseils scolaires s'adressant aux enfants ayant des besoins spéciaux; • les services de protection de l'enfance; • les services pour jeunes contrevenants.

ANNEXE B : SERVICES DE TRAITEMENT DE LA TOXICOMANIE ET DE SANTÉ MENTALE POUR LES JEUNES EN ONTARIO : APERÇU COMPARATIF

APERÇU COMPARATIF	SERVICES DE TRAITEMENT DE LA TOXICOMANIE POUR LES JEUNES	SERVICES DE SANTÉ MENTALE POUR LES JEUNES
Fournisseurs de soins et services (suite)	Certains jeunes participent aussi aux réunions de groupes d'entraide (p. ex., Alcooliques anonymes [AA] ou Narcotiques anonymes [NA]). Dans certaines collectivités, des groupes d'entraide destinés aux jeunes sont mis sur pied en fonction des ressources et des besoins locaux. Les programmes peuvent aussi offrir des services d'approche aux jeunes dans d'autres milieux comme les écoles, les services à l'enfance et les établissements correctionnels. Les jeunes plus âgés peuvent aussi avoir accès à des services de traitement des problèmes d'alcool ou d'autres drogues pour adultes. Le soutien familial est une importante composante des services de traitement de la toxicomanie chez les jeunes. Outre le traitement fourni par des services de toxicomanie spécialisés, les jeunes et leurs familles peuvent aussi recevoir du counselling et des services connexes offerts par : • le système scolaire (conseillers pédagogiques, travailleurs sociaux ou psychologues); • des services de santé mentale pour enfants; • des organismes de santé communautaire et de services sociaux (y compris les services d'aide à l'enfance); • des établissements de soins de santé primaires (des médecins et autres fournisseurs de soins de santé travaillant dans des bureaux de médecins, dans des cliniques de santé, des services d'urgence, etc.); • des services pour jeunes contrevenants (personnel du système correctionnel).	Un rapport sur l'état des services de santé mentale pour les enfants et les jeunes d'âge scolaire en Ontario soulignait que de nombreux services différents offrent du soutien, dont ceux-ci : • les programmes scolaires et communautaires comme les programmes récréatifs parascolaires; • les travailleurs de la santé mentale qui travaillent dans les écoles; • les programmes de parcs et de loisirs; • les programmes offerts par des organismes à but non lucratif comme les clubs de scouts et de guides, les Grandes sœurs et les Grands frères; • les programmes axés sur l'intervention des pairs; • les services complémentaires; • la gestion de cas; • les établissements de soins avec hébergement (Browne et coll., 2001).

ANNEXE B : SERVICES DE TRAITEMENT DE LA TOXICOMANIE ET DE SANTÉ MENTALE POUR LES JEUNES EN ONTARIO : APERÇU COMPARATIF

APERÇU COMPARATIF	SERVICES DE TRAITEMENT DE LA TOXICOMANIE POUR LES JEUNES	SERVICES DE SANTÉ MENTALE POUR LES JEUNES
Intervention axée sur les problèmes d'usage d'alcool ou d'autres drogues et de santé mentale	Certains services d'aide aux usagers d'alcool ou d'autres drogues ont établi des liens étroits avec des services médicaux/psychiatriques dans leur collectivité dans le but d'aider les jeunes ayant des troubles concomitants. Dans le cas de services comme le Service de traitement de la toxicomanie chez les jeunes (CAMH), l'équipe de projet offre un traitement des problèmes d'usage d'alcool ou d'autres drogues et de santé mentale au sein du même programme.	La mesure dans laquelle les services communautaires et hospitaliers de santé mentale offrent un traitement des problèmes d'usage d'alcool ou d'autres drogues n'est pas claire. On reconnaît que l'usage d'alcool ou d'autres drogues est un problème auquel il faut s'attaquer et certains centres communautaires ont des programmes dans ce domaine. Il n'existe cependant pas pour l'instant de normes d'accréditation des programmes de santé mentale pour enfants et de nombreux fournisseurs de soins de santé mentale pour enfants ont une connaissance limitée de la façon de traiter les problèmes d'usage d'alcool ou d'autres drogues chez cette population.

Pour ce qui est du dépistage des problèmes d'usage d'alcool ou d'autres drogues, tant les centres de santé mentale pour enfants que les hôpitaux utilisent maintenant des protocoles normalisés qui comprennent un outil de prise en charge normalisé appelé Brief Family Phone Interview (BCFPI) qui pose des questions sur l'usage d'alcool ou d'autres drogues. Le BCFPI est un outil informatisé qui permet d'établir un profil des problèmes auxquels fait face un enfant.

Le Child & Adolescent Functional Assessment Scale (CAFAS) est un autre outil qui sert à évaluer le fonctionnement de l'enfant. |
| Comment les jeunes ont accès aux services | Peu de jeunes se présentent pour suivre un traitement de leur propre chef.

La plupart d'entre eux sont orientés vers un traitement par des adultes (leurs parents la plupart du temps) dans les circonstances suivantes :

• on a découvert qu'ils faisaient usage d'alcool ou d'autres drogues;

• ils manifestent des comportements qui pourraient indiquer qu'ils font usage d'alcool ou d'autres drogues (p. ex., ils semblent intoxiqués, ont de mauvais résultats scolaires, sont repliés sur eux-mêmes et isolés, fréquentent des pairs qui font usage d'alcool ou d'autres drogues ou connaissent des conflits avec des membres de leur famille). | Peu de jeunes se présentent pour suivre un traitement de leur propre chef. La plupart sont orientés vers un traitement par des adultes (parents, enseignants ou travailleurs de l'aide à l'enfance) qui s'inquiètent de leur comportement. À titre d'exemple, les jeunes peuvent manifester des symptômes comme l'agressivité, la colère, la dépression, l'automutilation ou le retrait social.

Une fois qu'ils ont été orientés vers un traitement, la plupart des jeunes le suivent « volontairement ». |

ANNEXE B : SERVICES DE TRAITEMENT DE LA TOXICOMANIE ET DE SANTÉ MENTALE POUR LES JEUNES EN ONTARIO : APERÇU COMPARATIF

APERÇU COMPARATIF	SERVICES DE TRAITEMENT DE LA TOXICOMANIE POUR LES JEUNES	SERVICES DE SANTÉ MENTALE POUR LES JEUNES
Comment les jeunes ont accès aux services (suite)	Une fois qu'ils ont été orientés vers un traitement, la plupart des jeunes le suivent « volontairement » à la suite de pressions exercées par leurs parents, les autorités scolaires, les conseillers pour jeunes et les agents de probation.	
Accent mis sur la toxicomanie et la santé mentale (suite)	Certains jeunes sont forcés de suivre un programme de traitement par un tribunal.	Certains jeunes peuvent être forcés par un tribunal de suivre un traitement en établissement, par exemple. Dans le système hospitalier de santé mentale, un psychiatre peut autoriser l'admission d'un jeune à l'hôpital. Les jeunes qui sont suicidaires sont habituellement hospitalisés. De façon générale, les hôpitaux ont tendance à traiter les jeunes qui manifestent des troubles d'internalisation (dépression grave, anxiété élevée, troubles de l'alimentation) tandis que les centres de santé mentale pour enfants travaillent le plus souvent avec des jeunes qui manifestent des troubles du comportement (troubles des conduites, trouble oppositionnel avec provocation ou jeunes qui ont agressé d'autres personnes). Certains jeunes qui ont agressé d'autres personnes sont dirigés vers le système pour jeunes contrevenants.
Principes et tendances	Dans la plupart des services de traitement de la toxicomanie, l'accent est mis sur : • un traitement axé sur les besoins du jeune; • le modèle de traitement bio-psychosocial; • le traitement le moins perturbateur possible; • la participation des membres de la famille ou d'autres personnes proches du jeune; • les interventions fondées sur des preuves et les meilleures pratiques; • la possibilité de permettre aux jeunes de choisir des objectifs de traitement qui ne comprennent pas l'abstinence bien que l'objectif ultime ou préféré puisse être l'abstinence en bout de ligne;	Il existe certaines installations de garde en milieu fermé comme le Centre Syl Apps pour adolescents des Kinark Child and Family Services, à Oakville, en Ontario, mais le processus d'admission est très rigoureux et soumis à une évaluation très stricte. Ces centres offrent des services très spécialisés pour les jeunes qui ont commis des crimes graves comme un meurtre. Les services de santé mentale pour enfants mettent l'accent sur la même liste d'éléments que les services de traitement des problèmes d'usage d'alcool ou d'autres drogues : • Les services de santé mentale pour enfants ne suivent pas le modèle médical. La plupart mettent avant tout l'accent sur les forces des jeunes et sont axés sur les besoins des clients et de leurs familles (encouragent la participation du client et de sa famille au choix du traitement et à l'établissement de ses objectifs).

APERÇU COMPARATIF	SERVICES DE TRAITEMENT DE LA TOXICOMANIE POUR LES JEUNES	SERVICES DE SANTÉ MENTALE POUR LES JEUNES
Principes et tendances (suite)	• des approches de réduction des méfaits (voir section 2.6), particulièrement dans le cas des jeunes qu'on a du mal à joindre et à servir, y compris ceux qui s'injectent des drogues ou qui vivent dans la rue; • l'évaluation de la préparation des jeunes au changement et l'adaptation des interventions en conséquence (voir section 3.7.8); • l'utilisation de la technique de l'entrevue motivationnelle (voir section 4.3); • l'utilisation de stratégies cognitivo-comportementales (voir section 4.7); • la gestion des cas pour fournir aux jeunes et à leurs familles du soutien et l'accès aux services pendant toute la durée du traitement (voir section 3.10); • des outils d'évaluation normalisés (voir annexe F) et des critères d'admission et de congé; • l'intégration des services; • des heures et des endroits souples; • des services d'approche.	• Les centres s'efforcent de concilier l'approche fondée sur les forces du client et sur ses besoins ainsi que sur ceux de sa famille avec l'information sur les meilleures pratiques reposant sur des preuves dont on dispose sur la façon de traiter divers types de troubles. • Les centres de santé mentale pour enfants peuvent avoir accès ou non à des services diagnostiques, mais bon nombre des jeunes auprès desquels ils interviennent auront déjà été diagnostiqués. • Il est très important que le traitement proposé soit axé sur les besoins des jeunes parce que les enfants et les jeunes ne manifestent pas les problèmes émotifs de la même façon que les adultes. • Les interventions combinées sont très importantes parce qu'elles permettent d'influer sur différents aspects de la vie des jeunes. La plupart des jeunes ont plusieurs problèmes comorbides comme des troubles des conduites ainsi que la dépression et/ou les problèmes d'usage d'alcool ou d'autres drogues. Le choix des interventions est fonction des forces et des besoins de chaque personne. • La participation de la famille revêt une grande importance pour la santé mentale des enfants. • De plus en plus de personnes préconisent d'autres options que le traitement en établissement (p. ex., soins à domicile intensifs [qui peuvent être appelés préservation de la famille ou du foyer]). • La théraphie multisystémique (TMS) est une thérapie de rechange fondée sur des preuves s'adressant aux jeunes ayant plusieurs types de problèmes. • Bien que les stratégies préventives soient considérées comme utiles, les ressources qui sont disponibles à cette fin sont limitées.

ANNEXE B : SERVICES DE TRAITEMENT DE LA TOXICOMANIE ET DE SANTÉ MENTALE POUR LES JEUNES EN ONTARIO : APERÇU COMPARATIF

APERÇU COMPARATIF	SERVICES DE TRAITEMENT DE LA TOXICOMANIE POUR LES JEUNES	SERVICES DE SANTÉ MENTALE POUR LES JEUNES
Principes et tendances (suite)		• Les efforts déployés pour aider les jeunes et les parents difficiles à joindre comprennent des haltes-accueil, des services scolaires (p. ex., des travailleurs de santé mentale dans les écoles, des rendez-vous en soirée, du soutien en cas de crise 24 heures sur 24, sept jours sur sept, des services de counseling la fin de semaine et des programmes en établissement secondaires dans les quartiers à risques élevés). • On insiste beaucoup sur la coordination et l'intégration des services et l'établissement de partenariats communautaires. Les services hospitaliers de santé mentale utilisent le modèle médical. On met l'accent sur le diagnostic officiel et sur le traitement de type médical (y compris l'administration de médicaments). Les jeunes sont habituellement admis par des médecins et sont sous les soins de psychiatres. L'approche adoptée consiste à stabiliser les jeunes et à leur donner leur congé dès qu'ils peuvent réintégrer leur famille naturelle, leur famille d'accueil ou les services de traitement en établissement. L'hospitalisation à long terme est extrêmement rare. Le traitement en établissement dure un an en moyenne et est souvent beaucoup plus bref. Au cours d'un séjour à l'hôpital, les jeunes et leurs familles sont évalués et un traitement est choisi. Les centres de santé mentale mettent souvent en œuvre le traitement.
Approches en matière de traitement	De la thérapie individuelle, de groupe et/ou familiale est offerte dans toutes les structures de traitement. La thérapie de groupe joue un rôle de premier plan, en particulier dans les programmes de jour et les programmes en établissement, étant donné que les jeunes réagissent souvent mieux à l'influence de leurs pairs qu'à celle des adultes. La plupart des programmes offrent un éventail de modèles et d'approches, y compris l'approche bio-psychosociale, l'approche cognitivo-comportementale, la réduction des méfaits, les 12 étapes, les étapes du changement et l'entrevue motivationnelle.	Les centres de santé mentale pour enfants offrent des interventions combinées individuelles ou collectives. Les interventions familiales sont très importantes et comportent souvent plusieurs composantes dont la thérapie familiale (nombreux modèles), l'enseignement aux parents de méthodes permettant de composer avec des comportements difficiles et des services de soutien intensif à domicile. En Ontario, les centres de santé mentale pour enfants et le système scolaire proposent aussi ensemble des interventions de soutien à l'école. Des programmes parascolaires thérapeutiques intensifs sont aussi offerts.

APERÇU COMPARATIF	SERVICES DE TRAITEMENT DE LA TOXICOMANIE POUR LES JEUNES	SERVICES DE SANTÉ MENTALE POUR LES JEUNES
Approches en matière de traitement (suite)	Voici certains traitements précis : • interventions brèves (p. ex., *Premier contact*); • formation aux compétences sociales (traitement de groupe); • counseling sur les activités récréatives et les loisirs (traitement de groupe); • recherche de solutions aux problèmes (traitement de groupe); • développement du soutien social (traitement de groupe); • prévention des rechutes; • thérapie familiale, y compris l'éducation et la formation des parents; • pharmacothérapie (administration de médicaments au besoin); • autres soutiens et mesures de réadaptation psychosociale (y compris la gestion des crises).	Le traitement prend la forme d'interventions précises pour combattre certains problèmes particuliers (p. ex., traitement pour des jeunes qui ont subi des traumatismes résultant de mauvais traitements comme la violence sexuelle). Le traitement peut comporter la thérapie individuelle, la thérapie familiale ainsi que la thérapie de groupe, la thérapie par le jeu, la thérapie par l'art, l'éducation, la formation des parents, la gestion des comportements, la formation relative à la dynamique de la vie, la formation relative aux compétences sociales, l'éducation en matière de santé et les groupes de recherche de solutions aux problèmes. La technique de l'entrevue motivationnelle et l'évaluation des étapes du changement ne sont pas des traitements qui sont officiellement utilisés dans le domaine de la santé mentale. La thérapie cognitivo-comportementale est un aspect précieux du traitement de santé mentale; elle est recommandée dans le cas des troubles des conduites et de la dépression. Comme elle n'est cependant pas considérée comme une panacée, on n'insiste pas beaucoup sur cette thérapie qui suscite pourtant de plus en plus d'intérêt et de soutien chez les chercheurs.

Adapté des ressources suivantes : Browne et coll. (2001); Carver, Virginia (communication personnelle); Johnston, Joanne (communication personnelle); Bureau ontarien de lutte contre la toxicomanie et Conseil consultatif ontarien des services de lutte contre la toxicomanie (2000); Schwartz (1997); Tupker, Elsbeth (communication personnelle).

ANNEXE C : VOUS CONNAISSEZ...

L'ALCOOL

NOMS COMMUNS
boisson, broue (« brew »), coup, verre, fort, grog

QU'EST-CE QUE L'ALCOOL ?
L'alcool est un « neurodépresseur ». Cela veut dire qu'il ralentit le fonctionnement des parties de votre cerveau qui commandent vos facultés intellectuelles et votre comportement, ainsi que votre respiration et votre rythme cardiaque. On trouve des traces de l'usage d'alcool même 8 000 ans avant J.-C. et, de nos jours, sa présence est courante dans de nombreuses cultures.

QUELLE EST L'ORIGINE DE L'ALCOOL ?
L'alcool est le produit de la fermentation ou encore de la distillation de divers fruits, légumes ou grains. Les boissons fermentées comprennent la bière et le vin, qui ont une teneur maximum en alcool d'environ 15 p. cent. Parmi les boissons distillées, que l'on appelle parfois « boissons très alcoolisées » ou « spiritueux », on compte le rhum, le whisky et la vodka ; ces boissons ont une teneur plus élevée en alcool.

Quelle que soit la forme sous laquelle se présente l'alcool, son effet est le même. Dans le tableau qui suit, chaque verre « standard » contient 13,6 grammes d'alcool.

À QUOI RESSEMBLE L'ALCOOL ?
L'alcool pur (éthyle) est un liquide incolore et limpide. La couleur des boissons alcoolisées provient de leurs divers ingrédients et du procédé de fermentation qu'elles ont subi.

QUI CONSOMME DE L'ALCOOL ?
La recherche démontre qu'en 1992, 87 p. cent des Ontariens âgés d'au moins 18 ans consommaient de l'alcool ; en 1999, 79 p. cent. Bien que nos lois interdisent aux personnes de moins de 19 ans de consommer de l'alcool, dans un sondage effectué en 2001 auprès des élèves de la 7e année au CPO, 66 p. cent ont déclaré avoir consommé de l'alcool au cours de l'année écoulée et 27 p. cent ont dit avoir été ivres au moins une fois dans les quatre semaines écoulées.

En général, les hommes boivent plus que les femmes et sont deux fois plus susceptibles d'avoir un problème d'alcool.

QUELS SONT LES EFFETS DE L'ALCOOL ?
Les effets de l'alcool dépendent de plusieurs facteurs, parmi lesquels :

- l'âge, le sexe et le poids
- la sensibilité à l'alcool
- le type et la quantité de nourriture présente dans l'estomac
- la quantité d'alcool absorbée et la fréquence de consommation
- la durée de consommation
- le milieu ambiant
- les effets attendus de l'alcool
- l'usage d'autres drogues (illicites, sur ordonnance, en vente libre ou à base de plantes)

Pour bien des personnes, un seul verre d'alcool les détend et diminue leur inhibition, de sorte qu'elles se sentent plus à l'aise et plus sociables. Certaines personnes se sentent heureuses ou stimulées quand elles boivent, tandis que d'autres deviennent déprimées ou hostiles. L'alcool joue souvent un rôle dans le suicide et les crimes violents.

Les femmes sont généralement plus sensibles aux effets de l'alcool que les hommes. Plus un adulte vieillit, plus il y devient sensible. Chez une personne plus sensible à l'alcool, une quantité d'alcool moins importante que d'ordinaire peut causer une intoxication, et son corps a besoin de plus de temps pour éliminer l'alcool qu'elle a consommé.

Les premiers signes d'une intoxication à l'alcool comprennent rougeurs du visage, détérioration du jugement et diminution de l'inhibition. Si l'on boit davantage, ces effets s'accentuent et d'autres viennent s'y ajouter : baisse de la concentration, réduction du contrôle des muscles, ralentissement des réflexes, démarche chancelante, empâtement de la parole et vision double ou trouble. Une personne gravement intoxiquée peut perdre connaissance et n'avoir ensuite aucun souvenir de ce qui s'est dit ou fait pendant qu'elle buvait. Une intoxication extrême peut se manifester par l'impossibilité de se tenir debout, des vomissements et une stupeur, et peut provoquer le coma ou la mort.

QUELLE EST LA DURÉE DES EFFETS ?
Il faut au foie d'une personne qui pèse 70 kg (154 livres) environ une heure pour métaboliser et éliminer de huit à 10 grammes d'alcool, soit approximativement les deux tiers de l'alcool contenu dans un verre standard. C'est un taux constant, quelle que soit la quantité d'alcool consommée et le type d'aliment ou de boisson non alcoolisée que l'on prend en même temps.

ANNEXE C : VOUS CONNAISSEZ...

Boire à l'excès provoque généralement une sensation de gueule de bois dans les huit à 12 heures suivant le dernier verre. Les symptômes varient d'un simple mal de tête à des nausées, de la diarrhée, des tremblements et des vomissements. La gueule de bois est due en partie à la présence d'acétaldéhyde, une substance chimique toxique produite à mesure que le foie métabolise l'alcool. Les autres causes sont la déshydratation et les variations du niveau hormonal.

Certaines personnes pensent que prendre un petit verre d'alcool avant le coucher les aidera à dormir. Bien que l'alcool aide effectivement à s'endormir, il dérange aussi la structure du sommeil et risque de l'interrompre au milieu de la nuit.

L'ALCOOL EST-IL DANGEREUX ?

Oui, l'alcool peut être dangereux de plusieurs façons.

Les conséquences des effets de l'alcool sur le jugement, le comportement, les attitudes et les réflexes varient d'un sentiment de gêne à un désir sexuel non réciproque ou dangereux, à la violence, aux blessures ou à la mort. L'alcool est, plus que toutes les autres drogues combinées, un facteur déterminant de bien des moments regrettables, crimes et accidents de la route. Les jeunes, ayant moins d'expérience sur les effets de l'alcool, sont particulièrement susceptibles d'agir impulsivement ou dangereusement sous l'influence de l'alcool.

L'intoxication extrême peut entraîner la mort, souvent parce que le sujet, ayant perdu connaissance, vomit et s'étouffe. Si une personne perd connaissance après avoir bu à l'excès, il faut l'allonger sur le côté et la surveiller attentivement. Une peau moite, une baisse de la température du corps, une respiration lente et difficile et l'incontinence sont autant d'indications d'un empoisonnement grave à l'alcool pouvant entraîner la mort. Faites appel immédiatement à des services médicaux d'urgence.

Une femme qui boit pendant sa grossesse risque de donner naissance à un bébé ayant des troubles du comportement, une croissance déficiente, un trouble du développement, une malformation crânienne ou faciale, des anomalies des articulations et des membres et des malformations cardiaques. Plus elle consomme de l'alcool, plus elle risque de donner naissance à un enfant ayant de tels problèmes. Les trois premiers mois de la grossesse sont particulièrement critiques, mais il est en fait dangereux de boire de l'alcool pendant toute la durée de la grossesse.

Mélanger l'alcool à d'autres drogues, qu'elles soient sur ordonnance ou à usage récréatif, peut avoir des conséquences imprévisibles. L'alcool risque soit de bloquer l'absorption de l'autre drogue et d'en diminuer l'efficacité, soit d'en accentuer les effets, jusqu'à un niveau qui puisse être dangereux. En général, la règle est de ne jamais mélanger l'alcool à d'autres drogues ; votre médecin vous indiquera les exceptions.

EXISTE-T-IL UN NIVEAU SÛR DE CONSOMMATION D'ALCOOL ?

Bien que l'on ne puisse dire précisément quelle quantité il est possible de boire sans danger, certaines règles s'appliquent aux adultes qui veulent réduire les risques de la consommation d'alcool. Les femmes enceintes, les personnes qui ont un problème de santé tel qu'une maladie du foie ou une maladie mentale et les personnes qui doivent prendre le volant ou faire fonctionner une machine devraient éviter l'alcool.

Selon les directives de consommation d'alcool à faible risque, il est préférable d'attendre une heure entre chaque boisson et de ne pas boire plus de deux verres standard en une seule occasion. Un homme ne devrait pas consommer plus de 14 verres par semaine et une femme, pas plus de neuf.

L'ALCOOL PEUT-IL CRÉER UNE DÉPENDANCE ?

Oui, c'est possible.

La plupart des maladies, problèmes sociaux, accidents et décès liés à l'alcool surviennent chez les gens qui ont « un problème d'alcool », c'est-à-dire, dont la consommation d'alcool cause des difficultés dans leur vie personnelle, sans pour autant créer de dépendance physique. Les problèmes d'alcool sont quatre fois plus répandus que les cas de dépendance grave à l'alcool.

La dépendance physique se manifeste par une tolérance aux effets de l'alcool et des symptômes de sevrage lorsque la personne arrête de boire. À mesure qu'une personne acquiert une dépendance physique à l'alcool, elle doit en consommer de plus en plus pour obtenir les effets désirés. Pour les personnes dans cette situation, les symptômes de sevrage tels que l'insomnie, des tremblements, des nausées et des convulsions peuvent se manifester à peine quelques heures après leur dernier verre, peuvent durer de deux à sept jours, et peuvent être légers ou graves, compte tenu de la quantité d'alcool absorbée et de la durée de consommation. Certaines personnes entrent dans un état de *delirium tremens* (délire aigu alcoolique) dans les cinq à six jours suivant l'arrêt de la consommation d'alcool. Ce syndrome dangereux comprend des hallucinations effrayantes, une grande confusion, de la fièvre et des palpitations. Un tel état de sevrage est grave, et, s'il n'est pas traité, peut entraîner la mort.

Dans le traitement de la dépendance à l'alcool, on commence généralement par traiter les symptômes de sevrage, mais la majorité des sujets ont besoin de traitements supplémentaires pour les aider à arrêter de boire. Même après de longues périodes d'abstinence, une personne risque de ressentir un besoin intense d'alcool et pourrait recommencer à boire. Elle devra peut-être suivre un traitement en établissement ou en consultations externes ou une thérapie individuelle ou de groupe, ou se joindre à un groupe d'entraide tel qu'Alcooliques Anonymes, et prendre aussi certains médicaments tels que le naltrexone. Certaines personnes réagissent bien à leur traitement, d'autres pas. Aucune méthode ne constitue à elle seule un traitement efficace.

QUELS SONT LES EFFETS À LONG TERME DE L'ALCOOL ?
Les effets à long terme de l'alcool dépendent de la quantité absorbée et de la fréquence de consommation.

Pour les adultes d'âge moyen et les personnes plus âgées, un seul verre d'alcool tous les deux jours peut offrir une protection contre les troubles cardiaques. Par contre, boire excessivement entraîne une élévation de la tension artérielle, ce qui accroît les risques d'accident cérébrovasculaire et d'insuffisance cardiaque.

Une forte consommation d'alcool peut entraîner une perte d'appétit, l'impuissance sexuelle ou l'irrégularité menstruelle, une carence vitaminique et des infections. L'alcool irrite la paroi de l'estomac, ce qui peut être douloureux et présente un risque mortel. La maladie du foie due à l'alcool est un grand problème médical et une cause majeure de maladie et de décès en Amérique du Nord. L'alcool favorise aussi le développement du cancer du foie, de la gorge et du sein, entre autres.

La consommation chronique d'alcool peut endommager le cerveau et provoquer la démence, des problèmes de coordination et de contrôle du mouvement et une perte de sensation ou une sensation de brûlure dans les pieds. La dépendance à l'alcool mène souvent à la dépression clinique, et le taux de suicide chez les personnes qui ont une dépendance à l'alcool est six fois plus élevé que pour le reste de la population.

Bien qu'au cours de leur vie les femmes consomment, en moyenne, moitié moins d'alcool que les hommes, elles risquent autant que les hommes de développer une maladie due à l'alcool et risquent deux fois plus d'en mourir.

L'ALCOOL ET LA LOI
Plusieurs lois provinciales et fédérales régissent la fabrication de l'alcool, sa distribution, son importation, la publicité à son sujet, sa possession et sa consommation.

En Ontario il est interdit à toute personne de moins de 19 ans de posséder, de consommer ou d'acheter de l'alcool ; il est également interdit d'en vendre ou d'en procurer à une personne qui a ou semble avoir moins de 19 ans (à moins qu'elle puisse fournir une pièce d'identité prouvant le contraire) ou d'en vendre ou d'en procurer à toute personne qui semble être ivre. Quiconque vend ou procure de l'alcool à d'autres personnes peut être tenu civilement responsable si ces personnes (y compris les clients d'un bar ou d'un restaurant et les invités à une réception dans un domicile privé), étant en état d'ivresse, se blessent ou blessent d'autres personnes.

Le droit criminel fédéral fait état d'une gamme d'infractions pour ivresse au volant. Pour de plus amples renseignements, consulter *Vous connaissez... La conduite avec facultés affaiblies.*

LES AMPHÉTAMINES

TYPES D'AMPHÉTAMINES :
amphétamine, méthamphétamine, dexamphétamine

NOMS COMMUNS :
speed, bennies, glass, crystal, crank, dopants et uppers

Voir aussi Vous connaissez... La métamphétamine et Vous connaissez... L'ecstasy

QUE SONT LES AMPHÉTAMINES ?
Les différents types d'amphétamines, et les drogues connexes comme le méthylphénidate (p. ex., le Ritalin®), sont des stimulants. Les stimulants accélèrent le système nerveux central. Ils agissent comme l'adrénaline, une hormone qui est un des stimulants naturels du corps. Parmi les nombreuses autres drogues ayant des effets similaires, citons la cocaïne, l'ecstasy, l'éphédrine et la caféine.

ANNEXE C : VOUS CONNAISSEZ...

QUELLE EST L'ORIGINE DES AMPHÉTAMINES ?

Les amphétamines ont été introduites pour la première fois dans les années 1930 comme remède contre la congestion nasale. Elles ont été commercialisées pour la vente libre sous forme d'inhalateur, la Benzédrine. Elles ont été utilisées également comme traitement médical contre l'obésité et la dépression. Entre les années 1930 et 1970, différents types d'amphétamines étaient disponibles. Cependant, les gens ont fini par se rendre compte qu'aux bienfaits médicaux des amphétamines s'ajoutaient des effets dangereux et que ces drogues avaient un *potentiel* élevé *de surconsommation* (la surconsommation d'une drogue peut entraîner une toxicomanie ou peut être nocive).

Dans les années 1970, de nouvelles lois ont restreint l'utilisation médicale de ces drogues. De nos jours, seuls la dexamphétamine (Dexedrine®) et le méthylphénidate sont fabriqués à des fins médicales. Toutes les autres amphétamines sont fabriquées dans des laboratoires clandestins.

À QUOI RESSEMBLENT LES AMPHÉTAMINES ET COMMENT SONT-ELLES UTILISÉES ?

Les amphétamines pures se présentent sous forme d'une poudre blanche cristallisée, inodore et amère. La pureté des amphétamines fabriquées illégalement varie. Elles peuvent être de couleur blanchâtre avec des traces de gris ou de rose, se présenter sous forme d'une poudre grossière, de cristaux ou de morceaux, et avoir une odeur de poisson ou d'ammoniaque. La métamphétamine ressemble à de petits éclats de verre ou à du gros sel transparent.

Les amphétamines peuvent être injectées, fumées, reniflées ou ingérées sous forme de pilules.

QUI PREND DES AMPHÉTAMINES ?

À l'époque où il était facile de se procurer des amphétamines, de nombreuses personnes en prenaient pour rester éveillées et avoir plus d'énergie. Les chauffeurs de camions, les étudiants et les athlètes étaient les plus enclins à surconsommer des amphétamines. Même récemment, on a donné des amphétamines aux soldats pour accroître leur endurance lors des combats. Les personnes atteintes de troubles de l'alimentation risquent d'utiliser ces drogues pour tenter de perdre du poids.

Un sondage effectué en 2001 parmi les élèves de l'Ontario, de la 7e année au CPO, a révélé que 4,8 pour cent des garçons et huit pour cent des filles ont dit avoir pris des stimulants (autres que la cocaïne) pour des raisons non médicales, au moins une fois au cours de l'année écoulée.

Sur le plan médical, on se sert de la dexamphétamine pour traiter la narcolepsie (épisodes incontrôlés de sommeil) et l'hyperactivité. Le méthylphénidate est souvent utilisé pour traiter l'hyperactivité chez les adultes et les enfants. Il est moins puissant que les amphétamines.

QUELS SONT LES EFFETS DES AMPHÉTAMINES ?

Les effets des amphétamines dépendent de plusieurs facteurs, parmi lesquels :

· la quantité absorbée
· la durée d'utilisation et la fréquence de consommation
· la méthode d'absorption (par injection, par voie orale, etc.)
· l'état d'esprit, les attentes et le milieu ambiant
· l'âge
· l'état médical ou psychiatrique préexistant
· la consommation d'alcool ou d'autres drogues (illicites, sur ordonnance, en vente libre ou à base de plantes).

Lorsqu'elles sont injectées ou fumées, les amphétamines atteignent rapidement le cerveau et produisent immédiatement une poussée d'euphorie intense (le « rush »). Les effets des amphétamines varient souvent d'une personne à l'autre. Les amphétamines peuvent rendre une personne :

· alerte, confiante et énergique
· bavarde, agitée et excitée
· animée d'un sentiment de puissance et de supériorité
· tendue et nerveuse
· hostile et agressive

Par contre, chez les enfants hyperactifs, lorsqu'elles sont prises telles que prescrites, les amphétamines et les drogues connexes peuvent avoir un effet calmant.

Les amphétamines diminuent l'appétit, accélèrent la respiration et le rythme cardiaque et font monter la tension artérielle. Prises en plus fortes doses, elles risquent de causer les symptômes suivants : fièvre, transpiration, maux de tête, nausées, vue trouble, rythme cardiaque très rapide ou irrégulier, tremblements, perte de coordination et collapsus.

ANNEXE C : VOUS CONNAISSEZ...

QUELLE EST LA DURÉE DES EFFETS ?

Lorsque les amphétamines sont injectées ou fumées, le « rush » initial ne dure qu'une minute. Dans le cas de certaines amphétamines, les effets stimulants peuvent durer jusqu'à 12 heures. Certaines personnes prennent des amphétamines à plusieurs reprises pendant une période de plusieurs jours pour prolonger la sensation d'euphorie (le « high »).

LES AMPHÉTAMINES SONT-ELLES DANGEREUSES ?

Oui.

- Une surdose peut entraîner des convulsions, le coma et la mort à la suite d'une rupture de vaisseaux sanguins dans le cerveau, une insuffisance cardiaque ou une fièvre très élevée.
- Les amphétamines sont liées à des comportements dangereux et violents et à une augmentation des blessures et des maladies transmissibles sexuellement.
- Les amphétamines peuvent provoquer des comportements étranges ou répétitifs, des épisodes de paranoïa et des hallucinations.
- S'injecter des drogues peut exposer l'usager au risque de contracter une infection à cause de seringues usagées ou d'impuretés contenues dans la drogue, mais également au risque de contracter une hépatite ou le VIH si les seringues sont partagées.

LES AMPHÉTAMINES PEUVENT-ELLES CRÉER UNE DÉPENDANCE ?

Lorsqu'elles sont prises telles que prescrites, les amphétamines et les drogues connexes n'entraînent pas de dépendance. Cependant, leur mauvaise utilisation peut créer une dépendance. Le méthylphénidate est moins susceptible d'entraîner une dépendance que les autres amphétamines.

La consommation régulière et non médicale d'amphétamines peut entraîner une *tolérance* à ces drogues. Cela signifie que la personne a besoin de plus en plus de drogue pour produire le même effet. Un usage régulier d'amphétamines, surtout lorsque ces drogues sont fumées ou injectées, peut entraîner rapidement une *dépendance* psychologique et physique.

Lorsqu'une personne développe une dépendance à la drogue, elle est en état de besoin intense et doit prendre de la drogue de façon compulsive. Quand elle arrête de prendre de la drogue, elle ressent d'habitude un effet de manque ou *sevrage*, qualifié également

« d'effondrement » (le « crash »). Les symptômes du sevrage peuvent inclure la fatigue, un sommeil agité, l'irritabilité, un appétit féroce, la dépression, un comportement suicidaire et des accès de violence.

Les usagers d'amphétamines prennent également souvent d'autres drogues comme de l'alcool, du cannabis ou des benzodiazépines pour se détendre et dormir. Le risque de dépendance à ces autres drogues est donc accru.

QUELS SONT LES EFFETS À LONG TERME DES AMPHÉTAMINES ?

L'usage chronique d'amphétamines peut entraîner de graves problèmes de santé physique et mentale. Comme les amphétamines réduisent l'appétit et la fatigue, elles peuvent causer des carences en vitamines, un manque de sommeil et la malnutrition, et rendre l'usager plus susceptible à la maladie.

Un usage régulier d'amphétamines peut aussi causer une *psychose aux amphétamines,* s'accompagnant entre autres de symptômes tels que des hallucinations, des délires, de la paranoïa et un comportement étrange et violent. Habituellement, ces symptômes disparaissent après quelques jours ou quelques semaines, une fois que la personne arrête de prendre ces drogues.

Des études à plus long terme révèlent que le méthylphénidate est efficace et sécuritaire lorsqu'il est utilisé tel que prescrit pour traiter l'hyperactivité. Cependant, il faudra obtenir davantage de données pour évaluer ses effets à long terme.

LES BENZODIAZÉPINES

NOMS GÉNÉRIQUES ET NOMS DE MARQUE

alprazolam (Xanax^{MD}), clonazépam (Rivotril^{MD}), diazépam (Valium^{MD}), flurazépam (Dalmane^{MD}), lorazépam (Ativan^{MD}), témazépam (Restoril^{MD}), triazolam (Halcion^{MD}) et autres.

NOMS COMMUNS

benzos, tranks, downers

QUE SONT LES BENZODIAZÉPINES ?

Les benzodiazépines sont une famille de drogues sur ordonnance principalement utilisées pour soulager les troubles du sommeil et l'anxiété. Ces drogues ont un effet sédatif ; elles ralentissent l'activité de certaines parties du cerveau.Les benzodiazépines servent également à :

- provoquer le sommeil, en chirurgie et pour d'autres procédures médicales ;
- traiter le sevrage de l'alcool ;
- traiter les convulsions ;
- calmer les muscles du squelette, tels que ceux du dos et du cou.

Les benzodiazépines ont remplacé d'anciennes drogues à effets semblables comme les barbituriques, car elles sont aussi efficaces et plus sécuritaires. Plus de 50 types de benzodiazépines sont utilisées actuellement dans le monde, 14 d'entre elles sont disponibles au Canada.

Au Canada et aux États-Unis, les benzodiazépines ne peuvent être obtenues légalement que sur ordonnance.

D'OÙ VIENNENT LES BENZODIAZÉPINES ?

Toutes les drogues de la famille des benzodiazépines sont des composés chimiques fabriqués dans les laboratoires de compagnies pharmaceutiques.

À QUOI RESSEMBLENT LES BENZODIAZÉPINES ?

Les benzodiazépines se présentent généralement sous forme de comprimés ou de capsules, de couleurs diverses, et se prennent par voie orale. Quelques types de benzodiazépines sont également injectées sous forme de solution.

QUI UTILISE DES BENZODIAZÉPINES ?

Environ 10 p. 100 des Canadiens disent prendre des benzodiazépines au moins une fois par an, et un usager sur dix dit en avoir fait un usage régulier pendant plus d'un an. Bien que l'usage de benzodiazépines ait diminué au cours des dernières années, les benzodiazépines demeurent l'une des drogues les plus couramment prescrites au Canada. Elles sont prescrites deux fois plus souvent aux femmes qu'aux hommes, et le plus souvent aux adultes plus âgés.

L'usage de benzodiazépines à des fins non médicales existe aussi, surtout parmi les personnes qui abusent d'autres drogues. Certaines d'entre elles prennent des benzodiazépines pour intensifier l'effet d'autres sédatifs, comme les opioïdes ou l'alcool, ou pour contrer l'effet stimulant de certaines drogues comme l'ecstasy ou la cocaïne. Il peut être dangereux de combiner des benzodiazépines à d'autres drogues.

Bien que les femmes se fassent plus souvent prescrire des benzodiazépines que les hommes, autant d'hommes que de femmes se font traiter pour l'abus de benzodiazépines.

QUELS SONT LES EFFETS DES BENZODIAZÉPINES ?

Une petite dose ou une dose modérée peut soulager une légère anxiété ou une anxiété modérée et peut entraîner une sensation de calme et de détente. Une dose plus élevée peut soulager les troubles du sommeil et une détresse émotionnelle grave et peut provoquer de la somnolence et une certaine maladresse.

Les benzodiazépines peuvent diminuer la capacité d'apprendre et de mémoriser de l'information nouvelle et d'accomplir certaines tâches physiques et mentales. Les capacités d'apprentissage, de mémorisation et de performance se rétablissent une fois l'effet de la drogue disparu.

Certains usagers peuvent ressentir des effets secondaires tels que confusion, désorientation, amnésie, dépression et étourdissements. D'autres effets possibles, quoique très rares, comprennent l'agitation et des hallucinations.

Les effets des benzodiazépines dépendent de plusieurs facteurs, parmi lesquels :
- l'état pathologique contre lequel le médicament a été prescrit, et la gravité de cet état
- le type de benzodiazépines utilisées
- la quantité absorbée et la fréquence de consommation
- la durée d'utilisation
- la consommation d'alcool ou d'autres drogues (illicites, sur ordonnance, en vente libre ou à base de plantes)

QUELLE EST LA DURÉE DES EFFETS ?

Lorsque les benzodiazépines sont ingérées par voie orale, leurs effets se font ressentir dans les 30 à 40 minutes ou dans les deux à trois heures qui suivent la prise, selon le type de benzodiazépines. La plupart des benzodiazépines font effet pendant plusieurs heures. Selon le type de benzodiazépines, le corps aura besoin de plusieurs jours, voire plusieurs semaines, pour les éliminer.

LES BENZODIAZÉPINES SONT-ELLES DANGEREUSES ?

Les benzodiazépines ne présentent aucun danger si elles sont prises conformément à l'ordonnance du médecin et pour une période de quelques semaines ou mois. Toutefois, comme c'est le cas pour tout médicament, l'usage de benzodiazépines peut présenter un danger :

- Les benzodiazépines peuvent affaiblir la capacité de conduire ou de faire fonctionner une machine de façon sécuritaire, et augmentent le risque de collisions, surtout lorsqu'elles sont combinées à de l'alcool ou à certaines autres drogues.
- Lorsqu'elles sont utilisées pour provoquer le sommeil, les benzodiazépines peuvent entraîner un effet de « gueule de bois », par exemple, de la somnolence le matin ou pendant la journée, ce qui peut affaiblir la capacité d'accomplir certaines tâches exigeant de bons réflexes.
- La sensibilité aux effets des benzodiazépines augmente avec l'âge. Les adultes plus âgés qui prennent ces drogues peuvent éprouver une certaine confusion et une réduction de la coordination des muscles, ce qui peut augmenter le risque de chutes, de fracture de la hanche et d'un accident de voiture.
- Un usage régulier de benzodiazépines doit être réduit progressivement. Dans le cas de fortes doses, la personne peut avoir besoin d'aide médicale. L'arrêt brusque d'un usage à forte dose peut entraîner des symptômes de sevrage graves.
- Il est rare qu'une personne meure d'une surdose de benzodiazépines. Les risques d'une surdose augmentent lorsque des benzodiazépines sont combinées à d'autres sédatifs comme l'alcool et les barbituriques ou à des médicaments contenant de la codéine ou d'autres opioïdes. Les symptômes possibles d'une surdose comprennent : élocution difficile, confusion, état de profonde somnolence, sensation de faiblesse et de vacillement, ralentissement du rythme cardiaque, difficulté à respirer et perte de connaissance.
- Il est particulièrement dangereux, voire mortel, de combiner des benzodiazépines à de la méthadone.
- Il semblerait que les femmes enceintes qui prennent des benzodiazépines risquent de donner naissance à un bébé ayant des anomalies congénitales, cependant ce risque n'a pas été prouvé. Les femmes enceintes qui prennent régulièrement des benzodiazépines et surtout peu avant la naissance risquent de donner naissance à un bébé ayant des symptômes de sevrage.
- Les benzodiazépines sont présentes dans le lait maternel et passent donc dans le corps du bébé.
- Certaines benzodiazépines sont associées à l'agression sexuelle ou au viol commis par une connaissance. Pour de plus amples renseignements, consulter le dépliant *Vous connaissez... Le Rohypnol.*

LES BENZODIAZÉPINES PEUVENT-ELLES CRÉER UNE DÉPENDANCE ?

Chez certaines personnes, et dans certaines situations, l'usage de benzodiazépines peut entraîner une dépendance psychologique ou physique. Le risque de développer une dépendance augmente lorsque des benzodiazépines sont prises régulièrement, pendant plusieurs mois, et surtout si elles sont prises en doses anormalement élevées.

Les usagers peuvent développer une tolérance à certains effets des benzodiazépines. Cela veut dire qu'après un certain temps, la dose habituelle ne procure plus l'effet voulu. Certains usagers qui ont développé une tolérance aux effets de la drogue prennent des doses de plus en plus fortes pour obtenir le même effet qu'au début de son utilisation.

Les personnes qui prennent des benzodiazépines pour soulager l'insomnie développent souvent une tolérance aux effets somnifères des benzodiazépines au cours de quelques semaines de leur usage régulier. Toutefois, un usage occasionnel n'entraîne généralement pas de tolérance. Les personnes qui prennent des benzodiazépines pour soulager l'anxiété développent rarement une tolérance aux effets anxiolytiques, augmentent rarement leur dose et perdent rarement le contrôle de leur usage de la drogue. Une tolérance aux effets d'un type de benzodiazépines entraîne une tolérance aux effets d'autres types de benzodiazépines et d'autres drogues ayant des effets semblables, y compris l'alcool.

Une personne développe une dépendance psychologique lorsqu'elle ressent le besoin intense des effets d'une drogue et lorsqu'elle ne peut résister à en prendre, même quand la drogue ne lui procure pas l'effet escompté. Il peut être difficile pour cette personne d'arrêter de prendre des benzodiazépines.

Une personne qui a une dépendance psychologique aux benzodiazépines peut aussi avoir une dépendance physique. Dans ce cas, elle ressentira des symptômes de sevrage si elle arrête brusquement de prendre des benzodiazépines.

La gravité des symptômes de sevrage dépend du type de benzodiazépines, de la quantité absorbée et de la durée d'utilisation. Un arrêt brusque de l'usage de benzodiazépines augmente la gravité des symptômes de sevrage qui comprennent, entre autres : maux de tête, insomnie, tension, sueurs, difficulté de concentration, tremblements, troubles sensoriels, peur, fatigue, maux d'estomac et perte d'appétit. Un usage régulier de fortes doses de benzodiazépines peut entraîner des symptômes de sevrage graves, entre autres : agitation, paranoïa, délire et convulsions. Un usage régulier à long terme devrait être réduit progressivement, sous surveillance médicale.

QUELS SONT LES EFFETS À LONG TERME DES BENZODIAZÉPINES ?

Les benzodiazépines sont des médicaments sans danger si elles sont prises conformément à l'ordonnance du médecin dans les doses recommandées, pendant quelques semaines ou quelques mois seulement, et si elles ne sont pas combinées à de l'alcool ou à certains autres médicaments.

LA CAFÉINE

QU'EST-CE QUE LA CAFÉINE ?

La caféine est un stimulant qui accélère le fonctionnement de votre système nerveux. Elle est consommée plus que toute autre drogue dans le monde entier. On trouve de la caféine sous sa forme naturelle dans des produits tels que le café, le thé, le chocolat et les boissons gazeuses à base de cola. En outre, elle est ajoutée à certains médicaments vendus sur ordonnance ou en vente libre, tels que des remèdes contre la toux, les rhumes et la douleur.

Voici la quantité de caféine que contiennent des produits que vous prenez peut-être régulièrement. (Une « tasse » est une portion moyenne, soit environ 200 ml.)

- une tasse de café filtre ou pression : 100 mg
- une tasse de café instantané : 65 mg
- une tasse de café décaféiné : environ 1 mg
- une tasse de thé : 30 mg
- une boisson gazeuse (280 ml) contenant de la caféine : 35 mg (Il existe de nos jours des boissons gazeuses qui contiennent deux fois plus de caféine.)
- une tablette (50 g) de chocolat : 20 mg
- une tasse de chocolat chaud : 50 mg
- des pilules contre le sommeil : 100 mg

Pour savoir la quantité de caféine contenue dans un remède contre le mal de tête ou le rhume, lisez l'étiquette s'il s'agit d'un médicament en vente libre ou demandez à votre pharmacien s'il y a de la caféine dans vos médicaments sur ordonnance.

QUELLE EST L'ORIGINE DE LA CAFÉINE ?

Les deux noms, café et caféine, sont dérivés du mot arabe *qahweh* (prononcé « kahveh » en turc). À partir de l'origine de ces mots, on peut suivre le cheminement du café, du Nord-Est de l'Afrique où il était cultivé dès le VIe siècle, en passant par l'Arabie et la Turquie, jusqu'à son arrivée en Europe au XVIIe siècle. Au XVIIIe siècle, les premières plantations de café s'établissaient en Indonésie et dans les Antilles et finalement, au XXe siècle, le café était devenu la plus grande culture commerciale au monde.

C'est en 1819 qu'on a identifié la caféine comme l'ingrédient actif du café. Ensuite on l'a trouvée aussi dans le thé, dans les graines de cacao et, donc, dans le chocolat et ses dérivés ; dans la noix de kola, qui sert à la préparation des boissons à base de cola ; dans une plante qui contient de l'ilex et dont on tire une boisson très répandue en Amérique du Sud, appelée « maté » ou thé du Paraguay ; et dans les graines de guarana, un ingrédient de certaines boissons gazeuses.

Les fèves de café contiennent des quantités variables de caféine, selon l'espèce de la plante. La fève du *Coffea arabica*, cultivée principalement en Amérique centrale et du Sud, contient environ 1,1 pour cent de caféine. Celle du *Coffea robusta*, cultivée surtout en Indonésie et en Afrique, contient environ 2,2 pour cent de caféine.

À QUOI RESSEMBLE LA CAFÉINE ?

Dans sa forme pure, la caféine est une poudre blanche au goût amer.

QUI CONSOMME DE LA CAFÉINE ?

La caféine est la substance psycho-active la plus utilisée au monde. En Amérique du Nord, plus de 80 pour cent des adultes consomment de la caféine régulièrement. À l'échelle de la planète, on estime que la consommation quotidienne de café par personne (y compris les enfants) par jour est d'environ 70 mg, soit l'équivalent d'environ une tasse.

Au Canada, la consommation annuelle de café par personne est passée de 96 litres en 1990 à 101 litres en 2000. Pendant la même période, la consommation de thé a aussi augmenté, de 42 litres à 70 litres par personne.

QUELS SONT LES EFFETS DE LA CAFÉINE ?

La caféine stimule le cerveau, provoque un sentiment d'euphorie et retarde les effets de la fatigue. Elle améliore aussi la capacité d'accomplir des tâches cérébrales simples et, sur le plan physique, elle améliore l'endurance, mais pas la performance motrice fine. (Les tremblements que peut causer la caféine diminuent le contrôle des mouvements de la main.)

Si vous consommez de la caféine avant de vous coucher, le sommeil mettra plus longtemps à venir et vous dormirez moins longtemps et moins profondément.

Contrairement à la croyance générale, boire du café n'aide pas à éclaircir l'esprit si l'on a bu trop d'alcool. La caféine réveille quelque peu, mais la coordination et la concentration n'en sont pas pour autant améliorées.

Consommer trop de caféine peut causer des maux de tête et d'estomac ; vous risquez de vous sentir nerveux et d'avoir du mal à vous endormir. Certaines personnes ressentent ces effets même après avoir consommé une très petite quantité de caféine. Une dose élevée de caféine, surtout quand on n'y est pas accoutumé, peut entraîner des palpitations, des convulsions et même le délire.

QUELLE EST LA DURÉE DE SES EFFETS ?
Quand on l'absorbe sous forme de liquide, la caféine commence à faire effet dans les cinq minutes et atteint son « pic » en 30 minutes environ. Le corps prend approximativement quatre heures pour métaboliser la moitié d'une dose quelconque de caféine. Normalement, l'organisme métabolise presque toute la caféine et n'en accumule pas d'un jour à l'autre.

LA CAFÉINE EST-ELLE DANGEREUSE ?
Une quantité modérée de caféine — soit un maximum d'environ 300 mg par jour (ou trois à quatre tasses de café) — a rarement un effet nuisible sur un adulte en bonne santé.

Cependant, si vous buvez régulièrement plus de six à huit tasses de café — ou si votre dose quotidienne de caféine dérivée de divers produits contenant de la caféine est supérieure à 600 mg — les maladies ou symptômes suivants pourraient se manifester : insomnie, anxiété, agitation, dépression et ulcères d'estomac. Une consommation encore plus élevée peut entraîner une agitation extrême, des tremblements et une accélération ou une irrégularité du rythme cardiaque.

Même une petite quantité de caféine aura un effet marqué sur un enfant parce que son corps est plus petit. Il est donc bon de faire attention à la quantité de caféine que vos enfants consomment, que ce soit sous forme de chocolat, de boissons gazeuses ou de médicaments. Bien qu'on n'ait jamais prouvé que la caféine soit responsable d'anomalies congénitales, on recommande aux femmes

enceintes d'en consommer le moins possible pour éviter les risques pour la santé du bébé. Une mère qui allaite son enfant devrait prendre garde car la caféine passe dans le lait.

Un adulte peut mourir s'il consomme, par voie orale, plus de 5 000 mg de caféine—l'équivalent de 40 tasses de café fort — en relativement peu de temps.

LA CAFÉINE PEUT-ELLE CRÉER UNE DÉPENDANCE ?
Si vous consommez plus de 350 mg de caféine par jour (soit de trois à quatre tasses de café ou de neuf à dix boissons gazeuses), vous avez une dépendance physique à la caféine. Cela veut dire que si vous arrêtez brusquement de consommer de la caféine sous quelque forme que ce soit, vous risquez de vous sentir irritable et fatigué et d'avoir un mal de tête prononcé. Ces symptômes apparaissent généralement dans les 18 à 24 heures qui suivent la dernière consommation de caféine et disparaissent graduellement au bout d'une semaine.

QUELS SONT LES EFFETS À LONG TERME DE LA CAFÉINE ?
Un adulte en bonne santé qui consomme quotidiennement des doses modérées de caféine ne semble pas en ressentir d'effets durables. Quand la dose quotidienne augmente (il suffit de 250 mg pour certaines personnes, soit trois tasses de café par jour), certains adultes deviennent agités et nerveux, souffrent d'insomnie, ont des rougeurs au visage, des secousses musculaires et des maux d'estomac et éprouvent un besoin fréquent d'uriner.

L'usage de caféine est associé à l'irrégularité cardiaque et à des taux élevés de cholestérol, mais il n'existe aucune preuve irréfutable que la caféine cause des maladies du cœur.

Bien que l'on soupçonne que la caféine soit cancérigène, il n'existe aucune conclusion ferme à ce sujet. Selon certaines études, la caféine entraînerait des modifications de certaines cellules du corps et de leur mode de reproduction.

Un rapport pourrait exister entre la consommation, la vie durant, de café ou d'autres formes de caféine et la perte de densité osseuse chez les femmes, ce qui augmenterait le risque d'ostéoporose.

LE CANNABIS

NOMS COMMUNS
marie-jeanne, herbe, « shit », foin, marihuana, hasch (hachisch), huile (huile de cannabis)

ANNEXE C : VOUS CONNAISSEZ...

QU'EST-CE QUE LE CANNABIS ?

Le *Cannabis sativa*, également connu sous le nom de chanvre, est cultivé depuis des siècles, tant pour ses mérites utilitaires et médicaux que pour ses effets « psychoactifs », c'est-à-dire qui modifient l'activité mentale. La marijuana, le hachisch et l'huile de cannabis sont tous extraits du chanvre.

Les scientifiques ont identifié plus de 61 ingrédients chimiques, dits « cannabinoïdes », spécifiques au cannabis. Le THC (delta 9-transtétrahydrocannabinol) est le principal cannabinoïde psychoactif et celui qui est avant tout autre responsable de l'état de « high » (sensation d'euphorie) que recherche le fumeur de marijuana.

Le chanvre cultivé à des fins industrielles a une très faible teneur en THC. Les fibres de sa tige servent à fabriquer des cordes, du tissu et du papier. La graine de chanvre a une forte teneur en protéine et son huile a une valeur nutritive et industrielle.

De nombreuses allégations concernant les mérites médicaux de la marijuana sont sans preuves scientifiques. Toutefois, la recherche démontre que le THC et d'autres cannabinoïdes purs soulagent la nausée et les vomissements et stimulent l'appétit. Ces qualités sont précieuses pour les personnes atteintes du sida ou celles qui prennent des médicaments contre le cancer. Le THC soulagerait également la douleur, diminuerait les spasmes musculaires et permettrait de maîtriser certains types de crises d'épilepsie, mais il faut poursuivre les recherches dans ce domaine.

QUELLE EST L'ORIGINE DU CANNABIS ?

Le cannabis est natif des zones tropicales et tempérées mais il est cultivé un peu partout dans le monde. De nos jours, les exploitations illégales de marijuana utilisent des méthodes sophistiquées pour obtenir un produit d'une puissance considérable.

Les personnes ayant une exemption médicale de Santé Canada peuvent désormais cultiver leur propre marijuana ou la faire cultiver par quelqu'un d'autre. Un cultivateur nommé par le gouvernement fédéral produit désormais du cannabis propre à la recherche.

À QUOI RESSEMBLE LE CANNABIS ?

La marijuana se compose des feuilles et bourgeons séchés de la plante du cannabis ; elle peut contenir des bouts de tige et des graines et sa couleur varie du vert grisâtre au brun verdâtre. Le hachisch est la résine séchée et comprimée des fleurs de cannabis ; sa couleur varie du brun au noir. Il est vendu en blocs. On obtient l'huile de cannabis en faisant bouillir les fleurs ou la résine de cannabis dans un solvant organique. On laisse ensuite évaporer le mélange jusqu'à obtention d'un liquide poisseux, de couleur brun rougeâtre ou verdâtre. La teneur en THC de chaque forme de cannabis varie, mais celle du hachisch est plus élevée que celle de la marijuana, et celle de l'huile de cannabis est la plus élevée de toutes.

La marijuana, le hachisch ou l'huile de cannabis sont parfois mélangés à du tabac et le plus souvent roulés à la main en une cigarette, appelée « joint », ou fumés dans une pipe. On incorpore parfois le cannabis à des aliments, tels que des carrés au chocolat, ou à une boisson.

Le THC synthétique (le dronabinol) est produit sous le nom commercial Marinol®. Un cannabinoïde synthétique voisin (le nabilone) se vend sous le nom de Cesamet®. Les deux sont prescrits sur ordonnance aux personnes ayant un cancer ou le sida.

QUI PREND DU CANNABIS ?

Bien que le cannabis soit la drogue illicite la plus couramment utilisée au Canada (après l'alcool et le tabac, pour les mineurs), son usage est généralement expérimental et peu fréquent.

Selon une étude effectuée en 2000, 35 pour cent des Ontariens âgés de plus de 18 ans ont pris du cannabis au moins une fois dans leur vie, et 11 pour cent d'entre eux en avaient pris au cours de l'année écoulée. En 1994, une autre étude canadienne a révélé qu'environ deux pour cent des personnes interrogées prenaient du cannabis au moins une fois par semaine.

Parmi les jeunes d'âge scolaire en Ontario, l'usage du cannabis est en hausse depuis quelques années, atteignant un taux de popularité semblable à celui des années de pointe, c'est-à-dire, entre la fin des années 1970 et le début des années 1980. Selon une étude effectuée en 2001, environ 30 pour cent des élèves ontariens de la 7e année au cours préuniversitaire de l'Ontario avaient pris de la marijuana au moins une fois au cours de l'année écoulée et environ trois pour cent d'entre eux ont dit en avoir pris tous les jours, au cours des quatre semaines écoulées. Les garçons en faisaient un usage beaucoup plus fréquent que les filles.

QUELS SONT LES EFFETS DU CANNABIS ?

Les effets du cannabis dépendent de :
· la quantité absorbée
· la fréquence de consommation et la durée d'utilisation

ANNEXE C : VOUS CONNAISSEZ...

- la méthode d'absorption : s'il est fumé ou ingéré
- l'état d'esprit, les attentes et le milieu ambiant
- l'âge
- l'état médical ou psychiatrique préexistant
- la consommation simultanée d'alcool ou d'autres drogues (illicites, sur ordonnance, en vente libre ou à base de plantes)

Certaines personnes qui prennent du cannabis pour la première fois ne ressentent aucun effet psychoactif. Mais un usage répété finit par en produire.

Le cannabis produit des effets qui varient d'une personne à une autre. Certains usagers se détendent et deviennent énergiques, bavards et pris de fou rire, alors que d'autres se sentent tendus, angoissés, craintifs et désorientés. D'ailleurs, une même personne peut ressentir des effets différents d'une fois à une autre. Les habitués du cannabis savent quand ils en ont suffisamment pris et comment maîtriser ses effets, mieux que les personnes qui en prennent pour la première fois.

À faible dose, le cannabis produit une légère distorsion de la perception et des sens. Selon ses usagers, le son de la musique est meilleur, les couleurs deviennent plus vives et un moment peut sembler s'éterniser. Certains disent que le cannabis leur procure une plus grande conscience de leur corps et rend le goût, l'odorat et le toucher plus sensibles. Certains trouvent ces effets agréables, d'autres y réagissent mal.

Fumer de plus grandes quantités de cannabis peut intensifier certains effets désirables, mais sera plus susceptible de causer une réaction négative. Une trop grande dose risque de produire une sensation de perte de maîtrise de soi, de désorientation, d'agitation, de paranoïa ou de panique. L'usager peut avoir des pseudo-hallucinations (voir des formes ou des couleurs qu'il sait ne pas être réelles) ou des hallucinations véritables (perdre le sens des réalités).

Sur le plan physique, les effets du cannabis comprennent : rougeur des yeux, assèchement de la bouche et de la gorge, irritation des voies respiratoires (causée par la fumée) et dilatation des bronches (expansion des voies respiratoires). L'appétit augmente et les battements de cœur s'accélèrent, mais la tension artérielle baisse et le sens de l'équilibre se détériore. Le cannabis cause parfois de la somnolence ou de l'agitation, selon la quantité absorbée et la réaction de la personne à cette drogue.

QUELLE EST LA DURÉE DE SES EFFETS ?

Lorsque le cannabis est fumé, ses effets se font ressentir presque immédiatement et peuvent durer des heures, selon la quantité absorbée. Lorsqu'il est ingéré, il faut à peu près une heure pour ressentir ses effets, mais ceux-ci durent plus longtemps. Même si le « high » ne dure que quelques heures, le THC s'accumule dans les cellules adipeuses (grasses) et il faut plusieurs jours, voire des semaines, pour que l'organisme s'en débarrasse complètement, selon la fréquence de l'usage et la quantité absorbée. Voilà pourquoi un test de dépistage du cannabis peut donner un résultat positif bien après que les effets se sont dissipés.

LE CANNABIS EST-IL DANGEREUX ?

Bien que personne n'ait succombé à une surdose de cannabis, ses usagers devraient prendre des mesures pour éviter les conséquences des risques suivants :

- Le cannabis modifie les perspectives, diminue l'attention et la concentration, ralentit les réflexes et réduit la force musculaire et la dextérité — des effets qui risquent tous de nuire à la capacité de conduire prudemment.
- Quand le cannabis est combiné à de l'alcool, les effets des deux sont intensifiés, ce qui peut diminuer de beaucoup les facultés.
- L'intoxication au cannabis perturbe l'intellect et la mémoire à court terme. Prendre du cannabis à l'école ou au travail peut entraver l'apprentissage et affecter le rendement.
- À moins d'avoir une exemption médicale, il est interdit par la loi de cultiver du cannabis, d'en posséder ou d'en vendre.
- Les produits illicites du cannabis, n'étant pas assujettis aux normes publiques de sécurité et de santé, risquent d'être contaminés par d'autres drogues, par des pesticides ou par un champignon toxique.
- Une dose importante de cannabis puissant, surtout lorsqu'elle est ingérée, risque de causer une « psychose toxique ». Les symptômes vont d'hallucinations visuelles ou auditives à un délire paranoïaque, en passant par la désorientation et l'amnésie. Ces symptômes disparaissent généralement au bout d'une semaine après l'usage du cannabis.
- L'usage de cannabis entraîne une accélération des battements de cœur et une baisse de la tension artérielle. Une personne qui souffre d'angine de poitrine ou de tout autre trouble des artères coronaires augmente ses risques d'avoir une crise cardiaque si elle prend du cannabis.

• Prendre du cannabis au cours d'une grossesse peut nuire au bébé. Certaines études indiqueraient qu'il existe un lien entre l'usage de cannabis pendant la grossesse et certaines déficiences intellectuelles subtiles chez l'enfant. La fumée de cannabis contient de nombreux produits chimiques présents dans la fumée de cigarette et est donc dangereuse pour le fœtus.

LE CANNABIS PEUT-IL CRÉER UNE DÉPENDANCE ?
Oui, dans certains cas.

Si l'on prend du cannabis régulièrement, on risque de développer une dépendance psychologique ou une légère dépendance physique. Les personnes qui ont une dépendance psychologique au cannabis ont besoin du « high ». La drogue occupe alors une place excessivement importante dans leur vie et, si elles ne peuvent pas l'obtenir, elles se sentent angoissées. L'usage de cannabis fréquent et à long terme risque aussi d'entraîner une dépendance physique. Dans ce cas, son arrêt soudain peut déclencher un léger syndrome de sevrage, avec des symptômes tels qu'irritabilité, angoisse, maux d'estomac, perte d'appétit (avec perte de poids), sueurs et sommeil perturbé. Ces symptômes durent généralement une semaine environ ; les problèmes de sommeil peuvent durer plus longtemps.

QUELS SONT LES EFFETS À LONG TERME DU CANNABIS ?
Un adulte en bonne santé qui prend une petite quantité de cannabis de temps à autre ne souffrira probablement pas de conséquences durables. Mais les gros usagers ou les personnes dans un certain état médical ou psychologique devraient connaître les effets qui risquent de se produire à la longue :
• La fumée de cannabis contient du goudron et d'autres agents cancérigènes connus. Pour obtenir un effet maximum, les gros usagers retiennent la fumée, non filtrée, aussi longtemps que possible dans leurs poumons, augmentant ainsi le risque de cancer.
• Fumer du cannabis irrite les voies respiratoires. Un rapport a été établi entre l'usage chronique de marijuana et la bronchite. Selon une étude, fumer de trois à quatre joints par jour est aussi nuisible pour la santé que de fumer une vingtaine de cigarettes ordinaires.
• L'intoxication constante associée à un usage excessif de cannabis se traduit souvent par une réduction de la motivation au travail et aux études, quoique cet effet se dissipe généralement quand l'usager cesse de prendre du cannabis.
• Un lien possible existe entre un usage excessif et régulier de cannabis et l'apparition de la schizophrénie. On ignore toujours cependant si l'usage de cannabis déclenche des symptômes latents de schizophrénie ou si les gens prennent du cannabis pour faire face aux symptômes d'une psychose émergente. Les conclusions des chercheurs portent à croire que, pour les personnes schizophrènes, l'usage continu de cannabis risque d'intensifier les symptômes psychotiques et d'aggraver la maladie.
• L'usage chronique et excessif de cannabis risque de nuire à l'attention, à la mémoire et à la capacité de traiter des données complexes et ce pendant plusieurs semaines, voire des mois et mêmes des années, après que l'usage a cessé.

LE CANNABIS ET LA LOI
Une première condamnation pour possession d'un maximum de 30 grammes de marijuana est passible d'une peine de six mois de prison ou d'une amende de 1 000 $ (ou des deux) — avec ouverture d'un casier judiciaire, ce qui entraîne des restrictions sur les déplacements et l'obtention d'un emploi. Des condamnations ultérieures ou la possession de quantités plus importantes peuvent entraîner des peines plus sévères. Une première condamnation pour possession d'une petite quantité de cannabis se traduit généralement par une amende ou un acquittement. En 1995, on comptait 31 299 arrestations pour possession de petites quantités de marijuana, soit environ la moitié des arrestations pour usage de drogue au Canada.

Au cours d'un débat qui dure depuis de nombreuses années, divers organismes gouvernementaux, services de santé et de police et groupes d'élaboration de politiques et d'intervention ont émis l'idée que les peines judiciaires imposées pour possession de cannabis sont trop lourdes et que nos lois ne correspondent pas aux pratiques courantes de la police et du système judiciaire, et ont proposé deux options.

L'une consiste à « décriminaliser » — c'est-à-dire à réduire les peines juridiques pour possession de cannabis — tandis que l'autre vise à « réglementer » — soit à donner au cannabis un statut légal, semblable à celui de l'alcool, en offrant aux adultes une source légale de cannabis, sujette à certaines restrictions.

Au Canada, la Loi réglementant certaines drogues et autres substances a été modifiée en 1998 pour permettre la culture industrielle du chanvre et, en 2001, pour autoriser l'accès à la marijuana à des fins médicales.

ANNEXE C : VOUS CONNAISSEZ...

LA COCAÏNE

NOMS COMMUNS
blanche, C, coco, coke, crack, freebase, rock, snow

QU'EST-CE QUE LA COCAÏNE ?
La cocaïne est une *drogue stimulante*. Un stimulant rend une personne plus alerte et énergique. La cocaïne peut également procurer une sensation d'euphorie (un « high »).

La cocaïne a été isolée des feuilles de l'arbuste de coca pour la première fois en 1860. Les chercheurs ont vite découvert que la cocaïne engourdit tous les tissus avec lesquels elle entre en contact, ce qui en a fait un anesthésique local. De nos jours, les anesthésiques synthétiques ont en grande partie remplacé la cocaïne.

Dans les années 1880, le psychiatre Sigmund Freud a publié des articles scientifiques dans lesquels il faisait l'éloge de l'effet thérapeutique de la cocaïne sur de nombreuses maladies comme la dépression et la dépendance à l'alcool et aux opiacés. Par la suite, la cocaïne est devenue largement disponible, légalement, dans des médicaments brevetés et des boissons gazeuses. Au fur et à mesure que l'usage de la cocaïne s'est répandu, on a commencé à découvrir ses dangers. En 1911, le Canada a adopté des lois limitant l'importation, la fabrication, la vente et la possession de cocaïne. Son usage a diminué jusque dans les années 1970, époque où elle commença à avoir une réputation de drogue chère, populaire auprès des célébrités. La cocaïne épurée (« crack ») a fait ses débuts dans les années 1980.

QUELLE EST L'ORIGINE DE LA COCAÏNE ?
On trouve de la cocaïne en petite quantité dans les feuilles de plusieurs espèces de l'arbuste *erythroxylum* (coca) qui pousse sur les pentes des Andes, en Amérique du Sud. Les gens du Pérou et de la Bolivie mâchent les feuilles de coca pour atténuer leur faim et leur fatigue, une pratique qui existe depuis au moins 4 500 ans. De nos jours, la plupart du stock mondial de coca vient de Colombie où ce coca est transformé en cocaïne. Des réseaux criminels ont une emprise sur le trafic lucratif de la cocaïne.

À QUOI RESSEMBLE LA COCAÏNE ET COMMENT EST-ELLE UTILISÉE ?
Le chlorhydrate de cocaïne — c.-à-d. la forme sous laquelle la cocaïne est reniflée ou injectée — est une poudre cristalline blanche. Elle est « coupée » ou mélangée avec des substances qui lui ressemblent, comme de l'amidon de maïs ou du talc, ou avec d'autres drogues comme des anesthésiques locaux ou des amphétamines.

La composition chimique de la poudre de cocaïne peut être modifiée pour créer des formes de cocaïne pouvant être fumées. Il s'agit alors de « freebase » et de « crack », qui ressemblent à des cristaux ou des cailloux.

La cocaïne est souvent prise en même temps que d'autres drogues, en particulier l'alcool et la marijuana. La cocaïne et l'héroïne, une fois mélangées et dissoutes, produisent une substance appelée « speedball ».

QUI PREND DE LA COCAÏNE ?
Selon une enquête effectuée en 2001 parmi les élèves de l'Ontario de la 7e année au CPO :
- 4,3 pour cent des élèves avaient pris de la cocaïne au moins une fois ;
- 2 pour cent avaient pris du crack au moins une fois au cours de l'année écoulée.

Selon une enquête effectuée en 2000 parmi les adultes de l'Ontario :
- 6,4 pour cent avaient pris de la cocaïne au moins une fois ;
- 1,2 pour cent en avaient pris au cours de l'année écoulée.

QUELS SONT LES EFFETS DE LA COCAÏNE ?
Ils dépendent des facteurs suivants :
- la quantité absorbée
- la fréquence de consommation et la durée d'utilisation
- la méthode d'absorption (p. ex., par injection ou par voie orale)
- l'état d'esprit, les attentes et le milieu ambiant
- l'âge
- l'état médical ou psychiatrique préexistant
- la consommation simultanée d'alcool ou d'autres drogues (illicites, sur ordonnance, en vente libre ou à base de plantes)

Les personnes qui prennent de la cocaïne se sentent énergiques, bavardes, alertes et euphoriques. Elles se sentent plus conscientes de leurs sens : leur ouïe, leur vue, leurs pulsions sexuelles et leur toucher leur semblent plus développés. La faim et le besoin de sommeil sont atténués. Bien que la cocaïne soit un stimulant, certaines personnes lui trouvent des effets apaisants, ont l'impression d'avoir une plus grande maîtrise d'elles-mêmes, une plus grande confiance et de se sentir plus à l'aise avec les autres. D'autres peuvent se sentir nerveuses, agitées et incapables de se détendre.

Prendre des doses élevées de cocaïne pendant longtemps peut provoquer :

- des crises de panique ;
- des symptômes psychotiques comme la paranoïa (sentiment intense de méfiance, de jalousie ou de persécution), des hallucinations (voir, entendre, sentir, etc., des choses qui, en réalité, n'existent pas) et des idées délirantes (fausses croyances) ;
- un comportement excentrique, bizarre et parfois violent.

Chez certaines personnes, un usage régulier de cocaïne peut entraîner une *tolérance* à ses effets euphoriques, ce qui signifie qu'elles devront prendre des doses de plus en plus fortes pour obtenir le même effet désiré. Par ailleurs, les usagers réguliers pourraient également développer une plus grande sensibilité aux effets négatifs de la cocaïne comme l'anxiété, la psychose (hallucination, perte de contact avec la réalité) et des convulsions.

La cocaïne peut aussi provoquer une accélération de la respiration et des battements de cœur et faire monter la tension artérielle et la température du corps.

QUELLE EST LA DURÉE DES EFFETS ?

Les effets de la cocaïne sont à la fois rapides et de courte durée.

- Renifler de la cocaïne produit en quelques minutes un effet qui dure entre 60 et 90 minutes.
- S'injecter de la cocaïne produit en quelques minutes une montée d'euphorie (« rush ») qui dure entre 20 et 60 minutes.
- Fumer de la cocaïne produit en quelques secondes une sensation d'euphorie (« high ») qui ne dure qu'entre cinq et 10 minutes.

Lorsque son état de « high » disparaît, la personne peut se sentir anxieuse et déprimée et peut ressentir un besoin intense de reprendre de la cocaïne. Certaines personnes prolongent leur « high » en faisant un usage excessif et continu de cocaïne pendant des heures, voire des jours.

LA COCAÏNE EST-ELLE DANGEREUSE ?

Oui.

Bien que de nombreuses personnes prennent de la cocaïne de temps à autre sans danger, cette drogue peut être très dangereuse, qu'elle soit prise une seule fois ou souvent.

- L'usage de cocaïne entraîne un épaississement et une constriction des vaisseaux sanguins, réduisant ainsi l'alimentation du cœur en oxygène. En même temps, la cocaïne fait travailler davantage les muscles du cœur, ce qui cause des crises cardiaques ou des accidents vasculaires cérébraux, même chez les personnes en bonne santé.

- La cocaïne fait monter la tension artérielle, ce qui peut causer l'éclatement des vaisseaux sanguins affaiblis dans le cerveau.
- Une personne peut faire une surdose même après n'avoir pris qu'une petite quantité de cocaïne. Une surdose peut provoquer des convulsions et une défaillance cardiaque. Elle peut affaiblir la respiration ou même l'arrêter. Il n'existe pas d'antidote contre une surdose de cocaïne.
- Renifler de la cocaïne peut entraîner l'infection des sinus et une perte de l'odorat, et peut endommager les tissus du nez et percer le cartilage des narines, à l'intérieur du nez.
- Fumer de la cocaïne peut endommager les poumons et engendrer ce qu'on appelle le « poumon du crack ». Les symptômes comprennent de graves douleurs dans la poitrine, des problèmes respiratoires et une température élevée. Le « poumon du crack » peut être mortel.
- S'injecter de la cocaïne peut entraîner une infection causée par une seringue usagée ou des impuretés dans la drogue. Le fait de partager des seringues peut également entraîner une infection à l'hépatite ou au VIH.
- L'usage de cocaïne pendant la grossesse peut augmenter le risque de fausse couche et de naissance prématurée. Il peut également augmenter le risque de donner naissance à un bébé ayant un poids insuffisant. Comme les femmes qui prennent de la cocaïne pendant leur grossesse souvent consomment aussi de l'alcool, de la nicotine et d'autres drogues, l'ampleur des effets de la cocaïne sur le bébé est encore mal connue.
- L'usage de cocaïne pendant l'allaitement entraîne la transmission de cocaïne à l'enfant, ce qui l'expose à tous les effets et risques de la cocaïne.
- L'usage de cocaïne est lié à des comportements risqués et violents. Il est également lié à un faible pouvoir de concentration et à un mauvais jugement, ce qui augmente les risques de blessures et de maladies transmises sexuellement.
- Un usage chronique de cocaïne peut causer de graves symptômes psychiatriques comme la psychose, l'anxiété, la dépression et la paranoïa.
- Un usage chronique de cocaïne peut également entraîner une perte de poids, la malnutrition, une mauvaise santé, des difficultés sexuelles, l'infertilité et la perte de soutiens sociaux et financiers.

LA COCAÏNE PEUT-ELLE CRÉER UNE DÉPENDANCE ?

Oui. Tous les usagers de cocaïne ne développent pas une dépendance ; la cocaïne peut toutefois être l'une des drogues dont il est le plus difficile de se sevrer.

ANNEXE C : VOUS CONNAISSEZ...

Les personnes qui développent une dépendance à la cocaïne ne maîtrisent pas leur usage. Elles ressentent un besoin intense de prendre de la drogue, même lorsqu'elles sont conscientes que cet usage leur cause des problèmes médicaux, psychologiques et sociaux. Se procurer et prendre de la cocaïne peut devenir leur plus grande préoccupation.

Fumer le crack est la méthode d'usage la plus accoutumante car elle produit des effets rapides, intenses et de courte durée. Cependant, toute méthode d'usage de la cocaïne peut entraîner une accoutumance. La quantité absorbée et la fréquence d'utilisation ont un effet sur l'accoutumance.

Lorsqu'une personne arrête de prendre de la cocaïne, elle peut avoir l'impression de « s'effondrer ». Lorsque cela se produit, son humeur change rapidement, passant d'un « high » à un sentiment de détresse, menant à un état de manque intense. Un usage excessif de cocaïne dans le but de maintenir ce « high » entraîne rapidement une toxicomanie.

Les symptômes du sevrage de la cocaïne comprennent, entre autres : épuisement, sommeil prolongé et mouvementé ou insomnies, faim, irritabilité, dépression, pensées suicidaires et désir intense de reprendre de la cocaïne. Le souvenir de l'euphorie procurée par la cocaïne est puissant et entraîne un risque réel de rechute.

QUELS SONT LES EFFETS À LONG TERME DE LA COCAÏNE ?

La cocaïne augmente dans le cerveau le niveau des substances chimiques qui procurent le même sentiment de bien-être que lorsque nous mangeons, buvons ou avons des relations sexuelles. Un usage régulier de cocaïne peut entraîner des changements durables dans le cerveau, ce qui peut expliquer les symptômes d'état de manque et les symptômes psychiatriques qui continuent même si la personne cesse de prendre de la drogue.

LA CONDUITE AVEC FACULTÉS AFFAIBLIES

QUELS SONT LES EFFETS DE L'ALCOOL ET DES AUTRES DROGUES SUR LA CONDUITE ?

Quand vous êtes au volant, vos mains, vos yeux et vos pieds commandent le véhicule, mais c'est votre cerveau qui commande vos yeux, vos mains et vos pieds. Pour conduire en toute sécurité, vous devez être éveillé et conscient, et capable de réagir instantanément à un environnement qui change constamment et rapidement.

En présence d'alcool ou d'autres drogues, le cerveau et le corps ne fonctionnent plus normalement. Prendre le volant pose alors un risque, même pour un conducteur chevronné. Bien que chaque drogue ait des effets différents sur la conduite, une drogue qui vous ralentit, vous stimule ou vous fait voir les choses différemment aura un effet sur votre conduite et, trop souvent, entraînera des conséquences tragiques.

L'ALCOOL ET LES AUTRES NEURODÉPRESSEURS

L'alcool engourdit l'esprit et réduit la coordination motrice. Les personnes qui conduisent après avoir bu de l'alcool ne peuvent pas réagir avec autant de rapidité quand il le faut. Leur vision est atteinte : les objets paraissent flous ou même doubles. L'alcool modifie leur perspective des choses, de sorte qu'elles évaluent mal la distance à laquelle se trouvent un autre véhicule, un piéton ou un objet. Comme l'alcool affecte le jugement, une personne qui prend le volant après avoir bu risque de se sentir trop sûre d'elle-même. Ne réalisant pas qu'elle n'est pas en état de conduire, elle sera sans doute moins attentive qu'elle le devrait et prendra des risques—elle fera des zigzags ou des excès de vitesse, conduira sur l'accotement et, trop souvent, causera un accident.

L'alcool est un neurodépresseur, ce qui veut dire qu'il ralentit le fonctionnement du cerveau et du corps. D'autres neurodépresseurs, parmi lesquels des médicaments sur ordonnance tels que sédatifs et analgésiques (médicaments antidouleur), présentent des risques semblables à ceux de l'alcool pour un conducteur. N'importe quelle drogue qui cause une somnolence, comme certains médicaments contre la toux, le rhume ou les allergies, risque aussi d'avoir des effets dangereux sur la conduite. Quand l'alcool est combiné à un autre neurodépresseur, les effets sont encore plus forts et donc plus dangereux que ceux d'une drogue à elle seule. Quand vous prenez des médicaments, qu'ils soient sur ordonnance ou en vente libre, vous devez donc en parler à votre médecin ou pharmacien avant de conduire.

LES STIMULANTS

En prenant des stimulants tels que la caféine, les amphétamines et la cocaïne, vous vous sentirez peut-être plus éveillé, mais cela ne veut pas dire que vous serez plus en mesure de conduire. Un conducteur fatigué qui boit du café pour ne pas s'endormir sur la route devrait savoir qu'un stimulant risque de perdre de son effet brusquement et que le meilleur remède contre la fatigue consiste à s'arrêter et à dormir. Les amphétamines ne semblent pas avoir d'effet contraire sur la conduite quand on respecte la dose prescrite, mais certaines personnes qui en prennent se sentent trop sûres d'elles-mêmes et risquent de conduire dangereusement. Des doses plus fortes d'amphétamines rendent souvent une personne hostile et agressive.

Les personnes qui prennent de la cocaïne risquent également de se sentir trop sûres d'elles au volant. La cocaïne affecte la vue : elle la rend floue et peut causer des reflets et des hallucinations. Un conducteur victime de l'effet « flocons de neige » dans sa vision périphérique risque de virer brusquement d'un côté ou d'un autre pour éviter des lumières qu'il croit avoir vues. Les personnes qui prennent de la cocaïne peuvent aussi imaginer des sons, comme par exemple des cloches, ou peuvent sentir des odeurs qui n'existent pas, comme celles de la fumée ou de l'essence, qui les distrairont au volant.

LE CANNABIS ET LES AUTRES HALLUCINOGÈNES

Le cannabis modifie les perspectives, diminue l'attention et la concentration, ralentit les réflexes et réduit la force musculaire et la dextérité—des effets qui risquent tous de nuire à la capacité de conduire.

Les drogues hallucinogènes telles que le LSD, l'ecstasy, la mescaline et la psilocybine altèrent la perception et l'humeur. Il est extrêmement dangereux de conduire sous l'influence de l'une de ces drogues.

QUE VEUT DIRE « TAUX D'ALCOOL DANS LE SANG » ?

L'alcool que vous buvez passe directement de votre estomac dans votre sang. La police peut mesurer le taux d'alcool dans le sang (« alcoolémie ») à l'aide d'un ivressomètre ou au moyen d'une analyse de sang. En vertu du Code de la route de l'Ontario, un taux d'alcoolémie de 0,05 peut entraîner une suspension du permis de conduire pour une période de 12 heures. Selon le Code criminel du Canada, la « limite légale » pour ceux qui boivent avant de prendre le volant est un taux de 0,08. En Ontario, pour les détenteurs d'un permis de délivrance graduelle de catégorie 1 ou 2, le taux d'alcoolémie doit toujours être de 0.

Parce que chaque personne réagit différemment aux effets de l'alcool, il est très difficile d'évaluer son propre taux d'alcoolémie. Même si une personne ne se sent pas « ivre », aux yeux de la loi, il se peut qu'elle ne soit pas en état de conduire.

APRÈS AVOIR BU, Y A-T-IL UN MOYEN DE « REDEVENIR SOBRE » RAPIDEMENT POUR POUVOIR RENTRER CHEZ SOI EN VOITURE ?

Non. L'alcool passe dans le sang dès qu'il est consommé et seul le temps peut réduire la concentration d'alcool dans le sang. En moyenne, il faut environ une heure au corps humain pour métaboliser deux tiers de l'alcool contenu dans un verre standard et l'éliminer. Ce taux est constant, ce qui veut dire que plus vous buvez, plus vous devez attendre avant de pouvoir conduire. Vous vous sentirez plus éveillé en buvant du café ou une autre boisson à base de caféine, mais vous ne serez pas plus capable de conduire.

COMBIEN D'ACCIDENTS DE LA ROUTE SONT ATTRIBUÉS À DES CONDUCTEURS QUI ONT CONSOMMÉ DE L'ALCOOL OU UNE AUTRE DROGUE ?

Au Canada, environ 1 350 personnes meurent chaque année et beaucoup d'autres sont gravement blessées ou handicapées dans des accidents de la route mettant en cause un conducteur en état d'ébriété. En Ontario, en 1997, l'alcool a été responsable de 39 p. 100 des accidents mortels de la route, 45 p. 100 des morts dans des accidents de bateau et 64 p. 100 des morts dans des accidents de motoneige et de véhicules tout-terrain. L'alcool au volant est la principale cause criminelle de décès et de blessures au Canada.

On ne tient pas toujours compte du rôle que peuvent jouer d'autres drogues, seules ou combinées à l'alcool, dans les accidents de la route, mais on sait qu'elles jouent un rôle important dans de nombreux cas de décès sur la route. En 1992, une étude sur la présence de drogues chez les personnes ayant eu un accident de voiture a révélé que l'alcool était la substance la plus commune. Toutefois, le nombre total de cas où une autre drogue était également présente dépassait le nombre de cas où seule la présence d'alcool avait été confirmée. Le cannabis, les benzodiazépines et la cocaïne suivaient l'alcool parmi les drogues le plus souvent détectées.

Les jeunes qui prennent le volant après avoir bu risquent tout particulièrement d'avoir un accident de voiture, car ils manquent d'expérience sur la route et ont plus tendance à prendre des risques.

ANNEXE C : VOUS CONNAISSEZ...

QUI PREND LE VOLANT APRÈS AVOIR BU ?

Diverses études ont démontré que les personnes reconnues coupables de conduite avec facultés affiblies viennent de toutes sortes de milieux, de tous les groupes d'âge et de toutes les catégories de revenus. Ces études indiquent aussi que ces personnes possèdent certaines caractéristiques en commun :

- La majorité sont des hommes.
- Un grand nombre d'entre elles sont de « gros buveurs ».
- Beaucoup ont une attitude « antisociale », c.-à-d. qu'elles ne respectent ni la loi ni la sécurité des autres.
- Presque toutes les personnes condamnées pour conduite en état d'ébriété admettent avoir souvent pris le volant après avoir bu.

QUE FAIT-ON POUR LUTTER CONTRE LA CONDUITE AVEC FACULTÉS AFFIBLIES ?

Conduire n'importe quel véhicule avec des facultés affiblies est une infraction à la loi, passible de peines graves en vertu des lois provinciales et fédérales, entre autres : retrait du permis de conduire, amendes, emprisonnement, traitement et éducation obligatoires.

Le terme « facultés affiblies » s'applique non seulement aux effets de l'alcool mais aussi à ceux d'autres drogues. Les infractions liées à l'alcool au volant sont les plus communes en Ontario et le système judiciaire y consacre plus de ressources qu'à la poursuite de tout autre type d'infraction.

Un conducteur risque d'être condamné s'il échoue au test de l'ivressomètre ou s'il refuse de le passer. En Ontario, une condamnation pour conduite avec un taux d'alcoolémie de plus de 0,08 ou le refus de fournir un échantillon d'haleine entraîne une suspension automatique du permis de conduire pour une période de 90 jours.

Les peines associées aux condamnations pour conduite avec facultés affiblies varient selon le nombre de récidives. Une première condamnation entraîne la suspension du permis de conduire pour une période d'un an et une amende de 600 $; une seconde entraîne la suspension du permis pour une période de trois ans et une peine de 14 jours de prison ; une troisième se traduit par le retrait permanent du permis de conduire (avec réduction à une période de dix ans, à certaines conditions) et 90 jours de prison ; une quatrième condamnation empêchera à jamais une personne de détenir un permis de conduire de l'Ontario et la condamnera à 90 jours de plus de prison. Toute personne qui sera surprise au volant alors que son permis de conduire est suspendu aura son véhicule mis en fourrière (même si ce n'est pas le sien) et sera passible d'une amende élevée.

En plus de ces peines, toute personne qui a été reconnue coupable de conduite en état d'ivresse en Ontario et qui veut faire rétablir son permis de conduire doit suivre le programme de mesures correctives « Bonne conduite » qui comporte quatre composantes : évaluation, éducation ou traitement et suivi.

Certaines lois relatives à la conduite en état d'ébriété s'appliquent aussi aux personnes qui servent de l'alcool, que ce soit dans un lieu public tel qu'un restaurant ou un bar ou à un domicile privé. Par exemple, si vous recevez des amis chez vous et que l'un de vos invités, ayant pris le volant après avoir trop bu, provoque un accident, vous risquez d'être poursuivi pour dommages-intérêts. Quiconque sert de l'alcool est responsable de veiller à ce que ses clients ou invités ne prennent pas le volant après avoir trop bu.

Parmi les autres mesures de lutte contre l'ivresse au volant, le programme RIDE (Reduce Impaired Driving Everywhere) permet à la police d'effectuer des vérifications ponctuelles auprès de conducteurs qu'elle soupçonne être en état d'ébriété.

Un médecin qui a lieu de croire que l'un de ses patients n'est pas en état de conduire en raison de son état pathologique—par ex. grave problème d'alcool ou dépendance à l'alcool—est tenu, par la loi, d'en informer le ministère des Transports. Le ministère peut alors suspendre le permis de conduire de cette personne indéfiniment dans l'attente d'un examen par un professionnel du domaine de l'alcool et des autres drogues.

DE NOS JOURS, LES GENS FONT-ILS PLUS ATTENTION DE NE PAS BOIRE AVANT DE CONDUIRE ?

Selon les statistiques, en Ontario, le nombre d'accidents de la route où l'alcool est en cause baisse depuis plusieurs années. Les personnes qui adoptent le rôle de « conducteur désigné » et choisissent ainsi de ne pas boire, sachant qu'elles devront conduire, sont de plus en plus nombreuses. D'autres préfèrent laisser leur voiture à la maison et rentrer chez elles en taxi ou en empruntant les transports en commun.

En Ontario, en 1988, on a compté 17 995 accidents de la route impliquant un conducteur en état d'ébriété. Dès 1997, ce nombre était de 9 757 accidents, reflétant une baisse de 46 p. 100. Bien que cette tendance semble être le résultat d'une prise de conscience du public et de l'adoption de lois plus strictes, l'alcool au volant est encore une cause importante de blessures et de décès.

L'ECSTASY

NOMS COMMUNS
E, XTC, Adam et Mitsubishi

QU'EST-CE QUE L'ECSTASY ?
Voici le nom chimique de l'ecstasy : 3,4-méthylènedioxyméthamphétamine. Son nom chimique abrégé est MDMA. La composition chimique et les effets de la MDMA sont similaires à ceux de l'amphétamine (un stimulant) et de la mescaline (un hallucinogène).

Le produit vendu sous le nom d'ecstasy contient souvent des drogues autres que la MDMA dont les effets peuvent être similaires ou non à ceux de la MDMA : entre autres, la caféine, l'éphédrine, les amphétamines, le dextrométhorphane, la kétamine ou le LSD. L'ecstasy peut parfois contenir des drogues très toxiques comme le PMA (paraméthoxy-amphétamine), qui peut être mortel, même à faible dose.

La MDMA influe sur la chimie du cerveau en libérant en particulier une quantité élevée de sérotonine. La sérotonine est une substance chimique présente dans le cerveau qui joue, entre autres, un rôle important sur le plan de la régulation de l'humeur, de l'énergie et de l'appétit.

La MDMA a été brevetée en 1913. Dans les années 1970 on l'a utilisée de façon expérimentale, notamment comme complément à la psychothérapie. La possession, le trafic, l'importation ou la fabrication de cette substance sont devenus illégaux au Canada en 1976 et aux États-Unis en 1985.

QUELLE EST L'ORIGINE DE L'ECSTASY ?
L'ecstasy est fabriquée dans des laboratoires illégaux. Son procédé de fabrication et sa composition chimique varient d'un laboratoire à l'autre. Le produit vendu sous le nom d'ecstasy contient souvent des drogues inconnues ou d'autres substances de remplissage.

À QUOI RESSEMBLE L'ECSTASY ?
Elle est vendue habituellement sous forme de comprimés ou de capsules à avaler. Elle est également vendue en poudre ; les comprimés peuvent être écrasés puis reniflés. Bien que cette pratique soit rare, cette drogue peut aussi être injectée.

Les comprimés d'ecstasy sont de forme, de taille et de couleur différentes. Ils sont souvent estampillés d'un logo comme un papillon ou un trèfle, ce qui leur donne l'apparence d'un bonbon. Ce « marquage » des comprimés d'ecstasy ne constitue pas une preuve de la qualité de la drogue, car il est possible que divers fabricants utilisent le même logo. Les imitations de mauvaise qualité sont répandues. Il est possible que des comprimés vendus sous le nom d'ecstasy ne contiennent pas de MDMA.

« L'ecstasy végétale », qui est censée ne contenir que des ingrédients « naturels », contient habituellement de l'éphédrine végétale qui possède des propriétés stimulantes. La consommation abusive de produits contenant de l'éphédrine a été liée à des accidents cérébrovasculaires, des crises cardiaques et même des décès.

QUI PREND DE L'ECSTASY ?
La consommation croissante d'ecstasy comme drogue à usage récréatif a commencé dans les années 1980 aux États-Unis. Elle semble être la drogue de prédilection des jeunes lors de parties qui durent toute la nuit ou de « raves ». Dernièrement, l'usage d'ecstasy s'est répandu parmi d'autres groupes comme les professionnels des grandes villes, et on retrouve l'ecstasy dans divers environnements, y compris des boîtes de nuit populaires.

QUELS SONT LES EFFETS DE L'ECSTASY ?
Les effets de l'ecstasy dépendent de plusieurs facteurs, entre autres :
· votre âge et votre poids
· la quantité absorbée et la fréquence de consommation
· la durée d'utilisation
· la méthode d'absorption
· le milieu ambiant
· l'état médical ou psychiatrique préexistant
· la consommation simultanée d'alcool ou d'autres drogues (illicites, sur ordonnance, en vente libre ou à base de plantes)

À doses faibles ou modérées, l'ecstasy peut produire des sensations de plaisir et de bien-être. La personne se sent plus sociable et plus proche des autres. Comme tous les stimulants, l'ecstasy procure à son usager l'impression d'un débordement d'énergie et de confiance.

Cependant, même à faible dose, l'ecstasy peut avoir des effets négatifs notables. Quant aux doses plus fortes, elles risquent fort probablement d'intensifier les effets négatifs sans toutefois

ANNEXE C : VOUS CONNAISSEZ...

accroître les effets souhaités. Il s'agit, entre autres, des symptômes suivants : grincements de dents, douleurs aux mâchoires, transpiration, augmentation de la tension artérielle et du rythme cardiaque, angoisse ou crises de panique, vue trouble, nausées, vomissements et convulsions.

Une fois les effets initiaux disparus, les usagers risquent également de ressentir les effets ultérieurs suivants : confusion, irritabilité, angoisse, paranoïa, dépression, troubles de la mémoire ou insomnie.

QUELLE EST LA DURÉE DES EFFETS ?
L'ecstasy commence à faire effet normalement dans l'heure qui suit. Ces effets peuvent durer de quatre à six heures. La durée des effets ultérieurs est plus difficile à prédire ; ils risquent de durer pendant des jours, voire même des semaines.

L'ECSTASY EST-ELLE DANGEREUSE ?
Elle peut l'être. Bien que certaines personnes considèrent l'ecstasy comme une drogue relativement inoffensive, on lui attribue un nombre croissant de décès. Comme c'est le cas pour de nombreuses drogues illicites, ces risques augmentent en fonction de la quantité absorbée et de la fréquence d'utilisation.

La déshydratation et la température excessive du corps sont souvent à l'origine des décès liés à l'ecstasy, en particulier dans le cadre de parties où les jeunes dansent toute la nuit. L'ecstasy fait augmenter la température du corps, la tension artérielle et le rythme cardiaque, ce qui peut entraîner une insuffisance rénale ou cardiaque, des accidents cérébrovasculaires ou des crises d'épilepsie. On a même signalé des cas de jaunisse et d'atteinte hépatique (dommages au foie).

Les personnes souffrant de tension artérielle élevée, de problèmes de cœur ou de foie, de diabète, d'épilepsie ou de n'importe quel trouble mental sont particulièrement vulnérables aux dangers de l'ecstasy. Une partie du danger provient du fait que les personnes qui prennent de l'ecstasy peuvent ne pas être au courant de leur condition et ne savent pas que les effets de l'ecstasy peuvent provoquer les symptômes de leur maladie.

Comme c'est le cas de toute drogue illégale vendue dans la rue, on ne connaît pas vraiment la pureté ni la puissance de l'ecstasy. En prenant de l'ecstasy, vous ne savez pas en fait ce que vous prenez et quels en seront les effets.

Le fait de combiner l'ecstasy à d'autres drogues, illicites ou sur ordonnance, risque de causer une interaction toxique. On sait que plusieurs médicaments sur ordonnance interagissent avec cette substance. Il s'agit de certains types d'antidépresseurs comme les inhibiteurs de la monoamine oxydase (IMAO) et le ritonavir, un inhibiteur de protéase dont on se sert pour traiter le VIH.

Conduire ou faire fonctionner des machines sous l'effet de l'ecstasy ou de toute drogue accroît le risque de blessure corporelle tant pour l'usager que pour les autres.

L'ECSTASY PEUT-ELLE CRÉER UNE DÉPENDANCE ?
La tolérance à l'ecstasy s'établit très rapidement. Par conséquent, plus vous en consommez, plus les effets seront faibles. Consommer une plus forte dose ne produira peut-être pas les effets escomptés, car l'usage fréquent de cette substance épuise la sérotonine et d'autres substances chimiques du cerveau qui produisent la sensation de « bien-être » donnée par l'ecstasy.

Bien qu'il y ait peu de preuves indiquant que la MDMA soit cause d'accoutumance physique ou entraîne des symptômes de sevrage, cette substance prend souvent une importance exagérée dans la vie des usagers.

QUELS SONT LES EFFETS À LONG TERME DE L'ECSTASY ?
Selon les études effectuées sur des animaux, l'usage d'ecstasy peut détruire les cellules cérébrales qui produisent la sérotonine. Les recherches sur les êtres humains sont restreintes ; cependant, certains travaux semblent montrer que l'ecstasy peut causer des lésions cellulaires et altérer la chimie du cerveau humain, entravant certaines fonctions cérébrales comme l'apprentissage et la mémoire. Selon les travaux de recherche, le risque de détérioration causée par la consommation de cette substance est fonction de la dose et de la fréquence de consommation.

À l'heure actuelle, on ignore encore la durée exacte des effets et on ne sait pas s'ils sont permanents. Il faudra entreprendre d'autres travaux de recherche pour confirmer l'incidence à long terme de l'ecstasy sur le cerveau humain.

LE GHB

NOMS COMMUNS
G, ecstasy liquide, Liquid X, « Grievous Bodily Harm »

ANNEXE C : VOUS CONNAISSEZ...

QU'EST-CE QUE LE GHB ?

Le GHB (Gamma-hydroxybutyrate) est produit naturellement dans le corps humain en très petites quantités. Quand il est consommé de manière récréative, en particulier avec de l'alcool ou d'autres drogues, il peut être extrêmement dangereux.

Le GHB est un dépresseur du système nerveux central. Cela veut dire qu'il endort et ralentit la respiration et le rythme cardiaque.

Le GHB a été fabriqué pour la première fois en laboratoire en 1960. Il a été utilisé comme anesthésique expérimental, et pour le traitement des troubles du sommeil et du sevrage alcoolique.

Avant d'être interdit, le GHB était vendu dans les magasins de diététique aux États-Unis. Il était censé favoriser le développement musculaire, brûler les graisses et augmenter les performances sexuelles. Certains le considéraient comme un substitut « sûr » de l'alcool et des somnifères habituels. À l'heure actuelle, la possession, le trafic, l'importation ou la fabrication du GHB sont illlégaux au Canada et aux États-Unis.

QUELLE EST L'ORIGINE DU GHB ?

Le GHB est fabriqué dans des laboratoires clandestins. Son procédé de fabrication et sa composition chimique varient d'un laboratoire à l'autre, de même que la puissance et la pureté du produit final.

À QUOI RESSEMBLE LE GHB ?

Sous forme liquide, le GHB ressemble à de l'eau. Il est inodore, insipide ou très légèrement salé ou a un goût de solvant qui peut être facilement masqué. Habituellement le GHB est vendu sous forme liquide dans de petites fioles. On le trouve également sous forme de poudre blanche ou de gelules.

QUI PREND DU GHB ?

Ces dernières années, le GHB s'est répandu comme « drogue de club » parmi les jeunes en raison de ses effets euphorisants et sédatifs. Certains culturistes continuent à l'utiliser, persuadés qu'il stimule les hormones de croissance. Le GHB a également été utilisé afin de faciliter l'agression sexuelle.

QUELS SONT LES EFFETS DU GHB ?

Les effets du GHB dépendent de plusieurs facteurs, entre autres :
- votre âge et votre poids
- la quantité absorbée et la fréquence de consommation
- la durée d'utilisation
- la méthode d'absorption
- le milieu ambiant
- l'état médical ou psychiatrique préexistant
- la prise simultanée d'alcool ou d'autres drogues (illicites, sur ordonnance, en vente libre ou à base de plantes)

La sensation procurée par le GHB est équivalente à celle que procure l'alcool à certaines personnes. À petite dose, les usagers se sentent plus sociables, moins inhibés et l'esprit léger. Une dose légèrement supérieure augmente ces effets ou vous rend somnolent et étourdi. Un peu plus de GHB peut entraîner nausées et vomissements ; et une dose plus importante peut vous plonger dans un sommeil pseudo-comateux. Une overdose peut entraîner des difficultés à respirer, un rythme cardiaque ralenti, des convulsions et même la mort.

La caractéristique du GHB est que la différence entre la dose entraînant l'effet désiré et la dose mettant en danger l'usager est très petite. Si vous utilisez un tout petit peu trop de GHB, les effets peuvent être mortels.

QUELLE EST LA DURÉE DES EFFETS ?

Les effets du GHB sont ressentis entre 10 et 20 minutes après la prise et durent jusqu'à quatre heures, selon la dose ingérée. On a signalé des cas de sensation d'étourdissement d'une durée de plusieurs jours.

LE GHB EST-IL DANGEREUX ?

Oui, le GHB est dangereux pour plusieurs raisons.

Comme le GHB est illégal, il n'existe aucun contrôle sur la puissance et la pureté de la drogue produite. Ce qui est vendu sous la dénomination GHB contient souvent des drogues inconnues ou d'autres substances de remplissage qui peuvent être toxiques. Vous ne savez pas la quantité de GHB contenue dans la solution ni la dose de GHB qui n'est pas dangereuse.

Il est facile d'absorber trop de GHB et d'en faire une overdose. Quant le GHB est combiné à de l'alcool ou à d'autres drogues, ses effets sont plus intenses et le risque d'effets toxiques et d'overdose augmente.

Le GHB est un sédatif puissant, entraînant chez les usagers un sommeil profond pseudo-comateux qui peut durer plusieurs heures. Ils peuvent vomir pendant leur sommeil et s'étouffer. Au cours de ce sommeil, des convulsions peuvent parfois se produire et inquiéter les autres au point où ils amèneront l'usager au service des urgences d'un hôpital.

La forme liquide du GHB permet de le glisser dans des boissons. Ses effets sédatifs empêchent les victimes de résister à une agression sexuelle. C'est pour cette raison que le GHB a été appelé « drogue du viol »par les médias. Le GHB entraîne également une amnésie, ce qui veut dire que lorsque la drogue a fini d'agir, son usager risque de ne pas se souvenir de ce qui s'est passé. Surveillez votre boisson dans les parties ou dans les bars.

Le GHB peut présenter des interactions médicamenteuses dangereuses avec certains médicaments comme les inhibiteurs de protéase utilisés pour traiter le VIH.

Conduire ou faire fonctionner des machines sous l'effet du GHB ou de toute drogue accroît le risque de blessure corporelle tant pour l'usager que pour les autres.

LE GHB PEUT-IL CRÉER UNE DÉPENDANCE ?

La consommation régulière de GHB peut entraîner une dépendance physique. Son arrêt brusque entraîne des crises d'angoisse, des tremblements, de l'insomnie et d'autres effets secondaires désagréables et potentiellement dangereux comme de l'hypertension et une paranoïa accompagnée d'hallucinations. Les personnes ayant développé une accoutumance devraient s'adresser à leur médecin pour faciliter le sevrage.

QUELS SONT LES EFFETS À LONG TERME DU GHB ?

Comme très peu de recherches ont été faites, les effets à long terme ne sont pas connus.

LES HALLUCINOGÈNES

TYPES D'HALLUCINOGÈNES :

LSD, mescaline, psilocybine, PCP, cannabis, ecstasy, salvia et bien d'autres

Consulter aussi les autres brochures de la série Vous connaissez : LSD, Ecstasy, Cannabis et Kétamine.

LES HALLUCINOGÈNES, QU'EST-CE QUE C'EST ?

Le terme « hallucinogènes » fait référence à plusieurs drogues différentes, également qualifiées de drogues « psychédéliques ».

Bien que les effets de ces drogues varient énormément, elles modifient toutes les sens, qu'il s'agisse de la vue, de l'audition, du goût, de l'odorat ou du toucher, et influent sur l'humeur et les pensées. Prises à forte dose, elles peuvent toutes entraîner des hallucinations ou donner l'impression à la personne qu'elle voit, entend et sent des choses qui ne sont pas vraiment présentes.

La plupart des hallucinogènes utilisés en Amérique du Nord appartiennent à l'une des six catégories suivantes :

· indolealkylamines, qui incluent le LSD (diéthylamide de l'acide lysergique, une substance semi-synthétique tirée initialement de l'« ergot » de seigle et d'autres céréales), le LSA (amide de l'acide lysergique provenant des graines du liseron), la psilocybine et psilocine (provenant des champignons psilocybes) et le DMT (diméthyltryptamine, provenant de l'écorce du virola, de même que d'autres sources)
· phényl-éthylamines, qui incluent la mescaline (qu'on trouve dans le cactus peyotl) et les « drogues de confection », comme les suivantes :
  - MDA (méthylènedioxyamphétamine)
  - MDMA (ecstasy, méthylènedioxyméthamphétamine)
  - PMA (paraméthoxyamphétamine)
  - 2-CB (4-bromo-2,5-diméthoxyphénéthylamine)
  - STP (Diméthoxy-2, 5 méthyl-4 alpha-méthylphénéthylamine)
  - TMA (triméthoxyamphétamine)
· arylcycloalkylamines, comme le PCP (phencyclidine) et la kétamine
· cannabinoïdes, surtout le THC (tétrahydrocannabinol) qu'on trouve dans la marijuana, le cannabis et l'huile de cannabis
· anticholinergiques, provenant de la famille de plantes des Solanacées, qui incluent la solanacée mortelle (Atropa belladonna) et la stramoine (Datura stramonium)
· diterpène, Salvinorine-A, de la plante Salvia divinorum.

QUELLE EST L'ORIGINE DES HALLUCINOGÈNES ?

Certains hallucinogènes proviennent de champignons (psilocybine), de cactus (mescaline) et d'autres plantes (cannabis, salvia). Parmi ces derniers, le cannabis et la psilocybine sont pratiquement toujours consommés sous leur forme naturelle. Bien que le LSD ne soit utilisé que sous forme synthétique, une drogue connexe, le LSA, se trouve dans la nature. D'autres hallucinogènes, comme le MDMA et la kétamine, sont fabriqués en laboratoire.

ANNEXE C : VOUS CONNAISSEZ...

QUI PREND DES HALLUCINOGÈNES ?

Les hallucinogènes existent depuis l'Antiquité et la religion, la médecine, la magie et les prophéties y ont eu recours. Dans les années 1960 et 1970, les hallucinogènes sont devenus le symbole de la contre-culture parmi les jeunes d'Amérique du Nord et d'Europe. Dernièrement, la consommation d'hallucinogènes a été associée aux partys rave.

Un sondage des élèves de l'Ontario, de la 7e à la 12e année, effectué en 2003, a révélé qu'après le cannabis, les autres hallucinogènes sont les drogues illicites les plus utilisées. Dans le cadre de ce sondage, 10 pour cent des élèves ont déclaré qu'ils avaient pris des hallucinogènes autres que le cannabis au cours de l'année écoulée. Cependant, la consommation de LSD et d'ecstasy a diminué au cours des dernières années. Il n'existe pas de renseignements sur l'utilisation des hallucinogènes par les adultes, en Ontario.

QUELS SONT LES EFFETS DES HALLUCINOGÈNES ?

Les effets des hallucinogènes sur une personne varient en fonction de plusieurs facteurs :

- la quantité que l'on consomme
- la fréquence de consommation et la durée d'utilisation
- l'état d'esprit, les attentes et le milieu ambiant
- l'âge de la personne
- tout trouble médical ou psychiatrique dont on peut être affligé
- toute boisson ou autre drogue (illégale, sur ordonnance, en vente libre ou faite d'herbe médicinale) consommée en même temps.

Les hallucinogènes entraînent principalement des effets psychoactifs (qui modifient l'activité mentale) dont l'intensité peut être faible ou forte. Ces effets varient d'une drogue à l'autre, d'une personne à l'autre, d'un épisode de consommation à l'autre, et peuvent même varier considérablement pendant la consommation. Les effets peuvent aller de l'extase à la terreur, d'une modification légère des sens à des hallucinations (les personnes pensent que les visions ou les autres sensations induites par les drogues sont en fait réelles).

Les effets des différents hallucinogènes peuvent varier.

Par exemple : Le LSD produit un kaléidoscope d'images visuelles et modifie la perception. Les personnes qui prennent du LSD savent normalement que les hallucinations ne sont pas réelles ; cependant, leurs effets peuvent leur sembler réels.

L'ecstasy rend les personnes de meilleure humeur et leur fait éprouver des sentiments de compassion et d'intimité. Elle ne cause pas normalement des hallucinations.

La kétamine cause une sensation extracorporelle qui peut être soit agréable, soit terrifiante.

La salvia cause des effets hallucinogènes intenses, de courte durée, différents de ceux des autres hallucinogènes.

QUELLE EST LA DURÉE DES EFFETS ?

Les effets de certains hallucinogènes, comme le LSD, durent des heures, alors que ceux d'autres substances de ce type, comme la salvia, sont de courte durée.

LES HALLUCINOGÈNES SONT-ILS DANGEREUX ?

Les hallucinogènes peuvent être dangereux pour plusieurs raisons.

- La plupart de ces drogues sont illégales et non réglementées, et peuvent inclure des toxines ou même ne pas contenir la drogue sous le nom de laquelle elles sont vendues. Par exemple, les drogues vendues sous forme d'ecstasy ne sont pas normalement de la MDMA pure. Elles peuvent contenir d'autres drogues comme la PMA qui peut causer des convulsions ou peut être mortelle. Les drogues vendues comme de la mescaline ne contiennent presque jamais cette substance.
- Les hallucinogènes modifient les perceptions et le comportement. Les personnes qui en consomment peuvent devenir désorientées, manquer de jugement et prendre des risques.
- De nombreux hallucinogènes peuvent avoir des effets désagréables ou toxiques (p. ex., la stramoine et la solanacée mortelle). Les plantes hallucinogènes peuvent être confondues avec d'autres plantes toxiques ou mortelles comme les champignons.
- Bien que les travaux de recherche à ce sujet soient rares, prendre des hallucinogènes durant la grossesse peut influer de façon néfaste sur le développement du bébé et augmenter les risques de fausse couche.

LES HALLUCINOGÈNES PEUVENT-ILS CRÉER UNE DÉPENDANCE ?

La plupart des personnes qui prennent des hallucinogènes le font de temps à autre. La consommation répétée des hallucinogènes comme le LSD ou l'ecstasy entraîne une accoutumance, c'est-à-dire que les effets de la drogue sont faibles, voire inexistants. La sensibilité à la drogue réapparaît si la personne arrête d'en consommer pendant un certain temps, puis le phénomène recommence. On ne ressent normalement pas d'effet de sevrage lorsqu'on arrête de prendre des hallucinogènes. Cependant, les personnes peuvent développer une dépendance psychologique qui leur donne l'impression qu'elles ont besoin de prendre de la drogue.

QUELS SONT LES EFFETS À LONG TERME DES HALLUCINOGÈNES ?

Cela arrive rarement mais les hallucinogènes peuvent causer des « flash-back » ou un retour spontané d'une expérience de consommation de drogue des jours, des semaines ou même des années après. Certaines personnes qui prennent des hallucinogènes se sentent déprimées ou angoissées longtemps après avoir pris ces drogues.

De l'information en série. . .

- L'alcool
- Les amphétamines
- Les benzodiazépines
- La caféine
- Le cannabis
- La cocaïne
- La conduite avec facultés affaiblies
- L'ecstasy
- Le GHB
- Les hallucinogènes
- L'héroïne
- La kétamine
- Le LSD
- La méthadone
- La méthamphétamine
- Les opioïdes
- Le Rohypnol
- Les stéroïdes anabolisants
- Les substances inhalées
- Le tabac

Pour de plus amples renseignements sur les questions de toxicomanie et de santé mentale ou pour obtenir un exemplaire de ce dépliant, veuillez appeler le Centre R. Samuel McLaughlin de renseignements sur la toxicomanie et la santé mentale de CAMH :

Sans frais en Ontario :   1 800 463-6273
À Toronto :   416 595-6111

Pour commander des exemplaires en quantité de ce dépliant ou pour obtenir d'autres publications de CAMH, veuillez vous adresser au :
Service du marketing et des ventes
Tél. :   1 800 661-1111 ou 416 595-6059 à Toronto
Courriel :   marketing@camh.net

Pour faire un don, veuillez vous adresser à la :
Fondation du Centre de toxicomanie et de santé mentale
Tél. :   416 979-6909
Courriel :   foundation@camh.net

Si vous avez des questions à poser ou des éloges ou des préoccupations à formuler au sujet des services offerts par CAMH, appelez notre coordonnateur des relations avec les clients :
Tél. :   416 535-8501, poste 2028

Consultez notre site Web : www.camh.net

© 2004 Centre de toxicomanie et de santé mentale

Un Centre collaborateur de l'Organisation panaméricaine de la santé et de l'Organisation mondiale de la Santé Affilié à l'Université de Toronto

Available in English   2502j / 08-04   P305

L' HÉROÏNE

NOMS COMMUNS

poudre, brune, blanche, rose, grise, héro, cheval, came, junk, brown sugar

QU'EST-CE QUE L'HÉROÏNE ?

L'héroïne est une drogue dangereuse et illicite qui peut créer une très forte dépendance. C'est aussi un médicament antidouleur efficace.

L'héroïne appartient à la famille des opioïdes. Parmi les opioïdes, il y a aussi les « opiacés » comme la morphine et la codéine, qui sont des produits naturels provenant du pavot asiatique, et les opiacés « synthétiques » comme le Demerol® et la méthadone, qui sont fabriqués chimiquement. L'héroïne est un opioïde « semi-synthétique »; elle est fabriquée à partir de morphine qui a été soumise à un procédé chimique pour lui donner un effet plus fort et plus immédiat. L'héroïne est reconvertie en morphine à l'intérieur du cerveau.

Quand l'héroïne a fait son apparition à la fin du 19e siècle, on lui accordait des mérites de médicament antidouleur et antitussif (contre la toux). Mais, dès le début du 20e siècle, on avait reconnu le danger que représentait l'héroïne. Des lois furent introduites en Amérique du Nord et en Europe pour en limiter la production, la distribution et l'usage.

Dans certains pays, et dans certaines circonstances, on peut de nos jours obtenir de l'héroïne sur ordonnance d'un médecin. En Grande-Bretagne, par exemple, un médecin peut prescrire de l'héroïne pour soulager les grandes douleurs. C'est un traitement généralement réservé aux malades en phase terminale. Au Canada, bien que les règlements régissant l'usage des drogues aient été modifiés dans les années 1980 pour permettre la prescription d'héroïne, on a rarement recours à cette solution. En Grande-Bretagne, aux Pays-Bas et en Suisse, un nombre peu élevé de personnes ayant une accoutumance à l'héroïne et sur lesquelles les traitements courants n'ont eu aucun effet, reçoivent de l'héroïne sur ordonnance, dans le cadre de programmes de maintien où elles sont suivies de très près.

QUELLE EST L'ORIGINE DE L'HÉROÏNE ?

L'héroïne est produite principalement en Asie et en Amérique latine, là où l'on cultive le pavot asiatique. Des laboratoires situés à proximité des champs de pavots extraient la morphine de la gomme d'opium ; cette gomme est ensuite transformée en héroïne dans des laboratoires du pays d'origine ou de pays voisins.

À QUOI RESSEMBLE L'HÉROÏNE ?

Dans sa forme la plus pure, l'héroïne est une poudre cristalline blanche et fine, au goût amer, qui se dissout dans l'eau. Quand elle est vendue dans la rue, sa couleur et sa consistance varient selon la manière dont elle a été fabriquée et selon les coupages ou mélanges qu'elle a subis. L'héroïne « de la rue » se vend sous forme de poudre blanche, de substance brunâtre et parfois granuleuse, ou de gomme poisseuse, brun foncé. La pureté de l'héroïne varie d'un lot à un autre, sa concentration pouvant varier de deux à 98 pour cent.

On ajoute parfois du glucose, de l'amidon ou du lait en poudre pour augmenter le poids de l'héroïne pour sa vente au détail ou encore, d'autres drogues lui sont ajoutées pour accentuer ses effets. On ajoute aussi parfois de la quinine pour imiter le goût amer de l'héroïne. Il est alors difficile de déterminer le degré de pureté de la drogue.

COMMENT SE PREND L'HÉROÏNE ?

L'héroïne se prend de plusieurs façons, le plus communément :

- par injection — on se « pique » soit dans une veine (injection intraveineuse ou « shoot »), soit dans un muscle (injection intramusculaire) ou sous la peau (injection sous-cutanée)
- en prisant la poudre (« sniff ») — l'héroïne est reniflée ou « sniffée »
- par inhalation de fumée — cette méthode consiste à chauffer de l'héroïne sur une feuille d'aluminium, au-dessus d'une petite flamme, et à respirer à l'aide d'un tube la fumée et les vapeurs qui se dégagent.

Certains choisissent l'injection, car c'est la méthode qui procure l'effet le plus fort et le plus rapide, avec une quantité relativement faible de drogue. Une personne qui a développé une dépendance à l'héroïne peut se piquer de deux à quatre fois par jour. D'autres préfèrent priser la drogue ou la fumer, si l'héroïne est très pure ou s'ils en prennent seulement à l'occasion et ne veulent pas se l'injecter.

QUI PREND DE L'HÉROÏNE ?

Les personnes qui consomment de l'héroïne appartiennent à des groupes culturels et socio-économiques variés et de tous les âges. On compte deux fois plus d'hommes que de femmes parmi les utilisateurs. Les personnes qui prennent de l'héroïne pour la première fois sont généralement jeunes, adolescentes ou dans la vingtaine, mais la plupart de celles qui en consomment régulièrement ont plus de 30 ans.

QUELS SONT LES EFFETS DE L'HÉROÏNE ?

Comme c'est le cas de nombreuses drogues, les effets de l'héroïne dépendent de plusieurs facteurs, parmi lesquels :

- l'âge de la personne
- la quantité absorbée et la fréquence de consommation
- la durée d'utilisation
- la méthode de consommation (façon dont l'héroïne est prise)
- le milieu ambiant
- l'état médical ou psychiatrique préexistant
- la prise simultanée d'alcool ou d'autres drogues (illicites, sur ordonnance, en vente libre ou à base de plantes)

Une injection intraveineuse d'héroïne produit une montée d'euphorie (le « rush »). Cet effet se ressent sept à huit secondes après l'injection et dure au moins 45 secondes et, au plus, quelques minutes. L'effet initial n'est pas aussi intense lorsque l'héroïne est fumée ou sniffée. Le « rush » est suivi d'une période de sédation et de tranquillité qui peut durer jusqu'à une heure. Lorsque l'héroïne est prise par injection sous-cutanée ou intramusculaire, l'effet est plus lent à se produire.

ANNEXE C : VOUS CONNAISSEZ...

Il faut entre cinq et huit minutes avant qu'il se manifeste.

La première fois qu'on en prend, l'héroïne donne souvent la nausée et fait vomir. Le détachement de toute douleur physique ou affective et un sentiment de bien-être sont parmi les effets recherchés. D'autres effets comprennent le ralentissement de la respiration, la contraction des pupilles, la démangeaison et la transpiration. L'usage régulier d'héroïne cause la constipation, une perte du désir sexuel et, chez les femmes, l'irrégularité ou l'interruption des règles.

L'héroïne peut entraîner des sautes d'humeur et des changements de comportement. Les personnes qui ont une dépendance à l'héroïne peuvent être dociles et agréables peu après avoir pris de la drogue, mais devenir irritables et agressives lorsqu'elles sont en état de manque.

QUELLE EST LA DURÉE DE SES EFFETS ?
Quelle que soit la façon dont l'héroïne est prise, ses effets durent généralement de trois à cinq heures, selon la dose.

Les personnes qui ont une dépendance à l'héroïne doivent en prendre toutes les six à 12 heures pour éviter les symptômes de sevrage. Au début, ces symptômes sont intenses et s'accompagnent d'un écoulement nasal, d'éternuements, de diarrhée, de vomissement, d'agitation et d'un état de besoin constant. Les effets associés au sevrage comprennent aussi la chair de poule et des mouvements involontaires des jambes. Les symptômes de sevrage atteignent leur niveau maximum dans les deux jours et s'estompent généralement au bout de cinq à dix jours. D'autres symptômes tels que l'insomnie, l'angoisse et le besoin intense de drogue, peuvent se manifester encore quelque temps. Le sevrage d'une dépendance à l'héroïne ne pose pas de risque pour la santé mais il peut être extrêmement pénible.

L'HÉROÏNE EST-ELLE DANGEREUSE ?
Oui. L'héroïne est dangereuse pour plusieurs raisons. La surdose (ou overdose) est le plus grand risque, chaque fois qu'on prend de l'héroïne. L'héroïne déprime la région du cerveau qui contrôle la respiration. En cas de surdose, la respiration ralentit et va même jusqu'à s'arrêter complètement. Une personne en état de surdose perd conscience. Elle ne peut pas être ranimée et sa peau est froide, moite et bleutée. Une surdose se traite à l'hôpital, au service des urgences, à l'aide de drogues comme la naloxone, qui bloque les effets dépresseurs de l'héroïne.

Le risque de surdose augmente avec :
- Le fait de ne pas connaître le degré de pureté de la drogue. L'ironie, c'est que beaucoup de surdoses résultent d'une hausse de la qualité de la drogue qui se vend dans la rue.
- L'injection, qui envoie la drogue au cerveau plus rapidement que les autres méthodes de consommation et qui fait que toute la dose est absorbée d'un seul coup.
- La combinaison d'héroïne avec d'autres drogues sédatives comme l'alcool, les benzodiazépines et la méthadone.

D'autres risques sont associés à l'usage de l'héroïne :
- L'injection : l'injection de drogue entraîne un plus grand risque d'infection bactérienne, d'empoisonnement du sang, d'abcès, d'endocardite (inflammation de la paroi interne du cœur), de veines collabées (aplaties) et de surdoses. Le partage des seringues multiplie les risques d'hépatite B ou C et de VIH.
- L'incertitude quant au contenu de la drogue : ne connaissant pas le degré de pureté et de puissance de la drogue, il est difficile de déterminer la dose à prendre et d'éviter une surdose. De plus, l'héroïne est souvent coupée d'additifs (comme la strychnine) qui peuvent être toxiques ou qui ne sont pas solubles (comme la craie) et risquent de bloquer les vaisseaux sanguins.
- La combinaison de l'héroïne avec d'autres drogues comme la cocaïne (« speedball ») : quand des drogues se combinent dans l'organisme, on ne peut jamais prédire les résultats, qui peuvent être parfois mortels.
- La dépendance : le besoin incessant de se procurer de l'héroïne et son usage constant peuvent mener à des activités criminelles ou à d'autres comportements dangereux et causer la désintégration de la vie familiale, la perte d'un emploi et la détérioration de la santé.
- La grossesse : les femmes qui prennent de l'héroïne régulièrement n'ont souvent pas de règles ; certaines imaginent alors qu'elles sont infertiles et tombent enceinte. L'usage continu d'héroïne pendant la grossesse présente d'énormes risques pour le bébé.

L'HÉROÏNE PEUT-ELLE CRÉER UNE DÉPENDANCE ?
Oui. Prendre de l'héroïne régulièrement, que ce soit en se l'injectant, en la prisant ou en la fumant, peut mener à une dépendance physique et psychologique en deux à trois semaines.

Toutes les personnes qui essaient l'héroïne ne développent pas une dépendance. Certaines ne prennent de la drogue qu'à l'occasion, comme par exemple en fin de semaine, sans augmenter la dose. Cependant, l'usage régulier d'héroïne entraîne une tolérance à ses effets et il faut en prendre de plus en plus pour obtenir l'effet désiré. Si l'on continue à prendre de l'héroïne en augmentant la dose, on devient inévitablement dépendant.

Une fois que la dépendance à l'héroïne est établie, il peut être extrêmement difficile d'arrêter d'en prendre. Les personnes qui prennent de l'héroïne pendant longtemps mentionnent souvent que la drogue ne leur procure plus aucun plaisir. Elles continuent néanmoins à prendre de l'héroïne pour éviter les symptômes de sevrage et pour satisfaire le besoin intense d'en reprendre, qu'elles décrivent comme un réel besoin. Cet état de besoin peut persister longtemps après que l'on a arrêté de prendre de la drogue, et le risque de faire une rechute en recommençant à en prendre est très difficile à éviter.

QUELS SONT LES EFFETS À LONG TERME DE L'HÉROÏNE ?
La dépendance à l'héroïne et les complications d'ordre médical, social et légal qui surviennent souvent peuvent avoir des effets dévastateurs sur la vie des personnes qui en prennent.

La recherche utilisant la scintigraphie cérébrale révèle que l'usage régulier d'héroïne entraîne des modifications du fonctionnement du cerveau. Bien que l'on ne comprenne pas entièrement les effets de ces modifications, la recherche indique néanmoins qu'il faut peut-être des mois ou des années avant que le cerveau retourne à la normale quand on arrête de prendre de l'héroïne.

Le traitement d'entretien à la méthadone, qui prévient le syndrome de sevrage à l'héroïne et réduit ou élimine l'état de manque, représente le moyen actuel le plus efficace de traiter la dépendance à l'héroïne. (Pour en savoir plus sur la méthadone, consultez le dépliant *Vous connaissez... La méthadone*.)

LA KÉTAMINE

NOMS COMMUNS
special K, Ké, ket, vitamine K, tranquillisant pour chats

QU'EST-CE QUE LA KÉTAMINE ?
La kétamine est un anesthésique et un médicament antidouleur à action rapide utilisé principalement en chirurgie vétérinaire. On l'utilise aussi, dans un moindre degré, en médecine humaine.

La kétamine peut provoquer des rêves d'apparence réelle ou des hallucinations et un sentiment de « dissociation » du corps et de l'esprit, effet similaire à la drogue connexe PCP. Lorsqu'on administre de la kétamine aux êtres humains, à des fins médicales, on administre en même temps un autre médicament pour prévenir les hallucinations.

À QUOI RESSEMBLE LA KÉTAMINE ?
La kétamine qui est fabriquée à des fins médicales est vendue sous forme liquide. Par contre, elle est en général transformée en poudre blanche avant d'être vendue comme drogue illicite. La poudre est reniflée, mélangée à des boissons ou fumée avec de la marijuana ou du tabac. Le liquide est ajouté à des boissons, ou injecté, en général dans un muscle, car l'injection dans les veines entraîne habituellement une perte de conscience.

QUI PREND DE LA KÉTAMINE ?
Seuls les vétérinaires et les médecins peuvent se procurer légalement de la kétamine. Elle est ensuite volée ou détournée et vendue illégalement dans la rue ou dans des clubs pour un usage récréatif.

La kétamine est utilisée pour ses effets psychédéliques depuis presque 30 ans. Les usagers prennent cette drogue parce qu'elle leur procure le sentiment de pénétrer dans un autre monde. L'augmentation récente de la popularité de cette drogue parmi les jeunes est peut-être due à sa disponibilité en tant que « drogue de club » lors de parties et de « raves ».

La kétamine se dissout dans les liquides, ce qui fait qu'on peut la glisser dans des boissons. Ses effets sédatifs empêchent les victimes de résister à l'agression sexuelle. C'est pourquoi elle est souvent qualifiée de « drogue du viol » dans les médias. Surveillez votre boisson dans les parties et dans les bars.

QUELS SONT LES EFFETS DE LA KÉTAMINE ?
Les effets de la kétamine, ou de toute autre drogue, dépendent de plusieurs facteurs, entre autres :

- votre âge et votre poids
- la quantité absorbée et la fréquence de consommation
- la durée d'utilisation
- la méthode d'absorption
- le milieu ambiant
- l'état médical ou psychiatrique préexistant
- la consommation simultanée d'alcool et d'autres drogues (illicites, sur ordonnance, en vente libre ou à base de plantes)

ANNEXE C : VOUS CONNAISSEZ...

Les effets de la kétamine se font d'habitude sentir dans les dix minutes qui suivent son absorption. Les usagers mentionnent qu'ils ont l'impression d'être ivres, qu'ils ont des vertiges et qu'ils ont une sensation d'engourdissement dans le corps. Les expériences visuelles incluent une vue trouble, l'impression de voir des « traînées » et de « voyager dans l'espace » et des hallucinations intenses et terrifiantes. Certaines personnes éprouvent une sensation de légèreté et de « dissociation avec leur corps » ou une « expérience de mort imminente ».

Lorsque la dose de kétamine est faible, les usagers éprouvent une sensation de somnolence, de distraction et de repli sur soi. Ils auront peut-être du mal à penser clairement, se sentiront confus et auront une perception altérée du temps et de leur corps. S'ils prennent une dose plus forte, il est possible que leur discours soit incompréhensible, qu'ils oublient qui ils sont et où ils se trouvent, qu'ils vacillent s'ils essaient de marcher, qu'ils remarquent une accélération de leur rythme cardiaque et qu'ils aient du mal à respirer. Une dose trop forte de kétamine risque d'entraîner une perte de conscience.

QUELLE EST LA DURÉE DES EFFETS ?

Les effets de la kétamine durent environ une heure. Certains usagers risquent d'être déprimés ou angoissés, de souffrir de pertes de mémoire ou d'avoir des flash-back bien après que les effets de la drogue aient disparu.

LA KÉTAMINE EST-ELLE DANGEREUSE ?

Oui. Les usagers de kétamine risquent de mettre leur vie en danger si cette drogue n'est pas administrée par des professionnels de la santé dans un cadre médical.

Comme tous les anesthésiques, la kétamine empêche l'usager de ressentir la douleur. Cela signifie que si l'usager se blesse, il risque de ne pas le remarquer. Compte tenu de la dose absorbée, les personnes sous l'influence de cette drogue risquent d'avoir du mal à se tenir debout ou à s'exprimer, ce qui accentue le risque de blessure corporelle.

Comme c'est également le cas d'autres anesthésiques, la kétamine peut causer des vomissements. En outre, le fait de consommer des aliments ou des boissons avant de prendre cette drogue accroît le risque de s'étouffer en vomissant.

Prise à plus forte dose, cette drogue peut déprimer le système nerveux central, provoquant ainsi une sous-oxygénation du cerveau, du cœur et d'autres muscles, ce qui peut être mortel.

La kétamine vendue dans les clubs peut être mélangée à d'autres drogues, accroissant ainsi le danger qu'elle présente. La combinaison de kétamine et d'alcool ou d'autres sédatifs risque d'être mortelle.

Conduire ou faire fonctionner des machines sous l'effet de la kétamine ou de toute drogue accroît le risque de blessure corporelle tant pour l'usager que pour les autres.

LA KÉTAMINE PEUT-ELLE CRÉER UNE DÉPENDANCE ?

Un usager qui en prend régulièrement développe une tolérance aux effets de cette drogue, ce qui signifie qu'il devra absorber des doses plus importantes pour obtenir les mêmes effets. Certains rapports font état de symptômes typiques du sevrage lorsque les usagers arrêtent de prendre de la kétamine.

QUELS SONT LES EFFETS À LONG TERME DE LA KÉTAMINE ?

On ne connaît pas les effets à long terme, car il n'existe que très peu de recherches sur l'utilisation non médicale à long terme de cette drogue.

LE LSD

NOMS COMMUNS

acide, buvard, micro pointe, window pane

QU'EST-CE QUE LE LSD ?

Le LSD (diéthylamide de l'acide lysergique) est un puissant hallucinogène. Le terme «hallucinogène» désigne une drogue qui peut altérer la perception qu'a une personne de la réalité et qui peut modifier de manière importante ses sensations. À l'origine, le LSD est un dérivé de «l'ergot», un champignon qui pousse sur le seigle et sur d'autres céréales.

Les effets hallucinogènes du LSD ont été découverts en 1943, en Suisse, par le Dr Albert Hofmann, chimiste chercheur dans une société pharmaceutique. Les premières études qui ont été faites pour déterminer les utilisations potentielles de cette drogue se sont focalisées sur ce que cette drogue pouvait révéler à propos de certains types de maladies mentales. Dans les années 1950, des intellectuels comme Aldous Huxley ont utilisé cette drogue pour sa prétendue capacité d'induire un état de «conscience cosmique».

ANNEXE C : VOUS CONNAISSEZ...

Le LSD a fait l'objet de nombreuses recherches dans les années 1950 et au début des années 1960. Celles-ci ont porté sur les vertus thérapeutiques de l'expérience «psychédélique» dans le traitement de l'alcoolisme et des maladies mentales chroniques et pour aider les patients atteints de pathologies au stade terminal à accepter la mort. Le LSD a également éveillé l'intérêt de la CIA pour son utilisation éventuelle dans la guerre psychologique.

L'usage récréatif du LSD a augmenté dans les années 1960, quand l'éloge de ses qualités «hallucinatoires» a été fait par des personnalités influentes comme le scientifique d'Harvard, Timothy Leary, et le romancier Ken Kesey.

Les inquiétudes concernant les effets potentiels à long terme du LSD ont entraîné de nouvelles lois permettant de limiter son usage. La vente, la possession à des fins de revente ainsi que la distribution du LSD sont punissables au Canada depuis 1962. Actuellement, le LSD n'a aucune utilité thérapeutique et est interdit à l'Annexe III de la *Loi réglementant certaines drogues et autres substances du Canada*.

QUELLE EST L'ORIGINE DU LSD ?

La plupart du LSD est fabriqué dans des laboratoires clandestins. Seule une quantité infime est produite légalement pour la recherche.

À QUOI RESSEMBLE LE LSD ?

Le LSD pur est une poudre blanche, cristalline, qui se dissout dans l'eau. Il est inodore et a un goût légèrement amer. Une dose efficace de LSD pur est trop petite pour être vue à l'œil nu (de 20 à 80 microgrammes). En général, le LSD est vendu sous forme de petits carrés de papier buvard, de boulettes de poudre miniatures («micro pointes») ou de pastilles gélatineuses («window pane»). Des personnages de bandes dessinées sont parfois imprimés sur le papier buvard.

QUI PREND DU LSD ?

L'éventail des personnes utilisant du LSD va de celles cherchant à se «défoncer» à celles recherchant une expérience mystique. L'utilisation du LSD a atteint son niveau le plus haut dans les années 1960 et 1970. Elle était fortement liée à la culture «hippie» des jeunes de cette époque. L'utilisation du LSD a diminué dans les années 1980 pour recommencer à augmenter dans les années 1990. Le Sondage de 2001 sur la consommation de drogues parmi les élèves de l'Ontario entre la 7e année et les CPO a montré que 4,5 pour cent des élèves interrogés avaient utilisé du LSD au cours de l'année écoulée.

COMMENT SE PREND LE LSD ?

Le LSD est en général pris oralement et gardé sur la langue ou avalé ; cependant, des cas d'inhalation ou d'injection ont été signalés.

QUELS SONT LES EFFETS DU LSD ?

Les effets du LSD dépendent de plusieurs facteurs, parmi lesquels :
- l'âge de la personne
- la sensibilité de la personne à cette drogue
- la quantité absorbée et la fréquence de consommation
- la durée d'utilisation
- la méthode d'absorption
- le milieu ambiant
- l'état médical ou psychiatrique préexistant
- la prise simultanée d'alcool ou d'autres drogues (illicites, sur ordonnance, en vente libre ou à base de plantes)

Les effets physiques potentiels du LSD comprennent engourdissement, battements de cœur accélérés, coordination réduite, frissons, nausées, tremblements, faiblesse et dilatation des pupilles. La perception de la gravité peut être altérée, allant d'une impression de lourdeur à une sensation de légèreté et de flottement.

La réaction au LSD, en général comparée à un «voyage» («trip»), est très variable et imprévisible. Elle peut aller de l'extase à la terreur, même lors d'une seule prise de drogue. Les personnes qui ont eu une expérience positive la première fois qu'elles ont pris du LSD peuvent très bien avoir une expérience ultérieure négative.

Les deux facteurs qui influent sur la manière dont les personnes se sentent quand elles prennent du LSD sont leur «état d'esprit» à savoir, leurs attentes, leurs expériences passées et leur humeur au moment de la prise, et le cadre ou l'endroit où elles se trouvent. Certains usagers peuvent réduire leur risque de faire un «mauvais voyage» («bad trip») en prenant leur dose uniquement lorsqu'ils sont de bonne humeur, dans un milieu relaxant et entourés d'amis qui les soutiennent.

Le LSD entraîne des visions colorées. Les couleurs semblent plus intenses ; des halos ou des effets d'arc-en-ciel peuvent apparaître autour des objets, et les formes peuvent devenir fluides. Des formes géométriques et d'autres images aux couleurs vives peuvent apparaître, que les yeux soient ouverts ou fermés. Ces formes peuvent changer rapidement. Ces distorsions visuelles sont considérées comme des «pseudo-hallucinations», car les usagers sont conscients que ce qu'ils voient n'est pas réel mais est dû à la drogue. De vraies hallucinations, au cours desquelles les usagers croient en la réalité de ce qu'ils voient, sont peu fréquentes, mais peuvent survenir et être terrifiantes.

Le LSD modifie vos sensations, votre humeur, vos pensées, la manière dont vous vous percevez ainsi que votre perception du monde extérieur. Cette drogue peut produire un large éventail d'états d'esprit, allant d'un sentiment de joie, d'étonnement et de sensation amplifiée, jusqu'à la panique, la confusion et l'angoisse. Les idées peuvent sembler claires et profondes ou s'enchaîner rapidement sans lien logique. Les notions de temps, de distance et d'image corporelle peuvent être déformées. La distinction entre soi-même et le monde extérieur semble s'estomper. Certains usagers décrivent une confusion des sens ; par exemple, ils « voient » un son ou «entendent» une couleur.

QUELLE EST LA DURÉE DE SES EFFETS ?

Les effets du LSD surviennent progressivement pendant l'heure qui suit la prise ; le «pic» est atteint dans les deux à quatre heures, puis les effets disparaissent progressivement. Le «voyage» complet peut durer jusqu'à 12 heures. L'intensité des effets dépend de l'importance de la dose.

Certains usagers se sentent déprimés ou fatigués pendant 12 à 24 heures après la fin du «voyage».

LE LSD EST-IL DANGEREUX ?

Il peut l'être.

Parfois les personnes qui prennent du LSD ont l'impression que la situation leur échappe. Elles peuvent avoir l'impression de perdre leur identité ou même de se désintégrer. Une telle sensation peut entraîner un état de panique. Elles peuvent essayer de fuir cette situation, devenir paranoïaques ou adopter un comportement terrifiant ; elles peuvent également s'en prendre à leur entourage. Les personnes qui réagissent dangereusement au LSD doivent dans la mesure du possible être calmées. Si leur état ne s'améliore pas, elles doivent être orientées vers un service d'urgence hospitalier pour être traitées.

Il n'existe pas de cas de décès causé uniquement par une surdose de LSD. Cependant, le LSD peut entraver la capacité de jugement et entraîner des comportements irrationnels et parfois dangereux. Cette drogue a fait croire à certaines personnes qu'elles pouvaient voler comme un oiseau ou traverser la rue sans faire attention à la circulation, entraînant des accidents parfois mortels. Chez certaines personnes, le LSD peut faire ressortir une psychose qui était sous-jacente ou aggraver un état anxio-dépressif. Les problèmes psycho-logiques de longue durée peuvent être dus à une réaction adverse ou à un mauvais « voyage » après une prise de LSD.

Le fait de ne prendre que de petites quantités ou de petites doses de LSD peut ne pas diminuer le risque de mauvaises réactions. Une personne peut faire un mauvais «voyage» avec une faible dose alors qu'une autre pourra très bien supporter une forte dose. Toutefois, les doses importantes augmentent les effets hallucinogènes du LSD.

Du fait de sa production illégale, la pureté et la puissance du LSD peuvent varier. Certains revendeurs peuvent lui substituer d'autres produits comme le PCP ; parfois le LSD peut être coupé d'additifs comme de la strychnine. Si vous prenez du LSD, vous ne pouvez être sûr ni de sa composition, ni de sa puissance, ni des effets que la prise risque d'entraîner.

Comme le LSD altère radicalement les perceptions, il est extrêmement dangereux de conduire un véhicule sous l'influence de cette drogue.

LE LSD PEUT-IL CRÉER UNE DÉPENDANCE ?

Les personnes qui prennent régulièrement du LSD ne ressentent pas de symptômes de manque physiques lorsqu'elles arrêtent d'en prendre. L'usage régulier de cette drogue crée cependant un phénomène de «tolérance» à ses effets. Ceci veut dire que si la drogue est prise de manière répétée pendant plusieurs jours, elle n'a plus, à la longue, le même effet. Par contre, après quelques jours d'arrêt, les effets réapparaissent.

Même s'il ne crée pas d'accoutumance physique, le LSD entraîne une accoutumance psychologique. Parmi les personnes qui l'utilisent régulièrement, certaines se sentent contraintes de continuer à en prendre. La drogue prend une place démesurée dans leur vie, favorisant l'apparition de problèmes émotionnels et perturbant leur style de vie.

ANNEXE C : VOUS CONNAISSEZ...

QUELS SONT LES EFFETS À LONG TERME DU LSD ?

L'utilisation de LSD peut avoir des conséquences à long terme chez les usagers d'un soir et chez les usagers qui en prennent régulièrement. Les effets secondaires indésirables peuvent inclure des «flash-back» du «voyage» sous l'effet de la drogue, une profonde anxiété, une dépression et des psychoses. Ces réactions diminuent en général avec le temps et s'arrêtent quelques mois après la dernière prise de LSD. Cependant, dans certains cas, elles peuvent persister pendant plusieurs années.

Les «flash-back» sont la réapparition spontanée et imprévisible d'un des aspects du «voyage», survenant quelque temps après que les effets initiaux de la drogue ont disparu. La personne revit des expériences émotionnelles ou visuelles qu'elles a connues sous l'effet du LSD. Ces «flash-back» durent en général quelques secondes ou minutes, mais peuvent se répéter à plusieurs reprises. Seuls certains usagers ont des «flash-back» ; par contre, les usagers qui prennent du LSD régulièrement semblent y être plus vulnérables. Ces «flash-back» peuvent parfois être déclenchés par le fait de fumer de la marijuana, de boire de l'alcool, par un stress émotionnel, la fatigue ou la méditation.

Un mauvais «voyage» peut entraîner une dépression ou un épisode d'anxiété. L'utilisation de LSD peut s'accompagner d'une psychose ; il faut cependant savoir que ces réactions se produisent en général chez des personnes ayant des problèmes de santé mentale latents ou sous-jacents.

LA MÉTHADONE

NOMS COMMUNS

« juice », meth (également utilisé pour désigner la méthamphétamine)

QU'EST-CE QUE LA MÉTHADONE ?

La méthadone appartient à la famille des drogues opioïdes. Elle est le plus souvent utilisée pour traiter la dépendance à d'autres opioïdes, telles que l'héroïne, la codéine et la morphine.

La méthadone est un opiacé « synthétique » (opioïde), ce qui signifie qu'elle est fabriquée en laboratoire, à partir de produits chimiques. Parmi les autres opioïdes, on compte les « opiacés » tels que la morphine et la codéine qui sont des produits naturels provenant du pavot asiatique, et les opioïdes « semi-synthétiques » tels que l'héroïne qui est de la morphine ayant subi une transformation chimique.

La méthadone a été élaborée en Allemagne durant la Seconde Guerre mondiale et était utilisée à l'origine pour soulager la douleur.

Le premier traitement d'entretien à la méthadone, qui empêche le syndrome de sevrage aux opioïdes et réduit ou supprime l'état de manque, remonte aux années 1960.

Pendant de nombreuses années, la réglementation canadienne concernant l'ordonnance de méthadone était tellement stricte que peu de médecins proposaient ce traitement. Les personnes qui désiraient être traitées à la méthadone devaient attendre des mois, voire des années. Dans les années 1990, la nécessité de réduire les ravages causés par l'usage de la drogue devint plus clairement établie et entraîna des changements qui permirent aux médecins de prescrire plus facilement des traitements à la méthadone. Par conséquent, le nombre de personnes traitées augmenta et le nombre de décès dus à l'héroïne diminua.

Le traitement d'entretien à la méthadone n'est pas un « remède » : il s'agit d'un traitement. Au cours du traitement, les personnes ayant acquis une dépendance aux opioïdes reçoivent l'aide médicale et sociale dont elles ont besoin pour stabiliser et améliorer leur existence. On les encourage à poursuivre le traitement aussi longtemps que nécessaire.

À QUOI RESSEMBLE LA MÉTHADONE ?

La méthadone pure est une poudre blanche cristalline. On la dissout habituellement dans une boisson aromatisée aux fruits que l'on prend une fois par jour.

QUI PREND DE LA MÉTHADONE ?

La plupart des personnes auxquelles on prescrit de la méthadone sont traitées pour leur dépendance à des drogues opioïdes. Ses usagers comprennent des personnes qui ont développé une dépendance à l'égard des opioïdes illicites, tels que l'héroïne, et des personnes qui prennent des opioïdes sur ordonnance tels que la codéine.

Les femmes enceintes qui prennent régulièrement des opioïdes sont fréquemment traitées à la méthadone afin de protéger le fœtus. Les opioïdes à action brève, comme l'héroïne par exemple, doivent être pris souvent pour qu'il n'y ait pas d'effets de sevrage. Le sevrage d'une dépendance aux opioïdes augmente le risque de fausse couche ou d'accouchement prématuré. Le traitement d'entretien à la méthadone, associé à des soins médicaux, augmente les chances de mettre au monde un bébé en bonne santé. On ne connaît aucun effet à long terme sur le bébé.

Le traitement à la méthadone est prescrit aux personnes porteuses du VIH ou d'hépatite C qui prennent régulièrement des opioïdes, afin de protéger leur santé et de réduire les risques de propagation d'infections causées par le partage des seringues.

La méthadone est parfois utilisée pour soulager la douleur chez les personnes souffrant de douleurs chroniques intenses ou de douleurs liées à une maladie terminale.

QUELS SONT LES EFFETS DE LA MÉTHADONE ?

Au début de leur traitement à la méthadone, certaines personnes ressentent un sentiment d'euphorie et des effets sédatifs propres à toutes les drogues opioïdes. Une tolérance à ces effets se développe au fur et à mesure du traitement et une fois que la dose a été correctement équilibrée. Les personnes qui suivent ce traitement qualifient souvent de « normal » le fait de prendre de la méthadone. Le traitement à la méthadone n'entrave pas leur capacité de réflexion. Elles peuvent travailler, étudier ou s'occuper de leur famille. De plus, la méthadone enraye l'effet d'euphorie que procurent l'héroïne et les autres drogues opioïdes, entraînant, de ce fait, une diminution de la prise de ces drogues.

La plupart des gens qui suivent un traitement à la méthadone éprouvent des effets secondaires comme la sudation, la constipation ou la prise de poids.

QUELLE EST LA DURÉE DE SES EFFETS ?

Après la prise d'une seule dose de méthadone, une personne dépendante aux opioïdes n'éprouve aucun symptôme de sevrage pendant 24 heures. Par contre, une personne qui prend de l'héroïne, doit en prendre trois ou quatre fois par jour pour éviter le symptôme de sevrage.

Le traitement quotidien à la méthadone peut être poursuivi indéfiniment. Cependant, si la personne qui prend de la méthadone accepte, avec l'accord de son docteur, de mettre fin au traitement, la dose de méthadone sera diminuée progressivement sur une période qui peut aller de plusieurs semaines à plusieurs mois, facilitant ainsi le processus de sevrage.

Si la prise de méthadone est interrompue brutalement, des symptômes tels que des crampes d'estomac, diarrhées et douleurs musculaires et osseuses apparaîtront. Ces symptômes se manifesteront entre un et trois jours après la prise de la dernière dose, avec un pic entre le troisième et le cinquième jour, pour ensuite diminuer progressivement. Par contre, d'autres symptômes tels que des troubles du sommeil et un état de manque peuvent continuer pendant des mois.

LA MÉTHADONE EST-ELLE DANGEREUSE ?

Lorsque la méthadone est prise telle qu'elle est prescrite, même quotidiennement pendant de nombreuses années, elle est sans danger et n'endommagera ni les organes internes, ni le cerveau. Par ailleurs, la méthadone est une drogue puissante qui peut être extrêmement dangereuse pour ceux qui ne la prennent pas régulièrement, car ils n'ont pas de tolérance à ses effets. La méthadone, même en quantité minime, peut être mortelle pour un enfant. C'est pourquoi la prescription de méthadone est étroitement surveillée et réglementée.

L'un des grands avantages du traitement à la méthadone c'est qu'il diminue l'usage d'héroïne. La consommation d'héroïne présente des dangers comme la surdose mortelle et le risque d'infection par le VIH ou l'hépatite C entraîné par le partage des seringues. Le traitement à la méthadone contribue à protéger les gens des tragédies liées à l'héroïne.

LA MÉTHADONE PEUT-ELLE CRÉER UNE DÉPENDANCE ?

Les définitions modernes de la « toxicomanie » prennent en considération de nombreux facteurs dans l'évaluation de l'usage de la drogue par une personne, par exemple, la « tolérance » ou besoin d'augmenter les doses pour obtenir le même effet ; la « dépendance physique » qui entraîne des symptômes de sevrage lorsque l'usage de la drogue est interrompu ; et l' « usage compulsif », malgré les conséquences négatives qu'entraîne l'utilisation continue.

Certains prétendent que la méthadone crée une dépendance au même titre que l'héroïne. Les personnes suivant un traitement à la méthadone développent une tolérance à certains effets de la drogue et ressentiront les effets du sevrage si elles ne prennent pas régulièrement leur dose. Cependant, la méthadone n'est pas vraiment une drogue « accoutumante » au plein sens du terme, si l'on tient compte de son mode d'utilisation et de la raison pour laquelle on y a recours.

ANNEXE C : VOUS CONNAISSEZ...

Tout d'abord, le traitement d'entretien à la méthadone est proposé comme traitement médical ; il est prescrit uniquement aux personnes déjà accoutumées à des drogues opioïdes. La méthadone offre à ces personnes une option sûre. Elles n'ont plus à s'approvisionner régulièrement en drogues illicites telles que l'héroïne, un combat incessant toujours accompagné de danger et de désespoir. La méthadone libère ces personnes de la contrainte toujours présente de prendre de la drogue et leur permet de se concentrer sur les moyens d'améliorer leur existence.

Il arrive que la méthadone soit utilisée comme drogue illicite, mais lorsque c'est le cas, elle permet habituellement de prévenir les symptômes du sevrage de l'héroïne. Les effets de la méthadone se font ressentir trop lentement et durent trop longtemps pour qu'elle devienne une substance donnant lieu à des abus.

QUELS SONT LES EFFETS À LONG TERME DE LA MÉTHADONE ?

Le traitement d'entretien à la méthadone est un traitement à long terme. La durée du traitement varie d'un à deux ans et peut même aller jusqu'à vingt ans et plus. Un traitement prolongé avec des doses de méthadone appropriées ne présente aucun danger sur le plan médical. Il s'agit, à l'heure actuelle, du traitement le plus efficace contre une dépendance aux opioïdes.

LA MÉTHAMPHÉTAMINE

NOMS COMMUNS

speed, meth, chalk, ice (glace), crystal, crystal meth, jib

QU'EST CE QUE LA MÉTHAMPHÉTAMINE ?

La méthamphétamine appartient à une famille de drogues appelées les amphétamines, puissants stimulants qui accélèrent le système nerveux central. Dans les années 1930, la méthamphétamine a été commercialisée comme décongestionnant nasal. Il est encore possible de se la procurer aux États-Unis, sur prescription médicale, dans le cadre du traitement de l'obésité. L'utilité de la méthamphétamine en médecine est limitée à cause de la sévérité de ses effets indésirables et de la dépendance importante qu'elle peut entraîner. On ne peut pas se procurer légalement de la méthamphétamine au Canada.

QUELLE EST L'ORIGINE DE LA MÉTHAMPHÉTAMINE ?

La méthamphétamine, fabriquée à des fins récréatives, est produite dans des laboratoires clandestins à partir de produits bon marché et le plus souvent toxiques et inflammables. Sa composition chimique et son procédé de fabrication varient d'un laboratoire à l'autre, ce qui peut changer la puissance, la pureté et les effets du produit final.

À QUOI RESSEMBLE LA MÉTHAMPHÉTAMINE ?

La méthamphétamine est une poudre blanche cristallisée, inodore et amère, qui se dissout facilement dans l'eau ou dans l'alcool, et qui peut être reniflée, avalée, fumée ou injectée. Lorsqu'elle est fumée, la méthamphétamine est appelée « ice » (glace), « crystal », « crank » ou « glass » en raison de ses cristaux fins et transparents. Elle est fumée dans une pipe comme le crack (cocaïne épurée).

QUI PREND DE LA MÉTHAMPHÉTAMINE ?

Autrefois, l'utilisation illégale de méthamphétamine était surtout associée aux bandes de motards. Cependant, la méthamphétamine a également connu une certaine popularité dans la culture hippie des années 1960. Plus récemment, grâce à son faible coût, sa fabrication simple et sa disponibilité, elle est de plus en plus utilisée dans divers milieux. On compte parmi ses usagers des jeunes qui fréquentent les boîtes de nuit ou qui participent à des « raves » ou des parties, et des cocaïnomanes qui l'utilisent pour remplacer la cocaïne.

QUELS SONT LES EFFETS DE LA MÉTHAMPHÉTAMINE ?

Les effets de la méthamphétamine, ou de toute autre drogue, dépendent de plusieurs facteurs, entre autres :
- votre âge et votre poids
- la quantité absorbée et la fréquence de consommation
- la durée d'utilisation
- la méthode d'absorption
- le milieu ambiant
- l'état médical ou psychiatrique préexistant
- la prise simultanée d'alcool ou d'autres drogues (illicites, sur ordonnance, en vente libre ou à base de plantes)

Immédiatement après avoir fumé ou s'être fait une injection intraveineuse de méthamphétamine, l'usager ressent une poussée d'euphorie intense et soudaine, appelée « rush » ou « flash ». Renifler de la méthamphétamine produit un effet en trois à cinq minutes ; la mâcher produit un effet en 15 à 20 minutes.

ANNEXE C : VOUS CONNAISSEZ...

La méthamphétamine rend les gens vifs, énergiques, confiants et bavards. Ils ressentent peu le besoin de manger ou de dormir. Par contre, les usagers auront probablement les nombreux effets indésirables de cette drogue comme une accélération du rythme cardiaque, une douleur dans la poitrine, une sécheresse de la bouche, des nausées, des vomissements, une diarrhée et une tension physique. De nombreuses personnes font état d'une sensation d'agitation angoissante et d'irritabilité. Les effets néfastes de la méthamphétamine peuvent être graves et inquiétants : délires paranoïdes, hallucinations, comportements agressifs et actes impulsifs de violence.

QUELLE EST LA DURÉE DES EFFETS ?

Lorsque la méthamphétamine est injectée ou avalée, les effets durent environ six à huit heures. Fumer de la méthamphétamine peut produire des effets durant 10 à 12 heures. Une fois ces effets disparus, l'usager se sent fatigué et déprimé. Certains utilisent cette drogue régulièrement sur une période de plusieurs jours ou de plusieurs semaines, dans un cycle d'épisodes de consommation excessive et de déprime, prenant des risques majeurs au niveau de leur santé et développant une accoutumance.

LA MÉTHAMPHÉTAMINE PEUT-ELLE CRÉER UNE DÉPENDANCE ?

Oui. La tolérance aux effets de la méthamphétamine augmente rapidement chez les usagers habituels, d'où la nécessité d'utiliser des doses croissantes pour obtenir l'effet désiré. Quand les usagers arrêtent de prendre de la méthamphétamine, ils ressentent un effet de manque prononcé et, après quelques jours, des symptômes de sevrage comme des douleurs d'estomac, la faim, des maux de tête, de l'essoufflement, de la fatigue et de la dépression.

LA MÉTHAMPHÉTAMINE EST-ELLE DANGEREUSE ?

Oui. La méthamphétamine entraîne l'accélération du rythme cardiaque et une augmentation de la tension artérielle. De plus, comme la composition de la drogue varie beaucoup, il est difficile de déterminer la quantité absorbée. Une overdose de méthamphétamine peut se manifester par des convulsions, une hyperthermie (température excessive du corps), une arythmie cardiaque (rythme cardiaque irrégulier), une crise cardiaque, un accident vasculaire cérébral ou la mort. Le risque d'overdose augmente si la drogue est injectée.

S'injecter de la méthamphétamine expose l'usager au risque de contracter une infection à cause de seringues usagées ou d'impuretés contenues dans la drogue, mais également au risque de contracter une hépatite ou le VIH si les seringues sont partagées.

Conduire ou faire fonctionner des machines sous l'effet de la méthamphétamine ou de toute drogue accroît le risque de blessure corporelle tant pour l'usager que pour les autres.

QUELS SONT LES EFFETS À LONG TERME DE LA MÉTHAMPHÉTAMINE ?

Lorsque la méthamphétamine est consommée de manière régulière pendant une longue période, les usagers peuvent développer une psychose aux amphétamines s'accompagnant entre autres des symptômes suivants : hallucinations, délires, paranoïa, et comportement étrange et violent.

La recherche sur les animaux et les êtres humains révèle que la méthamphétamine peut, à long terme, entraîner des altérations cellulaires dans les parties du cerveau correspondant à la réflexion, à la mémoire et au mouvement. D'autres recherches sont nécessaires pour savoir si ces effets sont permanents.

LES OPIOÏDES

NOMS COMMUNS

poudre, brune, blanche, héro, cheval, horse (pour l'héroïne) ; M, morph, Miss Emma (pour la morphine) ; meth (pour la méthadone) ; percs (pour le Percodan® et le Percocet®) ; juice (pour le Dilaudid®)

QUE SONT LES OPIOÏDES ?

Les opioïdes sont une catégorie de drogues qui ont des effets similaires à ceux de la morphine. Leur usage médical principal consiste à soulager la douleur. Citons, parmi les autres utilisations médicales, le soulagement de la toux et de la diarrhée et le traitement de la dépendance à d'autres opioïdes. Les opioïdes peuvent également produire une sensation d'euphorie, ce qui en fait une drogue d'abus.

Les lois fédérales réglementent la possession et la distribution de tous les opioïdes. Les sanctions pour possession et distribution illicites d'opioïdes vont d'amendes à la prison à vie.

ANNEXE C : VOUS CONNAISSEZ...

QUELLE EST L'ORIGINE DES OPIOÏDES ?

Certains opioïdes, comme la morphine et la codéine, sont présents à l'état naturel dans l'opium, une substance gommeuse que l'on récolte dans la capsule du pavot asiatique, qui pousse dans le sud de l'Asie. D'autres opioïdes comme l'héroïne sont fabriqués en ajoutant un produit chimique à la morphine. De nos jours, de nombreuses drogues de la catégorie des opioïdes ne proviennent pas de l'opium. Elles sont fabriquées synthétiquement à partir de produits chimiques. Voici quelques exemples d'opioïdes produits par des compagnies pharmaceutiques : l'oxycodone (Percodan/Percocet), la mépéridine (Demerol®), l'hydrocodone (Tussionex®) et l'hydromorphone (Dilaudid).

À QUOI RESSEMBLENT LES OPIOÏDES ?

Les opioïdes sur ordonnance se présentent sous diverses formes : comprimés, capsules, sirops, solutions et suppositoires.

L'opium se présente sous forme de morceaux ou de poudre brun foncé. Il est généralement avalé ou fumé. L'héroïne se présente d'habitude sous forme de poudre blanche ou brunâtre. (Voir *Vous connaissez... L'héroïne*.)

QUI PREND DES OPIOÏDES ?

Les médecins et les dentistes prescrivent des opioïdes aux patients qui ont des douleurs aiguës ou chroniques dues à une maladie, une opération ou une blessure. On prescrit également des opioïdes pour soulager une toux modérée ou grave et la diarrhée. Les opioïdes comme la méthadone et la buprénorphine sont utilisés pour traiter la dépendance à d'autres opioïdes comme l'héroïne.

Compte tenu du risque d'abus, on prescrit avec prudence des opioïdes pour soulager les douleurs chroniques. Cependant, les opioïdes s'avèrent particulièrement utiles pour soulager la douleur aux derniers stades d'une maladie terminale, lorsque le risque de dépendance physique n'importe pas.

Certaines personnes ont recours aux opioïdes, car ils produisent une sensation de bien-être et de « high » (euphorie). On accorde beaucoup d'attention à l'usage de drogues illégales comme l'héroïne, mais certains des opioïdes les plus couramment utilisés et qui font le plus souvent l'objet d'un usage abusif sont des médicaments sur ordonnance tels que le Tylenol® (1, 2, 3 et 4), qui contient de la codéine, l'hydromorphone (Dilaudid), l'oxycodone (Percocet, Percodan), la morphine et d'autres.

Parfois, les personnes auxquelles on prescrit des opioïdes ne les utilisent pas de façon appropriée. Le renouvellement prématuré d'une ordonnance en est un signe indicateur. Les personnes qui utilisent des opioïdes de façon abusive ont parfois recours à la technique de l'« obtention d'ordonnances multiples », une pratique illégale consistant à faire une demande d'ordonnance pour des opioïdes auprès de plus d'un médecin, sans en informer les autres. Les opioïdes sont également volés dans les pharmacies et vendus dans la rue.

Les professionnels de la santé qui ont accès aux médicaments sur ordonnance sont également vulnérables à l'abus d'opioïdes. Certains développent une accoutumance.

QUELS SONT LES EFFETS DES OPIOÏDES ?

Les effets des opioïdes dépendent de :

- la quantité absorbée
- la fréquence de consommation et la durée d'utilisation
- la méthode d'absorption (p. ex., par injection ou par voie orale)
- l'état d'esprit, les attentes et le milieu ambiant
- l'âge
- l'état médical ou psychiatrique préexistant
- la consommation simultanée d'alcool ou d'autres drogues (illicites, sur ordonnance, en vente libre ou à base de plantes).

De faibles doses d'opioïdes suppriment la sensation de douleur et la réaction émotionnelle à la douleur. Voici quelques-uns des effets possibles : sentiment d'euphorie, somnolence, détente, difficulté à se concentrer, contraction des pupilles, légère diminution de la fréquence respiratoire, nausées, vomissements, constipation, perte d'appétit et transpiration. Lorsque les doses sont plus fortes, ces effets deviennent plus intenses et durent plus longtemps.

La rapidité et l'intensité des effets des opioïdes varient en fonction de la façon dont ils sont pris. Lorsqu'ils sont pris par voie orale, les effets se font sentir graduellement, généralement dans les 10 à 20 minutes environ. En cas d'injection veineuse, les effets deviennent alors extrêmement intenses et se font ressentir en l'espace d'une minute.

QUELLE EST LA DURÉE DES EFFETS ?

Lorsqu'on prend des opioïdes pour soulager la douleur, la durée des effets varie en fonction du type d'opioïde, bien qu'une seule dose, dans la plupart des cas, puisse soulager la douleur pendant une période de quatre à cinq heures.

ANNEXE C : VOUS CONNAISSEZ...

LES OPIOÏDES SONT-ILS DANGEREUX ?

Oui. Les opioïdes peuvent être dangereux s'ils sont utilisés sans surveillance médicale, entre autres raisons, parce que :

- Tous les opioïdes, et tout spécialement l'héroïne, sont particulièrement dangereux lorsqu'ils sont pris en grande quantité ou lorsqu'ils sont combinés à d'autres dépresseurs comme l'alcool et les benzodiazépines. Les opioïdes ralentissent la partie du cerveau qui contrôle la respiration. Les signes d'une surdose sont, entre autres : respiration lente, peau bleutée et coma. La mort peut s'ensuivre, généralement parce que la respiration s'arrête. Si la surdose est prise à temps, on peut la traiter avec des médicaments comme la naloxone, qui bloque les effets des opioïdes, y compris leur effet sur la respiration.

- Les personnes qui recherchent les effets euphoriques des opioïdes risquent d'en prendre des quantités de plus en plus importantes, au fur et à mesure qu'elles développent une tolérance à leurs effets. Le risque de surdose augmente au fur et à mesure que la dose augmente. Si les personnes qui ont développé une tolérance arrêtent de prendre cette drogue, elles perdent leur tolérance. Si par la suite elles recommencent à prendre la même dose qu'elles prenaient avant d'arrêter, le risque de surdose devient alors extrême.

- Certaines personnes s'injectent des opioïdes pour accroître l'intensité de l'euphorie. L'injection non médicale de drogue entraîne un risque élevé d'infection et de maladie, à cause de l'usage de seringues non stérilisées, du partage des seringues et des impuretés présentes dans la drogue. L'incidence du VIH et de l'hépatite est particulièrement élevée parmi les usagers de drogues injectées. Les drogues de rue ne sont pratiquement jamais pures, et les comprimés ou capsules pharmaceutiques, une fois dilués pour être injectés, contiennent des substances qui peuvent endommager de façon permanente les veines et les organes.

- L'usage d'opioïdes à action brève, comme l'héroïne, durant la grossesse peut avoir les effets suivants : accouchement prématuré, faible poids du bébé à la naissance, symptômes de sevrage du nourrisson et mort infantile. Les femmes enceintes qui ont développé une dépendance aux opioïdes sont traitées à la méthadone, un opioïde à action prolongée, pour prévenir les symptômes de sevrage. (Voir *Vous connaissez... La méthadone*.)

LES OPIOÏDES PEUVENT-ILS CRÉER UNE DÉPENDANCE ?

Oui.

Lorsqu'on prend des opioïdes de temps à autre, sous surveillance médicale, le risque d'accoutumance est faible. Cependant, les personnes qui prennent des opioïdes régulièrement pour leurs effets « agréables » développent rapidement une tolérance à ces effets. Elles risquent alors de prendre de plus grandes quantités de drogue pour obtenir la même intensité d'effet. L'usage ou l'abus chronique d'opioïdes peut entraîner une dépendance psychologique et physique.

Une personne développe une dépendance psychologique lorsque la drogue occupe toutes ses pensées, émotions et activités et que le besoin d'en prendre se transforme en état de manque ou en compulsion.

Dans le cas de la dépendance physique, le corps s'est adapté à la présence de la drogue, et des symptômes de sevrage apparaissent si l'usager réduit ou arrête brusquement de prendre la drogue.

La personne qui a développé une dépendance physique ressentira des symptômes de sevrage dans les six à 12 heures qui suivent la prise d'un opioïde à action brève, comme l'héroïne, et dans les un à trois jours qui suivent la prise d'un opioïde à action prolongée, comme la méthadone. Dans le cas des opioïdes à action brève, les symptômes de sevrage apparaissent rapidement et sont intenses ; dans le cas des opioïdes à action prolongée, ces symptômes se manifestent plus progressivement et sont moins intenses.

Voici quelques exemples de symptômes de sevrage : sentiment de malaise, bâillements, larmes, diarrhée, crampes abdominales, chair de poule et nez qui coule. Ces symptômes s'accompagnent d'un état de manque. Normalement les symptômes disparaissent après une semaine, bien que certains d'entre eux comme l'angoisse, l'insomnie et l'état de manque puissent durer pendant longtemps. Contrairement aux symptômes de sevrage de l'alcool, les symptômes de sevrage des opioïdes constituent rarement un danger de mort.

QUELS SONT LES EFFETS À LONG TERME DES OPIOÏDES ?

Voici les symptômes d'un usage à long terme d'opioïdes : sautes d'humeur, contraction des pupilles (visibilité réduite la nuit), constipation, diminution de la libido et irrégularités menstruelles. Une dépendance aux opioïdes peut avoir des effets sociaux, financiers et émotionnels dévastateurs, à long terme.

LE ROHYPNOL

NOMS COMMUNS

roofies, roachies, La Roche, rope, rophies, ruffies

ANNEXE C : VOUS CONNAISSEZ...

QU'EST-CE QUE LE ROHYPNOL ?

Rohypnol^{MD} est le nom de marque du Flunitrazépam, un médicament aux effets sédatifs fabriqué et commercialisé à l'extérieur de l'Amérique du Nord à des fins médicales. Au Canada et aux États-Unis, la possession, le trafic, l'importation et l'exportation de cette substance sont illégaux.

Le Rohypnol appartient à une famille de médicaments appelés benzodiazépines, qui comprend aussi le diazépam (ValiumMD) et le lorazépam (AtivanMD). Les benzodiazépines sont des dépresseurs du système nerveux central qui atténuent l'angoisse, causent un état de somnolence et entraînent un ralentissement du rythme cardiaque, de la respiration et de la réflexion. Le Rohypnol est surtout utilisé à des fins médicales pour traiter à court terme l'insomnie.

Le Rohypnol a été qualifié de « drogue du viol » par les médias. Bien qu'il y ait peu de preuves de l'usage du Rohypnol au Canada, certains rapports ont fait état de l'utilisation de drogues pour faciliter l'agression sexuelle. Il est possible que d'autres drogues comme le GHB, la Kétamine, l'alcool et d'autres benzodiazépines aient joué un rôle dans ces incidents.

À QUOI RESSEMBLE LE ROHYPNOL ?

Les comprimés de Rohypnol sont blancs avec une ligne ou une croix sur un côté et la mention « ROCHE » et « 1 » ou « 2 » dans un cercle sur l'autre côté. Hoffman-La Roche Inc., la compagnie pharmaceutique qui fabrique le Rohypnol, a récemment arrêté de fabriquer le comprimé de 2 mg, plus fort. Le Rohypnol vendu dans la rue conserve souvent son emballage-coque, ce qui laisse penser, à tort, que cette drogue est légale et inoffensive. Cette substance se prend normalement par voie orale. Cependant, elle est parfois écrasée et reniflée.

QUI PREND DU ROHYPNOL ?

Lorsqu'il est pris à des fins non médicales, le Rohypnol est rarement utilisé seul. Il sert d'habitude à accentuer l'effet d'autres drogues, en particulier l'alcool, la marijuana ou l'héroïne. Le Rohypnol permet également d'atténuer les effets ultérieurs de drogues comme la cocaïne, l'ecstasy ou les amphétamines.

Les usagers du Rohypnol « récréatif » sont des adolescents et des jeunes adultes qui le combinent habituellement à l'alcool.

Jusqu'à récemment, le comprimé de Rohypnol se dissolvait rapidement dans les liquides. Il était donc facile de le glisser dans une boisson sans que la personne s'en aperçoive. Une fois que la drogue faisait effet, la victime, sous sédation, ne pouvait résister à une agression sexuelle.

Depuis 1997, la composition des comprimés a été modifiée pour qu'ils se dissolvent plus lentement dans les liquides, qu'ils fassent virer au bleu la couleur des boissons transparentes et qu'ils rendent troubles les boissons plus foncées, permettant ainsi de déceler plus facilement la présence de la drogue. Même avec ces changements, il faut surveiller sa boisson dans les parties et dans les bars.

QUELS SONT LES EFFETS DU ROHYPNOL ?

Les effets du Rohypnol dépendent de plusieurs facteurs, entre autres :

- votre âge et votre poids
- la quantité absorbée et la fréquence de consommation
- la durée d'utilisation
- la méthode d'absorption
- le milieu ambiant
- l'état médical ou psychiatrique préexistant
- la consommation simultanée d'alcool et d'autres drogues (illicites, sur ordonnance, en vente libre ou à base de plantes)

Les effets du Rohypnol commencent 30 minutes après son absorption et atteignent leur maximum dans les deux heures qui suivent. Un seul comprimé de 1 mg peut agir pendant huit heures. Compte tenu de la dose prise, le Rohypnol peut vous donner une sensation de détente et de calme ou de somnolence, ou il peut vous rendre maladroit ou vous faire perdre conscience.

Même lorsque cette drogue est consommée sans alcool ni autres drogues, les usagers peuvent donner l'impression d'être ivres. Les effets du Rohypnol incluent une réduction de l'inhibition et du discernement, une élocution difficile, une sensation de faiblesse et de vacillement, des étourdissements, une sensation de confusion et un état d'endormissement profond. Ses usagers peuvent également éprouver des troubles visuels et une perte de mémoire. Ces effets sont accentués lorsque le Rohypnol est combiné à de l'alcool et peuvent souvent se terminer par des périodes de « voile noir », c'est-à-dire des périodes de huit à 24 heures dont la personne ne se souvient pas.

LE ROHYPNOL EST-IL DANGEREUX ?

Les dangers les plus extrêmes et immédiats de cette substance proviennent de ses effets intoxicants et sédatifs. Les usagers « récréatifs » qui combinent le Rohypnol à d'autres dépresseurs comme l'alcool risquent de se sentir plus intoxiqués qu'ils ne l'avaient prévu. Il est possible qu'ils soient incapables de penser clairement ou de se protéger d'un danger. S'ils perdent connaissance, ils risquent de vomir et de s'étouffer.

ANNEXE C : VOUS CONNAISSEZ...

Lorsque le Rohypnol ou d'autres drogues sont dissous dans une boisson à l'insu de la personne, ces drogues deviennent complices du crime. De nombreuses victimes d'agression sexuelle déclarent s'être réveillées nues et contusionnées, après avoir eu des relations sexuelles non protégées, expérience dont elles ne se souviennent plus.

Conduire ou faire fonctionner des machines sous l'effet du Rohypnol ou de toute drogue accroît le risque de blessure corporelle tant pour l'usager que pour les autres.

LE ROHYPNOL PEUT-IL CRÉER UNE DÉPENDANCE ?
Parfois. Le potentiel d'accoutumance au Rohypnol dépend de la quantité absorbée, de la durée de consommation et de la présence d'une accoutumance à une autre drogue.

Si les usagers prennent du Rohypnol tous les jours pendant plusieurs semaines, ils pourront développer une dépendance. Ils auront l'impression d'avoir besoin de cette drogue pour se détendre ou s'endormir. Les personnes qui sont accoutumées au Rohypnol développent une « tolérance » à ses effets ; par conséquent, elles ont besoin d'augmenter la dose pour obtenir les résultats escomptés.

Les personnes qui prennent régulièrement du Rohypnol pendant plus de quatre semaines devraient consulter un médecin pour qu'il les aide à gérer un sevrage graduel. Les symptômes normaux du sevrage, qui peuvent être modérés ou importants, comprennent : angoisse, insomnie, nausées, vertiges et dépression. Le sevrage abrupt risque de causer des symptômes graves comme des convulsions et une psychose.

LES STÉROÏDES ANABOLISANTS

NOMS GÉNÉRIQUES ET NOMS DE MARQUE
oxymétholone (Anadrol®), méthandrosténolone (Dianobol®), stanozolol (Winstrol®), décanoate de nandrolone (Deca-Durabolin®), cypionate de testostérone (Depo-Testostérone®), undécylénate de boldénone (Equipoise®) et autres.

NOMS COMMUNS
jus, poudre blanche

QUE SONT LES STÉROÏDES ?
De nombreux types de stéroïdes sont présents naturellement dans diverses hormones et vitamines. Les drogues connues sous le nom de « stéroïdes anabolisants » sont fabriquées en laboratoire et ont la même structure chimique que les stéroïdes que l'on trouve dans l'hormone mâle, la testostérone. Les effets de musculation (effets anabolisants) et de masculinisation (effets androgéniques) de ces drogues les rendent attrayantes pour les athlètes et culturistes.

Les stéroïdes anabolisants n'ont que peu d'usages médicaux. Leur usage principal est de favoriser le gain de poids et le développement des muscles chez les animaux d'élevage. Ils sont rarement prescrits aux êtres humains, seulement parfois pour traiter un retard de la puberté, certains types d'impuissance et l'amaigrissement dû au sida et à d'autres maladies.

Les « suppléments » de stéroïdes comme la déhydroépiandrostérone (DHEA) sont transformés en testostérone ou en un composé similaire dans le corps. Bien qu'il n'existe que peu de travaux de recherche sur les suppléments de stéroïdes, si ces derniers sont absorbés en grande quantité, ils auront probablement les mêmes effets et effets secondaires que les stéroïdes anabolisants. La DHEA n'est pas disponible au Canada, mais est vendue aux États-Unis dans les magasins de produits naturels et sur Internet.

QUELLE EST L'ORIGINE DES STÉROÏDES ?
Les stéroïdes anabolisants fabriqués par les compagnies pharmaceutiques ne sont disponibles légalement que sur ordonnance. La plupart des stéroïdes utilisés par les athlètes sont introduits en contrebande, volés ou fabriqués dans des laboratoires clandestins. Les médicaments vétérinaires sont souvent utilisés.

Bien que le trafic de ces drogues soit illégal, les amendes imposées ont tendance à être mineures. La possession de stéroïdes est légale.

À QUOI RESSEMBLENT LES STÉROÏDES ET COMMENT SONT-ILS UTILISÉS ?
Les stéroïdes anabolisants se présentent sous forme de comprimés, de capsules, de solution à injecter et de crèmes ou de gels que l'on applique sur la peau. Les haltérophiles et les culturistes qui utilisent des stéroïdes prennent souvent des doses jusqu'à 100 fois supérieures à celles utilisées pour traiter des troubles médicaux.

On pense que certaines méthodes d'usage strictes de stéroïdes accentuent les effets de ces drogues et atténuent les dommages causés au corps. Cependant, aucune preuve scientifique n'appuie ces conclusions. Ces méthodes comprennent, entre autres :
- l'utilisation cyclique : période d'utilisation suivie d'une période

d'abstinence, selon le principe que le cycle d'abstinence permettra au corps de retrouver son niveau hormonal normal ;

- l'utilisation par dosages pyramidaux : administration de doses par cycles de six à 12 semaines, en commençant par une faible dose, puis en l'augmentant graduellement, pour la diminuer ensuite jusqu'à zéro, selon le principe que le corps s'adaptera ainsi à de fortes doses ;

- l'utilisation par cumul : mélange d'au moins deux types de stéroïdes, avec mélange des formes orales et injectables, selon le principe que les différentes drogues interagissent pour produire un meilleur effet.

QUI PREND DES STÉROÏDES ?

Ce sont surtout les athlètes qui font un usage non médical de stéroïdes, persuadés que ces drogues les aideront à gagner. Leur usage est également très répandu chez les culturistes et les jeunes hommes qui estiment que de gros muscles les rendent plus virils.

Ce sont surtout les hommes qui utilisent des stéroïdes pour améliorer leur performance athlétique et se muscler ; cependant, l'augmentation la plus notable de l'usage de stéroïdes se produit chez les jeunes femmes. Des études américaines ont également révélé une augmentation inquiétante de l'usage de stéroïdes chez des adolescents qui se préoccupent de leur image corporelle. Certaines personnes prennent des stéroïdes parce qu'elles ont une piètre image corporelle d'elles-mêmes et pensent que leurs muscles ne sont pas assez développés ou qu'elles sont trop grosses, même si, en réalité, elles sont minces et musclées. On a également remarqué que les personnes qui ont été victimes d'abus ou d'agression ont tendance à utiliser des stéroïdes pour se muscler et être ainsi mieux en mesure de se défendre.

L'usage de stéroïdes est interdit par le Comité olympique international et par de nombreux autres organismes de sports amateurs et professionnels. Toutefois, comme les tests de dépistage de drogues chez les athlètes professionnels sont coûteux, ces tests sont en général effectués « au hasard » et sont souvent précédés d'un avertissement. Les tests obligatoires réguliers sont courants uniquement dans le cadre des compétitions internationales.

Une prévention réussie de l'abus de stéroïdes met l'accent sur l'enseignement de techniques de refus des drogues et sur d'autres méthodes de musculation et de développement de la force physique.

QUELS SONT LES EFFETS DES STÉROÏDES ?

Les stéroïdes peuvent entraîner toute une série d'effets psychologiques allant de l'euphorie à l'hostilité. Certaines personnes qui prennent des stéroïdes disent que ces drogues leur procurent une sensation de puissance et d'énergie. Cependant, on sait également que les stéroïdes augmentent l'irritabilité, l'anxiété et l'agression, et provoquent des sautes d'humeur, des symptômes de manie et de la paranoïa, en particulier lorsqu'ils sont pris en fortes doses.

Les réactions aux stéroïdes peuvent varier selon l'individu et le type de stéroïdes. Les scientifiques comprennent encore mal les effets de l'usage non médical de stéroïdes anabolisants.

De fortes doses de stéroïdes, surtout lorsqu'elles sont ingérées, causent des nausées, des vomissements et une irritation gastrique. Citons, au nombre des autres effets, la rétention d'eau et des tremblements.

LES STÉROÏDES SONT-ILS DANGEREUX ?

Oui. Pris en forte dose, les stéroïdes augmentent les risques suivants :

- élargissement et anomalies du cœur, coagulation sanguine, hypertension artérielle, crise cardiaque et accident vasculaire cérébral. Une insuffisance cardiaque due aux stéroïdes s'est déjà produite chez des athlètes âgés de moins de 30 ans ;

- agression et violence (« rage stéroïdale »), changement de personnalité négatif, manie et dépression pouvant aller jusqu'au suicide. La dépression risque de persister pendant un an après l'usage de stéroïdes ;

- hépatite, élargissement du foie et cancer du foie ;

- fertilité réduite chez la femme et chez l'homme ;

- rupture des tendons, arrêt de la croissance chez les adolescents ;

- infection au virus de l'hépatite ou au VIH si les stéroïdes sont injectés avec des seringues partagées ; infection si les stéroïdes sont injectés avec des seringues souillées.

LES STÉROÏDES PEUVENT-ILS CRÉER UNE DÉPENDANCE ?

Oui.

L'accoutumance aux stéroïdes diffère de l'accoutumance à de nombreuses autres drogues dans la mesure où une tolérance aux effets ne se développe pas. Cependant, certaines personnes qui abusent de stéroïdes répondent aux critères d'accoutumance aux drogues dans la mesure où elles :

- continuent à prendre des stéroïdes, en dépit des effets négatifs qu'elles ressentent sur le plan physique ou émotionnel ;

· consacrent une grande partie de leur temps et de leurs ressources financières à se procurer ces drogues ;

· éprouvent des symptômes de sevrage, entre autres : sautes d'humeur, fatigue, agitation, dépression, perte d'appétit, insomnie, pulsions sexuelles réduites et désir de prendre davantage de stéroïdes.

QUELS SONT LES EFFETS À LONG TERME DES STÉROÏDES ?

Certains des effets des stéroïdes disparaissent lorsque la personne met un terme à son usage de stéroïdes ; cependant, d'autres effets sont permanents. Voici quelques-uns des effets de l'usage à long terme de stéroïdes :

· acné, kystes, peau et cheveux gras et perte des cheveux chez les personnes des deux sexes ;

· chez les hommes, féminisation du corps, y compris développement permanent des seins ;

· chez les hommes, rétrécissement des testicules, difficulté à uriner ou douleur lors de l'urination et risque accru de cancer de la prostate ;

· chez les femmes, masculinisation du corps, y compris réduction de la taille des seins et de la masse grasse du corps, durcissement de la peau, élargissement du clitoris, voix plus grave, augmentation de la pilosité (poils), perte des cheveux et perturbation ou arrêt du cycle menstruel ; lorsque l'usage de stéroïdes est prolongé, certains de ces effets risquent de devenir permanents ;

· chez les enfants et les adolescents, des niveaux élevés de testostérone arrêtent la croissance des os et empêchent les os d'atteindre *à tout jamais* leur pleine croissance ;

· agression et violence ; les changements de personnalité s'arrêtent une fois que la personne cesse de prendre des stéroïdes.

LES SUBSTANCES INHALÉES

NOMS COMMUNS

colle, gaz, « sniff » (solvants) ; « whippets » (oxyde nitreux) ; « poppers », « parfum d'ambiance », « nettoyeur de tête de magnétoscope » — certains se vendent sous une « marque de commerce » telle que Rush, Bolt et Kix (nitrites).

QU'EST-CE QU'UNE SUBSTANCE INHALÉE ?

Par « substance inhalée », on entend diverses vapeurs ou gaz chimiques qui procurent une sensation de « high » (euphorie) quand on les inhale. La majorité de ces substances, telles que la colle, l'essence, les solvants de nettoyage et les aérosols, ont une utilité quotidienne légitime, mais n'ont jamais été destinées à la consommation humaine. Les substances inhalées ne coûtent pas cher, et elles sont légales et faciles à se procurer. Elles se prêtent facilement aux abus — surtout par les enfants et les jeunes adultes.

Il existe des centaines de substances inhalées. Elles peuvent toutes être classées dans une des quatre catégories suivantes :

· Les solvants volatils : ceux qui font le plus souvent l'objet d'abus. « Solvant » signifie qu'ils dissolvent d'autres matières, et « volatil » signifie qu'ils s'évaporent quand ils sont exposés à l'air. Parmi les solvants inhalés, il y a le benzène, le toluène, le xylène, l'acétone, la naptha et l'hexane. Les produits tels que l'essence, les produits de nettoyage liquides, le diluant pour peinture, la colle à maquettes, le liquide correcteur et les marqueurs à pointe feutre contiennent tous un mélange de divers types de solvants.

· Les aérosols : la laque pour cheveux, la peinture en bombe aérosol, les aérosols de cuisson et autres produits aérosols contiennent tous des liquides ou gaz sous pression ou des gaz comme les chlorofluorocarbures et le butane. Certains produits aérosols contiennent aussi des solvants.

· Les gaz : cette catégorie comprend certains anesthésiques médicaux, tels que l'oxyde nitreux (ou « gaz hilarant »), le chloroforme, l'halothane et l'éther, ainsi que certains gaz présents dans des produits du commerce, tels que les briquets au butane et les bonbonnes de propane.

· Les nitrites : le nitrite de pentyle, le nitrite de butyle et le nitrite de cyclohexyle (connus sous le nom de « poppers ») diffèrent des autres substances inhalées tant par leurs effets que par leur disponibilité. Ils sont vendus sous le nom de « parfum d'ambiance » ou « nettoyeur de tête de magnétoscope ». Le nitrite de pentyle est employé en médecine pour traiter l'empoisonnement au cyanure ; aux États-Unis, le nitrite de butyle est une substance illégale.

D'OÙ VIENNENT LES SUBSTANCES INHALÉES ?

Beaucoup de ces substances sont faciles à se procurer dans le commerce. Il est difficile d'en prévenir la consommation, car on trouve de ces produits dans la plupart des domiciles et lieux de travail. Certains fabricants altèrent l'odeur de leurs produits pour les rendre plus désagréables et en décourager l'inhalation ; une mesure vaine. Un magasin peut refuser de vendre certains produits aux mineurs ou aux personnes intoxiquées, mais aucune loi n'appuie ce genre de mesure en Ontario.

À QUOI RESSEMBLENT LES SUBSTANCES INHALÉES ET COMMENT SE CONSOMMENT-ELLES ?

En voyant des solvants ou des aérosols parmi d'autres produits domestiques, dans la cuisine, le garage ou l'atelier, la plupart des gens ne soupçonnent pas que ces drogues sont dangereuses.

Les personnes qui utilisent des solvants comme drogues les inhalent à même le contenant ou dans un sac, ou en imbibant un chiffon qu'elles se tiennent sous le nez. Parfois, elles vaporisent le produit aérosol dans un sac ou un ballon dont elles inhalent ensuite le gaz.

L'oxyde nitreux ou d'autres gaz anesthésiques destinés à un usage médical sont contenus dans une bonbonne. L'oxyde nitreux se trouve aussi dans les bombes aérosols de crème fouettée. L'oxyde nitreux sous pression pouvant être très froid, l'usager le vaporise souvent dans un ballon avant de l'inhaler.

Les nitrites sont des liquides jaunes transparents qui s'inhalent à même la bouteille ou à partir d'un chiffon imbibé.

QUI UTILISE DES SUBSTANCES INHALÉES ?

La plupart des personnes qui inhalent des solvants et des aérosols sont des jeunes de 10 à 16 ans. Beaucoup ne font qu'une ou deux tentatives, ou n'en prennent qu'une fois de temps à autre. Mais d'autres en consomment souvent et peuvent continuer cette pratique même à l'âge adulte. En général, les personnes qui font un usage chronique de solvants sont dans leur vingtaine.

Il existe un rapport entre l'usage de solvant et la pauvreté, les difficultés à l'école, le manque de débouchés, les difficultés à la maison et un usage élevé de drogues dans le milieu familial.

D'après un sondage continu sur l'usage de drogues parmi les élèves ontariens, de la 7e année au CPO, le nombre des jeunes ayant consommé des solvants au moins une fois au cours de l'année écoulée est passé de 2,6 pour cent, en 1997, à 7,3 pour cent, en 1999, puis est retombé à 5,9 pour cent en 2001.

L'oxyde nitreux est une drogue d'abus à laquelle de nombreux employés des services de santé ont accès. Il connaîtrait un regain de popularité parmi les jeunes adultes.

La consommation de nitrites est particulièrement courante parmi les homosexuels, quoique, selon des statistiques des États-Unis, la consommation de nitrites soit en baisse.

QUELS SONT LES EFFETS DES SUBSTANCES INHALÉES ?

Les effets d'une substance inhalée, comme ceux de toute autre drogue, dépendent de plusieurs facteurs, parmi lesquels :
- l'âge de la personne
- la sensibilité de la personne à cette drogue
- la quantité absorbée
- la durée d'utilisation et la fréquence de consommation
- la méthode d'absorption
- le milieu ambiant
- l'état médical ou psychiatrique préexistant
- la consommation d'alcool ou d'autres drogues (illicites, sur ordonnance, en vente libre ou à base de plantes)

Toutes les substances inhalées sont absorbées par les poumons, passent rapidement dans le sang et parviennent jusqu'au cerveau. L'usager ressent une intoxication soudaine et brève. Chaque type de substance inhalée produit des effets différents.

Les solvants, lorsqu'ils sont inhalés, produisent généralement un effet semblable à celui de l'alcool, mais avec une distorsion plus marquée de la perception des formes, dimensions et couleurs, et une distorsion du temps et de l'espace. Les personnes qui en prennent pour la première fois peuvent se sentir d'abord excitées, puis devenir somnolentes, au point de s'endormir. Celles qui en prennent souvent peuvent éprouver un sentiment d'euphorie et d'exaltation et des fantasmes d'apparence réelle. Certaines deviennent étourdies, plus extraverties et plus sûres d'elles. Les symptômes physiques comprennent vertige, nausée, vomissements, vue trouble, éternuements et toux, démarche chancelante, réflexes lents et sensibilité à la lumière.

L'oxyde nitreux produit un état mental de rêve, une perte de coordination motrice, des hallucinations et une élévation du seuil de la douleur.

Les nitrites provoquent la dilatation des vaisseaux sanguins et la détente des muscles. Les battements de cœur s'accélèrent et le sang se précipite au cerveau, procurant une sensation de « rush ». Les nitrites causent aussi des maux de tête, des étourdissements, de la nausée et des rougeurs du visage et du cou. Certains hommes emploient des nitrites pendant l'acte sexuel, car ces drogues favorisent la détente des muscles et la circulation sanguine.

ANNEXE C : VOUS CONNAISSEZ...

QUELLE EST LA DURÉE DES EFFETS ?

Plusieurs bouffées de solvant produiront un « high » en quelques minutes. Cet état durera au plus 45 minutes, à moins d'en inhaler davantage. Certaines personnes continuent d'en inhaler pour faire durer les effets pendant des heures. À mesure que les effets se dissipent, l'usager devient parfois somnolent, avec une sensation de « gueule de bois » et un mal de tête qui peut être très intense et durer plusieurs jours.

Les effets de l'oxyde nitreux et des nitrites sont immédiats et s'estompent en quelques minutes.

LES SUBSTANCES INHALÉES SONT-ELLES DANGEREUSES ?

Oui. Il est dangereux d'inhaler ces substances, pour plusieurs raisons :

Solvants et aérosols

- Suffocation : l'usager inhale souvent le solvant dans un sac en plastique qu'il tient fermement autour de sa bouche et de son nez. Il perd parfois connaissance, le sac toujours en place, et suffoque faute d'oxygène. S'étouffer avec son vomi après avoir perdu connaissance est une autre principale cause de mort liée aux substances inhalées.
- Imprudence : l'usager perd sa réserve et acquiert une perception différente de lui-même et du monde. Certains usagers se sentent puissants et adoptent alors un comportement violent et destructeur qui pose parfois un danger réel. D'autres n'éprouvent pas de « high » mais deviennent déprimés. Les cas de comportement auto-destructeur et de suicide sont fréquents parmi les usagers de solvants.
- La majorité des substances inhalées étant extrêmement inflammables, toute imprudence commise avec une cigarette allumée ou du feu peut avoir des conséquences tragiques.
- Mort subite par inhalation : inhaler ces substances en concentration élevée et pendant longtemps risque de causer une accélération excessive et irrégulière des battements de cœur, entraînant la mort par insuffisance cardiaque. Cela peut se produire après l'inhalation d'une telle substance une seule fois, quand on est à bout de nerfs ou si l'on se livre à une activité physique trop intense après avoir inhalé profondément plusieurs bouffées.
- Troubles de santé graves : consommer des solvants régulièrement et pendant longtemps peut avoir des effets destructeurs sur les reins, le foie, les poumons, le cœur, le cerveau, les os et le sang. Parfois, l'organe endommagé peut se réparer quand on arrête d'inhaler ces

drogues, mais dans certains cas, les dommages sont permanents.

- Syndrome d'intoxication du fœtus par un solvant : l'usage de solvants pendant la grossesse, surtout un usage chronique, peut provoquer un accouchement prématuré, une anomalie congénitale ou l'accouchement d'un enfant mort-né.

Oxyde nitreux

- Manque d'oxygène : inhaler de l'oxyde nitreux prive le corps d'oxygène. Certaines personnes en meurent.
- Perte de coordination motrice : l'usager qui consomme debout de l'oxyde nitreux risque de tomber et de se blesser.
- Gelure : quand il s'échappe de la bonbonne, le gaz est extrêmement froid — au point de geler la peau. En outre, la pression risque de causer des dommages aux poumons.
- Lésions nerveuses : on a constaté qu'un niveau élevé d'oxyde nitreux, même absorbé avec suffisamment d'oxygène, peut entraîner des lésions nerveuses. Cela se traduit par un engourdissement, un sentiment de faiblesse et la perte d'équilibre.

Nitrites

- Pratiques sexuelles dangereuses : on a établi un rapport entre la consommation de nitrites et un risque accru de contamination par le VIH et le virus de l'hépatite.
- Affaiblissement du système immunitaire : des recherches récentes chez les animaux montrent que la consommation de nitrites peut entraîner un affaiblissement du système immunitaire qui protège contre les maladies infectieuses.

LES SUBSTANCES INHALÉES PEUVENT-ELLES CRÉER UNE DÉPENDANCE ?

Oui, c'est possible.

La plupart des gens prennent une substance inhalée une fois pour en faire l'essai ou seulement à l'occasion. Mais ceux qui en consomment régulièrement peuvent développer une « tolérance » à cette drogue. C'est-à-dire qu'ils ont besoin de plus en plus de substance pour produire le même effet. Un usage régulier provoque aussi un besoin urgent et persistant du « high » que procure la substance, de sorte qu'il est difficile de s'arrêter. Chez ceux qui en prennent régulièrement, on note les symptômes de sevrage suivants, entre autres : nausée, perte d'appétit, tremblements, angoisse, dépression et paranoïa.

ANNEXE C : VOUS CONNAISSEZ...

QUELS SONT LES EFFETS À LONG TERME DES SUBSTANCES INHALÉES ?

Les effets à long terme des substances inhalées varient d'une substance à une autre. On remarque parfois des effets tels que rougeur des yeux, lésions à la bouche et au nez, saignements du nez, pâleur de la peau, soif excessive et perte de poids. Les personnes qui consomment des substances inhalées pendant longtemps se sentent désorientées, déprimées, irritables, hostiles et paranoïaques. Elles ont du mal à se concentrer, à se souvenir et à penser clairement. Une consommation excessive de solvant peut entraîner un engourdissement, un affaiblissement, des tremblements et un manque de coordination des bras et des jambes.

Certains effets à long terme sont parfois réversibles, d'autres sont permanents. Lorsqu'ils sont inhalés, les solvants passent directement dans le sang, qui les dépose dans le tissu adipeux (gras) de l'organisme. Or, certains organes internes sont constamment irrigués par le sang et sont riches en tissus adipeux. Parmi eux, le cerveau, le foie et les reins sont particulièrement vulnérables. Si on arrête de prendre des substances inhalées, l'organisme peut réparer les dommages causés au foie et aux reins, mais le cerveau est presque toujours endommagé en permanence. Des études effectuées à l'aide d'un scintigramme démontrent qu'un usage chronique et prolongé de solvants peut entraîner l'atrophie du cerveau, c'est-à-dire une diminution de son volume, et donc une détérioration grave des facultés intellectuelles, de la mémoire et du contrôle des mouvements.

L'usage de substances inhalées peut aussi entraîner la perte permanente de l'ouïe et une détérioration de la moelle osseuse.

LE TABAC

QU'EST-CE QUE LE TABAC ?

Le tabac est une plante (*Nicotiana tabacum* et *Nicotiana rustica*) qui contient de la nicotine, une drogue qui entraîne une dépendance et qui a des effets à la fois stimulants et dépresseurs.

Le tabac est surtout fumé sous forme de cigarettes, mais également sous forme de cigares ou dans une pipe. Il peut être mâché, prisé sous forme de tabac séché ou gardé à l'intérieur de la lèvre ou de la joue sous forme de tabac à chiquer. Le tabac peut également être mélangé à du cannabis et fumé sous forme de « joints ». Tous les modes d'utilisation du tabac permettent l'absorption de la nicotine dans le corps.

Bien que le tabac soit légal, les lois fédérales, provinciales et municipales contrôlent de façon stricte sa fabrication, sa commercialisation, sa distribution et son utilisation. La fumée secondaire du tabac est maintenant reconnue comme étant un danger pour la santé, ce qui a entraîné l'imposition de restrictions croissantes des endroits où il est permis de fumer. Les infractions aux lois sur le tabac peuvent entraîner des amendes et des peines de prison.

QUELLE EST L'ORIGINE DU TABAC ?

Le tabac était cultivé et répandu chez les peuples autochtones de l'Amérique, bien avant l'arrivée des Européens. De nos jours, la plupart du tabac vendu au Canada est cultivé en Ontario. Les larges feuilles de la plante sont traitées, fermentées et vieillies avant d'être transformées en produits du tabac. Le tabac canadien est emballé commercialement et vendu aux détaillants par trois sociétés productrices de tabac.

QUI PREND DU TABAC ?

Une meilleure sensibilisation aux effets négatifs du tabac sur la santé et des restrictions croissantes ont entraîné un déclin constant des taux de tabagisme au Canada. En 1965, presque la moitié de la population fumait. En 2002, ce taux était tombé à moins d'un quart (23 p. 100 des hommes et 20 p. 100 des femmes, âgés d'au moins 15 ans). En dépit de cette baisse, 5,4 millions de Canadiennes et Canadiens continuent de fumer.

La plupart des fumeurs ont commencé à fumer entre l'âge de 11 et de 15 ans. Une étude continue sur les élèves de la province, de la 7ᵉ année au CPO, révèle que l'usage de la cigarette chez les jeunes a baissé, passant de 29,2 p. 100 en 1999, à 23,6 p. 100 en 2001.

Bien que l'usage du tabac soit en baisse au Canada et dans d'autres pays développés, il augmente dans les pays en voie de développement.

L'usage du tabac a tendance à être plus répandu chez les personnes ayant un niveau d'éducation moins élevé et dont le revenu est plus faible.

Des études révèlent que des facteurs génétiques jouent un rôle dans le risque de développer une accoutumance à la nicotine.

ANNEXE C : VOUS CONNAISSEZ...

Les personnes atteintes de certains troubles psychiatriques sont plus susceptibles de fumer. Une étude effectuée aux États-Unis portant sur les personnes bénéficiant de services psychiatriques en consultations externes a révélé que les taux de tabagisme étaient de 88 p. 100 chez les personnes atteintes de schizophrénie, de 70 p. 100 chez celles ayant une manie et de 49 p. 100 chez celles atteintes d'une dépression. Une autre étude a révélé que 85 p. 100 des personnes traitées pour des problèmes d'alcoolisme fumaient également.

QUELS SONT LES EFFETS DU TABAC ?

La nicotine contenue dans la fumée du tabac atteint rapidement le cerveau où elle agit comme stimulant et provoque une accélération des battements de cœur et de la respiration. La fumée du tabac réduit également le niveau d'oxygène dans la circulation sanguine, entraînant une chute de la température (de la peau). Les fumeurs débutants auront probablement des étourdissements et des nausées, tousseront ou auront l'impression d'étouffer.

Les effets de la nicotine sur l'humeur sont subtils, complexes et puissants. Certaines personnes disent que le tabac les rend alertes et les aide à se concentrer et même à se détendre. Des recherches ont démontré que le tabagisme entraîne une augmentation de la dopamine, une substance chimique présente dans le cerveau, ce qui accroît le sentiment de plaisir et renforce le désir de continuer à fumer.

Le tabac et la fumée secondaire peuvent irriter les yeux, le nez et la gorge. La fumée du tabac peut causer des migraines, des étourdissements, des nausées, une toux et une respiration sifflante. Elle peut aggraver les allergies et l'asthme. Fumer atténue également les sens du goût et de l'odorat, réduit l'appétit et entraîne la production d'acide par l'estomac.

LES EFFETS DU TABAC DÉPENDENT DES FACTEURS SUIVANTS :

· la quantité fumée et la fréquence d'utilisation
· la durée d'utilisation
· l'état d'esprit, les attentes et le milieu ambiant
· l'âge de la personne
· l'état médical ou psychiatrique préexistant
· la consommation d'alcool ou d'autres drogues (illicites, sur ordonnance, en vente libre ou à base de plantes)

QUELLE EST LA DURÉE DES EFFETS ?

Lorsqu'une personne fume une cigarette, elle en ressent les effets en moins de 10 secondes ; ces effets ne durent que quelques minutes.

LE TABAC EST-IL DANGEREUX ?

Oui. Le tabac, première cause des maladies et décès évitables au Canada, est considéré comme étant l'une des plus grandes préoccupations de la santé publique. Selon une étude, plus de 45 000 Canadiennes et Canadiens meurent chaque année des effets liés au tabagisme, que ces personnes soient fumeuses ou exposées à la fumée secondaire du tabac.

La nicotine est elle-même extrêmement toxique. L'absorption d'environ 40 milligrammes de nicotine pure, soit en gros la quantité qui se trouve dans deux cigarettes, est mortelle. Cependant, lorsqu'une personne fume une cigarette, la plupart de la nicotine est brûlée, et la personne n'en absorbe qu'entre un et quatre milligrammes.

Lorsque le tabac est brûlé, une substance foncée et collante, appelée « goudron », se forme à partir du mélange de centaines de produits chimiques, y compris des poisons qui causent des cancers et des troubles bronchiques. Le goudron se dégage dans la fumée du tabac sous forme de minuscules particules qui endommagent les poumons et les voies aériennes, et tachent les dents et les doigts. Le goudron est la principale cause des cancers du poumon et de la gorge.

Le fait de brûler du tabac entraîne aussi la formation de monoxyde de carbone (CO), un gaz toxique, invisible et inodore. Lorsqu'une personne inhale la fumée du tabac, le CO remplace l'oxygène dans les globules rouges du sang. Tandis que la nicotine provoque une accélération des battements de cœur, forçant le cœur à travailler davantage, le CO le prive de l'oxygène supplémentaire dont il a besoin. C'est ainsi, entre autres, que le tabagisme contribue aux maladies du cœur.

Les lois canadiennes exigent que la quantité de goudron, de nicotine et de monoxyde de carbone figure sur les paquets de cigarettes. À une certaine époque, les cigarettes qui contenaient moins de goudron et de nicotine étaient considérées comme étant moins nocives. Cependant, les recherches montrent que les cigarettes dites « légères » sont tout aussi susceptibles de causer des maladies.

LE TABAC PEUT-IL CRÉER UNE DÉPENDANCE ?

Oui. Une fois qu'une personne commence à fumer, surtout à un jeune âge, les risques qu'elle développera une accoutumance au tabac sont assez élevés. Les nouveaux fumeurs développent rapidement une tolérance aux effets initiaux désagréables de la fumée du tabac, et s'ils en apprécient les effets stimulants et agréables, ils risquent de commencer à fumer régulièrement. Les fumeurs réguliers ont tendance à fumer un nombre constant de cigarettes par jour. Les fumeurs canadiens fument, en moyenne, 16 cigarettes par jour.

L'accoutumance à la nicotine repose sur des facteurs psychologiques et physiques. Les facteurs psychologiques peuvent inclure une sensation de plaisir et de vivacité d'esprit. Les fumeurs réguliers peuvent apprendre à compter sur la nicotine pour leur procurer ces sensations. Ils développent également des signaux conditionnés, ou « déclencheurs » du tabagisme. Par exemple, certaines personnes fument toujours après un repas ou en accomplissant certaines tâches, ou encore, lorsqu'elles sont dans un certain état émotionnel, comme la dépression ou l'anxiété. Ces déclencheurs entraînent la formation de comportements ou d'habitudes qui peuvent être difficiles à changer.

Les signes de l'accoutumance physique incluent le désir de fumer quelques minutes après le réveil, le fait de fumer à intervalles réguliers, toute la journée, et le fait de considérer la première cigarette de la journée comme étant la plus importante.

Les personnes qui ont développé une accoutumance à la nicotine peuvent développer une tolérance aux effets souhaités. Elles peuvent ne plus prendre plaisir à fumer, mais continuer de fumer pour éviter le syndrome de sevrage de la nicotine.

Les symptômes du sevrage de la nicotine comprennent l'irritabilité, l'agitation, l'anxiété, l'insomnie et la fatigue. Ces symptômes disparaissent en l'espace de quelques semaines. Certaines personnes peuvent être incapables de se concentrer et peuvent ressentir un besoin intense de fumer pendant des semaines ou des mois après avoir arrêté de fumer.

S'ARRÊTER DE FUMER

Les personnes qui arrêtent de fumer peuvent en général atteindre le même état de santé que les non fumeurs après quelques années, en particulier lorsqu'elles arrêtent de fumer pendant qu'elles sont jeunes. Pour arrêter de fumer, plusieurs tentatives peuvent être nécessaires. Par conséquent, il est important de continuer d'essayer. Les produits anti-tabac contenant de la nicotine, comme les timbres, la gomme, les inhalateurs et les vaporisateurs nasaux, peuvent aider à soulager les symptômes de sevrage et réduire l'état de manque. Ces produits sont efficaces surtout lorsque la personne souhaite vraiment arrêter de fumer et lorsqu'elle bénéficie du soutien de sa famille et de ses amis, d'un groupe de soutien ou d'un soutien téléphonique.

Certains médicaments qui ne contiennent pas de nicotine peuvent aider les gens à arrêter de fumer. Il s'agit, entre autres, du bupropion (Zyban®) et de la nortriptyline (Aventyl®), tous deux disponibles sur ordonnance.

Pour certaines personnes, réduire le nombre de cigarettes avant d'arrêter de fumer les aide à atténuer les symptômes de sevrage et leur permet de changer leurs habitudes graduellement. Les stratégies pour réduire le tabagisme comprennent, entre autres : retarder le moment où l'on allume la cigarette suivante, fumer moins de cigarettes et fumer moins de chaque cigarette. Même si le fait de diminuer le nombre de cigarettes peut réduire certains risques pour la santé, fumer est toujours néfaste. Moins fumer ne revient pas à s'arrêter de fumer.

À l'heure actuelle il y a plus d'anciens fumeurs que de fumeurs au Canada. En 2001, 24 p. 100 de la population, soit environ 5,9 millions de Canadiennes et Canadiens, âgés d'au moins 15 ans, ont déclaré qu'ils avaient arrêté de fumer.

QUELS SONT LES EFFETS À LONG TERME DU TABAC ?

Le risque d'effets à long terme augmente en fonction du nombre de cigarettes fumées et de la durée du tabagisme.

Le tabac :
- est la *principale* cause du cancer du poumon ;
- accroît le risque de cancers du côlon, de la bouche, de la gorge, du pancréas, de la vessie et du col de l'utérus ;
- est la cause de *la plupart* des bronchites chroniques et de l'emphysème ;
- entraîne la toux du fumeur ;
- est une cause *principale* de maladies du cœur et d'accidents vasculaires cérébraux ;
- accroît le risque de problèmes médicaux pendant la grossesse (p. ex., fausse couche, saignement, placenta praevia et guérison lente) et le risque de faible poids à la naissance ou de décès du bébé en bas âge ;
- cause l'ostéoporose (amincissement des os) ;
- accroît le risque de troubles digestifs ;
- affaiblit le système immunitaire, rendant ainsi les fumeurs plus susceptibles d'attraper des rhumes, grippes et pneumonies ;
- réduit la quantité de vitamine C dans le corps, ralentissant la cicatrisation des blessures cutanées ;
- peut causer un blocage des artères dans les jambes, ce qui peut

entraîner une mauvaise circulation du sang, des douleurs dans les jambes, une gangrène et la perte d'une jambe.

Nombre des risques et dangers du tabagisme s'appliquent aussi aux personnes qui sont exposées à la fumée secondaire du tabac. L'exposition à long terme à la fumée secondaire :
· a été liée à des maladies du cœur et au cancer ;
· (chez les femmes enceintes) accroît le risque de complications pendant la grossesse et l'accouchement et de faible poids du nouveau-né ;
· (chez les jeunes enfants) a été liée au syndrome de mort subite du nourrisson, peut entraîner des problèmes respiratoires comme l'asthme ou les aggraver et peut causer également des otites (infections des oreilles).

L'usage de produits du tabac qui ne sont pas fumés, comme le tabac à priser et à chiquer, est lié à une augmentation des risques de cancer de la bouche, de gingivite et de caries.

ANNEXE D : OUTILS DE DÉPISTAGE

Brefs résumés des outils de dépistage spécifiquement pour jeunes présentés dans les publications spécialisées qui peuvent être administrés par tout professionnel expérimenté

SANTÉ MENTALE ET USAGE D'ALCOOL OU D'AUTRES DROGUES	ÂGE	COÛT/ACCÈS	NOTATION	OBSERVATIONS
Problem Oriented Screening Instrument for Teenagers (POSIT) (Outil de dépistage des problèmes pour adolescents)	12 à 19 ans	National Clearinghouse for Alcohol and Drug Information, Rockville MD 800 729-6686 ; pas de mention de prix.	Notation manuelle ou informatisée	L'administration de l'outil prend de 20 à 30 minutes. Il s'agit d'un questionnaire comportant 139 questions (oui/non) conçu par une équipe de spécialistes et qui vise à dépister les problèmes qui se posent dans 10 domaines, dont l'usage d'alcool ou d'autres drogues, la santé physique/mentale et les relations sociales. Le barème de notation se fonde sur des données empiriques. Il permet de cerner un niveau de risques faible, moyen et élevé pour chaque domaine. Le POSIT fait partie du Comprehensive Assessment Battery (CAB) (Batterie complète d'outils d'évaluation).
Drug Use Screening Inventory—Revised (DUSI-R) (Inventaire de dépistage des drogues—version révisée)	Adolescents et adultes	Faculté de psychiatrie, École de médecine de l'Université de Pittsburgh ; 2 $ par questionnaire DUSI-R, pas de mention du prix du manuel ou de la version électronique.	Notation manuelle ou informatisée	L'administration de cet outil prend de 20 à 40 minutes. Il s'agit d'un questionnaire comportant 159 questions qui permet d'évaluer la mesure dans laquelle le jeune fait usage de divers types de drogues et d'établir la gravité des conséquences associées à cet usage. Le profil cerne et série les besoins en matière d'interventions et propose une méthode efficace de surveillance du déroulement du traitement et de son suivi. Son objet est d'évaluer de façon complète les adolescents et les adultes que l'on soupçonne de faire usage d'alcool ou d'autres drogues, de cerner les problèmes et d'évaluer les risques de problèmes d'usage d'alcool ou d'autres drogues. Il traite de l'usage d'alcool ou d'autres drogues, des troubles psychiatriques, des compétences sociales, du système familial, du milieu scolaire/professionnel, des relations avec les pairs et des activités de loisirs.
SANTÉ MENTALE	ÂGE	COÛT/ACCÈS	NOTATION	OBSERVATIONS
Mental Status Checklist (Liste de vérification de la santé mentale)— Adolescents (une version pour adultes s'adresse aux personnes de 18 ans et plus)	13 à 17 ans	Psychological Assessment Resources (PAR); 50 $ pour 25 listes de vérification	Aucune notation nécessaire	L'administration de l'outil dure 20 minutes. Il vise à évaluer la santé mentale des adolescents et traite d'une vaste gamme de problèmes psychologiques, de santé, d'usage d'alcool ou d'autres drogues, de mémoire et de personnalité en fonction des renseignements fournis par le client (p. ex., symptômes auto-déclarés d'anxiété et de dépression), des observations de l'intervieweur et des impressions cliniques. Les clients répondent à toute une série de questions que leur pose un intervieweur. L'outil peut aussi être auto-administré.

ANNEXE D : OUTILS DE DÉPISTAGE

Brefs résumés des outils de dépistage spécifiquement pour jeunes présentés dans les publications spécialisées qui peuvent être administrés par tout professionnel expérimenté

SANTÉ MENTALE	ÂGE	COÛT/ACCÈS	NOTATION	OBSERVATIONS
Personal Problems Checklist—(Liste de vérification des problèmes personnels) —Adolescents (une version pour adultes s'adresse aux personnes de 18 ans et plus)	13 à 17 ans	Psychological Assessment Resources (PAR) ; 50 $ pour 25 listes de vérification	Aucune notation nécessaire	L'administration de l'outil dure 20 minutes. Il vise à établir dans quels domaines des problèmes risquent de se poser, y compris en ce qui touche les relations sociales, le travail, le foyer, l'école, les finances, la religion, les émotions, l'apparence, la famille, les relations intimes, la santé, les attitudes et les crises. Les clients répondent à une série de questions qui leur sont posées par un intervieweur. L'outil peut aussi être auto-administré. Date de publication : 1984.
Problem Behavior Inventory—Adolescent Screening Inventory (Inventaire des comportements problématiques)— Adolescents Inventaire pour le dépistage (version pour adultes également disponible)	Moins de 18 ans	Western Psychological Services ; 50 $ pour 25 formulaires d'autonotation sur papier carbone	Notation manuelle	L'administration de l'outil dure de 10 à 15 minutes. L'inventaire énumère plus de 100 symptômes liés aux catégories diagnostiques du DSM-IV. Le client vérifie quels symptômes il ressent.
Adolescent Psychopathology Scale—Short Form (APS—SF) (Échelle de psychopathologie des adolescents)— Formulaire abrégé (Le RAASI est un outil de dépistage plus bref que l'APS)	12 à 19 ans	Canadian Skill Builders; 250 $ pour le manuel, 25 livrets d'administration du test et disque clé	Notation manuelle ou informatisée	L'administration de l'outil dure 20 minutes. Il s'agit de la forme abrégée de l'Adoslescent Psychopathology Scale (APS). L'APS—SF se compose de 115 questions reliées aux symptômes donnés dans le DSM-IV. Il compte douze échelles cliniques et deux échelles de validité. La moitié des échelles cliniques mettent l'accent sur les symptômes associés aux troubles des conduites, au trouble oppositionnel avec provocation, à la dépression, à l'anxiété, au SSPT et aux problèmes d'usage d'alcool ou d'autres drogues. L'autre moitié des échelles évalue les domaines liés aux compétences et aux problèmes psychosociaux des adolescents (p. ex., troubles de l'alimentation, colère, conception de soi, etc.). Le programme de notation informatisée produit des scores T pour chaque échelle ainsi qu'un rapport clinique général.

ANNEXE D : OUTILS DE DÉPISTAGE

Brefs résumés des outils de dépistage spécifiquement pour jeunes présentés dans les publications spécialisées qui peuvent être administrés par tout professionnel expérimenté

SANTÉ MENTALE	ÂGE	COÛT/ACCÈS	NOTATION	OBSERVATIONS
Reynolds Adolescent Adjustment Screening Inventory (RAASI)	12 à 19 ans	Canadian Skill Builders; 200 $, pour le manuel et 50 livrets d'administration du test	Notation manuelle	L'administration de l'outil dure cinq minutes. Il s'agit d'un bref outil de dépistage visant à identifier les adolescents qui ont besoin d'une évaluation psychologique. Il se compose de 32 questions tirées de l'Adolescent Psychopathology Scale (APS), et donne des scores T pour quatre échelles : comportement antisocial, maîtrise de la colère, détresse émotive et image de soi ainsi qu'un score d'adaptation total.
Symptom Assessment —45 (SA—45) (Évaluation des symptômes)	13 ans et plus	MHS ; 71 $ pour la trousse de démarrage (manuel SA-45 et 25 formulaires de notation rapide)	Notation manuelle ou informatisée	L'administration de l'outil dure 10 minutes. Il s'agit d'une forme abrégée de la Symptom Checklist 90—R (SCL—90—R) qui permet d'évaluer succinctement la gravité de neuf symptômes : somatisation, trouble obsessivo-compulsif (TOC), sensibilité interpersonnelle, dépression, anxiété, hostilité, phobies, mode de pensée persécutoire et psychose. Il se compose de 45 questions notées en fonction d'une échelle de cinq points. Des données normatives sont disponibles pour les patients adolescents et adultes externes et internes. D'après une revue indépendante de l'outil, « le SA-45 est une mesure d'évaluation psychométrique solide qui est plus valable dans le cas des adultes que des adolescents (en raison de la petite taille de l'échantillon de normalisation des adolescents). Le SA-45 semble présenter peu d'avantages par rapport au BSI qui comporte 53 questions (les mêmes questions figurent dans les deux outils dans une proportion de 78 %) ». Dates de publication : 1996 et 1998.
Brief Symptom Inventory (BSI) (Bref inventaire des symptômes) (autre version abrégée du BSI destinée aux adultes de 18 ans et plus)	13 à 17 ans	MHS; 215 $ pour la trousse de démarrage pour adolescents (manuel BSI et 50 formulaires); 215 $ pour la trousse de démarrage pour adultes (manuel BSI et 50 formulaires)	Notation manuelle ou informatisée	L'administration du test dure de huit à dix minutes. Il s'agit d'une version abrégée du Symptom Checklist —90—R (SCL—90—R). Il se compose de 53 questions et évalue neuf dimensions de symptômes : somatisation, TOC, sensibilité interpersonnelle, dépression, anxiété, hostilité, phobies, mode de pensée persécutoire et psychose. Des données normatives sont disponibles pour quatre populations : adolescents non-patients, adultes non-patients, patients psychiatriques externes et patients psychiatriques internes.

ANNEXE D : OUTILS DE DÉPISTAGE

Brefs résumés des outils de dépistage spécifiquement pour jeunes présentés dans les publications spécialisées qui peuvent être administrés par tout professionnel expérimenté

SANTÉ MENTALE	ÂGE	COÛT/ACCÈS	NOTATION	OBSERVATIONS
Holden Psychological Screening Inventory (HPSI) (Inventaire de dépistage psychologique Holden)	14 ans et plus	MHS ; 67 $ pour la trousse complète (Manuel HPSI et 25 formulaires de notation rapide)	Notation manuelle ou informatisée	L'administration de l'outil dure de cinq à sept minutes. Il se compose de 36 questions notées en fonction d'une échelle de cinq points. Il évalue trois principales dimensions de symptômes : symptomatologie psychiatrique, symptomatologie sociale et dépression. Des données normatives sont disponibles pour les élèves du secondaire et les étudiants universitaires ainsi que pour la population adulte générale et la population adulte psychiatrique. Une revue indépendante de l'outil concluait que « le matériel de notation est convivial » et « le HPSI atteint son objectif premier qui est d'être une méthode de dépistage clinique efficace ». Outil conçu au Canada. Date de publication : 1996.
Behaviour and Symptom Identification Scale (BASIS—32) (Échelle d'identification des comportements et des symptômes)	Adolescents (et adultes)	Hôpital McLean, Département de la recherche et des services de santé mentale www.basis-32.org/index.html	Notation manuelle	L'administration de l'outil dure 10 minutes. Il s'agit d'un questionnaire comportant 32 questions notées en fonction d'une échelle de cinq points qui vise à cerner les difficultés dans différents domaines de fonctionnement. L'outil comporte cinq échelles : relations avec soi-même et les autres, activités quotidiennes de la vie, dépression/anxiété, impulsivité/dépendance et psychose ainsi qu'une note moyenne globale. Les résultats sont exprimés sous forme de graphiques et vont de « pas de difficulté » à « difficulté extrême ».
CONSOMMATION D'ALCOOL				
Adolescent Drinking Index (ADI) (Indice de la consommation d'alcool chez les jeunes)	12 à 17 ans	Psychological Assessment Resources; 100 $ pour le manuel et 25 livrets d'administration du test	Notation manuelle	L'administration de l'outil dure cinq minutes. Il s'agit d'une échelle de notation comportant 24 questions visant à dépister les problèmes de consommation d'alcool chez les adolescents qui ont des problèmes psychologiques, émotifs ou comportementaux. Les notes sont converties en scores T.
Rutgers Alcohol Problem Index (RAPI) (Indice du problème de consommation d'alcool de Rutgers)	12 à 21 ans	Center for Alcohol Studies, Université Rutgers; dans le domaine public, utilisation gratuite.	Notation manuelle	L'administration du test dure 10 minutes. Il s'agit d'une échelle de notation comportant 23 questions visant à dépister les problèmes de consommation d'alcool chez les adolescents. Les scores sont convertis en scores T.

ANNEXE D : OUTILS DE DÉPISTAGE

Brefs résumés des outils de dépistage spécifiquement pour jeunes présentés dans les publications spécialisées qui peuvent être administrés par tout professionnel expérimenté

SANTÉ MENTALE	ÂGE	COÛT/ACCÈS	NOTATION	OBSERVATIONS
Substance Abuse Subtle Assessment Inventory (SASSI) (Inventaire d'évaluation subtil de la consommation d'alcool ou d'autres drogues)	Adolescents	Institut SASSI; 75 $ pour la trousse de démarrage : 55 $ pour le manuel; 45 $ pour 25 livrets d'administration du test	Notation manuelle ou informatisée	L'administration du test dure 20 minutes. Il s'agit d'un questionnaire comportant 81 questions dont 55 questions de type vrai ou faux et 26 questions directes portant sur la fréquence de l'usage d'alcool ou d'autres drogues. L'outil évalue cinq domaines : consommation d'alcool, consommation d'autres drogues, attributs évidents, attributs subtils et caractère défensif.
Personal Experience Screening Questionnaire (PESQ) (Questionnaire de dépistage fondé sur l'expérience personnelle)	12 à 18 ans	Western Psychological Services; 125 $ pour le manuel et 25 formulaires de tests autonotés	Notation manuelle	L'administration de l'outil dure 10 minutes. Il s'agit d'un questionnaire comportant 40 questions qui se divise en trois sections : gravité des problèmes, questions psychosociales et consommation antérieure d'alcool ou d'autres drogues. Le test comporte deux échelles de validité (simuler le bon et simuler le mauvais). Son objectif est d'« identifier les adolescents qui ont peut-être développé une dépendance chimique » et « dépister rapidement certains problèmes psychosociaux ».

CONSOMMATION D'ALCOOL OU D'AUTRES DROGUES	ÂGE	COÛT/ACCÈS	NOTATION	OBSERVATIONS
Psychoactive Drug Use History (DHQ) (Usage de drogues psychoactives) (Voir annexe F)	Adolescents et adultes	CAMH marketing@camh.net	Entrevue structurée ; aucune notation nécessaire	L'administration du test prend de 10 à 30 minutes selon le client. L'outil décrit les habitudes d'usage d'alcool ou d'autres drogues du client. Le client répond à une série de questions portant sur la fréquence et l'importance de son usage de 14 drogues ou catégories de drogues distinctes.
Adverse Consequences Of Use (Conséquences négatives de l'usage d'alcool ou d'autres drogues) (Voir annexe F)	Adolescents et adultes	CAMH marketing@camh.net	Entrevue structurée ; aucune notation nécessaire	L'administration de l'outil dure 10 minutes. Il vise à revoir brièvement les conséquences de la consommation d'alcool ou d'autres drogues dans sept domaines : santé physique, mémoire, humeur, relations, école/travail, domaine juridique et finances.
Adolescent Drug Abuse Diagnosis (ADAD) (Diagnostic de problèmes d'usage d'alcool ou d'autres drogues chez les adolescents)	Adolescents	Dans le domaine public; utilisation gratuite.		Il s'agit d'un outil comptant 150 questions qui se présente sous forme d'entrevue structurée. Il est complet et porte sur neuf aspects de la vie : santé, école, travail, relations sociales, famille, santé psychologique, situation juridique et usage d'alcool ou d'autres drogues. La gravité des problèmes à l'égard de chaque aspect est évaluée par l'intervieweur en fonction d'une échelle de dix points. D'après les auteurs, cet outil s'est révélé utile dans les écoles, dans les organismes pour jeunes et dans les établissements de santé mentale.
CONSOMMATION D'ALCOOL OU D'AUTRES DROGUES ET SANTÉ MENTALE				
Adolescent Diagnostic Interview (Entrevue diagnostique pour adolescents)	Adolescents	Dr Ken Winters Western Psychological Services Coût : 75 $ par trousse (manuel et cinq livrets d'administration du test)	Notation faite par l'intervieweur, le clinicien ou un para-professionnel ayant reçu la formation voulue au moyen d'une échelle de notation simple	L'administration du test dure de 30 à 90 minutes. Il s'agit d'une entrevue diagnostique structurée destinée à évaluer les critères donnés dans le DSM-IV pour dépister les problèmes d'usage d'alcool ou d'autres drogues. Il permet aussi de dépister les troubles mentaux/comportementaux concomitants.
Personal Experience Inventory (PEI) (Inventaire fondé sur l'expérience personnelle)	12 à 18 ans	Western Psychological Services; 300 $ pour le manuel et 25 formulaires informatisés; les formulaires informatisés peuvent être achetés séparément après l'achat du manuel	Notation informatisée seulement sous forme de disque ou de service postal	L'administration de l'outil dure de 50 à 60 minutes. Elle est faite de façon manuelle (papier et crayon) ou sur ordinateur. Il s'agit d'un questionnaire comptant 300 questions qui est administré en deux parties. La partie 1 met l'accent sur l'usage d'alcool ou d'autres drogues et la partie 2, sur le fonctionnement psychosocial, et notamment sur huit facteurs de risques personnels et quatre facteurs de risques environnementaux. L'outil comporte aussi plusieurs indices de validité. Les résultats sont présentés sous forme de rapport narratif accompagné de scores T pour les échelles.

CONSOMMATION D'ALCOOL OU D'AUTRES DROGUES	ÂGE	COÛT/ACCÈS	NOTATION	OBSERVATIONS
Adolescent Self-Assessment Profile (ASAP) (Profil d'autoévaluation pour adolescents)	Adolescents	Center for Addictions Research and Evaluation, Colorado, États-Unis 303 421-1261 ; 100 $ pour 100 tests ; le manuel est fourni ; le prix demandé est en fonction du nombre d'exemplaires commandé	Notation manuelle ou informatisée	L'administration de l'outil dure de 30 à 60 minutes selon la situation du client. Il s'agit d'un questionnaire comptant 225 questions et comportant 20 échelles de base et 15 échelles supplémentaires, qui mesure six éléments du ressort psychologique et la consommation de neuf catégories de drogues dont l'alcool. L'objectif de l'outil est d'évaluer l'adaptation psychosociale de l'adolescent et son usage d'alcool ou d'autres drogues. Il permet d'effectuer une « évaluation globale des principaux facteurs de risques et une évaluation approfondie de l'usage d'alcool ou d'autres drogues ». Les aspects sur lesquels porte l'évaluation comprennent la famille, la santé mentale, l'influence des pairs, l'école, les problèmes comportementaux et les attitudes et habitudes en matière d'usage d'alcool ou d'autres drogues. Les scores bruts sont convertis en percentiles et peuvent être comparés à plusieurs groupes normatifs. Plusieurs échelles peuvent être utilisées pour mesurer les résultats des traitements.
Hilson Adolescent Profile (HAP) (Profil de l'adolescent Hilson)	9 à 19 ans	Hilson Research Inc ; New York, États-Unis 800 926-2258 ; 20 $ par test	Notation informatisée seulement après l'envoi des tests par courrier à Hilson Research	L'administration de l'outil dure 45 minutes. Il se compose de 310 questions (vrai/faux) regroupées en 16 échelles qui correspondent aux catégories diagnostiques psychologiques. Le HAP pose directement des questions aux adolescents au sujet de leurs comportements au lieu de faire des inférences à ce sujet à partir d'indicateurs statistiques ou théoriques dérivés. Il vise à évaluer la présence et l'étendue de problèmes comportementaux chez les adolescents comme l'usage d'alcool ou d'autres drogues, les difficultés scolaires, les difficultés juridiques, la tolérance à la frustration, le comportement anti-social, la rigidité/l'obsession, les difficultés interpersonnelles, les conflits familiaux, l'adaptation sociale/sexuelle, la santé, l'anxiété et la dépression.
The Child and Adolescent Functional Assessment Scale (CAFAS) (L'échelle d'évaluation du fonctionnement des enfants et des adolescents)		www.cafasinontario.ca	L'outil n'est pas administré. Un évaluateur ayant reçu la formation voulue fait un choix parmi une liste de descriptions de comportements	Il s'agit d'une échelle de notation qui évalue le niveau d'incapacité fonctionnelle quotidienne du jeune attribuable à des problèmes comportementaux, psychologiques, psychiatriques ou d'usage d'alcool ou d'autres drogues.

ANNEXE F : MÉTHODES D'ÉVALUATION

Les outils d'évaluation suivants sont des ébauches de versions pour adolescents d'outils pour adultes figurant dans Cross, S. et Sibley, L. B. (2001). *The Standardized Tools and Criteria Manual : Helping Clients Navigate Addiction Treatment in Ontario.* Toronto : Centre de toxicomanie et de santé mentale.

CONSÉQUENCES NÉGATIVES
PSYCHOACTIVE DRUG HISTORY QUESTIONNAIRE (QUESTIONNAIRE SUR L'USAGE DE DROGUES PSYCHOTROPES)
PRÉPARATION AU CHANGEMENT

CONSÉQUENCES NÉGATIVES LIÉES À LA CONSOMMATION DE SUBSTANCES

(Remarque au clinicien : Ne codez que les conséquences les plus graves de chaque problème.)

Suite à la consommation d'une substance, avez-vous fait l'expérience des problèmes suivants ?	OUI, DÉJÀ	90 DERNIERS JOURS	COMMENTAIRES CLINIQUES
a. Problèmes de santé physique (incluant une surdose, un empoisonnement, une maladie ou un accident, des vomissements, un rash, un changement de poids important, des évanouissements ou des troubles du sommeil) 0 Aucun 1 Identifié par le sujet/une autre personne concernée 2 Mise en garde d'un professionnel de la santé 3 Traitement médical d'un problème physique (maladie ou accident) ayant rapport à la consommation	— 0 — 1 — 2 — 3 — 8 — 9	— 0 — 1 — 2 — 3 — 8 — 9	Si oui, quand ?
b. Pertes ou problèmes de mémoire, oublis, confusion, difficultés de réflexion 0 Aucun 1 5 occasions ou moins 2 Plus de 5 occasions	— 0 — 1 — 2 — 8 — 9	— 0 — 1 — 2 — 8 — 9	Si oui, quand ?
c. Changements d'humeur ou de personnalité, psychoses liées à une substance comme l'irritabilité, les changements d'humeur, le sentiment d'angoisse ou de panique, la dépression, la nervosité, la paranoïa, le fait de voir ou d'entendre des choses, des flash-backs pendant la consommation 0 Aucun 1 Mineurs (aucune conséquence grave sur les fonctions quotidiennes) 2 Majeurs (conséquences négatives sur les fonctions quotidiennes)	— 0 — 1 — 2 — 8 — 9	— 0 — 1 — 2 — 8 — 9	Si oui, quand ?
d. Problèmes dans les relations (amis, famille, enseignants ou collègues/communauté) 0 Aucun 1 Mineurs (tensions, disputes, méfiance) 2 Majeurs (relations cassées ou sur le point de l'être, obligé de quitter la maison, perte d'amis)	— 0 — 1 — 2 — 8 — 9	— 0 — 1 — 2 — 8 — 9	Si oui, quand ?

8 = Refusé, 9 = Manquant

e.
- 0 Aucun
- 1 Agression verbale/violence/menaces ou intimidation pendant la consommation
- 2 Agression physique/violence/menaces ou intimidation pendant la consommation
- 8
- 9

Si oui, quand ?

f. Problèmes scolaires ou professionnels
- 0 Aucun
- 1 Rendement affecté (absence partielle ou totale de l'école ou du travail, travaux remis en retard ou pas remis du tout ou plainte concernant le rendement de la part d'un surveillant ou d'un professeur)
- 2 Suspensions ou expulsions de l'école, congédiement du travail ou menace de congédiement
- 7 Sans objet, n'a pas de travail ou ne suit pas d'études
- 8
- 9

Si oui, quand ?

g. Problèmes juridiques (accusation reliée à la consommation)
- 0 Aucun
- 1 Accusation seulement (affaire en instance ou accusation retirée, déjudiciarisation)
- 2 Reconnu coupable – service communautaire, garde en milieu ouvert/fermé, probation
- 8
- 9

Si oui, quand ?

h. Problèmes financiers en raison de la consommation
- 0 Aucun
- 1 Mineurs - dépense trop, vente d'articles personnels
- 2 Majeurs - consommation associée à des dettes importantes, faux chèques, vol, vente de drogues pour subvenir à ses besoins
- 8
- 9

Si oui, quand ?

8 = Refusé, 9 = Manquant

QUESTIONNAIRE SUR LES ANTÉCÉDENTS DE CONSOMMATION DE DROGUES PSYCHOTROPES

TYPE DE DROGUE OU MÉDICAMENT	CONSOMMÉ AU COURS DES 12 DERNIERS MOIS	NOMBRE DE JOURS DE CONSOMMATION AU COURS DES 90 DERNIERS JOURS	TEMPS ÉCOULÉ DEPUIS LA DERNIÈRE CONSOMMATION?*	QUANTITÉ TYPIQUE PRISE CHAQUE JOUR AU COURS DES 90 DERNIERS JOURS**	COMMENTAIRES CLINIQUES
(1) Aucun					
(2) Alcool : bière / spiritueux / vin	___ 1 ___ 2 ___ 8 ___ 9				
(3) Cocaïne / crack : coke	___ 1 ___ 2 ___ 8 ___ 9				
(4) Amphétamines / autres stimulants : métamphétamine, speed, crank, Ritaline	___ 1 ___ 2 ___ 8 ___ 9				
(5) Cannabis : hasch, pot, marijuana, grass, marie-jeanne	___ 1 ___ 2 ___ 8 ___ 9				
(6) Benzodiazépines : GHB, Rohypnol, Valium	___ 1 ___ 2 ___ 8 ___ 9				
(7) Barbituriques : somnifères	___ 1 ___ 2 ___ 8 ___ 9				
(8) Héroïne / Opium	___ 1 ___ 2 ___ 8 ___ 9				

1 = Oui; 2 = Non; 8 = Refusé; 9 = Manquant

* À quand remonte la dernière consommation? 1=<24heures; 2=1-3 jours; 3= moins d'une semaine; 4= moins d'un mois; 5= plus d'un mois

** Voir les lignes directrices sur la description des quantités de chaque consommation.

(9) Opiacés sur ordonnance : médicaments antidouleur	—1 —2 —8 —9			
(10) Préparations contenant de la codéine en vente libre : médicaments antitussifs	—1 —2 —8 —9			
(11) Hallucinogènes : LSD, cap d'acide, champignons, ecstasy (E)	—1 —2 —8 —9			
(12) Colle / Autres inhalants : aérosol de cuisine, gaz	—1 —2 —8 —9			
(13) Tabac	—1 —2 —8 —9			
(14) Autres drogues psychotropes : kétamine (K), antidépresseurs, substances antipsychotiques, gravol, stéroïdes	—1 —2 —8 —9			

1 = Oui; 2 = Non; 8 = Refusé; 9 = Manquant

* À quand remonte la dernière consommation? 1=<24heures; 2=1-3 jours; 3= moins d'une semaine; 4= moins d'un mois; 5= plus d'un mois

** Voir les lignes directrices sur la description des quantités de chaque consommation.

ÉTAT DE PRÉPARATION AU CHANGEMENT

Nom _____

Date _____

QUEL ÉNONCÉ DÉCRIT LE MIEUX VOTRE SITUATION :

Partie I (cochez l'énoncé qui convient)

___ Je suis ici aujourd'hui de mon plein gré pour obtenir des services.

___ J'accepte l'idée d'être ici aujourd'hui même si je suis ici parce que _____ a proposé que je vienne.

___ Je ne suis pas ici de mon propre gré. _____ m'a dit que je devais venir.

Partie II (cochez l'énoncé qui décrit le mieux la raison pour laquelle vous êtes ici aujourd'hui)

1. ___ Je ne suis pas encore prêt(e) à changer. Je ne pense pas à modifier ma consommation de drogue et/ou d'alcool.

2. ___ Je pense parfois à modifier ma consommation de drogue et/ou d'alcool et je pense parfois que je n'ai pas besoin de le faire.

3. ___ Ma consommation de drogue et/ou d'alcool me cause certains problèmes. Je pense à la modifier.

4. ___ Je me sens prêt(e) à modifier certains aspects de ma consommation de drogue et/ou d'alcool. Je suis ici pour qu'on m'aide à le faire.

5. ___ Je me sens prêt(e) à modifier certains aspects de ma consommation de drogue et/ou d'alcool et je pense qu'il serait bon que je puisse m'adresser à un service pour m'assurer que tout va bien.

6. ___ J'ai déjà modifié certains aspects de ma consommation de drogue et/ou d'alcool, mais je crains de revenir à mes vieilles façons de penser et d'agir

VEUILLEZ COCHER L'UN DES ÉNONCÉS SUIVANTS SI AUCUN DES ÉNONCÉS CI-DESSUS NE S'APPLIQUE À VOUS

___ J'ai modifié certains aspects de ma consommation de drogue et/ou d'alcool et je ne pense pas avoir besoin d'aide.
___ Aucun de ces énoncés ne s'applique à moi.

Évaluation pour la partie II :
1. Inaction
2. Prise de conscience
3. Préparation
4. Action
5. Entretien
6. Risques de rechute

TABLEAU 1 : ANTIDÉPRESSEURS

CATÉGORIE D'ANTIDÉPRESSEURS	MÉDICAMENT	EFFETS SECONDAIRES	CES MÉDICAMENTS NE DEVRAIENT PAS ÊTRE CONSOMMÉS AVEC...
Inhibiteurs spécifiques du recaptage de la sérotonine (ISRS)	Citalopram (Celexa®), fluoxétine (Prozac®), fluvoxamine (Luvox®), paroxetine (Paxil®), sertraline (Zoloft®)	Nausée, insomnie, maux de tête, dysfonction sexuelle, acathisie, assèchement de la bouche, somnolence.	Millepertuis commun, IMAO. L'alcool peut accroître les effets secondaires. La caféine peut accroître l'anxiété/l'insomnie.
Antidépresseurs cycliques non sélectifs/antidépresseurs tricycliques	Amitriptyline (Elavil®), clomipramine (Anafranil®), désipramine (Norpramin®), doxépine (Sinequan®), imipramine (Tofranil®), nortriptyline (Aventyl®), trimipramine (Surmontil®)	Assèchement de la bouche, effet sédatif, constipation, vision trouble, étourdissements, gain de poids, rétention des urines.	L'alcool peut accroître les effets secondaires. La caféine peut accroître l'anxiété/l'insomnie.
Inhibiteurs de la monoamine-oxydase (IMAO)	Phenelzine (Nardil®), tranylcypromine (Parnate®)	Effet sédatif, insomnie, vision trouble, constipation, tremblements, hypotension orthostatique, nausée.	Tous les autres antidépresseurs (y compris le millepertuis commun), les aliments contenant de la tyramine (doit suivre un régime spécial), la mépéridine, les produits contre la toux et le rhume en vente libre.
Inhibiteurs réversibles de la monoamine-oxydase (IRMAO)	Moclobémide (Manerix®)	Insomnie, maux de tête, assèchement de la bouche, vision trouble.	Mépéridine, dextrométhorphane (sirop pour le rhume DM), millepertuis commun.
Inhibiteurs du recaptage de la sérotonine et de la noradrénaline (IRSN)	Venlafaxine (Effexor®, Effexor XR®)	Effet sédatif, insomnie, maux de tête, assèchement de la bouche, constipation, transpiration, étourdissements, nausée, dysfonction sexuelle, augmentation de la tension artérielle.	IMAO. L'alcool peut augmenter les effets secondaires. La caféine peut augmenter l'anxiété/insomnie. Utiliser avec prudence avec les patients souffrant d'hypertension artérielle.
Inhibiteur du recaptage de la noradrénaline et de la dopamine	Bupropion (Wellbutrin®, Zyban®)	Tremblements, insomnie, maux de tête, assèchement de la bouche, nausée.	IMAO ; stimulants. Augmentation des risques d'attaques chez les patients épileptiques.
Inhibiteur du recaptage/antagonistes de la sérotonine 2 (IRAS)	Trazodone (Desyrel®)	Effet sédatif, fatigue, nausée, assèchement de la bouche, vision trouble, constipation, hypotension orthostatique, étourdissements.	Utiliser avec prudence en combinaison avec certaines benzodiazépines. L'alcool peut accroître les effets secondaires. La caféine peut augmenter l'anxiété/l'insomnie.
Antidépresseur noradrénergique/antidépresseur sérotoninergique spécifique (ANASS)	Mirtazapine (Remeron®)	Effet sédatif, fatigue, assèchement de la bouche, constipation, augmentation de l'appétit, gain de poids.	IMAO. Il est nécessaire de rectifier la dose lorsque la carbamazépine est également administrée. L'alcool peut augmenter les effets secondaires.

ANNEXE G : MÉDICAMENTS PSYCHIATRIQUES
TABLEAU 2 : PSYCHORÉGULATEURS

MÉDICAMENT	EFFETS SECONDAIRES	CES MÉDICAMENTS NE DEVRAIENT PAS ÊTRE CONSOMMÉS AVEC...
Carbamazépine (Tegretol®)	Somnolence, maux de tête, tremblements, vision trouble, nausée, gain de poids, irruptions cutanées, photosensibilité, dyscrasie sanguine.	Comme le médicament interagit avec plusieurs médicaments, le patient devrait toujours se renseigner à cet égard auprès de son médecin ou pharmacien. L'alcool peut accroître les effets secondaires.
Gabapentine (Neurontin®)	Somnolence, étourdissements, vision trouble, fatigue, gain de poids.	L'alcool peut accroître les effets secondaires.
Lamotrigine (Lamictal®)	Somnolence, étourdissements, maux de tête, nausée, vomissements, irruptions cutanées (peuvent être graves—alerter immédiatement son médecin).	Utiliser avec prudence avec le valproate (risques accrus d'irruptions cutanées). L'alcool peut accroître les effets secondaires.
Lithium (Carbolith®, Duralith®, Lithane®)	Tremblements, étourdissements, confusion, nausée, irruptions cutanées, vomissements, effet sédatif, gain de poids. L'utilisation à long terme peut causer un mauvais fonctionnement de la thyroïde et des reins.	Utiliser avec prudence avec des diurétiques et d'autres médicaments antihypertenseurs. L'ibuprofène peut augmenter le niveau de lithium dans le sang. L'alcool peut accroître les effets secondaires.
Oxcarbazépine (Trileptal®)	Maux de tête, étourdissements, somnolence, ataxie, fatigue, nausée.	Interagit avec moins de médicaments que la carbamazépine, mais les contraceptifs oraux peuvent être moins efficaces s'ils sont pris avec ce médicament. L'alcool peut accroître les effets secondaires.
Topiramate (Topamax®)	Nausée, tremblements, somnolence, étourdissements, gain de poids.	Les contraceptifs oraux peuvent être moins efficaces s'ils sont pris avec ce médicament. L'alcool peut accroître les effets secondaires.
Acide valproïque/divalproex (Depakene®, Epival®)	Nausée, effet sédatif, gain de poids, perte de cheveux, troubles menstruels, augmentation des enzymes hépatiques.	Comme ces médicaments interagissent avec plusieurs autres médicaments, le patient devrait toujours se renseigner à cet égard auprès de son médecin ou pharmacien. L'alcool peut accroître les effets secondaires.

TABLEAU 3 : ANXIOLYTIQUES / SÉDATIFS / HYPNOTIQUES

TYPES DE MÉDICAMENTS	MÉDICAMENT	EFFETS SECONDAIRES	CES MÉDICAMENTS NE DEVRAIENT PAS ÊTRE CONSOMMÉS AVEC...
Benzodiazépines	Alprazolam (Xanax®), bromazépam (Lectopam®), chlordiazépoxide (Librium®), clonazépam (Rivotril®), diazépam (Valium®), flurazépam (Dalmane®), lorazépam (Ativan®), nitrazépam (Mogadon®), oxazépam (Serax®), temazépam (Restoril®), triazolam (Halcion®)	Tolérance, dépendance, sevrage sur arrêt du médicament, étourdissements, effet sédatif, confusion, perte de mémoire, manque de coordination.	L'alcool peut accroître les effets secondaires, en particulier la somnolence. Utiliser avec prudence avec d'autres médicaments ayant un effet sur le SNC puisque ces médicaments peuvent causer un effet sédatif accru ainsi que d'autres effets secondaires.
Divers	Buspirone (Buspar®); zopiclone (Imovane®); zaleplon (Starnoc®)		

TYPES DE MÉDICAMENTS	MÉDICAMENT	EFFETS SECONDAIRES	CES MÉDICAMENTS NE DEVRAIENT PAS ÊTRE CONSOMMÉS AVEC...
Antipsychotiques de première génération (typiques, classiques)	Chlorpromazine (Largactil®), flupenthixol (Fluanxol®), fluphénazine (Modecate®), fluspirilene (IMAP®), halopéridol (Haldol®), loxapine (Loxapac®), mésoridazine (Serentil®), péricyazine (Neuleptil®), perphénazine (Trilafon®), pimozide (Orap®), pipotiazine (Piportil®), prochlorpérazine (Stemetil®), thioridazine (Mellaril®), thiothixene (Navane®), trifluopérazine (Stelazine®), zuclopenthixol (Clopixol®)	Effet sédatif, symptômes de type Parkinson (tremblements, raideur musculaire, mouvements musculaires spastiques et non coordonnés, démarche incertaine, agitation motrice, va-et-vient continuel, perte d'expression faciale), hypotension artérielle, constipation, étourdissements, gain de poids, diminution de l'appétit sexuel, rythme cardiaque irrégulier, cycle menstruel irrégulier, dyskinésie tardive.	L'alcool peut accroître les effets secondaires. La caféine peut accroître l'anxiété et l'agitation. Utiliser avec prudence avec d'autres médicaments ayant un effet sur le SNC qui peuvent accroître les effets secondaires de ces médicaments. Toujours s'informer auprès de son médecin ou pharmacien avant de prendre d'autres médicaments.
Antipsychotiques de deuxième génération (atypiques, nouveaux)	Clozapine (Clozaril®), olanzapine (Zyprexa®), quetiapine (Seroquel®), rispéridone (Risperdal®)	L'effet sédatif, le gain de poids, la mauvaise tolérance au glucose/diabète et la dysfonction sexuelle sont les effets secondaires les plus fréquents. Ces médicaments peuvent aussi causer les mêmes effets secondaires comme agents typiques, mais c'est plus fréquent lorsqu'ils sont consommés en doses plus élevées. La clozapine peut causer l'agranulocytose (nombre peu élevé de leucocytes pouvant être fatal) chez 1 % des patients. Il convient donc d'analyser toutes les semaines ou toutes les deux semaines le sang des patients qui prennent de la clozapine.	L'alcool peut accroître les effets secondaires. La caféine peut augmenter l'anxiété et l'agitation. Utiliser avec prudence avec d'autres médicaments ayant un effet sur le SNC et qui peuvent accroître les effets secondaires de ces médicaments. Toujours consulter son médecin ou pharmacien avant de prendre d'autres médicaments.

PREMIER CONTACT :

TRAITEMENT DE COURTE DURÉE POUR LES JEUNES USAGERS D'ALCOOL ET DE DROGUES AYANT DES PROBLÈMES DE SANTÉ MENTALE

Elsbeth Tupker, M. Serv. soc.

Conseillère en services cliniques

Service d'éducation et de publication

Centre de toxicomanie et de santé mentale

Centre for Addiction and Mental Health
Centre de toxicomanie et de santé mentale

PREMIER CONTACT : TRAITEMENT DE COURTE DURÉE POUR LES JEUNES USAGERS D'ALCOOL ET DE DROGUES AYANT DES PROBLÈMES DE SANTÉ MENTALE

Copyright © 2004, Centre de toxicomanie et de santé mentale
ISBN # 0-88868-476-2

Imprimé au Canada

Sauf les documents mentionnés ci-dessous, le présent ouvrage ne peut être reproduit ou transmis, en partie ou en totalité, et sous quelque forme que ce soit, par voie électronique ou mécanique, y compris par photocopie ou enregistrement, ou par voie de stockage d'information ou de système de récupération, sans la permission écrite de l'éditeur—sauf pour une brève citation (d'un maximum de 200 mots) dans une revue spécialisée ou un ouvrage professionnel.

Les conseillers en toxicomanie qui offrent le programme Premier contact sont invités à photocopier les exercices du présent ouvrage pour les remettre à leurs clients.

Pour obtenir des conseils professionnels afin d'aider un client ayant un problème d'usage d'alcool ou d'autres drogues, veuillez communiquer avec le :
Service de consultations cliniques en toxicomanie, de 9 heures à 17 heures, du lundi au vendredi, au
1 888 720-ACCS
416 595-6968 dans la région de Toronto.

Pour de plus amples renseignements sur d'autres ressources du Centre ou pour passer une commande, veuillez vous adresser au :
Service du marketing et des ventes
Centre de toxicomanie et de santé mentale
33, rue Russell
Toronto (Ontario)
Canada M5S 2S1
Tél. : 1 800 661-1111 ou 416 595-6059 à Toronto.
Courriel : marketing@camh.net
Site Web : www.camh.net

Available in English: First Contact: A Brief Treatment for Young Substance Users with Mental Health Problems

REMERCIEMENTS

Conception et rédaction de *Premier contact : Traitement de courte durée pour les jeunes usagers d'alcool ou de drogues ayant des problèmes de santé mentale* :

Elsbeth Tupker

Le présent guide est une adaptation de la première édition de *Premier contact : Traitement de courte durée pour les jeunes usagers d'alcool et de drogues*. Conception et rédaction de la version antérieure :

Curtis Breslin
Kathy Sdao-Jarvie

Elsbeth Tupker
Shelly Pearlman

Nous remercions sincèrement les organismes suivants qui ont mis à l'essai *Premier contact* ainsi que les conseillers qui nous ont fait des suggestions précieuses quant à la façon d'adapter le programme aux besoins des jeunes usagers d'alcool et de drogues ayant aussi des problèmes de santé mentale.

Hôpital Royal d'Ottawa
Sheldon Box
Terry Levesque
Richard Voss

Centre David Smith Centre, Ottawa
Ginette Chouinard
Lyne Monpetit
Marie Taylor

Portes ouvertes pour les enfants et les adolescents de Lanark, Carleton Place
Nicki Collins
Steve Martin
Karen Moore

Services de toxicomanie de Tri-County, Smith Falls
Marleen MacDonald
David North

Services pour adolescents et pour familles Maryvale, Windsor
Morana Sijan
Tricia Ethelstone

Choix pour les jeunes, Programme Genesis, Sault Ste. Marie
Phil Jones
Jeff Lefave

Centre de toxicomanie et de santé mentale
Bruce Ballon
Sukhi Bubbra
Maria Carinelli
Gloria Chaim
Joanna Henderson
Colleen Kelly
Megan McCormick
Helen McGee
George Papatheodorou
Solomon Shapiro
Joanne Shenfeld
Tracey Skilling
Christine Wekerle

Coordination de la mise à l'essai du programme

Angela Barbara

Conception des modules sur la thérapie par l'art

Beth Merriam

Graphiques sur la rétroaction relative à l'évaluation

Angela Barbara   Abby Goldstein

Équipe de projet du CAMH

Jane Fjeld   Brian Mitchell

Kathy Kilburn   Elsbeth Tupker

Louise LaRocque   Darryl Upfold

PREMIER CONTACT :

TRAITEMENT DE COURTE DURÉE POUR LES JEUNES USAGERS D'ALCOOL ET DE DROGUES AYANT DES PROBLÈMES DE SANTÉ MENTALE

INTRODUCTION

Le présent guide est une version révisée du document intitulé *Premier contact : traitement de courte durée pour les jeunes usagers d'alcool et de drogues*. Il vise à vous aider à traiter simultanément les problèmes d'usage d'alcool ou d'autres drogues et les problèmes concomitants de santé mentale chez les jeunes. Étant donné qu'un grand nombre de jeunes manifestent des problèmes concomitants d'usage d'alcool ou d'autres drogues et de santé mentale, nous vous présentons dans ce guide une intervention de courte durée permettant d'établir un premier contact avec les jeunes qui se trouvent dans cette situation. Il intègre les approches suivantes qui ont été abordées dans les chapitres de cette ressource : technique d'entrevue motivationnelle, thérapie cognitivo-comportementale et réduction des méfaits. Ce traitement peut être offert dans les divers milieux où une aide est dispensée aux jeunes — services de traitement de la toxicomanie, services de santé mentale, services sociaux et programmes éducatifs — et peut soit constituer une première étape menant à un traitement plus poussé, soit être administré de façon autonome aux jeunes qui n'ont pas besoin d'un traitement plus poussé ou qui n'en veulent pas. Il peut également être offert de façon concomitante avec un traitement en cas de problèmes de santé mentale ou de problèmes familiaux. *Premier contact* est un traitement qui convient aux jeunes de 14 à 25 ans. Il est particulièrement bien adapté aux besoins des groupes de jeunes, mais il peut aussi être administré de façon individuelle.

Le présent guide contient du matériel à utiliser dans le cadre de la rétroaction au moment de l'évaluation et de quatre séances de traitement subséquentes qui portent sur les thèmes suivants :

décision de changer ; déclencheurs, conséquences et solutions de rechange ; ce qui est important pour moi ; étapes du changement.

Le guide a été révisé avec l'aide du personnel et des clients des organismes de santé mentale qui ont mis à l'essai la version originale de *Premier contact*. Il reflète leurs suggestions quant à la façon d'intégrer les questions liées à la santé mentale dans les exercices sur l'usage d'alcool ou d'autres drogues et de rendre ces exercices plus attrayants pour les clients plus jeunes et les adolescents qui ont des problèmes de santé mentale. Les exercices écrits originaux exigent des aptitudes linguistiques et des aptitudes de conceptualisation et de communication que ne possèdent pas toujours les jeunes qui demandent ce traitement. De manière à permettre aux thérapeutes de choisir le type d'exercices qui convient le mieux à leurs clients, il a été recommandé de proposer trois types d'exercices : des exercices écrits, des exercices comportant des activités et des exercices de thérapie par l'art. Le guide ne propose des activités que pour deux séances et nous encourageons les conseillers à concevoir eux-mêmes des exercices et activités qui correspondront aux objectifs de chacune des séances. Nos essais sur le terrain nous ont appris que les exercices comportant des activités convenaient mieux aux clients plus jeunes qui étaient moins scolarisés ou qui étaient atteints du THADA et d'autres problèmes de comportement et que les exercices de thérapie de l'art étaient mieux adaptés aux jeunes ayant des déficiences sociales ou conceptuelles ou ayant connu un premier épisode psychotique.

Le contenu du présent guide est toujours à l'état d'ébauche. Le CAMH évalue l'efficacité des exercices écrits et diffusera le nouveau matériel amélioré quand toutes les recherches en cours seront terminées. Entre-temps, nous vous invitons à vous servir du guide et à nous faire part de vos commentaires et suggestions. Nous vous invitons aussi à simplement nous indiquer l'utilisation qui est faite de *Premier contact* dans votre milieu.

Elsbeth Tupker, M. Serv. soc.
Conseillère en services cliniques
Service d'éducation et de publication
Centre de toxicomanie et de santé mentale
elsbeth_tupker@camh.net

RÉTROACTION PERSONNALISÉE AU MOMENT DE L'ÉVALUATION

L'évaluation sert non seulement à déterminer si le client est un bon candidat pour le programme *Premier contact*, mais aussi à faire participer activement celui-ci à la thérapie. Le matériel utilisé pour la rétroaction au moment de l'évaluation vise à donner au clinicien d'autres possibilités d'informer le client et de le faire participer au processus thérapeutique.

La rétroaction personnalisée sur l'usage d'alcool ou d'autres drogues et la santé mentale au moment de l'évaluation remplit deux fonctions. Premièrement, elle incorpore des données sur l'usage d'alcool ou d'autres drogues chez les jeunes en général et propose aux clients un point de comparaison pour évaluer leur propre usage. Les données normatives servent à corriger les perceptions fausses que le client pourrait avoir, telles que « tout le monde prend de l'alcool et d'autres drogues ». Cette approche permet de développer des divergences, ce qui semble accroître la motivation (Miller et Rollnick, 2002). Deuxièmement, les données portant sur la relation entre l'usage d'alcool ou d'autres drogues et certains indicateurs de santé mentale comme la dépression, la détresse psychologique et les problèmes de comportement permettent d'établir le contexte nécessaire pour mieux comprendre le lien entre l'usage d'alcool ou d'autres drogues et les symptômes de troubles mentaux.

Pour faciliter la comparaison entre l'usage d'alcool ou d'autres drogues des clients et les données normatives, le conseiller devrait recueillir de l'information sur la quantité et la fréquence de l'usage des types de drogues pour lesquelles le programme *Premier contact* donne des résultats de sondage et chercher aussi à dépister les problèmes de santé mentale de ses clients.

La prochaine étape consiste à comparer l'usage d'alcool et d'autres drogues du client avec les résultats de sondages pour rendre la rétroaction encore plus utile. Les données normatives utilisées dans le programme *Premier contact* proviennent du Sondage de 2001 sur la consommation de drogues parmi les élèves de l'Ontario (Adlaf et coll., 2002) qui étudie le comportement à l'égard des drogues des élèves ontariens de la 7e année aux CPO. Les graphiques figurant dans le guide s'appliquent aux jeunes de 15 ans et moins ou de 16 ans et plus. Ils indiquent la prévalence de l'usage d'alcool ou d'autres drogues chez ces élèves au cours de la dernière année ainsi que la prévalence concomitante chez ces élèves d'indicateurs de santé mentale comme la détresse psychologique, la dépression et les problèmes de comportement. De façon générale, les jeunes qui consomment de l'alcool ou d'autres drogues sont plus susceptibles que ceux qui n'en consomment pas de manifester ces indicateurs. Dans la plupart des cas, plus un jeune prend de l'alcool ou d'autres drogues, plus il sera susceptible de manifester des symptômes de problèmes de santé mentale.

OBJECTIFS DE LA RÉTROACTION PERSONNALISÉE AU MOMENT DE L'ÉVALUATION

1. Après l'évaluation, stimuler l'intérêt du client à l'idée de participer au traitement :
- en l'amenant à donner des raisons qui l'incitent à changer ;
- en lui présentant des données normatives sur l'usage d'alcool ou d'autres drogues chez les jeunes et sur son lien avec les indicateurs de santé mentale ;
- en mettant à sa disposition des feuillets de renseignements sur l'alcool et les drogues ;
- en décrivant clairement le but et le déroulement du programme *Premier contact*.

2. Discuter avec le client des obstacles qui l'empêchent de participer au programme dans le but de l'aider à les surmonter.

DIRECTIVES À L'INTENTION DU CONSEILLER

1. Communiquez au client les données normatives ainsi que d'autres renseignements de base recueillis lors de l'évaluation. Étudiez avec lui les graphiques qui se rapportent aux élèves de son groupe d'âge, aux drogues dont il fait usage et aux indicateurs de santé mentale.

« Ce graphique te montre combien de jeunes âgés de 15 ans et moins (ou de 16 ans et plus) ont signalé prendre de (nom de la drogue ; p. ex., cannabis). Ces données proviennent d'un sondage mené en 2001 parmi les élèves de la 7e à la 13e année en Ontario. L'autre graphique est tiré du même sondage et indique le pourcentage d'élèves qui prennent de (nom de la drogue) et qui présentent des problèmes de santé mentale comme la détresse psychologique, la dépression et des problèmes de comportement comparativement aux élèves qui ne prennent pas de (nom de la drogue). De façon générale, les jeunes qui prennent de (nom de la drogue) sont plus susceptibles que ceux qui n'en prennent pas de présenter ces symptômes de problèmes de santé mentale. »

Pour personnaliser l'information, posez les questions suivantes :

· « Qu'est-ce que tu en penses ? »

· « Est-ce que cela te semble sensé ? Sinon, pourquoi pas ? »

· « Est-ce que cette information te surprend ? »

2. Offrez-lui des feuillets d'information sur les drogues.

« Certaines personnes désirent en savoir davantage sur les effets des drogues qu'elles prennent, et notamment sur leurs effets physiques. Si ça t'intéresse, n'hésite pas à prendre ces feuillets qui contiennent des renseignements utiles. »

Les jeunes hésitent parfois à prendre des feuillets de renseignements devant le conseiller. Vous pouvez laisser des feuillets dans la salle d'attente ou à l'extérieur de votre bureau. On peut commander des feuillets sur les drogues « *Vous connaissez...* » par courriel à, marketing@camh.net, ou par téléphone, en composant le numéro sans frais 1 800 661-1111, ou le 416 595-6059 à Toronto.

3. Présentez au client le programme *Premier contact* s'il y a lieu.

4. Étudiez avec lui les obstacles à sa participation au traitement.

« Qu'est-ce qui t'empêcherait de te joindre au groupe le 15 mai ? »

5. Présentez au client les conseillers ou les animateurs de groupe (si ce ne sont pas les mêmes personnes que les évaluateurs), donnez-lui leur numéro de téléphone et indiquez-lui le moment du rendez-vous qui lui a été fixé.

FAITS RELATIFS À *PREMIER CONTACT*

EN QUOI CONSISTE LE PROGRAMME ?

Premier contact :

- s'adresse aux jeunes qui sont disposés à examiner l'impact que leur usage d'alcool ou d'autres drogues a de façon générale sur leur vie et plus particulièrement sur leur santé mentale ;
- aide les jeunes à comprendre qu'ils ne sont pas seuls : d'autres sont aussi aux prises avec les mêmes problèmes ;
- offre un traitement dans une atmosphère d'acceptation ;
- encourage les jeunes à faire leurs propres choix et à prendre leurs propres décisions concernant leur vie ;
- se fonde sur la conviction que les premiers rendez-vous sont importants pour lancer le processus de changement ;
- peut te diriger vers un traitement additionnel et un suivi.

COMMENT LE PROGRAMME FONCTIONNE-T-IL ?

- Tu rencontres un conseiller qui t'aidera à comprendre plus clairement ta situation actuelle.
- Tu examines le pour et le contre de ton usage d'alcool ou d'autres drogues ainsi que ses effets sur ta santé mentale, et tu décides des changements que tu aimerais faire.
- Tu participes activement à l'établissement de tes propres objectifs.
- Tu cernes les situations qui te portent à faire usage d'alcool ou d'autres drogues et tu trouves d'autres moyens d'y faire face.
- Les membres du groupe reçoivent de l'encouragement et des suggestions de la part d'autres jeunes qui éprouvent les mêmes problèmes.
- C'est à toi de décider la mesure dans laquelle tu vas participer aux séances. Tu ne seras jamais mis dans l'embarras.
- On te demande de venir toutes les semaines aux séances sans avoir pris d'alcool ou d'autres drogues.

Tu as rendez-vous avec _____

le _____ à _____ .

Si tu as un empêchement, nous te demandons de bien vouloir nous en informer par téléphone.

Copyright © 2004, Centre de toxicomanie et de santé mentale

< À DISTRIBUER >

< À DISTRIBUER >

LA CONSOMMATION D'ALCOOL CHEZ LES JEUNES DE 15 ANS ET MOINS*

ALCOOL—LA SITUATION DANS SON ENSEMBLE

Après la caféine, l'alcool est la drogue que les adultes consomment le plus fréquemment. L'alcool est un dépresseur ; consommé en quantité excessive, il peut nuire à ta capacité de réfléchir, de prendre des décisions et d'accomplir tes activités quotidiennes.

Le graphique montre combien d'élèves de 15 ans et moins consomment de l'alcool. Comment ta consommation d'alcool se compare-t-elle à la leur ?

Le sondage mené auprès des élèves portait aussi sur les indicateurs de la santé mentale comme la détresse psychologique, la dépression et les problèmes de comportement.

Plus tu bois de l'alcool, plus tu es susceptible d'éprouver ces problèmes de santé mentale.

Consommation d'alcool au cours des 12 derniers mois

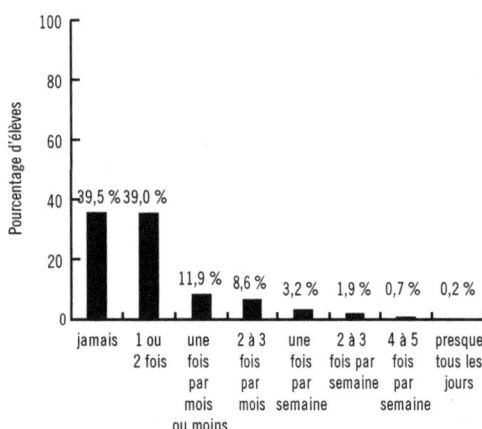

Pourcentage d'élèves

- jamais : 39,5 %
- 1 ou 2 fois : 39,0 %
- une fois par mois ou moins : 11,9 %
- 2 à 3 fois par mois : 8,6 %
- une fois par semaine : 3,2 %
- 2 à 3 fois par semaine : 1,9 %
- 4 à 5 fois par semaine : 0,7 %
- presque tous les jours : 0,2 %

Consommation d'alcool et risque élevé de dépression

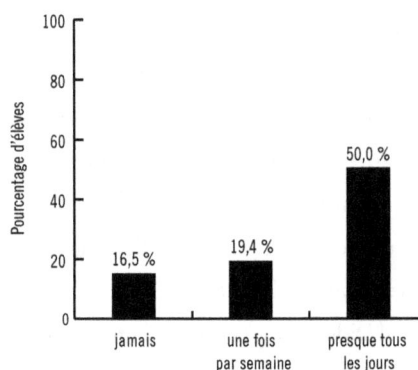

Pourcentage d'élèves

- jamais : 16,5 %
- une fois par semaine : 19,4 %
- presque tous les jours : 50,0 %

Consommation d'alcool et risque de détresse psychologique grave

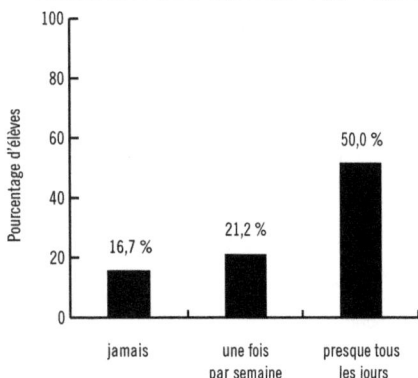

Pourcentage d'élèves

- jamais : 16,7 %
- une fois par semaine : 21,2 %
- presque tous les jours : 50,0 %

Consommation d'alcool et problèmes comportementaux

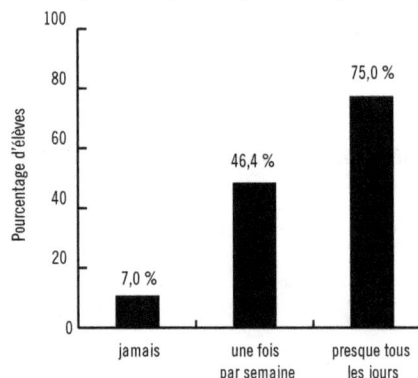

Pourcentage d'élèves

- jamais : 7,0 %
- une fois par semaine : 46,4 %
- presque tous les jours : 75,0 %

* Constatations du Sondage de 2001 sur la consommation de drogues parmi les élèves de l'Ontario (Adlaf, Paglia et Beitchman, 2002)
Copyright © 2004, Centre de toxicomanie et de santé mentale

LA CONSOMMATION D'ALCOOL CHEZ LES JEUNES DE 16 ANS ET PLUS*

ALCOOL—LA SITUATION DANS SON ENSEMBLE

Après la caféine, l'alcool est la drogue que les adultes consomment le plus fréquemment. L'alcool est un dépresseur ; consommé en quantité excessive, il peut nuire à ta capacité de réfléchir, de prendre des décisions et d'accomplir à tes activités quotidiennes.

Le graphique montre combien d'élèves de 16 ans et plus consomment de l'alcool. Comment ta consommation d'alcool se compare-t-elle à la leur ?

Le sondage mené auprès des élèves portait aussi sur les indicateurs de la santé mentale comme la détresse psychologique, la dépression et les problèmes de comportement.

Plus tu bois de l'alcool, plus tu es susceptible d'éprouver ces problèmes de santé mentale.

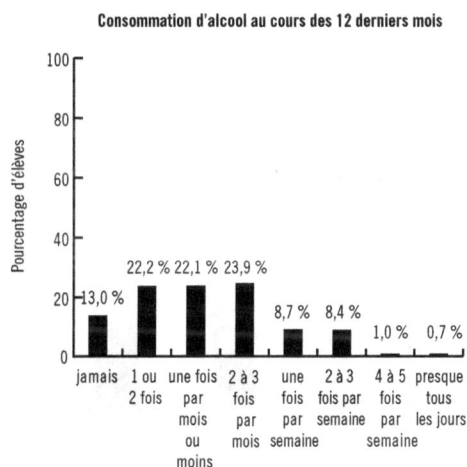

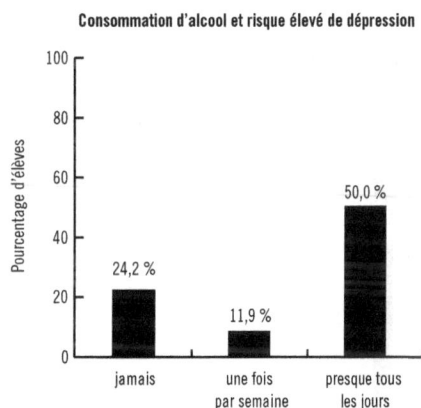

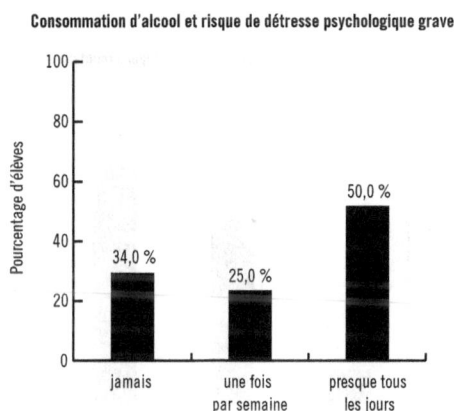

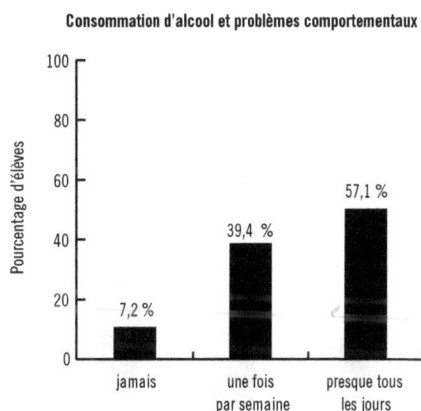

Consommation d'alcool au cours des 12 derniers mois

Consommation d'alcool et risque élevé de dépression

Consommation d'alcool et risque de détresse psychologique grave

Consommation d'alcool et problèmes comportementaux

< À DISTRIBUER >

* Constatations du Sondage de 2001 sur la consommation de drogues parmi les élèves de l'Ontario (Adlaf, Paglia et Beitchman, 2002)
Copyright © 2004, Centre de toxicomanie et de santé mentale

< À DISTRIBUER >

LA CONSOMMATION DE CANNABIS CHEZ LES JEUNES DE 15 ANS ET MOINS*

CANNABIS (HASCH, MARIJUANA, POT)—LA SITUATION DANS SON ENSEMBLE

Le cannabis est la drogue illicite la plus fréquemment consommée au Canada. Jusqu'à 22 % des Canadiens âgés de 15 à 24 ans ont déjà consommé de la marijuana ou d'autres formes de cannabis au moins une fois au cours de la dernière année. Les graphiques ci-dessous montrent combien d'élèves ontariens ont consommé du cannabis.

« Où se situe ton usage de cannabis ? »

Le sondage mené auprès des élèves portait aussi sur les indicateurs de la santé mentale comme la détresse psychologique, la dépression et les problèmes de comportement.

Plus tu consommes de cannabis, plus tu es susceptible d'éprouver ces problèmes de santé mentale.

Consommation de cannabis au cours des 12 derniers mois

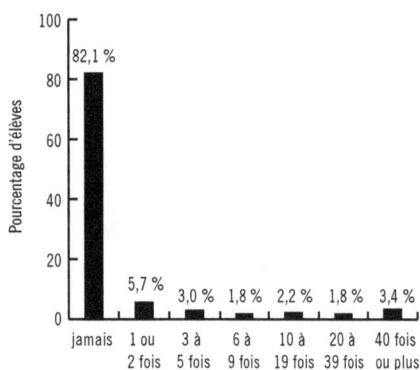

Pourcentage d'élèves

- jamais : 82,1 %
- 1 ou 2 fois : 5,7 %
- 3 à 5 fois : 3,0 %
- 6 à 9 fois : 1,8 %
- 10 à 19 fois : 2,2 %
- 20 à 39 fois : 1,8 %
- 40 fois ou plus : 3,4 %

Consommation de cannabis et risque élevé de dépression

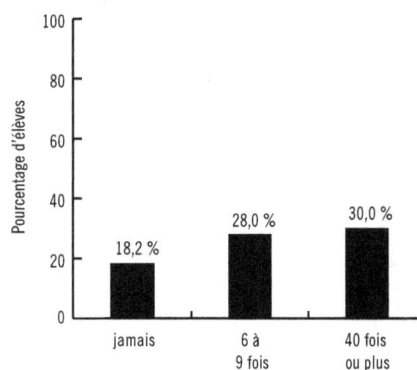

Pourcentage d'élèves

- jamais : 18,2 %
- 6 à 9 fois : 28,0 %
- 40 fois ou plus : 30,0 %

Consommation de cannabis et risque de détresse psychologique grave

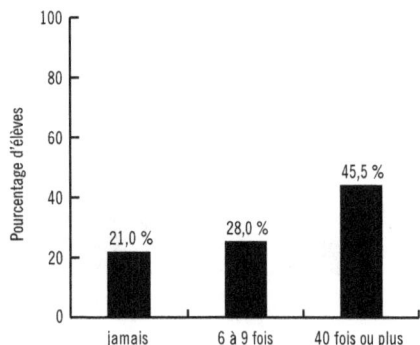

Pourcentage d'élèves

- jamais : 21,0 %
- 6 à 9 fois : 28,0 %
- 40 fois ou plus : 45,5 %

Consommation de cannabis et problèmes comportementaux

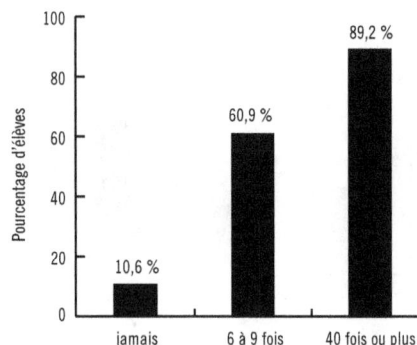

Pourcentage d'élèves

- jamais : 10,6 %
- 6 à 9 fois : 60,9 %
- 40 fois ou plus : 89,2 %

* Constatations du Sondage de 2001 sur la consommation de drogues parmi les élèves de l'Ontario (Adlaf, Paglia et Beitchman, 2002)
Copyright © 2004, Centre de toxicomanie et de santé mentale

LA CONSOMMATION DE CANNABIS CHEZ LES JEUNES DE 16 ANS ET PLUS*

CANNABIS (HASCH, MARIJUANA, POT)—LA SITUATION DANS SON ENSEMBLE

Le cannabis est la drogue illicite la plus fréquemment consommée au Canada. Jusqu'à 22 % des Canadiens âgés de 15 à 24 ans ont déjà consommé de la marijuana ou d'autres formes de cannabis au moins une fois au cours de la dernière année. Les graphiques ci-dessous montrent combien d'élèves ontariens ont consommé du cannabis.

« Où se situe ton usage de cannabis ? »

Le sondage mené auprès des élèves portait aussi sur les indicateurs de la santé mentale comme la détresse psychologique, la dépression et les problèmes de comportement.

Plus tu consommes de cannabis, plus tu es susceptible d'éprouver ces problèmes de santé mentale.

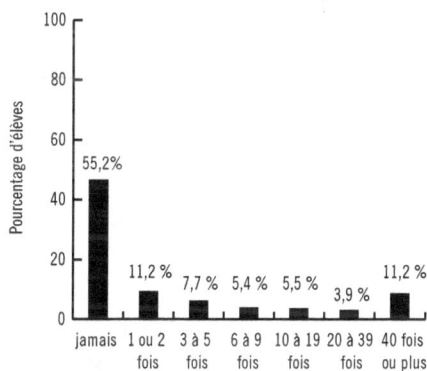

Consommation de cannabis au cours des 12 derniers mois

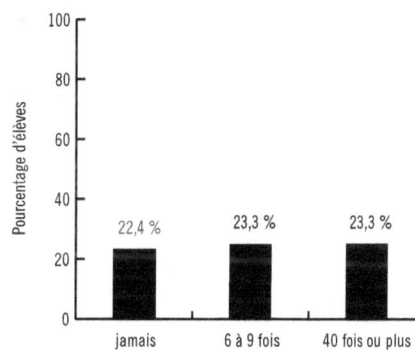

Consommation de cannabis et risque élevé de dépression

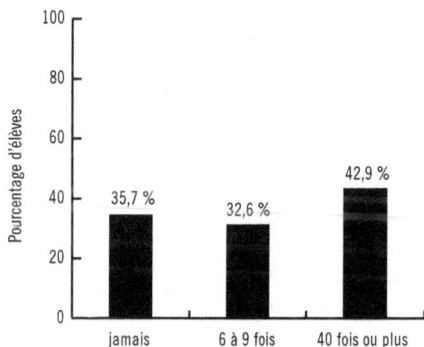

Consommation de cannabis et risque de détresse psychologique grave

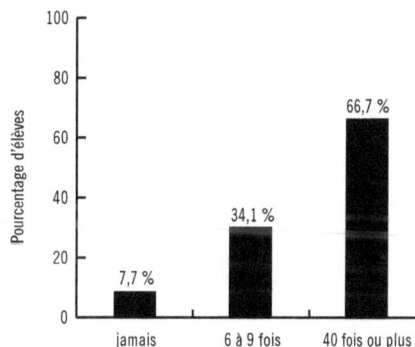

Consommation de cannabis et problèmes comportementaux

* Constatations du Sondage de 2001 sur la consommation de drogues parmi les élèves de l'Ontario (Adlaf, Paglia et Beitchman, 2002)
Copyright © 2004, Centre de toxicomanie et de santé mentale

< À DISTRIBUER >

< À DISTRIBUER >

LA CONSOMMATION DE BARBITURIQUES OU DE TRANQUILLISANTS CHEZ LES JEUNES DE 12 À 15 ANS*

**Consommation de barbituriques ou de tranquillisants
au cours des 12 derniers mois**

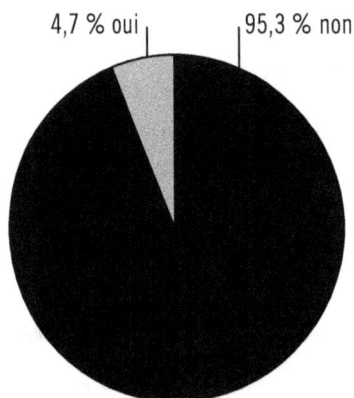

4,7 % oui   95,3 % non

**Problèmes de santé mentale parmi les jeunes qui consomment des
barbituriques ou des tranquillisants et ceux qui n'en consomment pas**

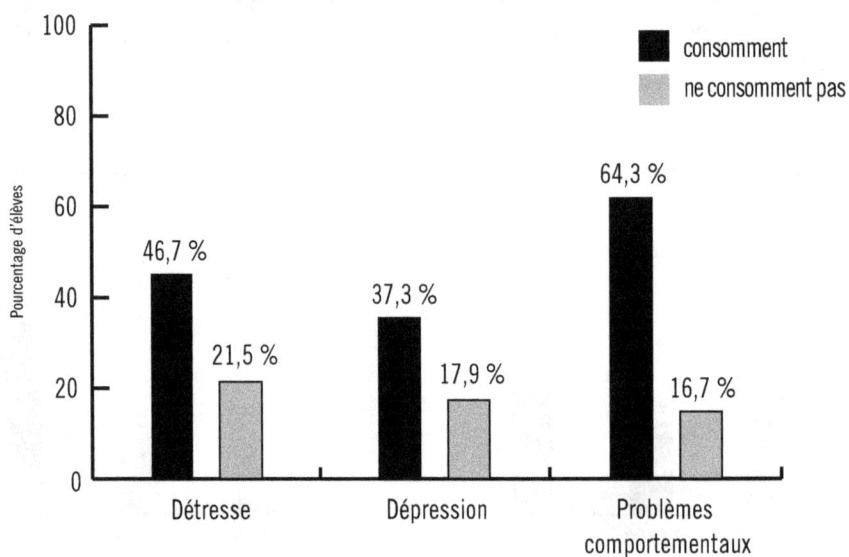

- ■ consomment
- ▨ ne consomment pas

	Détresse	Dépression	Problèmes comportementaux
consomment	46,7 %	37,3 %	64,3 %
ne consomment pas	21,5 %	17,9 %	16,7 %

Pourcentage d'élèves

* Constatations du Sondage de 2001 sur la consommation de drogues parmi les élèves de l'Ontario (Adlaf, Paglia et Beitchman, 2002)
Copyright © 2004, Centre de toxicomanie et de santé mentale

LA CONSOMMATION DE BARBITURIQUES OU DE TRANQUILLISANTS CHEZ LES JEUNES DE 16 À 19 ANS*

Consommation de barbituriques ou de tranquillisants au cours des 12 derniers mois

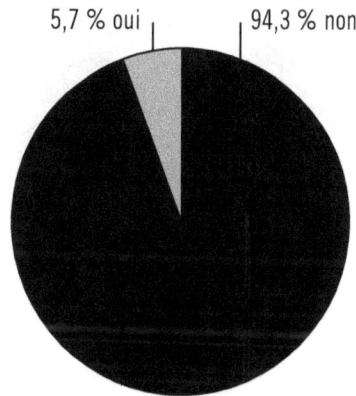

5,7 % oui   94,3 % non

Problèmes de santé mentale parmi les jeunes qui consomment des barbituriques ou des tranquillisants et ceux qui n'en consomment pas

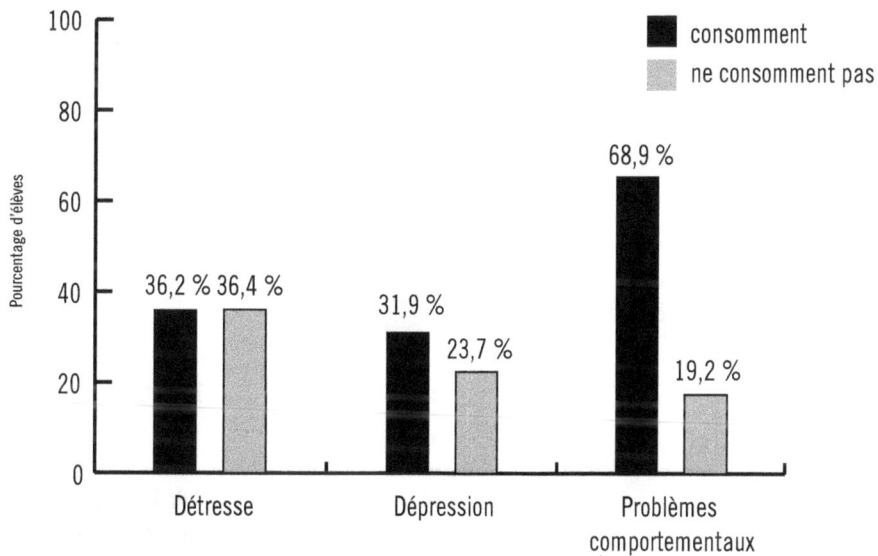

■ consomment
▨ ne consomment pas

Pourcentage d'élèves

Détresse: 36,2 % 36,4 %
Dépression: 31,9 % 23,7 %
Problèmes comportementaux: 68,9 % 19,2 %

* Constatations du Sondage de 2001 sur la consommation de drogues parmi les élèves de l'Ontario (Adlaf, Paglia et Beitchman, 2002)
Copyright © 2004, Centre de toxicomanie et de santé mentale

< À DISTRIBUER >

LA CONSOMMATION DE DROGUES DE CLUB CHEZ LES JEUNES DE 12 À 15 ANS*

ECSTASY, ICE, GHB, ROHYPNOL

Consommation de drogues de club au cours des 12 derniers mois**

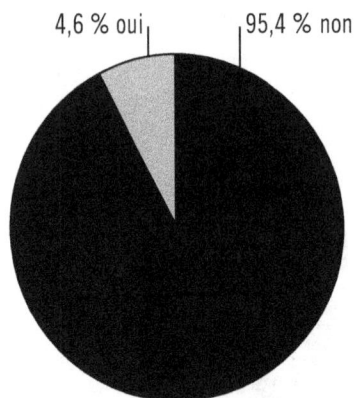

4,6 % oui   95,4 % non

Problèmes de santé mentale parmi les jeunes qui consomment des drogues de club et ceux qui n'en consomment pas**

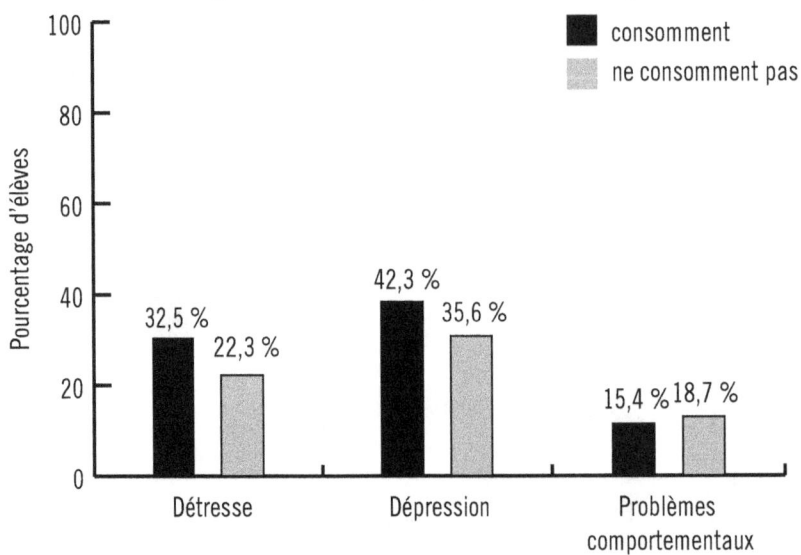

- ■ consomment
- □ ne consomment pas

Pourcentage d'élèves

- Détresse : 32,5 % / 22,3 %
- Dépression : 42,3 % / 35,6 %
- Problèmes comportementaux : 15,4 % / 18,7 %

** Constatations du Sondage de 2001 sur la consommation de drogues parmi les élèves de l'Ontario (Adlaf, Paglia et Beitchman, 2002)

Copyright © 2004, Centre de toxicomanie et de santé mentale

< À DISTRIBUER >

LA CONSOMMATION DE DROGUES DE CLUB CHEZ LES JEUNES DE 16 À 19 ANS*

ECSTASY, ICE, GHB, ROHYPNOL

Consommation de drogues de club au cours des 12 derniers mois**

9,1 % oui   90,9 % non

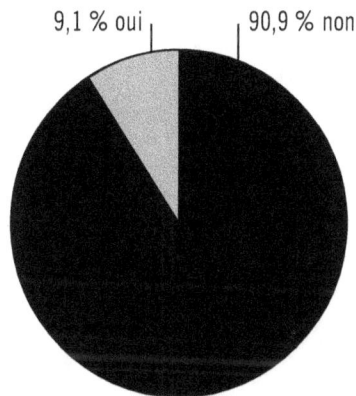

Problèmes de santé mentale parmi les jeunes qui consomment des drogues de club et ceux qui n'en consomment pas**

■ consomment
■ ne consomment pas

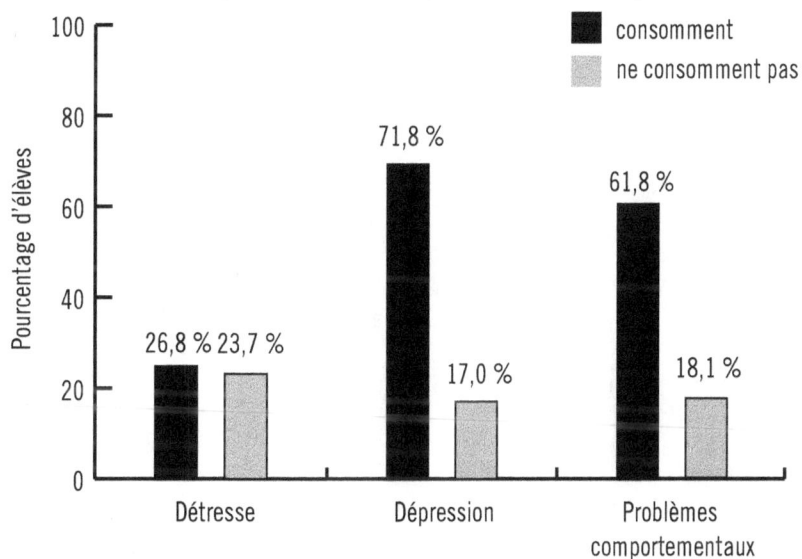

Pourcentage d'élèves

26,8 % 23,7 %   71,8 %   61,8 %

17,0 %   18,1 %

Détresse   Dépression   Problèmes comportementaux

** Constatations du Sondage de 2001 sur la consommation de drogues parmi les élèves de l'Ontario (Adlaf, Paglia et Beitchman, 2002)
Copyright © 2004, Centre de toxicomanie et de santé mentale

< À DISTRIBUER >

< À DISTRIBUER >

LA CONSOMMATION DE CRACK ET DE COCAÏNE CHEZ LES JEUNES DE 12 À 15 ANS*

**Consommation de crack et de cocaïne
au cours des 12 derniers mois**

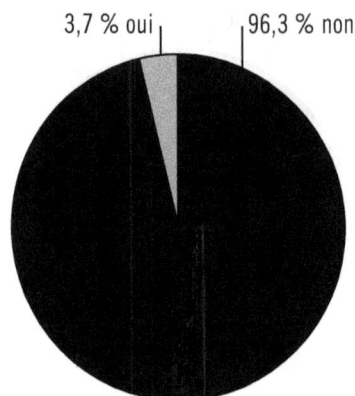

3,7 % oui | 96,3 % non

**Problèmes de santé mentale parmi les jeunes qui consomment
du crack et de la cocaïne et ceux qui n'en consomment pas**

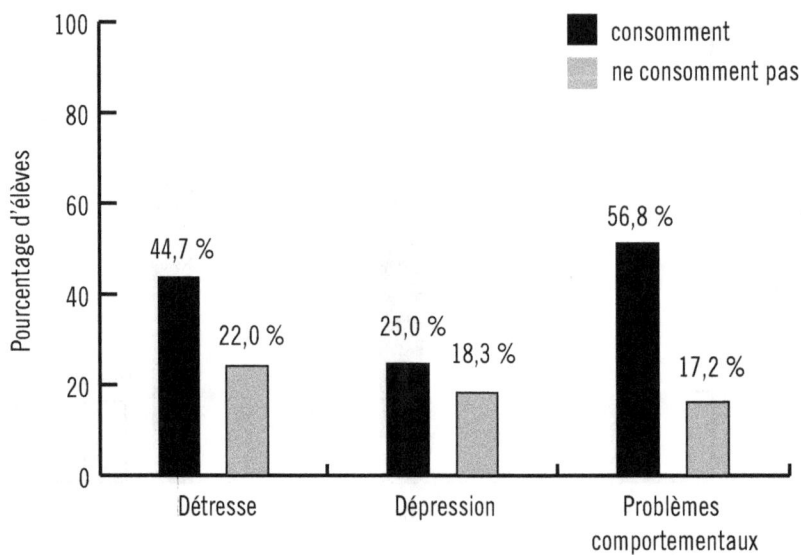

■ consomment
▨ ne consomment pas

Pourcentage d'élèves

44,7 % 22,0 %   25,0 % 18,3 %   56,8 % 17,2 %

Détresse   Dépression   Problèmes
comportementaux

* Constatations du Sondage de 2001 sur la consommation de drogues parmi les élèves de l'Ontario (Adlaf, Paglia et Beitchman, 2002)
Copyright © 2004, Centre de toxicomanie et de santé mentale

LA CONSOMMATION DE CRACK ET DE COCAÏNE CHEZ LES JEUNES DE 16 À 19 ANS*

**Consommation de crack et de cocaïne
au cours des 12 derniers mois**

5,6 % oui   94,4 % non

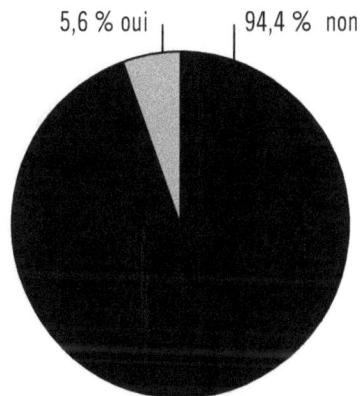

**Problèmes de santé mentale parmi les jeunes qui consomment
du crack et de la cocaïne et ceux qui n'en consomment pas**

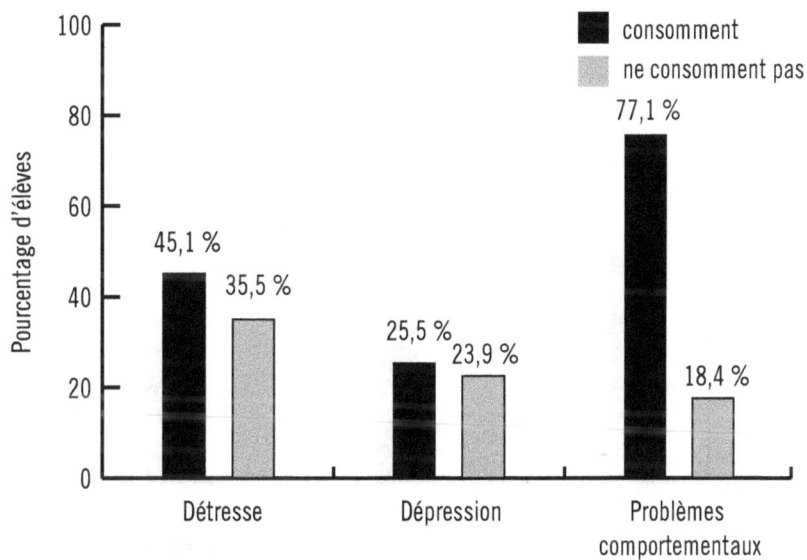

- consomment
- ne consomment pas

Pourcentage d'élèves

100

80

77,1 %

60

45,1 %

35,5 %

40

25,5 %   23,9 %

18,4 %

20

0

Détresse   Dépression   Problèmes
comportementaux

* Constatations du Sondage de 2001 sur la consommation de drogues parmi les élèves de l'Ontario (Adlaf, Paglia et Beitchman, 2002)
Copyright © 2004, Centre de toxicomanie et de santé mentale

< À DISTRIBUER >

< À DISTRIBUER >

L'USAGE DE COLLE OU DE SOLVANTS CHEZ LES JEUNES DE 12 À 15 ANS*

Usage de colle ou de solvants au cours des 12 derniers mois

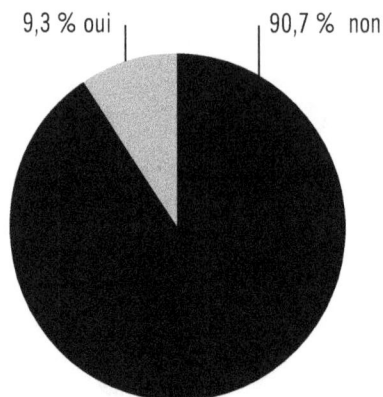

9,3 % oui   90,7 % non

Problèmes de santé mentale parmi les jeunes qui font usage de colle ou de solvants et ceux qui n'en font pas usage

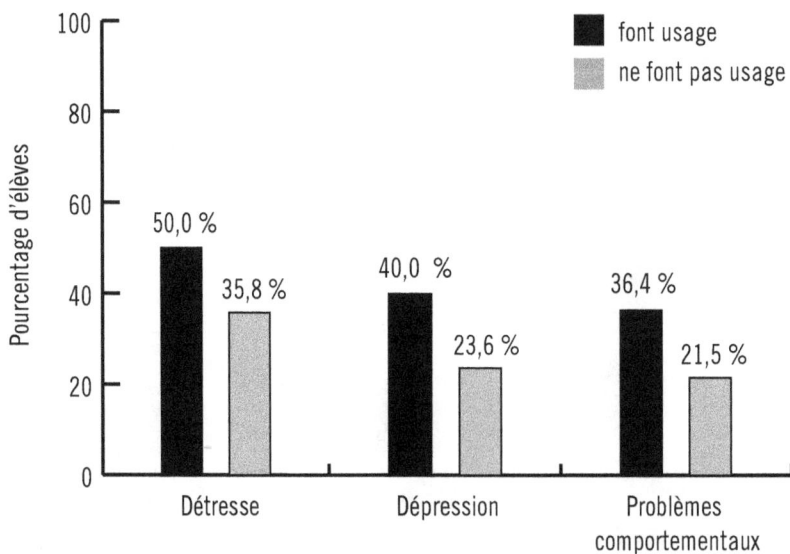

■ font usage
▨ ne font pas usage

Pourcentage d'élèves

100

80

60

50,0 %
40

40,0 %
36,4 %
35,8 %

23,6 %
21,5 %

20

0

Détresse   Dépression   Problèmes comportementaux

* Constatations du Sondage de 2001 sur la consommation de drogues parmi les élèves de l'Ontario (Adlaf, Paglia et Beitchman, 2002)
Copyright © 2004, Centre de toxicomanie et de santé mentale

L'USAGE DE COLLE OU DE SOLVANTS CHEZ LES JEUNES DE 16 À 19 ANS*

Usage de colle ou de solvants au cours des 12 derniers mois

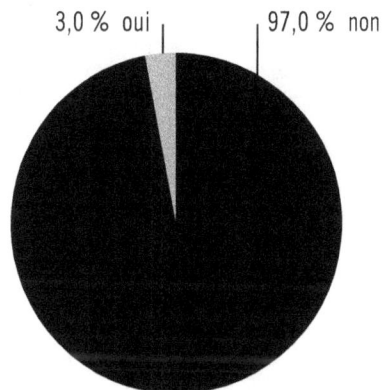

3,0 % oui 97,0 % non

Problèmes de santé mentale parmi les jeunes qui font usage de colle ou de solvants et ceux qui n'en font pas usage

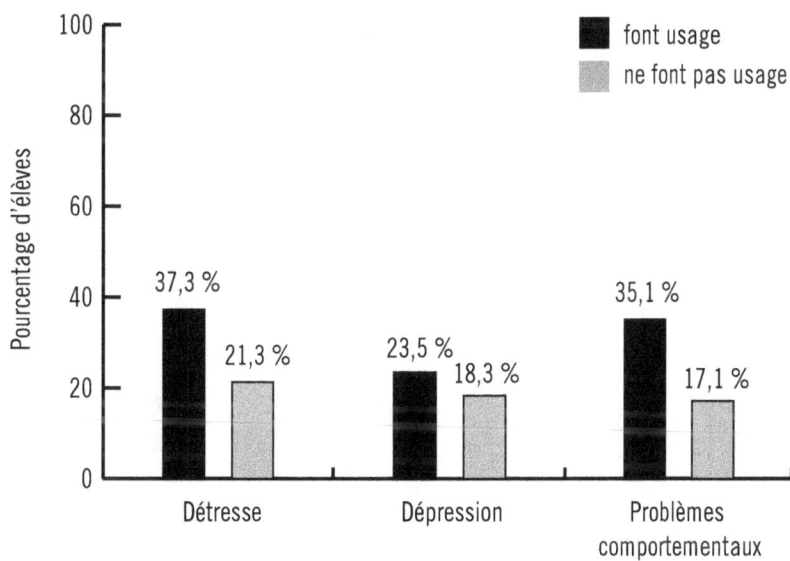

■ font usage
▢ ne font pas usage

Pourcentage d'élèves

	Détresse	Dépression	Problèmes comportementaux
font usage	37,3 %	23,5 %	35,1 %
ne font pas usage	21,3 %	18,3 %	17,1 %

* Constatations du Sondage de 2001 sur la consommation de drogues parmi les élèves de l'Ontario (Adlaf, Paglia et Beitchman, 2002)
Copyright © 2004, Centre de toxicomanie et de santé mentale

< À DISTRIBUER >

< À DISTRIBUER >

LA CONSOMMATION D'HALLUCINOGÈNES CHEZ LES JEUNES DE 12 À 15 ANS*

LSD, PCP, CHAMPIGNONS

**Consommation d'hallucinogènes
au cours des 12 derniers mois**

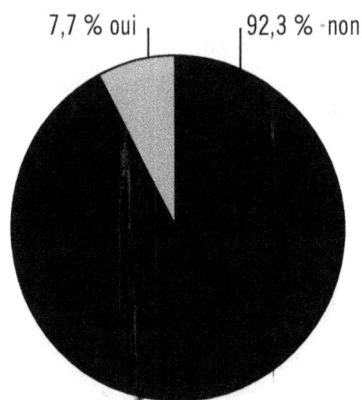

7,7 % oui   92,3 % non

**Problèmes de santé mentale parmi les jeunes qui consomment
des hallucinogènes et ceux qui n'en consomment pas**

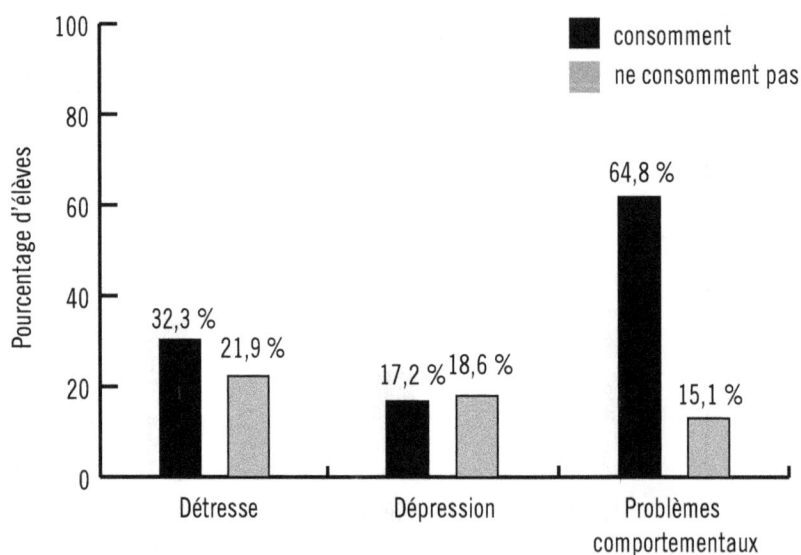

- ■ consomment
- ▨ ne consomment pas

Pourcentage d'élèves

	Détresse	Dépression	Problèmes comportementaux
consomment	32,3 %	17,2 %	64,8 %
ne consomment pas	21,9 %	18,6 %	15,1 %

* Constatations du Sondage de 2001 sur la consommation de drogues parmi les élèves de l'Ontario (Adlaf, Paglia et Beitchman, 2002)
Copyright © 2004, Centre de toxicomanie et de santé mentale

LA CONSOMMATION D'HALLUCINOGÈNES CHEZ LES JEUNES DE 16 À 19 ANS*

LSD, PCP, MUSHROOMS

**Consommation d'hallucinogènes
au cours des 12 derniers mois**

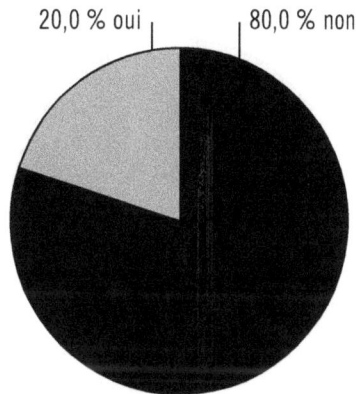

20,0 % oui   80,0 % non

**Problèmes de santé mentale parmi les jeunes qui consomment
des hallucinogènes et ceux qui n'en consomment pas**

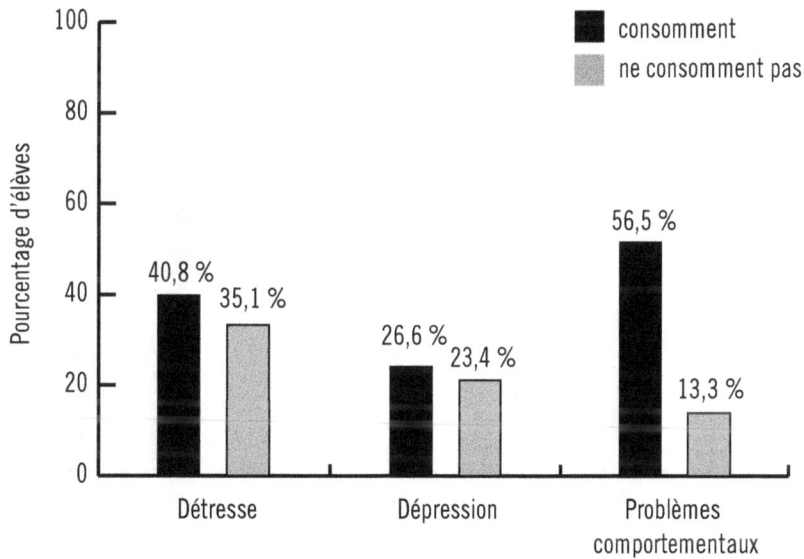

■ consomment
▨ ne consomment pas

Pourcentage d'élèves

- Détresse : 40,8 % / 35,1 %
- Dépression : 26,6 % / 23,4 %
- Problèmes comportementaux : 56,5 % / 13,3 %

* Constatations du Sondage de 2001 sur la consommation de drogues parmi les élèves de l'Ontario (Adlaf, Paglia et Beitchman, 2002)
Copyright © 2004, Centre de toxicomanie et de santé mentale

< À DISTRIBUER >

< À DISTRIBUER >

LA CONSOMMATION D'HÉROÏNE CHEZ LES JEUNES DE 12 À 15 ANS*

Consommation d'héroïne au cours des 12 derniers mois

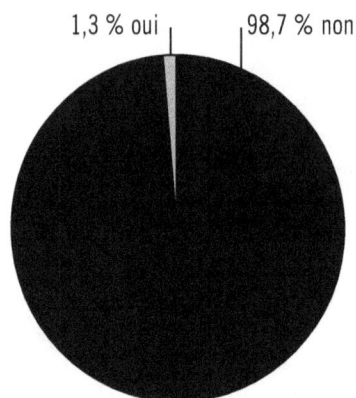

1,3 % oui   98,7 % non

**Problèmes de santé mentale parmi les jeunes
qui consomment de l'héroïne et ceux qui n'en consomment pas**

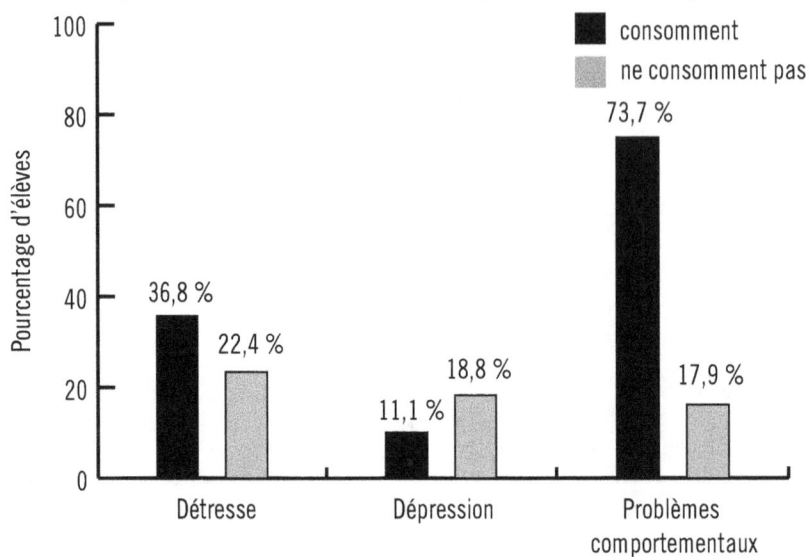

■ consomment
▨ ne consomment pas

Pourcentage d'élèves

100

80   73,7 %

60

40   36,8 %

22,4 %   18,8 %   17,9 %

20   11,1 %

0
Détresse   Dépression   Problèmes
comportementaux

* Constatations du Sondage de 2001 sur la consommation de drogues parmi les élèves de l'Ontario (Adlaf, Paglia et Beitchman, 2002)
Copyright © 2004, Centre de toxicomanie et de santé mentale

LA CONSOMMATION D'HÉROÏNE CHEZ LES JEUNES DE 16 À 19 ANS*

Consommation d'héroïne au cours des 12 derniers mois

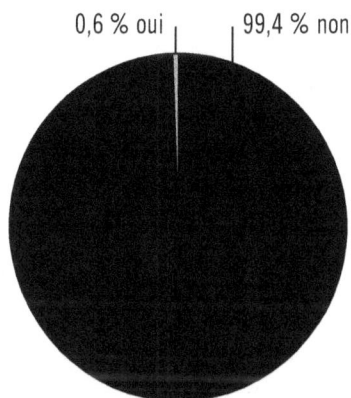

0,6 % oui   99,4 % non

Problèmes de santé mentale parmi les jeunes qui consomment de l'héroïne et ceux qui n'en consomment pas

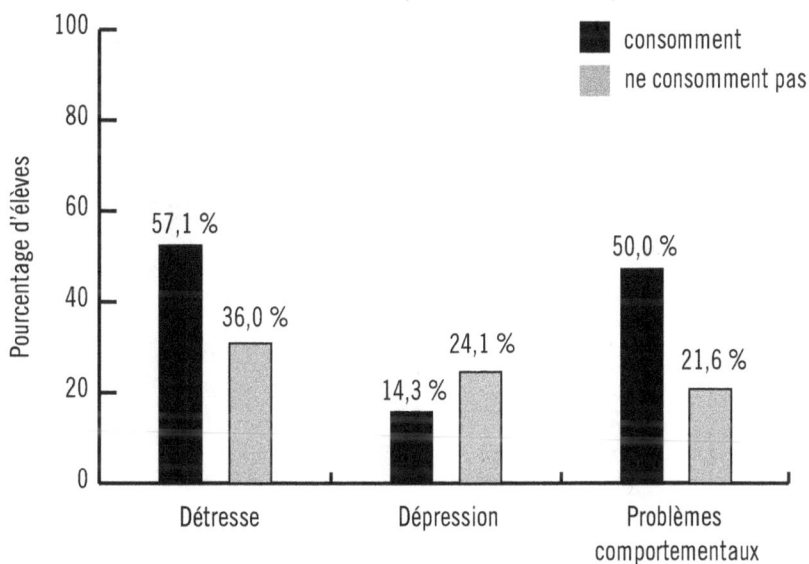

consomment
ne consomment pas

Pourcentage d'élèves

100
80
60
40
20
0

57,1 %
36,0 %
Détresse

14,3 %
24,1 %
Dépression

50,0 %
21,6 %
Problèmes comportementaux

* Constatations du Sondage de 2001 sur la consommation de drogues parmi les élèves de l'Ontario (Adlaf, Paglia et Beitchman, 2002)
Copyright © 2004, Centre de toxicomanie et de santé mentale

< À DISTRIBUER >

LA CONSOMMATION DE STIMULANTS CHEZ LES JEUNES DE 12 À 15 ANS*

MÉTAMPHÉTAMINE, SPEED, PILULES AMAIGRISSANTES

< À DISTRIBUER >

Consommation de stimulants au cours des 12 derniers mois

6,1 % oui   93,9 % non

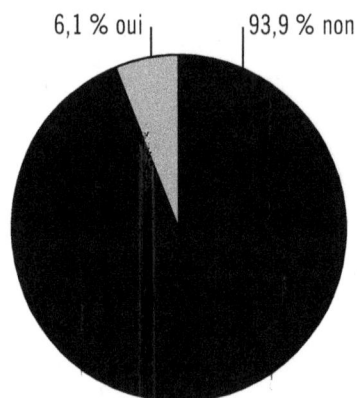

Problèmes de santé mentale parmi les jeunes qui consomment des stimulants et ceux qui n'en consomment pas

■ consomment
▧ ne consomment pas

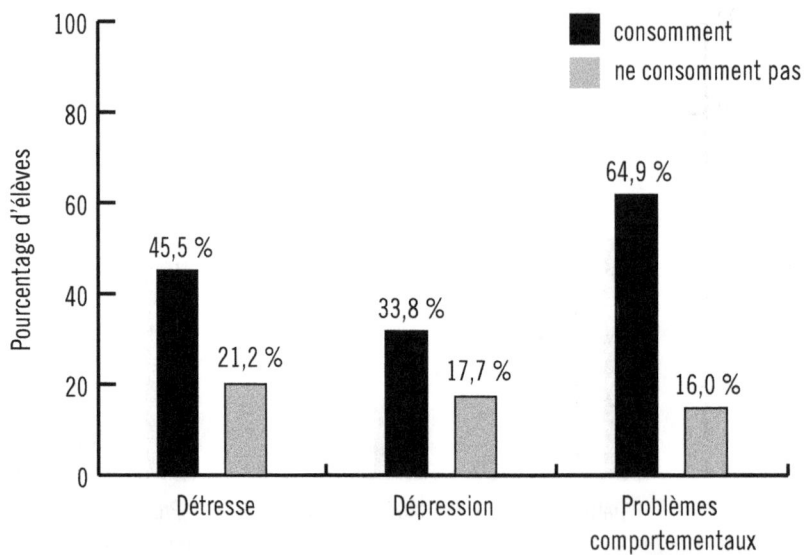

Pourcentage d'élèves

Détresse: 45,5 %, 21,2 %
Dépression: 33,8 %, 17,7 %
Problèmes comportementaux: 64,9 %, 16,0 %

* Constatations du Sondage de 2001 sur la consommation de drogues parmi les élèves de l'Ontario (Adlaf, Paglia et Beitchman, 2002)
Copyright © 2004, Centre de toxicomanie et de santé mentale

LA CONSOMMATION DE STIMULANTS CHEZ LES JEUNES DE 16 À 19 ANS*

MÉTAMPHÉTAMINE, SPEED, PILULES AMAIGRISSANTES

Consommation de stimulants au cours des 12 derniers mois

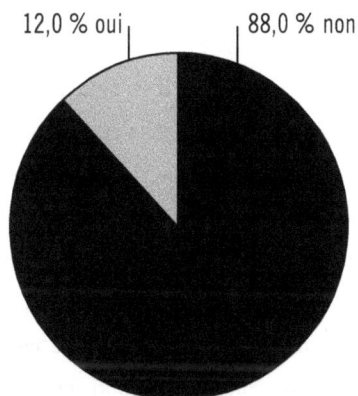

12,0 % oui   88,0 % non

Problèmes de santé mentale parmi les jeunes qui consomment des stimulants et ceux qui n'en consomment pas

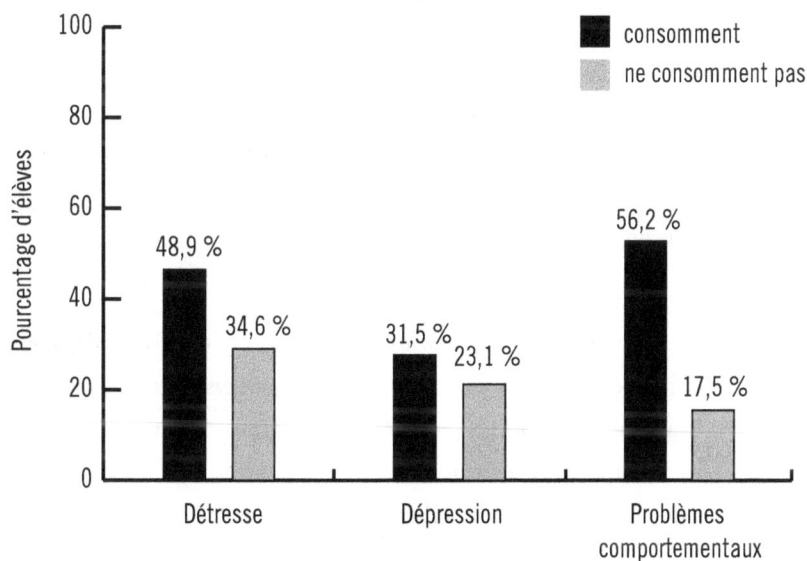

■ consomment
▨ ne consomment pas

Pourcentage d'élèves

	Détresse	Dépression	Problèmes comportementaux
consomment	48,9 %	31,5 %	56,2 %
ne consomment pas	34,6 %	23,1 %	17,5 %

* Constatations du Sondage de 2001 sur la consommation de drogues parmi les élèves de l'Ontario (Adlaf, Paglia et Beitchman, 2002)
Copyright © 2004, Centre de toxicomanie et de santé mentale

< À DISTRIBUER >

SÉANCE 1 : LA DÉCISION DE CHANGER

L'exercice *La décision de changer* a pour but de susciter une discussion sur l'ambivalence du client face au changement dans le but de résoudre cette ambivalence. L'exercice amène le client à cerner le pour et le contre de son usage d'alcool ou d'autres drogues ainsi que le pour et le contre du changement. Cet exercice vise principalement à démontrer clairement au client que la décision de changer son usage d'alcool ou d'autres drogues exige certains compromis. Le simple fait de cerner et de prioriser les avantages et les risques de l'usage d'alcool ou d'autres drogues facilite l'auto-réévaluation, processus qui joue un rôle crucial pour accroître le désir de changement. *La décision de changer* donne au client l'occasion de discuter des difficultés associées au changement et des conséquences qu'il y a pour lui à ne pas changer.

Le conseiller aura peut-être envie d'expliquer au client comment résoudre les problèmes ou surmonter les obstacles qui se présentent à lui. Il est toutefois important qu'il commence par cerner avec le client ces obstacles et établir ce qu'il a à perdre en changeant. Dans un programme de groupe, les membres du groupe parleront d'un obstacle au changement auquel ils se sont heurtés. Le conseiller devra faire preuve de jugement clinique dans les situations où un client semble découragé par les obstacles. Pour aider le client à mettre les obstacles en perspective, encouragez-le et appuyez son initiative personnelle (ou demandez aux membres du groupe de le faire). A titre d'exemple, il est parfois utile d'appuyer le client dans sa décision d'obtenir de l'aide, ou encore de faire un parallèle entre une réalisation précédente qui a exigé du temps et de l'effort et sa situation actuelle. Le conseiller met ainsi en lumière les ressources dont le client dispose pour changer, sans toutefois assumer le rôle d'enseignant.

OBJECTIFS POUR LA SÉANCE I

1. Faire comprendre clairement la raison d'être, le déroulement et les objectifs de *Premier contact*.

2. Faciliter la formation du groupe par les moyens suivants :
· présenter les chefs de groupe et les clients ;
· établir les règles, les normes et les attentes du groupe ;
· commencer à faire ressortir ce que les membres ont en commun pour favoriser le soutien mutuel.

3. Créer une atmosphère agréable et un climat d'acceptation au moyen d'une activité pour « briser la glace » et encourager les clients à discuter de ce qui les a amenés à participer au programme et de ce qu'ils espèrent tirer du traitement.

4. Faire l'exercice *La décision de changer*. Objectifs :
· aider le client à prendre connaissance du processus de prise de décision ;
· offrir une occasion de parler des difficultés associées au changement ;
· mettre en lumière les conséquences du changement et du statu quo ;
· reconnaître ce que le client a à perdre à changer ;
· présenter l'idée du choix et du contrôle à l'égard de l'usage d'alcool ou d'autres drogues.

5. Présenter l'*exercice de contrôle* (à faire chaque semaine/vérification des objectifs).

DIRECTIVES À L'INTENTION DU CONSEILLER

1. Présentez le programme.

« Ce programme s'adresse aux personnes âgées de 15 ans et moins (ou de 16 ans et plus). Vous allez vous réunir pendant deux heures une fois par semaine pendant quatre semaines. Au bout de quatre semaines, le programme sera terminé et vous pourrez décider ce que vous voulez faire à partir de là. »

« Ce programme a pour but d'examiner l'impact que l'alcool et les autres drogues ont sur votre vie ainsi que l'interaction entre l'usage d'alcool ou d'autres drogues et les problèmes de santé mentale. Ce groupe est votre groupe et vous êtes ici pour vous entraider. Ce que vous vous dites les uns aux autres est donc très important. Nous (les thérapeutes) sommes ici pour vous aider à bâtir la confiance et pour vous encourager à participer aux discussions. Nous possédons aussi certains outils de résolution de problèmes à vous proposer. En plus de participer aux séances de ce groupe, certains d'entre vous auront des rendez-vous individuels au cours desquels nous discuterons avec vous de vos préoccupations à l'égard de votre santé mentale. »

« Pour ce qui est de l'usage d'alcool ou d'autres drogues, vous n'en êtes pas tous au même point :
· certains d'entre vous n'ont aucune intention de changer leur usage ;
· certains d'entre vous sont ici pour essayer de surmonter leurs problèmes de santé mentale ;
· certains d'entre vous ont des sentiments partagés sur la question de changer leur usage d'alcool ou d'autres drogues ;
· certains d'entre vous pensent à changer, mais ne savent pas par où commencer ;
· certains d'entre vous ont déjà fait certains changements. »

2. Discutez de la participation au sein du groupe et de la question de la confidentialité.

« Dans ce groupe, vous pouvez commencer à résoudre certains des problèmes que vous éprouvez. Plus vous participerez, plus vous allez tirer des résultats du programme. Au cours du programme, nous aurons l'occasion de parler de vos buts dans la vie et de vos objectifs en ce qui concerne votre usage d'alcool ou d'autres drogues. Les décisions que vous allez prendre vous appartiennent cependant. Étant donné que les membres du groupe vont parler de choses personnelles, il est important que nous nous entendions sur un point : tout ce qui est dit dans ce groupe reste à l'intérieur du groupe. »

« Il est très important que nous parlions de confidentialité. Ce qui se dit dans cette pièce doit rester dans cette pièce. Nous devons obtenir votre permission pour parler à d'autres personnes de vous ou pour divulguer de l'information vous concernant. La confidentialité a cependant ses limites. Si vous risquez de vous faire du tort ou de faire du tort à autrui, ou si un enfant, est maltraité, nous sommes tenus par la loi d'enfreindre la règle de la confidentialité. Dans tous les autres cas, la confidentialité est de rigueur. »

3. Présentez les clients les uns aux autres.

« Dans ce groupe, nous allons beaucoup parler et nous allons apprendre à mieux nous connaître les uns les autres. Pour commencer, nous allons briser la glace... »

Exercice pour briser la glace—Les quatre coins

But

· Dissiper une partie de la tension que crée le fait de faire partie d'un groupe pour la première fois ou de faire partie d'un groupe dont les membres nous sont inconnus.

· Expliquer aux clients ce qu'ils ont en commun avec les autres membres du groupe et aider chaque personne à comprendre qu'il existe aussi des différences entre les membres du groupe. Cela peut être un bon point de départ pour parler des normes du groupe et de comment faire en sorte que chacun se sente à l'aise, compte tenu de tout ce qui rapproche les membres du groupe et de tout ce qui les distingue les uns des autres.

Méthode

Tout le monde est debout au centre de la salle. Les chefs de groupe indiquent aux membres du groupe dans quel coin de la salle ils doivent aller (ce peut aussi être au centre) selon la réponse donnée à diverses questions. Exemple : Tous ceux qui se sont réveillés entre 6 heures et 7 heures ce matin, allez dans ce coin ; tous ceux qui se sont réveillés entre 7 heures et 8 heures ce matin, allez dans ce coin ; et tous ceux qui se sont réveillés après 8 heures, allez dans ce coin. Si la pièce est grande, il vaut peut-être mieux ne pas utiliser tous les coins puisque les membres du groupe seront alors trop éloignés les uns des autres. Vous pouvez demander dans ce cas aux personnes de s'asseoir, de se lever ou d'aller près de la porte, par exemple.

Il faut donner à chaque personne le temps de se rendre dans le coin voulu et donner aussi aux membres du groupe se retrouvant dans le même coin le temps d'entamer une conversation. Les chefs de groupe peuvent ensuite favoriser le développement de l'esprit de groupe en disant ceci : « À supposer que nous soyons samedi, dans quel coin seriez-vous ? » Ces exercices peuvent être adaptés aux besoins du groupe qui les utilise. On peut ainsi demander qui vit près de l'eau ou d'un parc, qui va à la chasse ou à la pêche ou encore qui fait de la motoneige ou du ski.

Les chefs de groupe posent constamment de nouvelles questions pour que les personnes changent continuellement d'endroit dans la salle et se joignent à un nouveau groupe. On peut aussi demander aux personnes de remarquer si elles se retrouvent souvent dans le même coin que d'autres personnes, ou avec quelles autres personnes elles ont le plus en commun ou le moins en commun.

Les questions posées aux membres du groupe peuvent se rapprocher de plus en plus de la raison pour laquelle ils participent à l'exercice. Les chefs de groupe peuvent notamment demander aux personnes qui veulent changer leur usage d'alcool ou d'autres drogues, ou les deux, d'aller dans le même coin. Ils peuvent aussi dire ceci : « Si vous êtes ici par choix, allez dans ce coin ; si vous ne vouliez pas venir ici aujourd'hui, allez dans ce coin ; si vous ne savez pas vraiment pourquoi vous êtes ici, etc. »

Cet exercice peut déboucher sur une discussion sur ce qui pousse chacun à participer au groupe ainsi que sur les buts et les objectifs que se fixe chacun de ses membres.

4. Présentez l'exercice *La décision de changer*.

« Nous aimerions parler de certaines difficultés que vous éprouvez pour décider d'arrêter ou de réduire votre usage d'alcool ou d'autres drogues. Qu'est-ce que vous allez gagner, et perdre, en changeant ? Et si vous ne changiez pas ? »

Questions pour favoriser la discussion pendant cet exercice :
· « Quel inconvénient (ou quel avantage) est le plus important pour toi ? »
· « Pourquoi cet inconvénient te préoccupe-t-il ? »
· « À quel point tes sentiments sont-ils partagés sur la question de changer ton usage d'alcool ou d'autres drogues ? »
· « Quels sont certains des espoirs et des craintes que tu entretiens maintenant ? »

Les participants peuvent remplir leur propre feuille d'exercice et discuter ensuite de leurs réponses avec le groupe, ou l'exercice peut être fait en groupe dès le départ. Dans ce cas, notez les réponses données sur un tableau à feuilles mobiles. Dans les établissements, avec des clients qui ne consomment pas d'alcool ou d'autres drogues, il peut être préférable de ne faire que la seconde partie de l'exercice, bien que la plupart des clients trouvent utile de se remémorer ce qu'ils pensaient lorsqu'ils faisaient toujours usage d'alcool et de drogues.

5. Présentez *l'exercice de contrôle*.

Enfin, bien que *l'exercice de contrôle* doive être fait lors de la séance 2 et au début de chaque séance subséquente, il vaut la peine de présenter cet exercice à la fin de la première séance. Les clients ont ainsi la possibilité de réfléchir à la façon dont ils s'y prendront pendant la semaine pour contrôler leur usage et leur état de besoin, ce qui leur permettra de s'en souvenir plus facilement lors de la séance 2. « Nous allons utiliser cette fiche chaque semaine afin que vous puissiez dire au groupe ce qui a bien fonctionné et ce qui n'a pas bien fonctionné pendant la semaine. La semaine qui vient, pensez à l'objectif que vous allez vous fixer en ce qui touche votre usage d'alcool ou d'autres drogues. Essayez aussi de vous souvenir quand vous avez pris de l'alcool ou des drogues, quand vous étiez en état de besoin et ce que vous avez fait dans ces situations. Essayez aussi de vous souvenir de votre état mental pendant la semaine. C'est ce dont nous allons parler à la séance de la semaine prochaine. »

6. Récapitulation.
· « Indiquez une chose que vous allez faire cette semaine pour atteindre votre objectif en matière d'usage d'alcool ou d'autres drogues. »
· « Le groupe répond-il à vos attentes ? Avez-vous des questions ? »
· « Qu'est-ce que vous allez vous dire à votre sortie, en vous rendant à l'ascenseur ? Il est important de le dire ici dans le groupe. »
· « Qu'est-ce qui vous a frappé le plus dans cette séance ? Si vous parliez à quelqu'un d'autre au sujet de la séance d'aujourd'hui, qu'est-ce que vous lui diriez ? »

EXERCICE *LA DÉCISION DE CHANGER*

Pour parvenir à prendre la décision de changer ton usage d'alcool ou d'autres drogues, il peut être utile que tu réfléchisses aux bons côtés et aux moins bons côtés de cet usage. Énumère quels sont ces bons côtés et moins bons côtés. Si cet exercice te donne du mal, tu peux regarder les suggestions de réponses à la page 291.

Bons côtés de la consommation	Moins bons côtés de la consommation

Il peut aussi être utile de réfléchir aux bons côtés et aux moins bons côtés de la décision de réduire ou d'arrêter ton usage d'alcool ou d'autres drogues. Énumère ces bons côtés et moins bons côtés.

Bons côtés de changement de consommation	Moins bons côtés de changement de consommation

Copyright © 2004, Centre de toxicomanie et de santé mentale

À DISTRIBUER >

ÉTABLISSEMENT D'OBJECTIFS

Au début du traitement, le client devrait définir clairement son intention d'arrêter ou de réduire son usage d'alcool ou d'autres drogues. Un grand nombre de clients refuseront peut-être de viser l'abstinence. Le programme *Premier contact* adopte une approche pratique en ce sens qu'il aide les clients à établir des objectifs relatifs à leur usage d'alcool ou d'autres drogues et à atteindre ces objectifs. À court terme, cette stratégie a pour but de réduire l'impact négatif de l'usage d'alcool ou d'autres drogues d'une manière qui favorise l'autonomie des clients. À long terme, l'établissement et la révision d'objectifs aide les clients à se motiver et à acquérir les compétences dont ils ont besoin pour réduire ou même cesser complètement leur usage d'alcool ou d'autres drogues.

Les résultats de recherches appuient la validité du principe voulant qu'on donne aux clients le choix des objectifs qu'ils veulent atteindre, car :
- rien ne semble prouver que les objectifs de traitement fixés par le thérapeute pour le compte du client seront atteints (Sanchez-Craig, Annis, Bornet et MacDonald, 1984) ;
- il est plus probable que les clients observeront le traitement lorsqu'ils ont pris eux-mêmes la décision de le suivre (Sobell et Sobell, 1993).

Lorsque vous discutez des objectifs en matière d'usage d'alcool ou d'autres drogues, il est important d'expliquer clairement au client que le fait que vous lui permettiez de choisir ses objectifs ne signifie pas que vous approuvez ou encouragez l'usage d'alcool ou d'autres drogues, surtout si le client est un jeune qui n'a pas l'âge légal pour consommer de l'alcool ou s'il consomme des drogues illicites, et cela quel que soit son âge. Pour aider les jeunes à faire des choix éclairés, vous pouvez dire que le meilleur moyen d'éliminer complètement le risque que l'usage d'alcool ou d'autres drogues entraîne pour eux des conséquences négatives est de cesser complètement cet usage. Lorsque le client ne choisit pas l'abstinence, il est toutefois important de faire sentir qu'une réduction de son usage permettra aussi sans doute de réduire les méfaits causés par cet usage. Le programme *Premier contact* peut aider tant les personnes qui ne se fixent pas l'objectif de l'abstinence que celles qui sont prêtes à cesser complètement de faire usage d'alcool ou d'autres drogues.

Lorsque le client pense à réduire son usage d'alcool ou d'autres drogues, le conseiller devrait mettre l'accent sur le fait que cet objectif est tout à fait raisonnable et réaliste. Ainsi, si pour une raison ou pour une autre, l'usage d'alcool ou d'autres drogues pose un risque trop grand (s'il entraîne, par exemple, des problèmes judiciaires graves ou s'il risque de couper le client de sa famille), le conseiller a l'occasion de déterminer comment le client perçoit les risques éventuels de son usage, même réduit, ainsi que les avantages de l'abstinence.

Comme la plupart des clients ne sauront pas au début ce que constitue un objectif réaliste dans leur cas, nous recommandons de revoir avec eux leurs objectifs chaque semaine. Il convient que les objectifs du client au sujet de la réduction de son usage d'alcool ou d'autres drogues soient clairs afin que :
- le client puisse observer des règles précises et réfléchies concernant les limites de son usage d'alcool ou d'autres drogues lorsqu'il se trouve dans des situations qui l'incitent à consommer ;
- l'objectif relatif à l'usage d'alcool ou d'autres drogues ne se transforme pas, avec le temps, pour éviter que le client reprenne les habitudes qu'il avait avant le début du traitement.

CONTRÔLE

MA SEMAINE A ÉTÉ   AFFREUSE   PAS MAL   FANTASTIQUE

J'AI EU ENVIE DE CONSOMMER _____ ○ LUN ○ MAR ○ MER ○ JEU ○ VEN ○ SAM ○ DIM

J'AI CONSOMMÉ _____ ○ LUN ○ MAR ○ MER ○ JEU ○ VEN ○ SAM ○ DIM

1. QU'EST-CE QUI S'EST PASSÉ ?

- ○ MES SENTIMENTS _____
- ○ MES PENSÉES _____
- ○ MES ACTIVITÉS _____
- ○ MES RELATIONS _____
- ○ MES ÉTUDES OU MON TRAVAIL _____
- ○ MES MÉDICAMENTS OU MON TRAITEMENT _____

- ○ MA SITUATION JUDICIAIRE _____

- ○ AUTRES _____

2. COMMENT Y AI-JE FAIT FACE ?

- ○ J'AI FAIT AUTRE CHOSE
- ○ J'AI PENSÉ AUX CONSÉQUENCES
- ○ J'AI ÉCHAPPÉ À LA SITUATION
- ○ J'AI PARLÉ À QUELQU'UN
- ○ J'AI JUSTE CONSOMMÉ
- ○ AUTRES _____

4. MES OBJECTIFS POUR LA SEMAINE QUI VIENT

- ○ NE PAS CONSOMMER
- ○ RÉDUIRE MA CONSOMMATION
- ○ FAIRE FACE À MES PROBLÈMES
- ○ POURSUIVRE UN DE MES OBJECTIFS DE VIE
- ○ COMPRENDRE LE LIEN ENTRE MES OBJECTIFS ET MES SENTIMENTS
- ○ AUTRES _____

3. QUE S'EST-IL PRODUIT ?

- ○ JE ME SENTAIS BIEN/MAL
- ○ JE PASSAIS UN BON MOMENT/UN MAUVAIS MOMENT
- ○ J'AI CONSOMMÉ MOINS/PLUS
- ○ AUTRES _____

Copyright © 2004, Centre de toxicomanie et de santé mentale

< À DISTRIBUER >

SÉANCE 2 : DÉCLENCHEURS, CONSÉQUENCES ET SOLUTIONS DE RECHANGE

OBJECTIFS POUR LA SÉANCE 2

1. Continuer de clarifier les objectifs du traitement en matière de santé mentale et d'usage d'alcool ou d'autres drogues.

2. Continuer d'insister sur l'idée de choix et de contrôle en ce qui touche l'usage d'alcool ou d'autres drogues.

3. Continuer d'offrir un endroit positif où les clients peuvent discuter librement des difficultés et des récompenses liées au changement.

4. Pour les groupes, continuer de faire ressortir les points que les participants ont en commun et de renforcer la cohésion du groupe.

5. Faire l'*exercice de contrôle* chaque semaine. Objectifs :
   - suivre les progrès ;
   - mettre les réussites en valeur ;
   - aider les participants à établir leurs objectifs (p. ex., concernant leur usage d'alcool ou d'autres drogues, leur santé mentale et leur vie) ;
   - sensibiliser davantage les participants à l'état de besoin et de manque et aux stratégies;
   - sensibiliser davantage les participants aux interactions entre les drogues, aux symptômes de problèmes de santé mentale et aux médicaments ;
   - chercher des exceptions aux habitudes établies ;
   - discuter des moments de sobriété ;
   - discuter des stratégies à adopter.
   - cerner les situations à risque.

6. Faire l'exercice *Déclencheurs, conséquences et solutions de rechange*. Objectifs :
   - demander aux clients de proposer des solutions de rechange ;
   - amener les clients à reconnaître les déclencheurs et leurs conséquences ;
   - explorer les obstacles au changement ;
   - accroître la compétence personnelle en relevant les mesures que les clients ont déjà prises ;
   - relever les réussites passées (« sonder le passé ») ;
   - aider les clients à comprendre leurs habitudes ;
   - mettre en relief le rapport qui existe entre les conséquences et les déclencheurs ;
   - examiner les différences qui existent entre les conséquences à court terme et à long terme (positives ou négatives).

CONTRÔLE

Cet *exercice de contrôle* reprend les thèmes abordés à la séance 1 et les développe davantage. Dans cet exercice, on demande notamment au client de penser à son usage d'alcool ou d'autres drogues au cours de la semaine écoulée ou à des moments où il était en état de besoin ainsi qu'à des moments où il a ressenti des symptômes de problèmes de santé mentale. Au lieu d'insister sur ce qui s'est passé chaque jour de la semaine écoulée, vous devriez demander au client de faire l'exercice pour une bonne journée et pour une journée moins bonne. Pour les jeunes souffrant de troubles concomitants, l'exercice de contrôle permet d'examiner les symptômes de problèmes de santé mentale qui accompagnent l'usage d'alcool ou d'autres drogues comme l'humeur, le comportement, l'épisode psychotique ainsi que l'effet des médicaments.

Dans la première partie de l'exercice, les clients cernent les circonstances dans lesquelles ils ressentent le besoin de consommer ou celles qui les poussent à faire usage d'alcool ou d'autres drogues. Le but visé est d'amener les clients à prendre conscience des situations qui les incitent à consommer. Pour les clients ayant des problèmes de santé mentale, il est important d'examiner comment leurs symptômes de problèmes de santé mentale déclenchent un état de besoin ou les amènent à faire usage d'alcool ou d'autres drogues, et comment leur usage influe sur ces symptômes. Dans la deuxième partie de l'exercice, les clients expliquent les diverses stratégies auxquelles ils ont eu recours lorsqu'ils étaient dans un état de besoin. Le conseiller peut ainsi faire ressortir ce qui fonctionne pour eux-mêmes s'ils ne font que réduire leur usage. Le conseiller devrait examiner les réussites attentivement pour que les clients en comprennent bien la signification. Au cours de la troisième partie de l'exercice, les clients discutent des conséquences de leurs actes, qui peuvent être positives ou négatives. Pour les clients ayant des troubles concomitants, il est utile d'examiner comment leur état de besoin, leur usage d'alcool ou d'autres drogues et l'abstinence influent sur leur santé mentale. Il est utile pour eux de discuter des mesures qu'ils peuvent prendre pour faire en sorte qu'une conséquence négative se transforme en conséquence positive. Enfin, dans la dernière partie de l'exercice, le conseiller demande aux clients de se fixer des objectifs pour la prochaine semaine en ce qui touche leur usage d'alcool ou d'autres drogues ainsi que d'autres aspects de leur vie, y compris leur santé mentale.

L'exercice de contrôle peut être fait de diverses façons. Les clients peuvent faire l'exercice par eux-mêmes et discuter ensuite de leurs réponses en groupe. La discussion peut aussi avoir lieu en groupe de deux. Pour s'assurer que tous les participants comprennent bien l'exercice, le conseiller peut leur donner des explications de vive voix ou avoir recours à l'exercice de thérapie par l'art proposé à la page 302.

DIRECTIVES À L'INTENTION DU CONSEILLER

1. Expliquez le but de l'exercice de *contrôle*.

« Cet exercice de contrôle vous aidera à dire au groupe ce qui a bien marché pendant la semaine et ce qui n'a pas bien marché. »

Définissez ce qu'est un état de besoin : un état de besoin peut être aussi bien une pensée comme « J'aimerais bien fumer un joint maintenant » qu'une expérience physique comme avoir les mains moites ou de la difficulté à rester assis calmement.

Discutez des progrès de la semaine écoulée :
·   « Parle-nous d'une situation dont tu t'es bien sorti. »
·   « Parle-nous des moments de sobriété que tu as eus cette semaine. Ces moments peuvent-ils être plus fréquents ? »
·   « Quelque chose a-t-il été plus facile ou mieux la semaine dernière ? »

Aidez les clients à s'appuyer les uns les autres :
·   « Comment d'autres personnes ici réagissent-elles lorsqu'elles rencontrent des amis ? »
·   « Tu as fait un geste de la tête quand il parlait. À quoi pensais-tu ? »

Aidez les clients à se fixer des objectifs pour la prochaine semaine :
·   « Cette semaine, qu'est-ce que tu vas faire plus souvent ou encore plus ? »

2. Présentez l'exercice *Déclencheurs, conséquences et solutions de rechange.*

« Cet exercice s'inscrit dans le prolongement des sujets que nous avons abordés lors de l'exercice de contrôle. Il vous aidera à examiner vos habitudes d'usage, les déclencheurs ainsi que les avantages et les conséquences de votre usage d'alcool ou d'autres drogues. Pour contrôler cet usage, la première étape consiste à comprendre tous ces éléments. »

Expliquez ce que sont les déclencheurs, les comportements et les conséquences, en commençant par les déclencheurs :
·   « Par déclencheurs, on entend les situations qui vous conduisent à prendre de l'alcool ou des drogues. Les déclencheurs peuvent être des personnes, des endroits, des choses, des heures de la journée ou des émotions. Le comportement, c'est celui de faire usage d'alcool ou d'autres drogues. Les conséquences sont les événements qui surviennent après que vous avez fait usage d'alcool ou d'autres drogues. Ces conséquences sont à la fois positives et négatives. Qui peut me donner des exemples de déclencheurs ? » (Suggestion : demandez à l'un des clients d'inscrire les réponses du groupe sur un tableau à feuilles mobiles.)
·   « Quels ont été les déclencheurs cette semaine (se reporter à l'exercice de contrôle) ? »
·   « Quels autres déclencheurs vous viennent à l'esprit ? »

Discutez des conséquences :

- « Décrivez certaines choses qui se produisent après que vous avez consommé de l'alcool ou d'autres drogues. Qu'est-ce que vous remarquez quant au moment où ces conséquences surviennent ? »
- « Certains clients disent que faire usage d'alcool ou d'autres drogues était réellement amusant au début, mais que ce n'est plus aussi amusant maintenant. Y a-t-il quelqu'un dans le groupe qui ressent la même chose ? »
- « Certaines des conséquences sont cachées ou sont des occasions manquées. L'un d'entre vous a-t-il déjà laissé passer une occasion à cause de son usage d'alcool ou d'autres drogues ? »

Discutez des solutions de rechange :

- « Pendant vos jours de sobriété, qu'est-ce qui a marché pour vous ? »
- « Qu'est-ce qui va vous aider à ne pas consommer d'alcool ou d'autres drogues ? »
- « Quand vous avez envie de faire usage d'alcool ou d'autres drogues, qu'est-ce qui peut vous empêcher de changer votre façon de faire ? »
- « Quelle serait la chose la plus facile à faire différemment ? »

3. Récapitulation

Pensez aux façons de mettre en application l'exercice *Déclencheurs, conséquences et solutions de rechange* dans votre vie de tous les jours :

- « Quelle solution de rechange pourriez-vous mettre à l'essai cette semaine ? »

EXPLORATION DES HABITUDES D'USAGE

L'exercice *Déclencheurs, conséquences et solutions de rechange* aide les clients à comprendre leurs habitudes d'usage d'alcool ou d'autres drogues en faisant ressortir le lien qui existe entre les déclencheurs ou les antécédents et les conséquences positives et négatives qui en ont résulté. Cet exercice peut aussi aider les clients à examiner la relation entre l'usage d'alcool ou d'autres drogues et les symptômes de problèmes de santé mentale. Un bon nombre des buts de cet exercice ont été établis en fonction des questions soulevées au cours de l'exercice de contrôle, telles que la façon de connaître les déclencheurs et les solutions de rechange. Les clients soutiennent parfois que rien ne déclenche leur envie de faire usage d'alcool ou d'autres drogues. Dans ces cas, il est habituellement utile de passer en revue la liste des personnes, des endroits et des situations (p. ex., émotions ou heures de la journée) qui peuvent servir de déclencheurs. Il est également possible que les clients aient mentionné quelque chose au cours de l'*exercice de contrôle* qui donne une indication de ce qui déclenche leur usage.

Il est important de parler du moment où les conséquences se font ressentir si cette question n'est pas soulevée au cours de la discussion. D'une part, lorsque les gens boivent ou prennent des drogues, ils recherchent les effets positifs (p. ex., relaxation temporaire) que cela procure pendant qu'ils le font ou peu de temps après. D'autre part, les conséquences négatives ou nuisibles prennent souvent plus de temps à se manifester et le lien avec l'usage d'alcool ou d'autres drogues n'est pas toujours évident. Ainsi, la baisse graduelle du rendement scolaire pourrait être un résultat à long terme de l'usage d'alcool ou d'autres drogues et ne pas être directement reliée à une occasion en particulier où le client a consommé.

STRATÉGIES DE CHANGEMENT

Après avoir discuté des déclencheurs de l'usage d'alcool ou d'autres drogues, le conseiller encourage les clients à choisir une solution de rechange qu'ils sont prêts à employer au cours de la prochaine semaine. Parfois, les clients ne se sentent pas assez confiants pour mener de nouvelles activités dans des situations présentant un risque élevé, et cette crainte doit être exprimée et expliquée. Pour accroître la compétence personnelle des clients et leur confiance en eux-mêmes et les inciter ainsi à essayer de nouvelles façons de faire, nous proposons deux stratégies utiles :

- établissez ce que les clients font déjà pour réduire leur usage. Il arrive parfois que les clients ne se rendent pas compte qu'ils font déjà certains efforts pour réduire leur envie de consommer ou pour éviter les situations à risque élevé. Les petites activités comme celles qui consistent à se tenir occupé, à écouter de la musique ou à passer du temps en famille doivent être reconnues et encouragées ;
- établissez un parallèle avec une réalisation précédente (p. ex. « sondez le passé »). Il est aussi utile de découvrir si les clients ont essayé de réduire ou d'arrêter leur usage d'alcool ou d'autres drogues et si c'est le cas, quels moyens ils ont utilisés pour le faire. Même si ces stratégies n'ont fonctionné que pendant un certain temps, le fait d'en discuter pour savoir comment les modifier ou les enrichir peut être un moyen fructueux d'accroître les ressources que les clients possèdent déjà.

EXERCICE DÉCLENCHEURS, CONSÉQUENCES ET SOLUTIONS DE RECHANGE

< À DISTRIBUER >

Déclencheurs	Usage et envie de faire usage/Combien ?/À quelle fréquence ?	Conséquences positives	négatives	Solutions de rechange
Émotions : besoins physiques/humeur				
Pensées/activités/situations				
Amis et famille				
École/travail				
Santé mentale				
Thérapie/médicaments				
Questions juridiques				

Copyright © 2004, Centre de toxicomanie et de santé mentale

SUGGESTIONS DE RÉPONSES POUR LES EXERCICES

Voici des conséquences et des déclencheurs communs. Quels sont ceux qui s'appliquent dans ton cas ?

Émotions	État physique	Pensées	Santé mentale	Situations
○ frustré	○ fatigué	○ Je ne vaux rien	○ voix	○ avec des amis
○ détendu	○ éveillé	○ Personne ne m'aime	○ confus	○ seul
○ confus	○ endormi	○ Je suis…	○ paranoïaque	○ soirée
○ clair	○ vif	○ Ils sont…	○ anxieux	○ fête
○ fâché	○ blessé	○ Perte de temps	○ déprimé	○ camping
○ content	○ bien	○ À quoi ça sert ?	○ maniaque	○ s'amuse
○ anxieux	○ affamé	○ Je veux me sentir…	○ boulimie	○ prend des risques
○ calme	○ rassasié	○ Je peux me maîtriser	○ purge	○ dans le pétrin
○ triste	○ gueule de bois	○ Je n'ai pas de place	○ ne mange pas	○ à l'école
○ heureux	○ en santé	○ Tout va bien	○ flashbacks	○ après l'école
○ effrayé	○ faible	○ Personne ne peut me toucher	○ sentiment de calme	○ au travail
○ excité	○ fort	○ J'aime…	○ pensée claire	○ après le travail
○ déçu	○ agité		○ concentré	○ a de l'argent
○ ennuyé	○ calme		○ nerveux	○ fin de semaine
○ seul	○ lent		○ maître de soi	○ centre commercial
○ dépassé	○ nerveux		○ perte de la maîtrise de soi	○ bagarre
○ serein	○ excité			○ sports
	○ souffrant			

Copyright © 2004, Centre de toxicomanie et de santé mentale

SOLUTIONS DE RECHANGE

Voici des solutions de rechange à la consommation d'alcool et de drogues.

Éviter les personnes et les endroits qui suscitent l'envie ou l'idée de faire usage d'alcool ou d'autres drogues.	Mettre en pratique les habiletés acquises pour résister à la tentation.	Lire quelque chose d'inspirant !
Cerner et éviter les situations présentant des risques élevés, situations qui t'incitent à faire usage d'alcool ou d'autres drogues (p. ex., bar, soirée rave).	Se remémorer les conséquences négatives de l'usage d'alcool ou d'autres drogues.	Se demander ce qu'on ressent. (Passer en revue la liste de ses déclencheurs—suis-je triste, fâché, anxieux ou stressé ?)
Amener un ami ou une personne de confiance lorsqu'on va dans un endroit ou lorsqu'on va se retrouver dans une situation présentant des risques.	Se souvenir que les émotions sont normales même si elles sont difficiles et déplaisantes !	Se donner la permission de ressentir des émotions sans porter un jugement sur celles-ci.
Éviter les situations qui semblent présenter des risques ou ne pas demeurer sur place trop longtemps.	Se distraire en pensant à autre chose.	Exprimer ses sentiments (pleurer, sourire, rire, froncer les sourcils, etc.).
En cas de tentation, appeler quelqu'un qui pourra donner son appui.	Reconnaître quand on dit des choses négatives sur soi-même (p. ex., Je suis tellement nul).	Demander de l'aide.
Faire une promenade.	Prévoir à l'avance toute situation présentant des risques et tout obstacle qui pourrait contrecarrer le plan établi pour y faire face.	Parler à quelqu'un de ses émotions.
Lire un livre, une revue ou naviguer sur Internet.	Réfléchir à ses objectifs futurs et à la façon de les réaliser.	Trouver des moyens d'exprimer ses émotions de façon créative : écouter de la musique, dessiner ou composer un poème.
Faire de l'exercice ou une activité physique : jogging, bicyclette ou planche à roulettes.	Prendre l'engagement auprès de soi-même d'atteindre un objectif et se rappeler cet engagement.	Commencer un journal et y consigner des observations à son sujet.
Nettoyer sa chambre, sortir les ordures, faire des tâches ménagères.	Se rappeler qu'on est responsable des décisions qu'on prend.	Prendre le temps de se détendre.
Faire du bénévolat.	Se dire qu'on fait des progrès et qu'on ne veut pas compromettre ces progrès.	Se féliciter des progrès réalisés.

Copyright © 2004, Centre de toxicomanie et de santé mentale

< À DISTRIBUER >

SÉANCE 3 : CE QUI EST IMPORTANT POUR MOI

OBJECTIFS DE LA SÉANCE 3

1. Réévaluer les objectifs du traitement et de l'usage d'alcool ou d'autres drogues.

2. Déterminer si les clients ont essayé de répondre différemment à une situation donnée depuis la dernière séance.

3. Continuer à établir les rapports entre les conséquences et les déclencheurs.

4. Dans les groupes, continuer de faire ressortir les caractéristiques communes des clients et de favoriser la cohésion du groupe.

5. Faire l'exercice *Ce qui est important pour moi*. Objectifs :
- Aider les clients à parler de l'avenir (p. ex., espoirs et attentes).
- Développer les divergences.
- Examiner le rôle de l'usage d'alcool ou d'autres drogues dans l'atteinte des objectifs.
- Revoir l'atteinte des objectifs :
  - situation il y a six mois ;
  - situation actuelle ;
  - progrès envisagés d'ici six mois.
- Essayer d'établir des plans et de cerner les prochaines étapes à franchir pour atteindre les objectifs fixés.

CONTRÔLE

La séance 3 commence par l'*exercice de contrôle*. Bien que poser des questions au sujet des déclencheurs et des solutions de rechange fasse partie intégrante de cet exercice, le conseiller peut poser des questions supplémentaires en fonction de ce qui a été discuté au cours de l'exercice *Déclencheurs, conséquences et solutions de rechange*, à la séance 2.

OBJECTIFS DE VIE ET VALEURS HUMAINES

La séance 3 propose l'exercice *Ce qui est important pour moi*, qui porte sur les objectifs de vie et les valeurs humaines. Plusieurs approches thérapeutiques comme la thérapie axée sur la résolution de problèmes et l'entrevue motivationnelle appuient le bien-fondé de l'exercice consistant à réfléchir aux objectifs de vie et aux valeurs humaines. Préciser les objectifs de vie qu'un client souhaite atteindre et déterminer sa situation actuelle permet de développer les divergences, l'un des aspects les plus importants de plusieurs thérapies, dont la technique d'entrevue motivationnelle (Miller et Rollnick, 2002). En discutant de ce qui est important pour le client, on l'aide à reconnaître ses aspirations, ses points forts et ses compétences au lieu de se pencher exclusivement sur les problèmes auxquels il fait face. Cette approche est axée sur la recherche de solutions.

Comprendre les objectifs de vie d'un client permet également d'orienter la discussion sur la façon dont l'usage d'alcool ou d'autres drogues l'empêche de progresser vers ses objectifs. Les clients peuvent penser que l'usage d'alcool ou d'autres drogues les aide à atteindre certains objectifs comme celui d'être populaire. Toutefois, la plupart reconnaîtront qu'il réduit, dans une certaine mesure, la capacité d'atteindre ses objectifs de vie (p. ex., terminer ses études ou être en santé).

L'exercice *Ce qui est important pour moi* devrait prévoir une discussion sur les mesures concrètes que peut prendre le client pour progresser vers ses objectifs. Le document « Dix meilleures façons d'atteindre tes buts » est inclus dans cet exercice pour aider le client à établir les prochaines mesures qu'il doit prendre pour atteindre ses objectifs. Il est cependant important que le conseiller l'aide à transformer ses objectifs de vie en étapes ou en activités concrètes qu'il pourra théoriquement effectuer au cours de la semaine suivante. Le conseiller peut également aider le client à établir des objectifs à court terme qui soient à la fois réalistes et mesurables.

DIRECTIVES À L'INTENTION DU CONSEILLER
1. Contrôle.

Discutez des progrès réalisés au cours de la semaine écoulée : pour des conseils, voir l'*exercice de contrôle* de la séance 1.

Aidez les clients à entrevoir les tendances qui se dessinent pour ce qui est de leur usage d'alcool ou d'autres drogues ou de leurs stratégies de changement :
· « Quelles stratégies présentées dans l'exercice de la semaine dernière sur les déclencheurs et les solutions de rechange avez-vous essayées ? »
· « Comment les dernières semaines se sont-elles passées pour vous : mieux, plus mal ou à peu près de la même façon ? »

Aidez les clients à mettre en pratique d'autres stratégies que la fuite :
· « Éviter les déclencheurs est le premier pas pour beaucoup de gens. Quels sont les avantages et les inconvénients de cette approche ? »
· « Quelle est la prochaine étape ? »

2. Présentez l'exercice *Ce qui est important pour moi*.

« Cet exercice a pour but de découvrir ce que vous recherchez dans la vie. Lisez la liste au complet et choisissez les dix choses les plus importantes que vous souhaiteriez obtenir et pour lesquelles vous êtes prêts à faire des efforts. » (Pour les groupes nombreux, demandez aux clients de choisir dix éléments, mais ne discutez que des deux ou trois premiers.)

Affirmation : « Il semble que vous souhaitiez faire certains changements dans votre vie et que vous sachiez ce que vous voulez ».

Tâchez de rendre plus concrètes les mesures à prendre pour vous rapprocher de ces objectifs :

· « Quand vous vous imaginez en train de faire cela, que faites-vous ? »

· « Par quelles étapes passez-vous pour parvenir à ces objectifs ? »

Discutez des conséquences de l'usage d'alcool ou d'autres drogues sur la réalisation
de ces objectifs :

· « Quelle place occupent l'alcool ou les drogues par rapport à vos objectifs ? »

· « Où en étiez-vous il y a six mois par rapport à vos objectifs ? »

· « Que pensez-vous réaliser d'ici six mois ? »

· « Qu'en sera-t-il alors de votre usage d'alcool ou d'autres drogues ? »

3. Récapitulation.

Intégration des objectifs de vie :

· « Quelle est la chose que vous pourriez faire cette semaine et qui vous aiderait à vous
rapprocher de l'un de vos objectifs de vie ? »

EXERCICE CE QUI EST IMPORTANT POUR MOI

< À DISTRIBUER >

Choisis les dix choses les plus importantes pour toi.

Amitié
avoir des amis compréhensifs et proches

Espoir
maintenir une attitude positive
à l'égard de la vie

Estime de soi
m'aimer comme je suis

Accomplissement
accomplir et réussir

Détente
réduire et gérer le stress

Célébrité
être connu et reconnu

Humour
voir le côté drôle de moi-même et du reste
du monde

Amour reçu
être aimé par mes proches

Amour donné
aimer les autres

Romantisme
avoir une liaison amoureuse intense et
excitante

Connaissance de soi
avoir une compréhension honnête de
moi-même

Acceptation
être accepté par les autres

Attrait
être physiquement attirant

Confiance
être une personne digne de confiance et en
qui l'on a confiance

Souplesse
être capable de s'adapter à des situations
nouvelles ou inhabituelles

Gaieté
s'amuser et avoir du plaisir

Santé
être en bonne santé physique et mentale

Indépendance
être indépendant des autrres

Loisirs
avoir le temps de se détendre et de profiter
de la vie

Modération
éviter les excès et trouver un juste milieu

Plaisir
apprécier les bonnes choses

Popularité
être aimé de plusieurs personnes

Maîtrise de soi
être discipliné et contrôler mes propres
actions

Sexualité
avoir une vie sexuelle active et satisfaisante

Richesse
avoir beaucoup d'argent

Contribution
aider à changer les choses

Créativité
avoir des idées nouvelles et originales

Générosité
donner aux autres

Loyauté
être là pour les autres

Risque
essayer des choses nouvelles

Famille
avoir une famille heureuse et aimante

Volonté de Dieu
obéir à la volonté de Dieu

Paix intérieure
jouir de la paix intérieure

Connaissance
apprendre et posséder des connaissances
utiles

Ordre
avoir une vie bien organisée

Réalisme
agir de façon réaliste et pratique

Sécurité
être en sécurité

Simplicité
vivre une vie simple avec un minimum de
besoins

Honnêteté
être ouvert et droit

Aventure
avoir des expériences nouvelles et excitantes

Courtoisie
être poli et attentionné

Pardon
pardonner aux autres

Persévérance
travailler fort et ne pas abandonner

Stabilité
avoir une vie assez cohérente et stable

Spiritualité
m'épanouir sur le plan spirituel

Tolérance
accepter et respecter ceux qui sont différents
de moi

Copyright © 2004, Centre de toxicomanie et de santé mentale

Adapté de Miller, W.R., et C'deBaca, J. (1994)

DIX MEILLEURES FAÇONS D'ATTEINDRE TES BUTS

1. **Désir** : Choisis un but que tu veux vraiment réaliser.

2. **Confiance** : Choisis un but qui est important mais réaliste, un objectif que tu crois vraiment être en mesure de réaliser.

3. **Avantages** : Dresse la liste des avantages que tu retireras de la réalisation de ces buts ; plus il y a d'avantages, plus tu seras motivé et persévérant.

4. **Obstacles** : Il y a toujours des obstacles à surmonter pour atteindre un but valable. Établis les obstacles à surmonter et la façon de le faire.

5. **Connaissance** : Trouve ce qu'il te faut pour atteindre ton but.

6. **Personnes** : Identifie les personnes qui peuvent t'aider à atteindre ton but.

7. **Situation actuelle** : Évalue où tu en es dans l'atteinte de tes buts. Si tu veux améliorer ton estime de soi, par exemple, évalue sur une échelle de 1 à 10 où tu en es. Demande-toi aussi quel petit pas tu peux faire pour te rapprocher de ton but.

8. **Plan** : Fais un plan, divise-le en petites étapes, fais des étapes concrètes et sois prêt à réviser ton plan. Rappelle-toi qu'il n'y a pas de plan parfait.

9. **Échéance** : Fixe-toi une échéance pour la réalisation de ton but. Pense ensuite à combien de temps il te faudra pour te rendre à la fin de la première étape.

10. **Persévérance** : Des erreurs et des déceptions peuvent survenir, mais n'oublie pas que tu peux réussir. Il n'est pas toujours facile d'atteindre son but.

< À DISTRIBUER >

Copyright © 2004, Centre de toxicomanie et de santé mentale

SÉANCE 4 : LES ÉTAPES DU CHANGEMENT

OBJECTIFS DE LA SÉANCE 4

1. Revoir les progrès effectués et mettre l'accent sur la réussite, surtout par rapport aux obstacles au changement.

2. Continuer de discuter des objectifs en matière d'usage d'alcool ou d'autres drogues dans le contexte des objectifs de vie.

3. Discuter de la planification d'un traitement futur.

4. Revoir le programme *Premier contact* et les changements réalisés dans tous les aspects de la vie.

5. Pour les groupes, revoir le processus de groupe et insister sur l'importance de la mise en commun comme moyen positif de prendre des risques.

6. Faire le constat que le cycle du programme *Premier contact* est achevé (p. ex., succès et réalisation).

7. Faire l'exercice *Les étapes du changement*. Objectifs :
- accroître la prise de conscience du changement en tant que processus ;
- établir à quelle étape du changement se situent les clients ;
- faire des changements plus concrets au cours du traitement *Premier contact* ;
- cerner les moyens plus concrets de parvenir à l'étape suivante.

EXAMEN DU PROCESSUS DU CHANGEMENT

La séance 4 est la dernière séance du programme *Premier contact*. Par conséquent, les objectifs principaux des clients pour cette séance consistent à examiner les progrès effectués et à décrire les changements positifs qui sont survenus dans leur vie (même s'il s'agit simplement d'une plus grande prise de conscience) et, si le conseiller anime une réunion de groupe, d'examiner le processus de groupe et de mettre l'accent sur la communication et le soutien qui ont eu lieu. Étant donné que beaucoup de ces jeunes clients ont de la difficulté à terminer ce qu'ils entreprennent, il est également utile de les féliciter d'avoir terminé le programme *Premier contact*. Montrez que vous reconnaissez qu'il faut beaucoup de motivation et de courage pour examiner les conséquences sur leur vie de l'usage d'alcool ou d'autres drogues.

L'exercice *Les étapes du changement* est inclus pour faire comprendre aux clients que le changement est un processus à long terme. Cet exercice n'utilise pas les termes originaux proposés par Prochaska et DiClemente (1984). Nous avons modifié ces termes pour qu'ils plaisent davantage aux jeunes.

On demande aux clients d'indiquer à quelle étape du changement ils se trouvaient au début du programme *Premier contact* et de préciser où ils se situent maintenant. Cet exercice met en lumière les changements survenus et les mesures que les clients ont prises pour effectuer ces changements. Il est également utile de parler des moyens concrets permettant de maintenir les progrès réalisés et de passer à l'étape suivante (pour les clients qui n'en sont pas encore à l'étape du maintien).

BESOINS EN MATIÈRE DE TRAITEMENT ET OPTIONS POUR L'AVENIR

Cette séance est également l'occasion de parler aux clients des traitements dont ils auront besoin après le programme *Premier contact*. Le plan de traitement recommandé dépendra des caractéristiques du client, de sa réponse au traitement et des options disponibles. On suggère généralement des soins continus aux personnes qui ont bien répondu au programme et qui n'ont pas d'autres besoins urgents en matière de traitement. On peut envisager pour les clients qui ont des besoins additionnels, la thérapie individuelle ou familiale ou l'apprentissage d'aptitudes spécifiques (p. ex., gestion de la colère). Pour ceux qui n'ont pas répondu au traitement, il peut être bon de conseiller la gestion de cas ou de les diriger vers d'autres programmes d'intervention plus intensifs (p. ex., programme communautaire de jour).

DIRECTIVES À L'INTENTION DU CONSEILLER
1. *Contrôle*

Discutez des progrès réalisés au cours de la dernière semaine. Pour des conseils, voir l'*exercice de contrôle* de la séance 1.

Aidez les clients à consolider le changement :
· « Au cours des quatre dernières semaines, quelles stratégies vous ont été le plus utiles ? »
· « Est-ce que vous pouvez continuer à limiter (ou cesser) votre usage d'alcool ou d'autres drogues ? »

2. Présentez le feuillet *Les étapes du changement*.

Examinez et consolidez les progrès.

Cet exercice vous aidera à faire le point sur votre situation. Le changement est un peu comme un voyage. Certaines personnes n'ont absolument pas envie de faire ce voyage. D'autres hésitent à le faire et se posent la question suivante : Devrais-je partir ou rester ici ? D'autres encore se préparent à faire le voyage (ainsi de suite).

Examinez les étapes du changement et dites-nous :
· « Où en étiez-vous à votre arrivée ? »
· « Où vous situez-vous maintenant ? »
· « Qu'est-ce qui vous a mené au changement (si c'est le cas) ? »

- « Quelles sont les prochaines étapes (p. ex., stratégies d'adaptation, orientation vers un traitement) ? »

3. Examinez d'autres options en matière de traitement.

Discutez de la planification de tout traitement futur :
- « À cette étape-ci, quelle sorte d'aide additionnelle pourrait être utile ? »
- « Sur quoi aimeriez-vous vous concentrer au cours du mois qui vient ou des deux prochains mois ? »

4. Récapitulation.

Soulignez les changements et les progrès survenus, examinez le processus de traitement et obtenez l'avis des clients :
- « Qu'est-ce qui vous a amené à faire des changements (le cas échéant) ? »
- « Quelles sont les prochaines étapes (p. ex., stratégies d'adaptation) ? »
- « Qu'avez-vous pensé de votre participation à ce programme au cours des quatre dernières semaines ? »
- « Qu'avez-vous pensé de la première séance de groupe ? »
- « Comment les choses ont-elles changé pour vous dans le groupe au cours de ces quatre semaines ? » (Insistez sur le fait que le client a fait preuve de persévérance malgré le fait qu'il se sentait mal à l'aise au début.)
- « Qu'est-ce qui a été le plus utile dans le traitement ? »
- « Avez-vous des suggestions pour améliorer ces séances ? »

LES ÉTAPES DU CHANGEMENT

1. JE NE VEUX PAS CHANGER

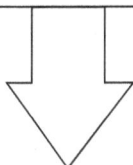

2. JE PENSE À CHANGER

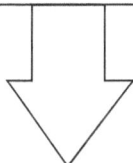

JE FAIS UNE RECHUTE

3. JE ME PRÉPARE À CHANGER

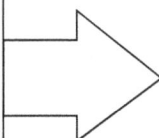

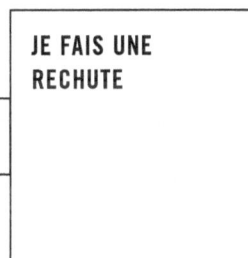

4. JE FAIS DES CHANGEMENTS

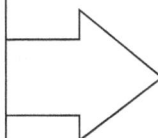

5. JE PERSISTE DANS MES CHANGEMENTS

6. JE SUIS PARVENU À MON BUT

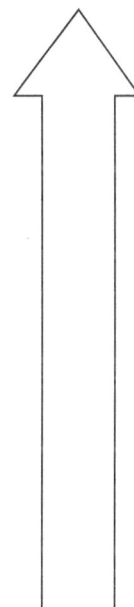

< À DISTRIBUER >

INTRODUCTION AUX SÉANCES DE THÉRAPIE PAR L'ART

L'une des caractéristiques fondamentales de la thérapie par l'art est qu'elle peut aider les personnes à mieux exprimer leurs problèmes, leurs émotions, leurs conflits et leurs préoccupations. Les activités artistiques offrent au participant le moyen d'illustrer ses divers problèmes et de canaliser les émotions, les préoccupations et les problèmes qui sont associés à son usage d'alcool ou d'autres drogues pour qu'il lui soit possible d'examiner objectivement la situation et de trouver des solutions plus appropriées. Les exercices de thérapie par l'art peuvent favoriser l'auto-réflexion. Les participants peuvent travailler de façon constructive sur un problème au lieu de l'intérioriser de façon malsaine ou d'y faire face de façon destructrice.

Voici certains jeunes qui pourraient bénéficier de la participation à des séances de thérapie par l'art :
· ceux qui ont du mal à se concentrer ou qui ne peuvent le faire que pendant de courtes périodes (un programme axé sur la réalisation d'activités artistiques pourrait leur être bénéfique) ;
· ceux qui ont du mal à s'exprimer (pendant une période de vulnérabilité parce qu'ils souffrent d'une maladie mentale, par exemple) ;
· ceux qui sont renfermés et qui ont du mal à exprimer leurs émotions verbalement (ils peuvent être plus à l'aise s'ils s'expriment au moyen de l'art) ;
· ceux qui s'expriment plus facilement par des images et à qui ce mode d'expression plaira donc ;
· ceux qui ont tendance à intellectualiser les choses et qui pourraient peut-être s'ouvrir davantage au moyen d'une activité artistique ;
· ceux qui parlent une langue étrangère ; ils peuvent se sentir plus à l'aise dans un groupe dans lequel on privilégie la communication visuelle et utilise des images comme aides visuelles pour stimuler la discussion.

BUTS ET OBJECTIFS DE LA THÉRAPIE PAR L'ART

Les instructions sur la thérapie par l'art qui accompagnent chaque séance de *Premier contact* sont conçues pour enrichir l'expérience d'apprentissage et pour répondre aux besoins des jeunes concernés. Le but visé est d'utiliser les activités artistiques pour surmonter les obstacles à la prise de conscience et pour aider les participants à examiner objectivement leur usage d'alcool ou d'autres drogues. Ce but peut être atteint de diverses façons :
· Encourager l'autonomie et l'autodétermination pendant que le participant réduit sa dépendance à l'égard de l'alcool ou d'autres drogues. Les activités artistiques sont concrètes et la participation active présente des avantages. Les jeunes qui participent aux séances de thérapie par l'art produisent une œuvre d'art. Ceci permet aux participants de réaliser qu'ils peuvent examiner leur usage d'alcool ou d'autres drogues par le biais de la création artistique. Cette œuvre devient un moyen de s'exprimer sur un problème ou une situation donné(e) et stimule aussi la connaissance de soi.

- Accentuer la nécessité de consacrer du temps à la question et de se concentrer. Créer une œuvre d'art est une activité plaisante qui favorise la concentration. Le fait de voir des formes et des couleurs sur une feuille de papier permet à certaines personnes de mieux se concentrer. L'image produite permet aux participants de faire une distinction entre ce qui est important et ce qui ne l'est pas. Les jeunes qui examinent ainsi de façon concrète leur usage d'alcool ou d'autres drogues peuvent le faire avec plus d'objectivité et de recul.

- Favoriser la croissance individuelle. La production d'une œuvre d'art est une activité non verbale qui peut aider à surmonter la résistance envers l'expression verbale. Les participants peuvent exprimer leurs émotions et trouver des détails dans leur travail dont ils ne seraient pas autrement conscients. Le fait de chercher un sens aux images, par un examen et une discussion approfondis, favorise cette réflexion. Le sens d'accomplissement aide aussi à améliorer l'estime de soi et la confiance.

- Encourager de nouvelles façons de percevoir les choses par un moyen d'expression non verbal. La première réaction d'une personne au fait de participer à un traitement s'exprime souvent dans la thérapie par l'art sous forme de colère, de confusion, de panique, de crainte ou d'impuissance. Le participant est encouragé à prendre conscience de ses émotions, à les étudier et à y trouver des solutions de rechange positives.

INSTRUCTIONS POUR AIDER LES ANIMATEURS À RÉAGIR À UNE ŒUVRE D'ART CRÉÉE PAR UN CLIENT DE FAÇON COMPRÉHENSIVE ET DE MANIÈRE À RENFORCER LES OBJECTIFS DU PROGRAMME *PREMIER CONTACT*

Matériel

Ayez toujours du matériel de bonne qualité qui peut résister sans briser à une certaine pression, et essayez d'en avoir assez pour que tous les participants puissent choisir ce qui leur convient. Nous recommandons que le matériel comporte des feutres à bout large, des pastels à l'huile, des crayons et des crayons à mine de graphite. Procurez-vous des taille-crayons, des gommes à effacer et des règles ainsi que des ciseaux de bonne qualité et des bâtons de colle. Fournissez aux participants de grandes feuilles de papier (18 po x 24 po) suffisamment rigides pour ne pas déchirer. Nous vous recommandons aussi d'avoir du papier de bricolage ou du papier cartouche blanc ou de couleur neutre. Ayez une collection d'images découpées dans des revues qui représentent des personnes de divers âges, cultures ou races qui participent à différentes activités et qui expriment toute la gamme des émotions humaines. Ajoutez à votre collection des images représentant des animaux, des lieux et des choses.

Lorsque vous regardez une œuvre d'art ou en parlez :
- Ne forcez jamais un client à vous parler de son œuvre.
- Essayez d'éviter d'interpréter l'œuvre en demandant aux participants de la décrire eux-mêmes.
- Demandez à chaque participant de partager l'expérience de faire le dessin.

- Demandez au participant ce qu'il pensait à l'idée de faire ce travail et de le poursuivre. Comment peut-il décrire le dessin ? Quel devrait en être le titre ?
- Favorisez la connaissance de soi en demandant à chaque participant d'expliquer certains éléments du dessin. Posez des questions qui encouragent le participant à s'exprimer davantage par l'art. Quelle partie du dessin aime-t-il le plus (le moins) ? Pourquoi ?
- Insistez sur certains éléments du dessin qui évoquent un thème ou qui sont déformés ou exagérés. Que fait la personne représentée dans le dessin ? Que pense ou ressent-elle ? Que signifient ces couleurs pour le participant ?
- Encouragez la réflexion. Te sens-tu parfois de cette façon ? Agis-tu parfois de cette façon ? Est-ce que cela a quelque chose à voir avec ta vie ?

SÉANCE 1 : LA DÉCISION DE CHANGER

Matériel d'artiste
- Feuille de papier à dessin de 18 po x 24 po
- Crayons de couleur, pastels à l'huile et craies pastels
- Revues pour collage, ciseaux, colle

Point de départ
« Consacrez quelques minutes à discuter de votre usage d'alcool ou d'autres drogues. Quels sont les avantages et les inconvénients de cet usage ? Quels en sont les bons côtés et les moins bons côtés ? Si vous réduisez ou cessez votre usage d'alcool ou d'autres drogues, quelles sont les conséquences positives et négatives qui en résulteraient ? »

Instructions sur l'œuvre à réaliser
« Pliez la feuille de papier en deux et faites sur un côté un dessin représentant les bons aspects de votre usage d'alcool ou d'autres drogues et sur l'autre, un dessin représentant les moins bons aspects de cet usage. »

« Prenez une seconde feuille de papier et pliez-la en deux. Sur un côté de la feuille, faites un dessin représentant les avantages que présenterait pour vous le fait de réduire ou de cesser votre usage d'alcool ou d'autres drogues, et de l'autre côté, les inconvénients qui en résulteraient. »

Regarder une œuvre et en discuter
Décrivez vos dessins et expliquez ce qui se passe dans chacun d'eux. Comment se distinguent-ils les uns des autres ? Quels sont les bons côtés et les moins bons côtés de l'usage d'alcool ou d'autres drogues ? Qu'est-ce qui vous plaît dans chaque dessin et qu'est-ce qui vous déplaît ?

CONTRÔLE

Matériel d'artiste

· Feuille de papier à dessin de 18 po x 24 po

· Crayons de couleur, pastels à l'huile et craies pastels

· Revues pour collage, ciseaux, colle

Point de départ

« Réfléchissez pendant quelques minutes à une bonne journée et à une moins bonne journée au cours de la semaine lorsque vous avez eu envie de faire usage d'alcool ou d'autres drogues ou lorsque vous avez succombé à cette envie. Où étiez-vous à ce moment-lá ? Étiez-vous avec quelqu'un ou seul ? Qu'est-ce qui se passait ? Que ressentiez-vous ? »

Instructions sur l'œuvre à réaliser

« Pliez la feuille de papier au milieu et faites sur un côté un dessin représentant une bonne journée et sur l'autre, un dessin représentant une moins bonne journée au cours de la semaine lorsque vous avez eu envie de faire usage d'alcool ou d'autres drogues ou lorsque vous avez succombé à cette envie. Donnez autant de détails que possible dans votre dessin sur l'endroit où vous vous trouviez et sur l'heure de la journée où cela s'est produit. Que ressentiez-vous à ce moment-lá et qu'est-ce qui s'est passé ? »

Regarder une œuvre et en discuter

« Décrivez vos dessins. Que se passe-t-il dans le dessin ? Qu'est-ce qui vous a fait penser à faire usage d'alcool ou d'autres drogues et que s'est-il passé ensuite ? Avez-vous succombé à cette envie ? Qu'auriez-vous pu faire autrement à ce moment-lá ? »

SÉANCE 2 : DÉCLENCHEURS, CONSÉQUENCES ET SOLUTIONS DE RECHANGE

Matériel d'artiste

· Feuille de papier à dessin de 18 po x 24 po

· Crayons de couleur, pastels à l'huile et craies pastels

· Revues pour collage, ciseaux, colle

Point de départ

« Réfléchissez pendant quelques minutes à un moment pendant la semaine où vous avez pensé à faire usage d'alcool ou d'autres drogues. Où étiez-vous à ce moment-lá ? Étiez-vous avec quelqu'un ou étiez-vous seul ? Qu'est-ce qui se passait ? Que ressentiez-vous ? »

Instructions sur l'œuvre à réaliser

« Faites un dessin représentant à un moment pendant la semaine où vous avez pensé à faire usage d'alcool ou d'autres drogues. Donnez le plus de détails possible dans votre dessin sur l'endroit où vous vous trouviez et sur l'heure de la journée où cela s'est produit. Que ressentiez-vous à ce moment-lá et qu'est-ce qui s'est passé ? »

Regarder une œuvre et en discuter

« Décrivez vos dessins. Que se passe-t-il dans le dessin ? Qu'est-ce qui vous a fait penser à faire usage d'alcool ou d'autres drogues et que s'est-il passé ensuite ? Avez-vous succombé à cette envie ? Qu'auriez-vous pu faire autrement à ce moment-lá ? »

SÉANCE 3 : CE QUI EST IMPORTANT POUR MOI

Matériel d'artiste

- Feuille de papier à dessin de 18 po x 24 po
- Crayons de couleur, pastels à l'huile et craies pastels
- Revues pour collage, ciseaux, colle

Point de départ

« Réfléchissez à où vous aimeriez vous trouver dans un an ou deux. Comment aimeriez-vous que votre vie soit ? Qu'est-ce que vous aimeriez accomplir ? Y a-il quelqu'un que vous admirez et à qui vous aimeriez ressembler ? »

Instructions sur l'œuvre à réaliser

« Faites un dessin représentant la façon dont vous aimeriez que les gens vous voient à l'avenir. »

Regarder une œuvre et en discuter

« Parlez du dessin : qui êtes-vous, où êtes-vous et que faites-vous ? Donnez un exemple d'une chose que vous pourriez faire pour vous retrouver là où vous vous trouvez dans le dessin. »

SÉANCE 4 : LES ÉTAPES DU CHANGEMENT

Matériel d'artiste

- Feuille de papier à dessin de 18 po x 24 po
- Crayons de couleur, pastels à l'huile et craies pastels
- Revues pour collage, ciseaux, colle

Point de départ

« Réfléchissez à ce qui vous a amené à faire partie de ce programme et à ce que vous avez appris au sujet de vous-même en y participant. »

Instructions sur l'œuvre à réaliser

« Tirez un trait au milieu de la page. D'un côté de la page, faites un dessin vous représentant à votre arrivée au programme, et de l'autre côté, un dessin vous représentant maintenant. »

Regarder une œuvre et en discuter

« Comparez ces deux dessins et décrivez ce qui les distingue l'un de l'autre. Qu'est-ce qui a changé ? Quels autres changements pensez-vous qu'il y aura dans l'avenir ? »

MODULES DES ACTIVITÉS

SÉANCE 1 : LA DÉCISION DE CHANGER

Matériel

· Un bol de friandises comme du maïs soufflé, des bonbons haricots ou des smarties.

· Deux assiettes ou deux tasses de papier par personne ; l'une porte l'étiquette « bons côtés » et l'autre, « moins bons côtés ».

· Un exemplaire de l'exercice *La décision de changer*

· Un exemplaire de la liste des réponses suggérées.

Point de départ

Les membres du groupe s'assoient en cercle et chaque personne place devant elle une assiette. Le thérapeute a une feuille pour l'exercice *La décision de changer* sur lequel il inscrit les réponses de chaque participant.

Présentez l'activité

Nous aimerions discuter de certains problèmes auxquels vous êtes peut-être confrontés au sujet de la décision de changer (réduire ou cesser) votre usage d'alcool ou d'autres drogues. Qu'avez-vous à gagner et qu'avez-vous à perdre en changeant ? Et si vous ne changiez pas ?

Description de l'activité

Faites circuler le bol autour du cercle. Chaque personne qui reçoit le bol mentionne un bon côté de son usage d'alcool ou d'autres drogues, prend une friandise dans le bol et la place dans l'assiette « bons côtés ». Le thérapeute inscrit la réponse de chaque participant sur sa feuille d'exercice. Si les clients ont du mal à trouver les bons côtés et les moins bons côtés de leur usage d'alcool ou d'autres drogues, reportez-vous à la liste des suggestions de réponses. Procédez de la même façon jusqu'à ce que tous les participants aient parlé de tous les bons côtés de leur usage d'alcool ou d'autres drogues. Ensuite, demandez aux clients de mentionner les moins bons côtés de leur usage et de placer une friandise correspondant à chaque exemple donné dans l'assiette « moins bons côtés ». Procédez de la même façon jusqu'à ce que tous les participants aient eu l'occasion de parler de tous les moins bons côtés de leur usage auxquels ils peuvent songer.

Répétez l'activité en demandant cette fois aux participants de donner des exemples des bons côtés et des moins bons côtés de l'idée de changer leur usage d'alcool ou d'autres drogues. Dans les établissements, vous voudrez peut-être faire seulement cette partie de l'exercice avec les jeunes qui ne font pas usage d'alcool ou d'autres drogues, bien que bon nombre d'entre eux trouvent utile de réfléchir aux avantages et aux inconvénients de leur usage passé d'alcool ou d'autres drogues.

Discussion

- « Lorsque vous comparez le nombre de friandises qui se trouvent dans chaque assiette, vos sentiments sont-ils toujours partagés au sujet de l'idée du changement ? »
- « Quels inconvénients (ou avantages) importent le plus pour vous ? Pourquoi vous préoccupez-vous de ces inconvénients ? »
- « Quels sont certains des espoirs et des craintes que vous entretenez maintenant ? »

SÉANCE 4 : LES ÉTAPES DU CHANGEMENT

Point de départ
Choisissez des endroits dans la pièce pour chaque étape du processus du changement.

Présentez l'activité
« Cet exercice vous aidera à faire le point sur votre situation. Le changement est un peu comme un voyage. Certaines personnes n'ont absolument pas envie de faire le voyage. D'autres hésitent à le faire (et ainsi de suite). Examinons les étapes du changement. » (Lire à haute voix les étapes du processus du changement.)

Description de l'activité
Allez dans le coin de la pièce qui correspond à l'étape où vous vous trouviez lors de votre arrivée au programme. Allez maintenant dans le coin qui correspond à l'étape où vous vous trouvez maintenant.

Discussion
- « Qu'est-ce qui vous a amené à changer (le cas échéant) ? »
- « Quelles sont les prochaines étapes (p. ex., stratégies d'adaptation, orientation vers un traitement) ? »

BIBLIOGRAPHIE

Fondation de recherche sur la toxicomanie et Santé et Bien-être Canada. *Youth & Drugs: An Education Package for Professionals*, Toronto, Fondation de recherche sur la toxicomanie, 1991.

Addington, J. et D. Addington. *Impact of an Early Psychosis Program on Substance Use, Psychiatric Rehabilitation Journal, 25 (1)*, 2001, p. 60-67.

Addington, J. et D. Addington. *Effects of Substance Misuse* in *Early Psychosis, British Journal of Psychiatry, 172 (supplément 33)*, 1998, p. 134-136.

Adlaf, E.M. et A. Paglia. *Drug Use Among Ontario Students 1977–2001*, Toronto, Centre de toxicomanie et de santé mentale, 2001, Document de recherche de la série n⁰ 10 du CAMH.

Adlaf, E.M., A. Paglia et J.H. Beitchman. *The Mental Health and Well-Being of Ontario Students: Findings from the OSDUS 1991–2001*, Toronto, Centre de toxicomanie et de santé mentale, 2002, Document de recherche de la série n⁰ 11 du CAMH.

American Psychiatric Association. *Diagnostic and Statistical Manual of Mental Disorders*, 4ᵉ éd., Washington, DC, 1994.

Annis, H.M. et G. Martin. *Inventory of Drug-Taking Situations*, Toronto, Fondation de recherche sur la toxicomanie, 1985.

Baer, J.S. et P. L. Peterson. *Motivational Interviewing with Adolescents and Young Adults*, dans W.R. Miller et S. Rollnick (éd.), *Motivational Interviewing: Preparing People for Change*, 2ᵉ éd., New York, The Guilford Press, 2002, p. 320-332.

Ballon, B.C. (sous presse). *Concurrent Disorders in Young People*, dans Skinner, W.J.W. et P. Smith (éd.), *Concurrent Disorders Handbook*, Toronto, Centre de toxicomanie et de santé mentale.

Ballon, B.C., C.M.A. Courbasson et P.D. Smith. *Physical and Sexual Abuse Issues Among Youths with Substance Use Problems, Canadian Journal of Psychiatry, 46*, 2001, p. 617-621.

Barbara, A.M., G. Chaim et F. Doctor. *Asking the Right Questions: Talking about sexual orientation and gender identity during assessment for drug and alcohol concerns*, Toronto, Centre de toxicomanie et de santé mentale, 2002.

Bois, C. et K. Graham. Case Management. dans S. Harrison et V. Carver (éd.), *Alcohol and Drug Problems,* 2e éd., Toronto, Fondation de recherche sur la toxicomanie, 1997, p. 61-76.

Boudreau, R.J. (sous presse). *Substance Use Problems and the Family* dans S. Harrison et V. Carver (éd.), *Alcohol and Drug Problems,* 3e éd., Toronto, Centre de toxicomanie et de santé mentale.

Boudreau, R., G. Chaim, S. Pearlman, J. Shenfeld et W. Skinner. *Working with Couples and Families: Skills for Addiction Workers. Trainer's Guide,* Toronto, Fondation de recherche sur la toxicomanie, 1998.

Brands, B., B. Sproule et J. Marshman. *Drugs & Drug Abuse,* 3e éd., Toronto, Fondation de recherche sur la toxicomanie, 1998.

Braverman, M.T. *Applying Resilience Theory to the Prevention of Adolescent Substance Abuse. Youth Development Focus* (séries de monographies sollicitées), Université de Californie, Davis, 4-H Center for Youth Development, 2001 [obtenu en ligne], disponible sur Internet : http://ucce.ucdavis.edu/freeform/4hcyd/documents/CYD_Focus1190.pdf

Brent, D.A., D. Holder, D. Kolko, B. Brimaher, M. Baugher, C. Roth, S. Iyengar et B.A. Johnson. *A Clinical Psychotherapy Trial for Adolescent Depression Comparing Cognitive, Family and Supportive Therapy, Archives of General Psychiatry, 54 (9)* 1997, p. 877-885.

Browne, G., C. Brown, M. Levine et J. Kertyzia. *The Current Status of Mental Health Services for School-Aged Children and Youth of Ontario,* Toronto, Gouvernement de l'Ontario, avril 2001, [obtenu en ligne], disponible sur Internet : http://www.fhs.mcmaster.ca/slru/paper/Current_ Status_of_Mental_Health.pdf.

Bukstein, O., J.E. Dunne, W. Ayres, V. Arnold, E. Benedek, R.S. Benson, W. Bernet, G. Berstein, R.L. Gross, R. King, J. Kinlan, H. Leonard, W. Licamele, J. McClellan, K. Shaw, L.E. Sloan et C. M. Miles. *Practice Parameters for the Asssessment and Treatment of Children and Adolescents with Substance Use Disorders, Journal of the American Academy of Child and Adolescent Psychiatry, 36 (10) : supplément,* octobre 1997.

Bukstein, O.G. et V.B. Van Hasselt. *Alcohol and Drug Abuse,* dans A.S. Bellack et M. Hersen (éd.), *Handbook of Behavior Therapy in the Psychiatric Setting,* New York, Plenum, 1993, p. 453-475.

Campbell, M. et R. Malone. *Mental Retardation and Psychiatric Disorders. Hospital Community Psychiatry, 42,* 1991, p. 374-389.

Centre canadien de lutte contre l'alcoolisme et les toxicomanies et Centre de toxicomanie et de santé mentale. *Profil canadien : l'alcool, le tabac, et les autres drogues*, Ottawa, Centre canadien de lutte contre l'alcoolisme et les toxicomanies, 1999.

Catalano, R.F., J.D. Hawkins et E.A. Wells. *Evaluation of the Effectiveness of Adolescent Drug Abuse Treatment: Assessment of Risk for Relapse, and Promising Approaches for Relapse Prevention.* International Journal of Addictions, 25, 1991-1992, p. 1085-1140.

Centre de toxicomanie et de santé mentale. *Préoccupations concernant la consommation d'alcool et d'autres drogues et la maladie mentale chez les jeunes,* fiche no 4, Toronto, Centre de toxicomanie et de santé mentale, 2002a.

Centre de toxicomanie et de santé mentale. *CAMH Position on Harm Reduction: Its Meaning and Applications for Substance Use Issues,* 2002b, [obtenu en ligne], disponible sur Internet : http://www.camh.net/best_advice/harm_reduction_pos0602.html.

Centre de toxicomanie et de santé mentale. *Cultural Competence for Social Workers. Module One,* Toronto, Services d'éducation et de formation, Centre de toxicomanie et de santé mentale, 2001.

Centre de toxicomanie et de santé mentale et Association canadienne pour la santé mentale, *Parlons de la santé mentale : Guide d'élaboration d'un programme de sensibilisation* à *l'intention des jeunes,* Toronto, Centre de toxicomanie et de santé mentale, 2001.

Chaim, G. et J. Shenfeld (sous presse). *Concurrent Disorders: A Framework for Working with Couples and Families,* dans W.J.W. Skinner et P. Smith (éd.), *Concurrent Disorders Handbook,* Toronto, Centre de toxicomanie et de santé mentale.

Chaim, G., J. Shenfeld et D. Long (sous presse). *Working with Youth,* dans S. Harrison et V. Carver (éd.), *Alcohol and Drug Problems,* 3e éd., Toronto, Centre de toxicomanie et de santé mentale.

Santé mentale pour enfants Ontario. *Evidence Based Practices for Depression in Children and Adolescents,* Toronto, Santé mentale pour enfants Ontario, 2001a, [obtenu en ligne], disponible sur Internet : http://www.cmho.org/pdf_files/MDD_W3_Full_Document.pdf.

Santé mentale pour enfants Ontario. *Evidence Based Practices for Conduct Disorder in Children and Adolescents,* Toronto, Santé mentale pour enfants Ontario, 2001b [obtenu en ligne], disponible sur Internet : http://www.cmho.org/pdf_files/CD_W3_Full_Document.pdf.

Collin, K. et M. Paone. *Cocktails: Facts for Youth About Mixing Medicine, Booze and Street Drugs,* Children's and Women's Health Centre of British Columbia, 2002.

Connors, G.J., D.M. Donovan et C.C. DiClemente. *Substance Abuse Treatment and the Stages of Change,* New York, The Guilford Press, 2001.

Cross, S. et L.B. Sibley. *The Standardized Tools and Criteria Manual: Helping Clients Navigate Addiction Treatment in Ontario*, Toronto, Centre de toxicomanie et de santé mentale, 2001.

DiClemente, C.C. et M.M. Velasquez. *Motivational Interviewing and the Stages of Change*, dans W.R. Miller et S. Rollnick (éd.), *Motivational Interviewing: Preparing People for Change,* 2ᵉ éd., New York, The Guilford Press, 2002, p. 201-216.

Dishion, T.J. et K. Kavanagh. *An Ecological Approach to Family Intervention for Adolescent Substance Use*, dans E.F. Wagner et H.B. Waldron (éd.), *Innovations in Adolescent Substance Abuse Interventions*, New York, Pergamon, 2001, p. 127-142.

Dixon, L. *Dual Diagnosis of Substance Abuse in Schizophrenia: Prevalence and Impact on Outcomes, Schizophrenia Research, 35*, S93-S100, 1999.

Donahue, B. et N. Azrin. *Family Behavior Therapy*, dans E.F. Wagner et H.B. Waldron (éd.), *Innovations in Adolescent Substance Abuse Interventions*, New York, Pergamon, 2001, p. 205-227.

Drake, R.E. et K.T. Mueser. *Psychosocial Approaches to Dual Diagnosis, Schizophrenia Bulletin, 26*, 2000, p. 105-118.

Drake, R.E. et F.C. Osher. *Treating Substance Abuse in Patients with Severe Mental Illness*, dans S.W. Henggeler et A.B. Santos (éd.), *Innovative approaches for difficult-to-treat populations,* Washington, DC, American Psychiatric Press, 1997, p. 191-207.

Edgerton, R.B. *Alcohol and Drug Use by Mentally Retarded Adults, American Journal of Mental Deficiency, 90*, 1986, p. 602-609.

Godley, S.H., M.D. Godley et M.L. Dennis. *The Assertive Aftercare Protocol for Adolescent Substance Abusers*, dans E.F. Wagner et H.B. Waldron (éd.), *Innovations in Adolescent Substance Abuse Interventions*, New York, Pergamon, 2001a, p. 313-331.

Godley, S.H., R. J. Meyers, J.E. Smith, T. Karvinen, J.C. Titus, M.D. Godley, G. Dent, L. Passetti et P. Kelberg. *The Adolescent Community Reinforcement Approach for Adolescent Cannabis Users*, Cannabis Youth Treatment Series, volume 4, Center for Substance Abuse Treatment, 2001b, [obtenu en ligne], disponible sur Internet : ftp://ftp.health.org/pub/ncadi/govpubs/bkd387.pdf.

Griffens, D.M., C. Stavrakaki et J. Summers (éd.). *Dual Diagnosis: An Introduction to the Mental Health Needs of Persons with Developmental Disabilities*, Sudbury, Ontario, Habilitative Mental Health Resource Network, 2002.

Hamilton, N.L., L.B. Brantley, F.M. Tims, N. Angelovich et B. McDougall. *Family Support Network for Adolescent Cannabis Users*. Cannabis Youth Treatment (CYT) Series, volume 3,

Center for Substance Abuse Treatment, 2001, [obtenu en ligne], disponible sur Internet : http://www.health.org/govpubs/bkd386/cyt3.pdf.

Hansen, N.D. et A.F. Pepitone-Areola-Rockwell. *Multicultural Competencies: Criteria and Case Examples, Professional Psychology: Research and Practice. 31(6)*, 2000, p. 652-660.

Harrison, S. et V. Carver. *Alcohol and Drug Problems: A Practical Guide for Counsellors*, 2ᵉ éd., Toronto, Fondation de recherche sur la toxicomanie, 1997.

Haskell, L. *Bridging Responses: A front-line worker's guide to supporting women who have post-traumatic stress*, Toronto, Centre de toxicomanie et de santé mentale, 2001.

Santé Canada. *Meilleures pratiques – Troubles concomitants de santé mentale et d'alcoolisme et de toxicomanie*, Ottawa, Travaux publics et Services gouvernementaux Canada, 2002.

Santé Canada. *Meilleures pratiques de traitement et de réadaptation des jeunes ayant des problèmes attribuables à la consommation d'alcool et d'autres drogues*, Ottawa, Travaux publics et Services gouvernementaux Canada, 2001.

Santé Canada. *Les drogues - Faits et méfaits,* Ottawa, Travaux publics et Services gouvernementaux, 2000.

Santé Canada. *Meilleures pratiques – Alcoolisme et toxicomanie – Traitement et réadaptation*, Ottawa, Travaux publics et Services gouvernementaux Canada, 1999.

Jenson, J.M., M.O. Howard et J. Yaffe. *Treatment of Adolescent Substance Abusers: Issues for Practice and Research, Social Work in Health Care, 21*, 1995, p. 1-18.

Kaminer, Y. *Psychopharmacological Therapy*, dans E.F. Wagner et H.B. Waldron (éd.), *Innovations in Adolescent Substance Abuse Interventions*, New York, Pergamon, 2001, p. 285-311.

Kaminer, Y., J.A. Burleson et L. Bouchard. *Cognitive Behavioral Therapy Versus Interactional Therapy for Adolescents: 15-month follow-up* (résumé). *Alcoholism: Clinical and Experimental Research, 22 (3ᵉ suppl.)*, 74A, 1998.

Lewinsohn, P.M., G.N. Clarke, H. Hops et J. Andrews. *Cognitive-Behavioral Treatment for Depressed Adolescents, Behavior Therapy, 21*, 1990, p. 385-401.

Liddle, H.A. *Multidimensional Family Therapy for Adolescent Cannabis Users,* Cannabis Youth Treatment Series, volume 5. (DHHS Pub. No. 02-3660). Rockville, MD: Center for Substance Abuse Treatment, Substance Abuse and Mental Health Services Administration, 2002.

Liddle, H.A. et A. Hogue. *Multidimensional Family Therapy For Adolescent Substance Abuse*, dans E.F. Wagner et H.B. Waldron (éd.), *Innovations in Adolescent Substance Abuse Interventions,* New York, Pergamon, 2001, p. 229-261.

Longo, L. *Alcohol Abuse in Persons with Developmental Disabilities, The Habilitative Mental Health Care Newsletter, 16(4)*, 1997, p. 61-64.

Mangham, C., P. McGrath, G. Reid et M. Stewart. *Ressort psychologique : Pertinence dans le contexte de la promotion de la santé,* Santé Canada, Ottawa, ministère des Approvisionnements et Services, document de discussion soumis au Bureau de l'alcool, des drogues et des questions de dépendance, Santé Canada, Ottawa, 1995 [obtenu en ligne], disponible sur Internet : http://www.hc-sc.gc.ca/hecs-sesc/sca/publications/RessortPsychologique/tdm3.htm.

March, J. et K. Mulle. *Banishing Obsessive-Compulsive Disorder*, dans E. Hibbs et P. Jensen (éd.), *Psychosocial Treatments for Child and Adolescent Disorders*, Washington, DC, American Psychological Press, 1996, p. 82-103.

March, J.S., L. Amaya-Jackson et M. C. Murray. *Cognitive-Behavioral Psychotherapy for Children and Adolescents with Post-traumatic Stress Disorder after a Single-Incident Stressor, Journal of the American Academy of Child and Adolescent Psychiatry, 37,* 1998, p. 585-593.

Marlatt, G.A. *Harm Reduction: Pragmatic Strategies for Managing High-Risk Behaviours*, New York, The Guilford Press, 1998.

Marlatt, G.A. et J. R. Gordon. *Relapse Prevention,* New York, Guilford Press, 1985.

Masten, A. S. *Ordinary Magic: Resilience Processes in Development, American Psychologist, 56 (3),* 2001, p. 227-238.

Miller, E.T., J. R. Kilmer, E. L. Kim, K. R. Weingardt et G. A. Marlatt. *Alcohol Skills Training for College Students*, dans P.M. Monti, S.M. Colby et T.A. O'Leary (éd.), *Adolescents, Alcohol and Substance Abuse,* New York, The Guilford Press, 2001, p. 183-215.

Miller, E.T., A. P. Turner et G. A. Marlatt. *The Harm Reduction Approach to the Secondary Prevention of Alcohol Problems in Adolescents and Young Adults: Considerations across a Developmental Spectrum,* dans P.M. Monti, S.M. Colby et T.A. O'Leary (éd.), *Adolescents, Alcohol and Substance Abuse,* New York, The Guilford Press, 2001, p. 58-79.

Miller, W.R. Préface dans P.M. Monti, S.M. Colby et T.A. O'Leary (éd.). *Adolescents, Alcohol and Substance Abuse,* New York, The Guilford Press, 2001, p. x-xiii.

Miller, W.R. et J. C'deBaca. *Quantum change: Toward a psychology of transformation*, dans T. Heatherton et J. Weinberger (éd.), *Can personality change?,* Washington, DC, American Psychological Association, 1994, p. 253-280.

Miller, W.R. et S. Rollnick (éd.). *Motivational Interviewing: Preparing People for Change,* 2e éd., New York, The Guilford Press, 2002.

Mirza, K.A.H. *Adolescent Substance Use Disorder*, dans S. Kutcher (éd.), *Practical Child and Adolescent Psychopharmacology,* Cambridge, UK: Cambridge University Press, 2002, p. 328-381.

Monti, P.M., S.M. Colby et T.A. O'Leary (éd.), *Adolescents, Alcohol and Substance Abuse*, New York, The Guilford Press, 2001.

Myers, M.G. *Cigarette Smoking Treatment for Substance-Abusing Adolescents*, dans E.F. Wagner et H.B. Waldron (éd.), *Innovations in Adolescent Substance Abuse Interventions*, New York, Pergamon, 2001, p. 263-283.

Myers, M.G., S. A. Brown et J.F. Kelly. *A Cigarette Smoking Intervention for Substance-Abusing Adolescents, Cognitive and Behavioral Practice, 7*, 2000, p. 64-82.

Myers, M.G., S.A. Brown, S. Tate, A. Abrantes et K. Tomlinson. *Toward Brief Interventions for Adolescents with Substance Abuse and Comorbid Psychiatric Problems*, dans P.M. Monti, S.M. Colby et T.A. O'Leary (éd.), *Adolescents, Alcohol and Substance Abuse,* New York et Londres, The Guilford Press, 2001, p. 275-296.

Centre national de prévention du crime. *Cadre stratégique pour la prévention du crime chez les enfants âgés de 0 à 12 ans*, Ottawa, CNPC, 2000.

National Institute on Drug Abuse. *Preventing Drug Use Among Children and Adolescents: A research-based guide*, Rockville, MD, National Institute on Drug Abuse, 1997.

Offord, D., M. Boyle et Y. Racine. *Ontario Child Health Study: Children at Risk*, Toronto, ministère des Services sociaux et communautaires de l'Ontario, Imprimeur de la Reine pour l'Ontario, 1989.

Bureau ontarien de lutte contre la toxicomanie et Conseil consultatif ontarien des services de lutte contre la toxicomanie, *Admission and Discharge Criteria*, Toronto, ministère de la Santé de l'Ontario, 2000.

Parks, G.A., B.K. Anderson et G. A. Marlatt. *Harm Reduction Therapy for Co-occurring Disorder. The Dual Network,* 1 (3), hiver, 2000, p. 6-7.

Patterson, J.M. *Risk and Protective Factors Associated with Children's Mental Health*, Maternal and Child Health Program, School of Public Health, Université du Minnesota, 2002 [obtenu en ligne]. Disponible sur Internet : http://www.epi.umn.edu/mch/resources/hg/hg_mentalhealth.pdf.

Pickrel, S.G., J.A. Hall, P.B. Cunningham. *Interventions for Adolescents who Abuse Substances*, dans S.W. Henggeler et A. B. Santos (éd.), *Innovative approaches for difficult-to-treat populations*, Washington, DC, American Psychiatric Press, 1997, p. 99-116.

Prochaska, J.O. et C.C. DiClemente. *The Transtheoretical Approach: Crossing Traditional Boundaries of Therapy*, Homewood, IL, Dow Jones/Irwin, 1984.

Prochaska, J.O et C.C. DiClemente. *Transtheoretical Therapy: Toward a more integrative model of change, Psychotherapy: Theory, Research and Practice, 19 (3),* 1982, 276-288.

Riggs, P.D. et E. A. Whitmore (1999). *Substance Use Disorders and Disruptive Behaviour Disorders*, dans R.L. Hendren (éd.), *Disruptive Behavior Disorders in Children and Adolescents, 18 (2), Review of Psychiatry Series.* Washington, DC, American Psychiatric Press, p. 133-173.

Rotgers, F et G. Graves. *Motivational Enhancement Treatment Manual: Institutional and Community Volume.* Augusta, Maine, Maine Office of Substance Abuse, 2001.

Ruf, G., *Addiction Treatment for People with Mental Retardation and Hearing Disabilities: Why We Need Specialized Services, The National Association of Developmental Disabilities Bulletin, 2 (3),* 1999, p. 95-101.

Sampl, S. et R. Kadden. *Motivational Enhancement Therapy and Cognitive Behavioral Therapy for Adolescent Cannabis Users: 5 Sessions.* Cannabis Youth Treatment (CYT) Series, volume 1, Centre for Substance Abuse Treatment (CSAT), 2001 [obtenu en ligne], disponible sur Internet : http://www.health.org/govpubs/bkd384/.

Sanchez-Craig, M., H.M. Annis, A.R. Bornet et K. R. MacDonald. *Random assignment to abstinence and controlled drinking: Evaluation of a cognitive-behavioural program for problem drinkers, Journal of Consulting and Clinical Psychology, 52,* 1984, p. 390-403.

Schwartz, G. (1997). *Kids are Kids: Exploring the Connection between Substance Abuse & Mental Health in Adolescents*, Toronto, ministère des Services sociaux et communautaires de l'Ontario et ministère de la Santé de l'Ontario, 1997.

Skinner, H., O. Maley, L. Smith, S. Chirrey et M. Morrison. New Frontiers: *Using the Internet to Engage Teens in Substance Abuse Prevention and Treatment*, dans P.M. Monti, S.M. Colby et T.A. O'Leary (éd.), *Adolescents, Alcohol and Substance Abuse*, New York, The Guilford Press, 2001, p. 297-318.

Skinner, W.J.W. et T. Toneatto. *Helping Clients with Concurrent Disorders*, présentation Powerpoint, Toronto, Services d'éducation et de formation, Centre de toxicomanie et de santé mentale, 2001.

Slesnick, N., R.J. Meyers, M. Meade et D. H. Sedelken. *Bleak and Hopeless No More: Engagement of Reluctant Substance-Abusing Runaway Youth and their Families, Journal of Substance Abuse Treatment, 19,* 1999, p. 215-222 .

Sobell, M. B. et L. C. Sobell. *Problem Drinkers: Guided Self-change Treatment.* New York, Guilford Press, 1993.

Stavrakaki, C. *Substance-Related Disorders in Persons with Developmental Disabilities*, dans D.M. Griffens, C. Stavrakaki et J. Summers (éd.), *Dual Diagnosis, An Introduction to the Mental Health Needs of Persons with Developmental Disabilities*. Sudbury, Ontario, Habilitative Mental Health Resource Network, 2002, p. 456-481.

Stavrakaki, C. *Depression, Anxiety and Adjustment Disorders in People with Developmental Disabilities*, dans N. Boudras (éd.), *Psychiatric and Behavioral Disorders in Developmental Disabilities and Mental Retardation*. Boston, MA, Cambridge University Press, 1999, p. 175-187.

Stavrakaki, C. et G. Mintsioulis. *Anxiety Disorders in Persons with Mental Retardation: Diagnostic, Clinical, and Treatment Issues. Psychiatric Annals, 27*, 1997, p. 182-189.

Stavrakaki, C. et G. Mintsioulis. *Pharmacalogical Treatment of Obsessive-Compulsive Disorders in Down's Syndrome Individuals: Comparison with Obsessive-Compulsive Disorders of Non-Down's Mentally Retarded Persons.* dans *Proceedings of the International Congress II on the Dually Diagnosed*, Boston, MA, 1995, p. 52-56.

Szapocznik, J., W. M. Kurtines, F. Foote, A. Perez-Vida et O. Hervis. *Conjoint Versus One-Person Family Therapy: Further Evidence for the Effectiveness of Conducting Family Therapy through One Person with Drug-Abusing Adolescents, Journal of Consulting & Clinical Psychology, 54(3)*, 1986, p. 395-397.

Trupin, E. et L. M. Boesky. *Working Together for Change: Co-occurring Mental Health and Substance Use Disorders among Youth Involved in the Juvenile Justice System: An On-line Tutorial for Juvenile Justice, Mental Health and Substance Abuse Treatment Professionals*, New York, Policy Research Associates, 2001, [obtenu en ligne], disponible sur Internet : http://www.gainsctr.com/curriculum/juvenile/.

U.S. Department of Health and Human Services, Public Health Service, Substance Abuse and Mental Health Services Administration & Center for Substance Abuse Treatment (CSAT). *Screening and Assessing Adolescents for Substance Use Disorders*. Treatment Improvement Protocol (TIP), séries 31. Rockville, MD, Center for Substance Abuse Treatment, 1999.

Van Hasselt, V.B., J.A. Null, T. Kempton, T. et O. G. Bukstein. *Social Skills and Depression in Adolescent Substance Abusers, Addictive Behaviors, 18*, 1993, p. 9-18.

Wagner, E.F., S.A. Brown, P.M. Monti, M.G. Myers et H. B. Waldron. *Innovations in Adolescent Substance Abuse Intervention, Alcoholism: Clinical and Experimental Research, 23 (2)*, 1999, p. 236-249.

Wagner, E.F., E. Kortlander et S.L. Morris. *The Teen Intervention Project: A School-Based Intervention for Adolescents with Substance Use Problems*, dans E.F. Wagner et H.B. Waldron (éd.), *Innovations in Adolescent Substance Abuse Interventions*, New York, Pergamon, 2001, p. 189-203.

Wagner, E.F. et H.B. Waldron (éd.). *Innovations in Adolescent Substance Abuse Interventions*, New York, Pergamon, 2001.

Waldron, H.B. (1997). *Adolescent Substance Abuse and Family Therapy Outcome: A Review of Randomized Trials*, dans T.H. Ollendick et R.J. Prinz (éd.), *Advances in Clinical Child Psychology*, vol. 19, New York, Plenum, 1997, p. 199-234.

Waldron, H.B., J.L. Brody et N. Slesnick. *Integrative Behavioral and Family Therapy for Adolescent Substance Abuse*, dans P.M. Monti, S.M. Colby et T.A. O'Leary (éd.), *Adolescents, Alcohol and Substance Abuse*, New York, The Guilford Press, 2001, p. 216-243.

Webb, C., M. Scudder, Y. Kaminer et R. Kadden. *The Motivational Enhancement Therapy and Cognitive Behavioral Therapy Supplement: 7 Sessions of Cognitive Behavioral Therapy for Adolescent Cannabis Users*, Cannabis Youth Treatment (CYT) Series, volume 2. (DHHS Pub. No. [SMA] 02-3659). Rockville, MD, Center for Substance Abuse Treatment (CSAT), Substance Abuse and Mental Health Services Administration, 2002.

Westermeyer, J., T. Phaoblong et J. Neither. *Substance Use and Abuse Among Mentally Retarded Persons: A Comparison of Patients and a Survey Population*, American Journal of Drug and Alcohol Abuse, *14*, 1998, p. 109-123.

Wilford, B.B. *Drug Abuse: A Guide for the Primary Care Physician*. Chicago, Ill., American Medical Association, 1981.

Winters, K.C. *Treating Adolescents with Substance Use Disorders: An Overview of Practice Issues and Treatment Outcomes*. Substance Abuse, *20 (4)*, 1999, p. 203-225.

Winters, K. C. *Assessing Adolescent Substance Use Problems and Other Areas of Functioning: State of the Art*, dans P.M. Monti, S.M. Colby et T.A. O'Leary (éd.), *Adolescents, Alcohol and Substance Abuse*, New York, The Guilford Press, 2001, p. 80-108.

Winters, K.C., W.W. Latimer, R. Stinchfield. *Assessing Adolescent Substance Use,* dans E.F. Wagner et H.B. Waldron (éd.), *Innovations in Adolescent Substance Abuse Interventions*, New York, Pergamon, 2001, p. 1-29.

www.ingramcontent.com/pod-product-compliance
Lightning Source LLC
Chambersburg PA
CBHW080228270326
41926CB00020B/4189